Los vasos comunicantes

(Ensayos, verdades y libertades)

Camilo José Cela

Los vasos comunicantes

Narradores de Hoy
BRUGUERA

1.ª EDICION: NOVIEMBRE, 1981

LA PRESENTE EDICION
ES PROPIEDAD DE
EDITORIAL BRUGUERA, S. A.
CAMPS Y FABRES, 5
BARCELONA (ESPAÑA)

PRINTED IN SPAIN

ISBN 84-02-08254-8

DEPOSITO LEGAL: B. 24.446 - 1981

IMPRESO EN LOS
TALLERES GRAFICOS
DE EDITORIAL BRUGUERA, S. A.
CARRETERA NACIONAL 152,
KM 21,650

PARETS DEL VALLES
(BARCELONA) - 1981

Camilo José Cela
Los vasos comunicantes
(Ensayos, verdades y libertades)

Teoría de la lengua

Cratilo, en el *Diálogo* platónico al que presta su nombre, esconde a Heráclito entre los pliegues de su túnica. Por boca de su interlocutor Hermógenes habla Demócrito, el filósofo de lo lleno y lo vacío, y quizá también Protágoras, el antigeómetra, que en su impiedad llegó a sostener que el hombre es la medida de todas las cosas: de las que son, en cuanto son, y de las que no son, en cuanto no son.

A Cratilo le preocupó el problema de la lengua, eso que es tanto lo que es como lo que no es, y sobre su consideración se extiende en amena charla con Hermógenes. Cratilo piensa que los nombres de las cosas están naturalmente relacionados con las cosas. Las cosas nacen —o se crean, o se descubren, o se inventan— y en su ánima habita, desde el origen, el adecuado nombre que las señala y distingue de las demás. El significante —parece querer decirnos— es noción prístina que nace del mismo huevo de cada cosa; salvo en las razonables condiciones que mueven las etimologías, el perro es perro (en cada lengua antigua) desde el primer perro y el amor es amor, según indicios, desde el primer amor. La linde paradójica del pensamiento de Cratilo, contrafigura de Heráclito, se agazapa en el machihembrado de la inseparabilidad —o unidad— de los contrarios, en la armonía de lo opuesto (el día y la noche) en movimiento permanente y reafirmador de su substancia —las palabras también en cuanto objetos en sí (no hay perro sin gato, no hay amor sin odio).

Hermógenes, por el contrario, piensa que las palabras son no más que convenciones establecidas por los hombres con el razonable propósito de entenderse. Las cosas aparecen o se presentan ante el hombre, y el hombre, encarándose con la cosa recién nacida, la bautiza. El significante de las cosas no es el manantial del bosque, sino el pozo excavado por la mano del hombre. El animal doméstico y familiar del que hay muchas especies y todos ellos ladran, de que nos habla el *Diccionario de Autoridades* en definición que más semeja una adivinanza, pudo haberse llamado lombriz, y *lo che muove il sole e l'altre stelle,* del Dante, pudiera nombrarse reuma de haberlo acordado así los hombres. La frontera parabólica del sentir —y del decir— de Hermógenes, máscara de Demócrito y a ratos de Protágoras, se recalienta en no pocos puntos: el hombre, eso que mide (y designa) todas y cada una de las cosas, ¿es el género o el individuo?; la medida de aquellas cosas, ¿es un concepto no más que epistemológico?; las cosas, ¿son las cosas físicas tan sólo o también las sensaciones y los conceptos? Hermógenes, al reducir el ser al parecer, degüella a la verdad en la cuna; como contrapartida, al admitir como única proposición posible la que formula el hombre por sí y ante sí, hace verdadero —y nada más que verdadero— tanto a lo que es verdad (el perro es perro, el amor es amor) como a lo que no lo es (el perro, de haber querido el hombre, hubiera sido lombriz, se hubiera designado con el nombre de lombriz; el amor, de haber querido el hombre, hubiera sido reuma, se hubiera designado con el nombre de reuma, y los conceptos que venimos llamando lombriz y reuma seguirían, durante el tiempo que decidiera el hombre, apócrifos o inefables, según se mire). Ahora bien: si el perro y el amor cobran los nombres de perro y de amor, o hubieran admitido —poco importa si con holgura o fuerza— los de lombriz y reuma, así habrán de seguir, o habrían de seguir, hasta que el uso (que es un instinto co-

8

lectivo y subconsciente del hombre, en el que éste no interviene sino por inercia) los hubiera relegado al hondo pozo de las voces muertas; recuérdese que el hombre, según famosa aporía de Victor Henry, da nombre a las cosas pero no puede arrebatárselo; hace cambiar el lenguaje y, sin embargo, no puede cambiarlo a voluntad.

Platón, al hablar —quizá con demasiada cautela— de la rectitud de los nombres, parece como inclinar su simpatía, siquiera sea veladamente, hacia la postura de Cratilo: las cosas se llaman como se tienen que llamar (teorema orgánico y respetuoso al borde de poder ser admitido, en pura razón, como postulado) y no como los hombres convengan, según los vientos que soplen, que deban llamarse (corolario movedizo o, mejor aún, fluctuante según el rumbo de los mudables supuestos presentes —que no previos— de cada caso).

De esta segunda actitud originariamente romántica y, en sus consecuencias, demagógica, partieron los poetas latinos, con Horacio al frente, y se originaron todos los males que, desde entonces y en este terreno, hubimos de padecer sin que pudiéramos ponerle remedio.

En el *Ars poetica*, versos 70 al 72, se canta el triunfo del uso sobre el devenir (no siempre, al menos, saludable) del lenguaje.

Multa renascentur quae iam cecidere, cadentque quae nunc sunt in honore vocabula, si volet usus, quem penes arbitrium est et ius et norma loquendi.

Esta bomba de relojería —grata, sin embargo, en su aparente caridad— tuvo muy ulteriores y complejos efectos: el último, que llegó hasta las Academias (después veremos por qué vericuetos elementales), el de suponer que la lengua la hace el pueblo y, fatalmente, nadie más que el pueblo, sin que de nada valgan los esfuerzos, que por anticipado deben ahorrarse, para reducir la lengua a norma lógica y limpia y razonable. La arriesgada aseveración de Horacio —en el uso está el arbitrio, el derecho y la norma del lenguaje— convirtió, al desbrozarlo de trabajosas malezas, el atajo en camino real, y por él marchó el hombre, con la bandera del lenguaje en libertad tremolando al viento, obstinándose en confundir el triunfo con la servidumbre que entraña su mera apariencia.

Si Horacio tenía su parte de razón, que no hemos de regatearle aquí, y su lastre de sinrazón, que tampoco hemos de disimularlo en este trance, también a Cratilo y a Hermógenes, afinando sus propósitos, debemos concederles lo que es suyo. La postura de Cratilo cabe a lo que viene llamándose lenguaje natural u ordinario o lengua —el latín, el castellano, el inglés, el catalán—, producto de un camino histórico y psicológico casi eternamente recorrido, y el supuesto de Hermógenes conviene a aquello que entendemos como lenguaje artificial o extraordinario o jerga —la filosofía y la matemática, también el caló y el papiamento— fruto de un acuerdo más o menos formal, o de alguna manera formal, con fundamento lógico, pero sin tradición histórica ni psicológica, por lo menos en el momento de nacer. El primer Wittgenstein —el del *Tractatus*— es un conocido ejemplo de la postura de Hermógenes en nuestros días. En este sentido, no sería descabellado hablar de lenguaje cratiliano o natural o humano y de lenguaje hermogeniano o artificial o parahumano. Es obvio que aquí me refiero, como se refería Horacio, al primero de ambos, esto es, a la lengua de vivir y de escribir: sin cortapisas técnicas ni defensivas.

También al lenguaje que ahora llamo cratiliano alude Max Scheler —y en general los fenomenólogos— cuando hablan del lenguaje como mención (esa mujer va vestida de rojo) y como anuncio o expresión (amo a esa mujer que va vestida de rojo), y Karl Bühler al ordenar las tres funciones del lenguaje: la expresión (¡qué alegría ver a la mujer vestida de rojo!), la apelación (¡no permitas que huya la mujer vestida de rojo!) y la representación (la mujer vestida de rojo se marchó en el avión de París).

Ni que decir tiene que el lenguaje hermogeniano admite naturalmente su artificio original, mientras que el lenguaje cratiliano se resiente cuando se le quiere mecer en cunas que no le son peculiares y en las que, con frecuencia, se agazapan contingencias un tanto ajenas a su diáfano espíritu.

Es arriesgado admitir, a ultranza, que la lengua natural, el lenguaje cratiliano, nazca de las mágicas nupcias del pueblo con la casualidad. No; el pueblo no crea el lenguaje: lo condiciona. Dicho sea con no pocas reservas, el pueblo, en cierto sentido, adivina el lenguaje, los nombres de las cosas, pero también lo adultera e hibridiza. Si sobre el pueblo no gravitasen aquellas contingencias ajenas a que poco atrás aludía, el planteamiento de la cuestión sería mucho más inmediato y lineal. Pero el objeto no propuesto y que, sin embargo, esconde el huevo de la verdad del problema es uno y determinado y no está a mi alcance, ni al de nadie, el cambiarlo por otro. De otra parte, el problema del origen del lenguaje es algo que escapa a mi lega percepción y no he de ser yo, de cierto, quien desoiga la orden de la Sociedad Lingüística de París que, en sus normas fundacionales, prohíbe a sus miembros el ocuparse de este tema.

El lenguaje cratiliano, la lengua, estructura o sistema de Ferdinand de Saussure, nace en el pueblo —más entre el pueblo que de él—, es fijado y autorizado por los escritores, y es regulado y encauzado por las Academias en la mayoría de los casos. Ahora bien: estos tres estamentos —el pueblo, los escritores y las Academias— no siempre cumplen con su peculiar deber y, con frecuencia, invaden e interfieren ajenas órbitas. Diríase que las Academias, los escritores y el pueblo no representan a gusto su papel sino que prefieren, aunque no les competa, fingir el papel de los demás que —pudiera ser que incluso por razón de principio— queda siempre borroso y desdibujado y, lo que es peor, termina por difuminar y velar el objeto mismo de su atención: el lenguaje, el verbo que se precisaría esencialmente diáfano. O algebraico y a modo de mero instrumento, sin otro valor propio que el de su utilidad, en el extremo Unamuno de *Amor y pedagogía*.

Un último factor determinante, el Estado, aquello que sin ser precisamente el pueblo, ni los escri-

11

tores, ni las Academias, a todos condiciona y cons-
triñe, viene a incidir por mil vías dispersas (la jerga
administrativa, los discursos de los gobernantes, la
televisión, etc.) sobre el problema, añadiendo —más
por su mal ejemplo que por su inhibición— confusión al desorden y caos al desbarajuste.

Sobre los desmanes populares, literarios, académicos, estatales, etc., nadie se pronuncia, y la lengua
marcha no por donde quiere, que en principio sería
cauce oportuno, sino por donde la empujan las encontradas fuerzas que sobre ella convergen.

El pueblo, porque le repiten los versos de Horacio a cada paso, piensa que todo el monte es oré-
gano y trata de implantar voces y modos y locuciones no adivinadas intuitiva o subconscientemente
—lo que pudiera ser, o al menos resultar, válido y
plausible— sino deliberada y conscientemente inventadas o, lo que es aún peor, importada (a destiempo
y a contrapelo del buen sentido).

Los escritores, a remolque del uso, vicioso con
frecuencia, de su contorno (señálense en cada momento las excepciones que se quieran), admiten y
autorizan formas de decir incómodas a la esencia
misma del lenguaje o, lo que resulta todavía más
peligroso, divorciadas del espíritu del lenguaje.

El problema de las Academias está determinado
por los ejes sobre los que fluctúan: su tendencia conservadora, que les lleva a no admitir muy ilustres
voces con el inválido y acientífico argumento de su
convencional grosería, y el miedo a que se les eche
en cara ésa su tendencia conservadora, que les fuerza a admitir nada ilustres voces con el ingenuo y
también acientífico supuesto de su uso (que habría
que demostrar, en cada caso, con autoridades).

La erosión del lenguaje hermogeniano sobre el
lenguaje cratiliano, acentuándose más y más a medida que pasa el tiempo, entraña el peligro de disecar lo vivo, de artificializar lo natural. Y este riesgo
puede llegar —repito— tanto por el camino de la
pura invención como por el de la gratuita incorpo-
ración o el de la resurrección o vivificación a destiempo.

Razones muy minúsculamente políticas parecen

ser el motor que impulsa e impulsó a nuestra común lengua castellana a claudicar, con la sonrisa en los labios, ante los repetidos embates de quienes la asedian. Entiendo que el riesgo corrido es desproporcionado a los beneficios, un tanto utópicos, que en un futuro incierto pudieran derivarse y, sin preocupaciones puristas que están muy lejos de mi ánimo, sí quisiera alertar a los escritores, antes que a nadie, a la Academia, en seguimiento, y al Estado, subsidiariamente, para que pusiesen coto al desbarajuste que nos acecha. Existe un continuo del lenguaje que salta por encima de las clasificaciones que queramos establecer, sin duda alguna, pero esta evidencia no nos autoriza a hacer tabla rasa de sus fronteras naturales. Suponer lo contrario sería tanto como admitir la derrota que todavía no se ha producido.

Con no poca frecuencia se plantea el tema, que ya huele a puchero enfermo, de las voces válidas y no válidas, de las palabras pronunciables e impronunciables, artificiosa clasificación que repugna al buen sentido y atenta, cuando menos, al histórico espíritu de la lengua.

Estaría dispuesto a admitir que el solo planteamiento de un problema significa ya el primer paso hacia su posible solución pero, en buena ley y rectamente hablando, me pregunto: ¿existen o deben existir, realmente, dicciones admisibles y términos que no lo son? En el probable —y nada científico— supuesto de una respuesta afirmativa, ¿quién es, en saludable derecho, el encargado de deslindar la frontera entre unas y otros?: ¿la Academia, que regula la lengua y la encauza?, ¿los escritores, que la fijan y autorizan?, ¿el pueblo, entre la que nace y se vivifica? De otra parte: ¿qué destino debe darse a las palabras condenadas?, ¿por cuáles otras han de ser substituidas?, ¿qué garantía de permanencia podrán brindarnos, y qué garantía de legitimidad podremos exigir a las palabras que hayan de suceder a las rechazadas? Pero, ¿a qué, todo esto? El problema, no más planteado, amenaza ya con escapársenos de la mano, ágil como un pez vivo. ¿Es admisible la suposición de que pueda haber meras palabras —abstracción hecha de las ideas que quieran señalar— a las que pueda colgarse el sambenito que las aparte de su función? Caminemos con suma cautela sobre tan movedizos arenales.

Es evidente que el uso vicioso de los eufemismos y otros escapes, con frecuencia condicionado por determinantes tan falsas y pueriles como la moda, ha desterrado del comercio del lenguaje socialmente válido —que es un lenguaje enmascarado y sin raíces pegadas a la tierra—, múltiples voces castizas y de gran tradición autorizada, que se hicieron a un lado para ceder el paso a creaciones de nuevo cuño que, paradójicamente, aspiran a señalar lo mismo. El hecho de que un eufemismo prospere y llegue a adquirir carta de naturaleza, señala que existe un ámbito social en el que su uso es práctico y adecuado. Y la evidencia de que los eufemismos del castellano tengan —frecuentemente y como pronto veremos— origen judío, puede ser relevante en orden a establecer una teoría psicológica y sociológica de su uso. Obsérvese que, con el paso del tiempo, los eufemismos pierden su asepsia y originan la necesidad de un nuevo eufemismo, lo que nos indica dos situaciones de hecho: que el eufemismo puede superar la barrera social que lo creó e incorporarse al léxico general, y que la extensión, la difusión, adquirida por la palabra, fuerza a la búsqueda de un nuevo eufemismo, en su origen siempre disfrazador.

Sería, quizá admisible, aunque con reparos en los que ahora no he de detenerme, la objetiva consideración de la posibilidad, e incluso de la conveniencia moral —mejor fuera decir social—, que no léxica, de desterrar del lenguaje afinado o distinguido (en ningún caso culto) las expresiones vulgares o afinadas y distinguidas, que nombran ciertos conceptos que repugnan a la conversación a la que también llamaré afinada o distinguida: la mantenida con damas o personas de respeto por su edad o pensamiento o condición, etc. Nótese que invalido el concepto —y como consecuencia su expresión, sea cual fuere— en la conversación afinada o distinguida: no el concepto en sí, ni en la conversación científica, literaria o coloquial —que tiene cada una de ellas

---

14

sus matices—, ni tampoco la expresión científica, literaria o coloquial de ese concepto.

Ya no es tan admisible, sin embargo, la actitud de huir de la palabra conservando la idea que la palabra proscrita quiere señalar y para cuya expresión se busca, cuando no se inventa, otra palabra. Pienso que, invalidando el concepto, no es admisible el recurso del eufemismo aplicándose a la substitución de la palabra que no fue descartada, al menos en principio, como fonema o grupo de fonemas sino como expresión de un algo concreto. Confundir el procedimiento con el derecho, como tomar la letra por el espíritu, no conduce sino a la injusticia, situación que es fuente —y a la vez secuela— del desorden.

Las ideas «culo» y «puta», en buena ley, no tendrían por qué pagar culpas de las ideas que expresan y, no obstante su noble cuna y su rancia antigüedad, no son admitidas. El hecho de la inhabilitación afinada o distinguida del culo y de la puta no sería grave —ya que el lenguaje afinado o distinguido no es, por fortuna, sino una parcela de la lengua— de no ser que lo que se veta no es la idea sino, simplemente, la palabra.

Aquí la primera quiebra —quiebra de índole moral y que tampoco es la única— de lo que vengo llamando lenguaje afinado o distinguido y que no busca su limpieza en lo que dice sino en cómo lo dice. Insisto en que podría invitarse a diálogo a los gramáticos moralistas, esto es: aquellos que preconizasen un lenguaje de trasfondo moral —o convenidamente moral— o, lo que es lo mismo, un lenguaje en el que se desterrasen las voces señaladoras de los conceptos vulgares, tras haber borrado de las cabezas —y por la persuasión, que es la única goma de borrar que la cabeza admite— esos conceptos vulgares. Ya no podría decir lo mismo de los paladines del lenguaje afinado o distinguido: que se regodean en el concepto, aunque se desgarren las vestiduras ante las palabras y que llaman —ignorando que con azúcar está peor— *cocottes*, a las putas, y *pompis*, al culo. Aquel lenguaje moral o convenidamente moral sería respetable, sin duda, aunque ajeno, claro es, a la expresión científica, literaria y coloquial, ya que pudiera abocarla al peligro del anquilosamiento. Sobre este otro lenguaje afinado o distinguido, o convencionalmente afinado o distinguido, ni merecería la pena insistir, de no ser evidente el grave riesgo que supone para la necesaria lozanía de nuestra herramienta de comunicación.

Es cierto que las palabras se subliman o se prostituyen, se angelizan o se endemonian, a consecuencia de una cruel determinante —la vida misma— en cuyo planteamiento, evolución y último fin no tienen ni voz ni voto; pero no lo es menos, a todas luces, que el peligro de esta mixtificación debe ser denunciado y, hasta donde se pueda —y sin perder una última y quizá escéptica compostura—, también combatido. Aquella huida de la palabra, jamás del concepto, a que hace poco tiempo hice mención, llega a la paradoja en el trance que pudiera llamarse de la gratuidad de la huida, esto es, de la huida que se produce no de algo —el nombre violento de un concepto inconveniente y hasta conveniente—, sino de nada: la voz, en su recta acepción admisible, que deviene soez tras haber nacido, con frecuencia, como eufemismo. El supuesto inverso de la huida gratuita, esto es, el desprecio del mero fonema o grupo de fonemas, también es cierto y no menos paradójico. Rodríguez Marín, el glorioso folclorista que fue director de la Real Academia Española, en su libro *2.600 refranes más*, registra uno tan gracioso como aleccionador: «*Domine meo* es término muy feo; decid *Domine orino* que es término más fino», y atribuye el dicho a una abadesa que quería desterrar del rezo lo que no le sonaba bien. La enfermiza caricatura de esta actitud, ya de por sí enferma y caricaturesca, culmina en lo mantenido por un sacerdote de Pamplona, don José Amando Petramentrio (quizá sea seudónimo), que en 1934 publicó una hojilla titulada *Sobre el modo de hablar y los orígenes del lenguaje* en la que argumenta sobre el conveniente destierro de «ciertas expresiones bellacas y sacrílegas que aparecen injertas en palabras religiosas»; el clérigo gramático, acorde con su pensamiento, propone cambiar las

16

voces «tabernáculo», «inmaculada» y «báculo» —cuyos finales quizá encuentre tan bellacos como sacrílegos— por «tabernádulo», «inmacelada» y «báyulo», que nada significan, bien es cierto, pero que a ninguna memoria pueden llevar malos y pecaminosos pensamientos.

Cicerón decía que *cum nobis* se prestaba a una enojosa asociación en el oído con *cunnus;* durante el preciosismo francés, en el siglo XVII, las preciosas se abstenían de pronunciar *concilier*, poner de acuerdo, porque la mala intención quería entender pestañeo del coño o coño pestañoso *(con*, coño en francés; *ciller*, pestañear), como evitaban decir *ridicule* porque les asustaba el sufijo; el verbo «coger» es impronunciable en la Argentina, donde significa, exclusivamente, realizar el coito, y los caballeros de aquel país no pueden coger dulcemente del brazo a una dama para ayudarla a cruzar la calle, sino que se ven obligados a agarrarla (asirla fuertemente); también en la Argentina, «recular» es voz tabú por la evocación que puede sugerir; en Chile los pájaros no tienen «pico» que vale por pene, y en Puerto Rico los «bichos» —que equivalen al «pico» chileno— son mariposistas y palomitas; en Cuba, los huevos de gallina son «blanquillos»; en el Brasil no puede fumarse un buen «tabaco» y no pocos hispanohablantes se han quedado en la niñez de la mamá y la mamasita. El fenómeno se presenta en todas las lenguas: en el inglés de los Estados Unidos el gallo ha dejado de ser *cock*, pene, para convertirse en *rooster*, el que trepa por el aseladero, y el *ass*, que empezó en asno y acabó en culo, es llamado *donkey*, etc. Sólo me restaría añadir a este breve ejemplario, que la etimología, con no poca frecuencia, también marchó por tan pudorosos y artificiales derroteros: el verbo conocer, del latín *cognoscere*, hubiera debido formar *coñocer*, y así se encuentra aún en el siglo XIII, *Vida de Santa María Egipciaca*: «Bien conyosçe Dios tu sacrificio»; al nombre de la ciudad de Mérida le sobra la «i» que se conservó para evitar Merda, etc.

La linde que separa las voces admisibles de las no admisibles, o las admitidas de las no admitidas, es siempre movediza y, como obra de humanos, con frecuencia pintoresca, esclava de las latitudes y de los vientos que soplen en cada latitud y cada momento y, lo que es peor, desorientadora. No se me oculta que se precisa cierto valor para enfrentarse, cara a cara y en público, con el toro violento de la lengua, pero entiendo que alguien tenía que echarse, con todas sus consecuencias, al ruedo, ya que a los llamados a preconizar una lengua amplia y eficaz (los escritores), de raíz tradicional (la Academia) y de base científica (los gramáticos), sí cabe exigirles, como al torero en la plaza, el valor necesario para que puedan, si no llevar a último buen fin su cometido, sí al menos ponerlo en el camino que a él pudiera conducirle. Dámaso Alonso, en su gloriosa ancianidad, ha hablado con muy clara palabra sobre la espinosa cuestión: «Me he detenido algo —nos dice— en las voces obscenas o, en general, malsonantes porque es un aspecto de nuestros problemas, que en general la gente no se suele atrever a discutir, y porque creo indispensable que alguien lo trate a fondo.» Pues bien: no a fondo sino —muy parcialmente— hasta donde he podido llegar, y con tanta modestia en la intención como desconfianza en mis escasas fuerzas, he obedecido al maestro, al menos en mi propósito. No vale agazaparse con la cabeza debajo del ala al tiempo de hacer tabla rasa, no ya de la palabra sino también del concepto, ya que cayendo por tan violento despeñadero corremos el peligro de legar a quienes nos sucedan una jerigonza que, lejos de nombrar, proceda por aproximativas paliaciones.

El diccionario ignoraba, por ejemplo, la voz «coño» (ya he conseguido que la Academia la admitiera) y no registra ningún cultismo que designe el concepto a que se refiere la palabra proscrita, con lo que se da el despropósito de que el aparato reproductor externo de la mujer no tenía nombre oficial castellano (la vulva del diccionario no es el coño del pueblo, sino tan sólo una parte de él), como tampoco tenía estado la muletilla más frecuente en nuestra conversación popular.

No digo cuanto queda dicho y vengo diciendo

si no es con todo respeto y consideración (sería uno de los treinta y seis españoles menos indicados para no hacerlo así), y con el ruego a mis oyentes de que se sirvan sopesar todo el mucho amor que siento y proclamo hacia el castellano: la lengua en que a Cervantes —al decir de don Miguel de Unamuno— Dios le dio el Evangelio del Quijote.

La vetada voz a que vengo aludiendo tiene una ilustre etimología (la misma que el francés *con*, el italiano *conno*, el portugués *cono*, el catalán *cony*, el gallego *cona*, etc.), aparece en nuestra lengua hacia la primera mitad del siglo XIII, y es registrada por Nebrija. ¿Qué rara suerte de maldición pesaba sobre ella?

En mi ensayo *Sobre España, los españoles y lo español* llamo la atención sobre el hecho de que la ñoñería, la pudibundez española, es un fenómeno tan reciente como disímil de nuestra originaria idiosincrasia, que entiendo posterior —añado ahora— a los Reyes Católicos y que sospecho más o menos coetánea de la cristianización de los judíos y el subsiguiente poder político —y administrativo y eclesiástico— que adquirieron. El romano Séneca, el moro Ibn Házm y los cristianos Beato de Liébana y Elipando de Toledo —quizá anteriores a los españoles pero, en todo caso, no judíos—, eran proclives a obscenidades y violencias léxicas. Recuérdese que en el I Concilio de Toledo y en plena disputa teológica, San Elipando, arzobispo de Toledo, llamó borracho y farsante a San Beato de Liébana, quizá en pago a la flor que el monje le dirigiera al tildarlo de cojón del Anticristo. (Les aclaro que es dato que obtengo de don Claudio Sánchez Albornoz.) Por el camino contrario, los hombres formados, por tradición en la observancia de la ley mosaica, se mostraban virtuosos en la conducta y prudentes en el hablar y el escribir, haciendo gala de un recato, no tan calculado como íntimamente sentido, en correcta adecuación a su mentalidad y tan útil a sus conciencias, de otra parte, como eficaz a sus fines. El eufemismo es tanto un arma grata a los judíos como un deber que les impone la conciencia y lo llevan tan a punta de lanza que ni en la oración llaman

Dios a Dios sino Yahveh, El que Es, el Ser Absoluto y Supremo. No se me oculta que judíos como López de Villalobos u Horozco escribieron con tanta despreocupación como desenvoltura, pero pienso que quizá no fuesen sino excepción a lo que, con tanta timidez, supongo como muy relativa (y no poco revisable) norma general.

Entiéndase bien que no culpo a los judíos de ser la fuente del pudor verbal español, entre otras razones porque no ignoro que al pudor jamás implica culpa, sino que me limito a apuntar una atribución —entre mil— originaria que no culposa, que estimo posible.

La serena contemplación del fenómeno del lenguaje en la boca del hombre; del sistema oral —y aun gráfico— que sirve a ese hombre en la expresión y comunicación de su pensamiento; del lenguaje que realmente existe y que, quiérase o no se quiera, está ahí, aunque no se sepa mirar o no se quiera hacerlo; de la multiforme y heteróclita suma de la lengua y el habla, de la estructura y el mecanismo psicológico y aun psicosomático que la hace posible, pronunciable, significativa e inteligible, plantea un cúmulo de cuestiones con las que el lexicógrafo ha de enfrentarse con no poco valor y una absoluta asepsia. El principio activo y vitalizador de la lengua también su original substrato— es un a modo de pacto tácito entre los miembros que componen una determinada comunidad, encaminando a la prosecución de un sistema que les permita la relación culta, mientras que el huevo causante del habla —también su hereditaria impronta— no es sino, mucho más limitadamente, el conjunto de voces que, allá en el trasfondo de su conciencia, elige cada individuo sin más horizonte que el de hacerse, coloquial e incluso mínimamente, entender por el prójimo inmediato. Llevando el ejemplo hasta las lindes del absurdo pudiera decirse que hay una sola lengua española, o francesa o inglesa, y tantas hablas españolas, o francesas, o inglesas, como seres humanos utilizan, para vivir, cada una de ellas; naturalmente, ni el primero ni el segundo supuestos son ciertos (hay, al menos, una lengua española de Burgos y otra de Caracas, una lengua francesa de Tours y otra de Puerto Príncipe y una lengua inglesa de Oxford y otra de Kingston, y no hay —de hecho— tantos millones de hablas españolas como hispanohablantes existen, etc.), aunque pudieran resultar, a estos fines de hoy, ilustradores.

En cierto sentido, es fácil admitir que el habla crece, al tiempo que la lengua se estructura, en proporción directa a la necesidad de cada individuo para nombrar más cosas o hacerlo con mayor precisión, o para expresar más ideas o más sutiles y complejos pensamientos, y decrece, a la par que la lengua se anquilosa, en función de la no necesidad del individuo de nombrar, de decir algo a los demás.

No es demasiado aventurado el imaginarse que la lexicografía es a la lingüística un poco lo que el derecho civil, que no la historia, es a la vida misma. Quiero decir que, al igual que los bastardos Enrique de Trastámara o Juan de Austria, pongamos por caso, no obstante el estigma que hubo de colgarles el derecho civil, tienen un peso histórico determinado que desborda los cauces considerados legales, así las palabras, aun las que más soeces y violentas pudieran parecernos, si viven o han vivido, no dejan de vivir o de haber vivido porque los registros habituales se obstinen en cerrarles sus puertas. El problema es delicado, sin duda, y el camino a recorrer, no poco vidrioso y resbaladizo, pero, precisamente por serlo, requiere una consideración que no se detenga ante los vanos temores originados por motivaciones y actitudes ajenas a la pura ciencia del lenguaje.

El hecho de que una palabra exista no lleva aparejada la suposición de que su empleo sea o deje de ser preconizable sino, simplemente, indica la evidencia de que existe como tal palabra, esto es: que está ahí, cumpliendo una función —nombrando un objeto, una acción, una sensación, o matizando sus calidades—, pero manteniéndose en sí misma, al margen de las consideraciones que su significado —y con frecuencia, no más que su convencional y pura disonancia— pudieran levantar a su paso. Suponer que no hay más voces válidas que las del diccionario, es despropósito paralelo al de creer que no hay más hijos con el corazón latiendo que los legítimos, tema este que quizá pueda interesar al moralista, al civilista o al sociólogo pero no, de cierto al demógrafo.

La lexicografía —o arte de componer diccionarios— es la demografía —o arte de componer censos— de las palabras, y nada ha de importarle, a sus efectos, la conducta de las mismas palabras que registra. Una falsa disciplina infusa y amorfa, acientífica, convencional y todavía por bautizar, se ha arrogado en los diccionarios una función que no le compete pero que, no obstante, le ha llevado a repartir patentes y ejercer vetos con notorio peligro para la lengua misma. Y contra este peligro quisiera, con tanta humildad como convencimiento, salir al paso. No es otra la finalidad de mi esfuerzo.

Teoría de la dictadología tópica española

La más desnuda y frágil huella del hombre, su voz nombrando al otro hombre que ve y su paisaje doméstico y familiar, es el cuerpo vivo de cuanto proponemos y también el bullidor material que se nos brinda para que podamos trabajar con él, no moldeándolo como si fuera arcilla sino procurando entenderlo, puesto que es palabra salida de la boca; señalamos al hombre nombrando lo inmediato, aquello que ve y que toca e intuye semejante o propio (su *proximus* y su *locus natalis*), pero desentendido de las nociones abstractas, del sentimiento y de las sensaciones, esto es, a un lado de todo lo que no fuere él mismo y su prójimo enmarcados ambos en su peculiar parcela. El hombre, al encararse en trance de asombro o de cuidado con cuanto le rodea, habla y habla —y narra y alaba o denigra—, y en su voz cobran entidad el vecino y el contorno a los que define con sometimiento, diríase que atávico, a determinadas premisas no conscientes, a ciertos hábitos indeclinables y automáticos (habla punto menos que sin querer hacerlo) o inhibitorios (habla por instinto) o fatales (habla forzado por el resorte misterioso a cuyo empujón no intenta resistir). Una mínima parte de esto que el hombre habla, permanece a lo largo del tiempo y se instala en ese rincón seguro —pero también, a veces, deformante— al que llamamos la memoria histórica popular: son los decires geográficos, aquellos dichos notables por la sentencia, por la oportunidad o por otro motivo, que el hombre habló a su paso por la vida —*humani nihil a me alienum puto*—, que el pueblo recuerda de memoria y transmite de viva voz y que no por minúsculos, en sí o en el hecho o la circunstancia a que aluden, dejan por eso de ser históricos; de aquel *homo loquax* sólo sabemos que fue hombre y que habló pero, aunque recordamos lo que dijo, ignoramos quién fue y nos interesa conocer la absoluta imposibilidad de desterrar esa ignorancia. Nuestra paciente aplicación de hoy no tiene más objeto, ni tampoco mérito mayor, que el meter un poco de orden en los decires geográficos, en los dictados tópicos, que el español habló ayer y no quisiéramos ver borrados y olvidados mañana: la frase adverbial —*Al estilo de Aravaca*— o proverbial —*Andar a paso de Luchana*— o admirativa —*¡Arda Bayona!*—, el refrán, el cantar, el gentilicio, el apodo colectivo, etcétera.

El refrán, a nuestro saber y entender, fue uno de los primeros decires que volaron llamando la atención del hombre que lo hablaba o escuchaba, y en sus originales balbuceos pudo vestirse y aun disfrazarse con no pocos nombres casi todos confundidores e intercambiables y en exceso contingentes y mudadizos. El Arcipreste le dice *conseja, escritura, habla, hablilla, parlilla, patraña, retraire...*: voces, cada una de ellas de significado no único y que ninguna vale, en su obra y en cualquier supuesto, tan sólo por refrán. Por los mismos años, el príncipe don Juan Manuel les llama *aforismo, máxima, palabra* y *verbo*, y en él se documentan las voces *sentencia* y —al margen de conjeturas sobre posibles y pretéritas atribuciones— *refrán*, si bien aquélla queriendo decir todavía moraleja y éste mostrando aún el significado de estribillo que tenía en su originario occitano antiguo *(refranh)*; menos refrán, cuyo camino semántico es conocido, y aforismo, máxima y sentencia, que siguen en buena salud no obstante su ancianidad, todos son nombres, en estas acepciones, muertos y desaparecidos y que ya no registra el *Diccionario de Autoridades* (ni Alfonso de Palencia, Nebrija, Covarrubias, etc.). Un siglo largo atrás tuvo mejor fortuna la voz proverbio, puesta en uso por Berceo. Las denominaciones vivas —al margen de las que, señaladas con ese marchamo, quedaron atrás— son posteriores y la más joven, del siglo XVI. Algunos autores llaman *moral* a la sentencia, en masculino y quizá usándolo más como sustantivo que como adjetivo; Cervantes muestra muy variada gama de voces y aun de matices y en su obra tienen valor muy actual: adagio, aforismo, máxima, proverbio, refrán y el gracioso diminutivo *refrancico* y sentencia; *dicho* y *apotegma* aparecen en Erasmo y sus traductores Juan Jarava y el bachiller Francisco Thamara, y aun antes. Pedro Vallés se extiende prolijamente en sus distingos, identifica el refrán con el proverbio y el adagio —como ya lo hiciera Juan de Valdés quince años antes, aunque su obra hubiera de dormir todavía dos siglos—, aclara que tanto el refrán puede ser sentencia como no serlo, precisa las diferencias entre el apólogo y el apotegma y da cabida a la *escomma*, «el cual es mote que pica»; *frase*, por último —y aunque en ningún caso deba pensarse que con ella agotamos la mina de tan escurridizas nociones— la vemos en el título del libro de Sánchez de la Ballesta cobrando entidad propia y distinta del refrán. En esta nómina que acabamos de repasar hay una voz, *moral*, de muy efímera vida en su acepción del siglo XVI, y otra, *escomma*, que no ha prevalecido; no significa refrán, sino chanza o dicho burlesco y de ocasión que se pronuncia una sola vez y no se repite con valor previsto ni unidad de sentido, y queda lejos de nuestro interés. Otras dos voces de la lista, *dicho* y *frase*, van paulatinamente desgajándose del lato significado común —en cuyo tronco, digámoslo de pasada, nunca se sintieron demasiado cómodas y holgadas— y empiezan a volar por cuenta propia, al principio de forma balbuciente, y a designar conceptos distinguidos y sobre los que incidiremos más adelante. Con las designaciones restantes ensayamos a formar dos grupos, cada uno con su común denominador o su matiz diferencial: el del *refrán*, concepto que identificamos con el adagio y, en su primera acepción, con el proverbio, que puede quedar nadando entre las dos aguas, y el del *aforismo*, noción que consideramos con sus parientes próximos el apotegma, la máxima y la sentencia, sin olvidar que al proverbio, en su anfibológica conducta, quizá no haya de repugnarle en exceso la compañía; el interesante a nuestro propósito es el primero, aunque también hayamos de aludir al segundo.

Llamamos refrán a la: frase significante, de origen anónimo y popular y términos previstos e inamovibles que, relacionando dos o más ideas, funciona con unidad de sentido. Entendemos como condición inexcusable —y en ello hacemos hincapié— que la frase sea no sólo anónima, sino también popular, esto es: de origen no culto aunque, por fallo técnico, no se conozca o haya sido olvidado, pero pueda conocerse o recordarse en algún momento. También ha de querer significar algo, aunque su real significado pueda aparecer envuelto por el velo del misterio; ser de términos ciertos y no mudables —esto es, conocidos, admitidos y repetidos como usuales y buenos— actuando como un todo no reemplazable, y proceder por relación de ideas. Al aforismo, al apotegma, a la máxima y a la sentencia se les pide origen culto y, por ende, conocido, calidad que, en ocasiones, también se le exige al proverbio que, tal cual dejamos apuntado, es noción ambivalente y no poco titubeante; la polémica sobre este último punto entre fray Antonio de Guevara y Pedro de Rúa peca de bizantina, aunque el bachiller precise con agudeza: «... ni... son proverbios... sino sentencias, aunque vulgarmente llaman los proverbios de Salomón. ...Ansi mesmo Séneca escribió sentencias, que el vulgo llama proverbios». La inclusera orfandad o la cuna conocida son, pues, la señal del refrán y del aforismo, y no debe buscarse ninguna otra que pueda distinguirlos, porque no la hay; la significación —expresa o tácita, directa o alegórica, inmediata o elíptica— perfila la diferencia, que tampoco es única, entre el refrán y el verso, que puede no mostrarla (en cada verso de un encabalgamiento no existe, o puede no existir, unidad significativa); la rigidez de sus términos prevalece, sin desplazarlo, sobre el concepto expresado, que hubiera podido decirse con otros distintos; la presencia de dos ideas, al menos, cualifica al refrán frente a la locución, y la unidad de sentido es base de la peculiar norma de conducta del refrán —también cabe decirlo de la locución— que debe ser usado sin suerte mutiladora alguna.

Las definiciones del diccionario han envejecido y si confusas, las unas frente a las otras, son también, y en sí mismas, no poco viciosas. Atrás dejamos ya dicho qué es lo que entendemos por refrán, y cúmplenos ahora el precisar los contornos de las demás nociones. No erraba el camino el patriarca Vallés al pensar que refrán, adagio y proverbio querían decir una y la misma cosa y, como ya quedó apuntado, hacemos nuestro su pensamiento sin más que abrir ligeramente al ámbito de uno de estos conceptos: *adagio*, en acepción única, refrán; *proverbio*, en 1.ª acep., refrán, y en 2.ª, máxima que, como pronto ha de verse, vale lo mismo que sentencia. Sólo nos permitiríamos señalarles cierto matiz diferencial —que en ningún caso creemos que debiera llevarse a la definición— según la intencionalidad, popular o no, del hablante: refrán es voz más coloquial; adagio quizá sea más erudita, más arcaizante —sin asistirle razón para ello— o más presuntamente afinada, y proverbio, en esta acepción, más supuestamente culta; queda dicho, cuanto antecede, sin un excesivo convencimiento y después de recordar que, para Roque Barcia, el refrán es sentencioso, el adagio es moral y el proverbio, público, mientras que, para Sbarbi, el primero es dicho vulgar, de sentido jocoso y festivo y, a veces, un simple sonsonete; el segundo tiene la madurez y la gravedad propias de la moral sentenciosa con un sentido doctrinal, y el tercero es natural y sencillo, como consecuencia de un relato acaecido en tiempo anterior, teniendo un criterio histórico; se nos antoja que es querer hilar demasiado delgado y pensamos que no merece la pena detenerse en la crítica de tan subjetivos razonamientos.

En la familia de las formas no anónimas y, por esencia, no populares, las aguas, tras no pocos vaivenes y mareas, parece que vuelven a los cauces que les marcó su primer uso: el anphorisma que don Juan Manuel atribuía a los físicos y la máxima que ponía en boca de los lógicos, en el *Libro del Caballero;* la sentencia de que nos habla en el *Conde Lucanor,* y el apotegma de Erasmo, caben todavía —y sin gran fuerza— al entendimiento actual de estos conceptos. Suponemos que *aforismo* es regla, 4.ª acep. quizá no necesaria (precepto, principio o máxima en las ciencias o artes), si bien creemos que la definición debe llevar senda paralela a la de refrán, según norma que seguiremos en cada caso, y simplificarse —y también explayarse— en: frase significante, de origen culto y términos previstos e inamovibles que, relacionando dos o más ideas, funciona con unidad de sentido e instruye en el conocimiento o ejercicio de las ciencias o artes; también pensamos que la ordenación en el diccionario debe ser inversa a la existente, definiendo aforismo y remitiendo, si se considera necesario, en la voz regla; el uso nos indica que, con harta y muy ilustre frecuencia, también se llama aforismo a la máxima, y no nos parecería excesivo darle esta 2.ª acepción. Definimos la *máxima* como: frase significante, de origen culto y términos previstos e inamovibles que, relacionando dos o más ideas, funciona con unidad de sentido y alecciona la conducta; es voz identificable con sentencia —como aforismo y proverbio son reemplazables por máxima— y en el catálogo deben figurar las remisiones en estos tres artículos —proverbio, 2.ª acepción, máxima; aforismo, 2.ª acepción, máxima; *sentencia,* máxima; según ya consta en cuanto de aquellos dos se ha dicho— y no en el que se considera, puesto que la identidad es suficiente y la voz que se estudia sirve de común eje a las cuatro. No está de más aclarar que el proverbio y el aforismo pueden aleccionar la conducta, al tiempo que la máxima no actúa con comportamiento recíproco y, debiendo por definición ser norma de conductas, ni procede a espaldas de ese mandato, como puede hacerlo el proverbio, ni cambia su oficio por el de guía de las ciencias o artes, según es función del aforismo; la sentencia, como diferente voz designadora de un mismo concepto, puede suplirla con perfecta holgura. *Apotegma* —y terminamos con la tribu de los aforismos— es para nosotros: máxima de cuna ilustre.

Minutos atrás dejamos constancia de que, entre todas las unidades intencionales estudiadas, las convenientes a nuestro fin eran las del grupo de las anónimas y populares que, de tres formas diferentes, designaban un concepto único: el refrán, que es como nosotros le llamaremos. Sin embargo, no es éste el único dictado que hemos de considerar, puesto que también requieren nuestra atención —entre otros más de comentario próximo— las locuciones adverbiales, las frases proverbiales y los cantares, siempre que éstos cumplan el reglamento que hemos de señalarles.

Tenemos por locución o frase adverbial, o modo adverbial según la terminología clásica, la que, en la oración, puede equivaler a un adverbio y desempeñar su papel —*Estar en Babia, Venir de las Batuecas, Ser como el sacristán de Peraleja*— y por frase proverbial, la combinación estable de al menos dos términos que no pueden funcionar como categoría —*Eso se sabe hasta en Belchite, Atravesados como los de Bocigas, Con más hambre que el maestro de Cascajares*—; cae muy lejos de nuestra intención el estudio de toda la amplia gama de los sutiles distingos y las puntualísimas precisiones a que pudiera abocarnos el somero análisis gramatical de cada caso y, para no alejarnos en exceso del camino trazado —y que no es gramático sino hasta donde lo precisa, que no un punto más—, hacemos tabla rasa de toda preocupación adjetiva y levantamos bandera por una vieja voz castellana, tan noble e ilustre como olvidada y hasta despreciada, que pensamos ha de servirnos para sortear, con rancia ligereza y con una sola y exacta palabra ceñidamente definitoria, estos bajíos de tan difícil y engañosa singladura. Antes de entrar en su consideración, quizá fuera prudente releer los diferentes nombres que hubieron de recibir estas frases desde que los escritores se dieron cuenta de que existían y empezaron a coleccionarlas y a disecarlas (o desde que nosotros nos enteramos de que los escritores se habían dado cuenta de su realidad). A fines del siglo XVI, Sánchez de la Ballesta les llama *frases* y, poco más tarde, Juan de Aranda les dice *lugares comunes;* Juan de Luna, veintitantos años después, prefiere la forma *modos de hablar,* que adoptan Caro y Cejudo y la Academia; *frase proverbial* aparece con el maestro Correas y es manera de decir especialmente grata a los autores del siglo XIX; Montoto les da diversos nombres, amén del ya dicho —*modismo,* que figura también en fray Gregorio Martín, en Ramón Caballero y en Gabriel María Vergara; *locuciones,* que sigue López Toral, *frases hechas* y *frases familiares*—, aunque los utiliza más como sinónimos que con ánimo de diferenciarlos entre sí; *locución familiar* se lee en la portada de un libro firmado con iniciales; *locución proverbial* está ya en Antonio Jiménez; *frase metafórica* y *locución metafórica,* en Ortiz del Casso, y *frase figurada* es la denominación que usa Odón Fonoll; y aquí ponemos punto final a la lista, en defensa de la paciencia de quien leyere. Obsérvese que las formas modo adverbial, frase adverbial y locución adverbial, no figuran en la relación expresada y, puesto que sí se registran —las formas, que no estos modos de llamarlas— en los repertorios, tenemos por muy probable que quizá el silencio sea motivado por causa de involuntaria confusión o deliberada identificación con otras formas —modo proverbial (aunque tampoco aparezca), frase proverbial y locución proverbial—, sin duda más claras aunque no del todo coincidentes. Muy bien pudiera suceder que las formas preteridas fueren, en efecto, no del todo diáfanas y de fácil entendimiento, y tampoco habría de alarmarnos el hecho de que su destierro, sobre evidente, estuviera justificado; nosotros no hemos de utilizar ninguna, por una sola razón de principio: la existencia, en castellano, de voz que nos permitimos suponer designadora del concepto. El diccionario de la Academia registra, a partir de 1970, aunque en plural, como andalucismo y americanismo, y con valor distinto al que nosotros —y el pueblo de Burgos— nos atrevemos a darle, la voz *díceres,* a la que define como:

dichos de la gente, habladurías, murmuraciones; según Fernando González Ollé, que estudió la lengua castellana donde mejor se habla, *dícere*, en singular, es voz viva que, en el ámbito que señala, quiere decir: dicho proverbial, frase hecha. Esta es la designación que hemos de dar a nuestras locuciones, adverbiales o proverbiales, a las que pensamos que ha de venirles como anillo al dedo, a las mil maravillas e incluso como pedrada en ojo de boticario. Y puesto que de díceres hablamos, con díceres nos expresamos.

Los cantares geográficos también son objeto de nuestro interés, y el arancel que hemos de aplicarles ya puede suponerse: su origen popular y anónimo. En el refranero español no hay una sola línea (queremos decir que no conocemos una sola línea) que relacione los conceptos cantar y gozo —diríase que el español no canta cuando está gozoso y sí cuando no lo está—, pero no faltan las que aludan al canto en situaciones muy alejadas de la alegría: *Quien canta, su mal espanta*, es amarguillo y escéptico decir de muy clara enseñanza a lo que aquí se supone y en su origen sopló la musa hermana de la que inspiró la jota que dice:

> Cuando el aragonés canta
> no siempre está muy contento,
> pues que muchas veces canta
> para ahogar el sufrimiento;

o esta otra que no nace de la alegría sino que, por contrario, la busca desde la tristeza:

> Cuando un maño se halla triste,
> canta la jota y se alegra,
> que es la jota en Aragón
> remedio contra la pena;

como *Quien ríe y canta, diz que sus males espanta*, o *Cuando el español canta, por algo canta*, y se supone que canta porque no le van bien las cosas ya que, *Cuando el español canta, o rabia o no tiene blanca*, y *El español que canta, o rabia o le salen dientes; Bien canta Marta cuando está harta*, es punto menos que un grito ante el hambre crónica, como señal de pobreza es suponer que *Cantar y bailar no componen ajuar*, y aún más decir que *Español coplero, no tiene dinero; Quien de esperanzas vive, cantando muere*, tanto puede querer señalar al esperanzado y el premio que le espera al final de sus días, como a la vana y gratuita inutilidad de su terca esperanza; *Bien canta pero mal entona*, implica cicateros sentimientos en el oyente, y *Quien canta bien se suena* no es sino señal de compasión ejercitada con muy poca caridad; *Donde cantar pensé, lloré, y donde pensé llorar, hartéme de cantar*, presenta un primer término decepcionado y triste y no exento de resignación, que se convierte, en el segundo, quizá en cinismo; *Cantar pensé y por cantar, lloré*, tampoco le anda lejos; *Cuando canta, reniega mi camarada: cuando canta, reniega, reniega y canta*, es paladina confesión de que ambas actitudes habitan, sin excluirse la una a la otra, en el alma de quien canta, sin dejar de renegar, para seguir cantando y renegando; *Canta la rana y no tiene pelo ni lana*, viene lastrado de un cariz cruelmente despectivo que se mofa del pobre en su alegría, jamás apoyada en más firme cimiento que la resignación y el desprecio, quizá fingido, de los inalcanzables y ajenos bienes materiales *(El mundo es ancho y ajeno*, la gran novela del peruano Ciro Alegría, hubiera podido encabezarse con este refrán de la rana pobre). La alegría está desterrada de las conductas españolas, que deben ser solemnes y severas, y de las costumbres, que tienen la obligación de aparecer piadosas y ascéticas; el español es serio y austero, o debe al menos vestirse con el enlutado ropaje de la seriedad y la austeridad, y es conveniente recordárselo: *Quien va mal cantando, no puede ir bien orando* (que quiere decir: a quien va mal, a quien vive mal, por cantar, no puede irle bien aunque ore), es el trágico e inquisitorial mandato contra la distracción en las penas o el olvido de la pena que pudieran llevar a la vedada alegría.

Al margen de lo que pudiera llamarse la descalificación española del cantar, evidencia sobre la que pasamos sin mayor detenimiento y tan sólo tras haber dejado constancia de nuestra falta de refranes que lo relacionen con el contento, no juzgamos preciso volver a insistir sobre nuestro interés hacia ellos, ya que en ellos late el vivo y bullidor espíritu del pueblo objeto de nuestra atención. Una cautela única hemos de tener, sin embargo, con los cantares: la exuberancia de su floración, que desborda todo orden posible y hace muy difícil su cosecha; diríase que el pueblo español, o está históricamente hambriento y de ahí su mantenido cantar, o no cree en refranes, supuesto más improbable, ya que él es su primera y más propicia cuna; tampoco debe desecharse la posibilidad de que no sea obligado el trance calamitoso para cantar. En todo caso, el cantar ahí está; el cantar no muere y sus cumplidas colecciones nos abruman con los miles y miles que encierran en sus sabias páginas y que, aun registrados, disecados y embalsamados, no pierden su rozagante lozanía; determinada parte de ellos —los geográficos—, caben a nuestro fin.

La concatenación de las tres formas que venimos contemplando ha sido siempre tema de pensamiento para el estudioso. Machado y Alvarez cree que el germen originario del cantar es más sencillo —y también más antiguo— que el del refrán, aunque éste pueda quedar contenido en aquél en no pocas ocasiones; Joaquín Costa, por el camino contrario, piensa que el refrán es la primera y más rudimentaria manifestación de la literatura y que es previo al cantar; Rodríguez Marín opina que la locución —que era buena y verdadera pero no bella, y que no revestía la forma poética que habían de darle la cadencia, el metro, la rima y la metáfora— antecede al refrán, que sí ofrece tales requisitos; en su discurso ante la Real Academia Sevillana de Buenas Letras, el mismo autor mantuvo que «el cancionero es el termómetro que marca la temperatura afectiva del corazón popular, al tiempo que el refranero es el barómetro que mide la presión del aire ambiental intelectual de las naciones»; aprovechamos la ocasión para dejar aquí pública constancia de nuestro pasmo. Cejador da cabida a la frase hecha, que no llega a ser refrán pero lo origina, y supone que la forma más primitiva y sencilla del cantar se expresa en el villancico; aquel refrán es fuente de la poesía sentenciosa y este otro villancico es manantial del que brota la poesía lírica y aun la dramática. Para nosotros, el cantar en su forma más primitiva, esto es, el dicho que se canturrea apoyándose en el sonsonete que facilita la silabación, es posiblemente la primera forma de expresión literaria (su popularismo va implícito), aunque su nacimiento no debió ser demasiado anterior al del refrán e incluso hayan podido coincidir ambos en más de un momento; lo que sí nos parece más moderno —o quizá mejor, no tan antiguo— es el dícere, al que tenemos por refrán en descomposición, según pensamos, por braquilogía que tanto pudo producirse por solecismo como por madurez: las locuciones *Abre el ojo*, o *Burla burlando*, o *Escupí al cielo*, o *Fía en castañas*, entre docenas de ejemplos que pudiéramos aducir, no son sino el inmediato y abreviado sintagma de los refranes *Abre el ojo, que asan carne*, o *Burla burlando vase el lobo al asno*, o *Escupí al cielo y cayóme en la cara*, o *Fía en castañas asadas, saltarnos han a la cara*, de los que cabe suponer que salieron, ya que el camino contrario no es de lógica ni admisible explicación. No hay duda alguna de que todo lo dicho, por los demás y por nosotros, pudiera ser verdad o ser mentira, aunque se nos antoja que estas lucubraciones más tienen de ingeniosas y literarias que de verdaderas y científicas, y no ignoramos que tampoco nos sirven demasiado, puesto que no cumple a nuestros fines nada que no fuere la real evidencia del dictado, su salud y sus buenos deseos de vivir.

El laberinto de los topónimos españoles es la viva imagen del *silvestris mons* del erudito Terentius Varro, y no resulta sencillo ni aun hacedero el llegar a comprender cómo tal desbarajuste no acabó ahogándolos y borrándolos del mapa y de la memoria. Puesto que no se nos ha dado a elegir el naipe, jugamos con el que tenemos y declaramos que, a nuestra curiosidad, caben todos los topónimos del país, capaces de producir documento folclórico y, a estos efectos, observamos todos los municipios españoles con esa consideración en los nomenclátores que manejamos, al margen de que su nombre designe o no designe entidad singular, pero sin dar de lado, claro es, a no pocas agrupaciones humanas o rincones geográficos hoy desiertos o incluso jamás habitados —ya que más de un despoblado o yermo o un mero accidente en tierra o mar, han sido causa de documento considerable— cuyo topónimo no coincide con denominación de municipio: *Al desierto de la Violada, quién con horca, quién con pala*, o bien, *Si quieres ver maravillas, entra en la cueva de Pedro Cotillas*, o incluso, *Miente más que la laguna de Gredos*, o *La Aceitera* —es un bajo frente al cabo de Trafalgar—, *muy adentro o muy afuera*.

Cuando podemos hacerlo —que no siempre la fortuna nos acompaña— procuramos encuadrar cada entidad en su ámbito natural o histórico, humano o físico; las adscripciones administrativas son mudadizas y, salvo aquellas sobre las que reposa ya el polvo de los siglos, no tienen mayor interés para nosotros y en este trance de hoy. Las nociones que nos han servido de pauta son pocas y sencillas. Llamamos región a cada una de las grandes parcelas a quienes puede servir de denominador común la similitud, en continuidad territorial, de su geología, su morfología, su clima y su biología; coincide nuestro concepto con lo que los geógrafos llaman grandes regiones y para designarlo preferimos usar la sola palabra con la que lo venimos haciendo, ya que no juzgamos indeclinable la siempre artificiosa —y empobrecedora— presencia de locución; son regiones, en la península Ibérica y a nuestro sentir, la galaica, la asturleonesa, la vascocántabra, la pirenaica, la mariánica, la lusitana, la bética, etc., ninguna coincidente —por exceso o por defecto— con zonas homogéneas a escala humana (etnográfica o lingüística), ni tampoco con los antiguos reinos y principados, de homogeneidad no perfecta ni entera pero sí históricamente bastante. El término región, de otra parte y ya fuera del uso científico, no ha tenido excesiva fortuna en su evolución semántica y, en la lengua hablada, suele presentarse contaminado de cierto tufillo claudicante que lo hace poco grato y todavía menos útil (las expresiones casa regional o traje regional, entre otras, aparecen hoy paradójica e inevitablemente lastradas de buen —y abyecto— deseo de caer en gracia a alguien); es voz que no empleamos ahora, por no necesitarla, y sobre ella tampoco es necesaria mayor insistencia. Para la determinación de comarca damos cabida al hombre y su lengua y sus usos; consideramos el terreno en cuanto forma, sin olvidar la trabazón que liga a esta forma con su soporte, y le exigimos identidad climática, zoológica y botánica, con lo que, como es lógico, el ámbito se reduce; coincide nuestra comarca con la región natural de los geógrafos, que también entendemos innecesaria locución; son comarcas, en España y según pensamos, La Mancha, La Bureba, El Priorato, Los Barros, Babia, El Ampurdán, Bergantiños, etc. Entendemos por contrada la pequeña comarca, tanto si la designa topónimo admitido por los estudiosos (Val de Moraña) como si, ignorado por éstos, es conocido por el pueblo (La Rinconada soriana); no precisa mostrarse aislada y se admite que pueda estar inscrita en comarca mayor (La Solana, que cabe en Tierra Estella; La Mata o Las Rañas, en La Serena).

El respeto al dato oficial lo limitamos a la catalogación por categorías de entidades que hace el *Nomenclátor*, ya que estamos bien libres de sentirlo hacia alguno de sus otros aspectos: la escritura de los topónimos, por ejemplo, con frecuencia adulterada. En el ámbito del catalán, el gallego y el vasco —que no siempre coincide con sus lindes administrativas— reseñamos el topónimo oficial, sí, pero no desarrollamos su rúbrica más que cuando su forma está instalada con comodidad en su traducción al castellano y no repugna al buen sentido, o cuando, sin estarlo y aun repugnando, produce dictado interesante. Ni que decir tiene que hay topónimos no españoles o españoles no castellanos que pueden nombrarse con toda holgura en nuestra lengua común; resulta remilgado obstinarse —y cae en barbarismo quien se obstina— en decir London habiendo Londres, o Bordeaux existiendo Burdeos, o Lleida o A Cruña o Araba teniendo Lérida y La Coruña y Alava muy ilustre carta de naturaleza (Lope de Vega, *Los Ponces de Barcelona*, acto I, en boca de Lucrecia; Tirso de Molina, *La romera de Santiago*, jornada I, en el papel de Ordoño; Gonzalo de Berceo, *Historia de San Millán*, estrofa 466); quede el decir London, Bordeaux, Lleida, A Cruña y Araba cuando se habla en inglés, en francés, en catalán, en gallego o en vasco, pero no caigamos en el artificio de nombrarlas en su lengua cuando es otra en la que nos estamos expresando y en esta otra —volvemos a repetirlo— existe su natural forma admitida. Hay otros topónimos, en cambio, españoles, sí, pero no castellanos, que en la lengua oficial corrieron muy desgraciado camino y, contra su dolorosa evidencia arbitraria o malsonante y en defensa de nuestra común cultura, quisiéramos restablecer hasta donde nos fuere posible su forma pertinente. En pretéritas páginas nos detuvimos en la consideración del despropósito en que pararon algunos topónimos catalanes que tuvieron la mala fortuna de caer en lo que pudiéramos llamar, en evitación de designaciones peores, traducción administrativa al oído. Con el gallego ocurrió idéntico fenómeno y la nómina de los gratuitos desafueros cometidos contra su integridad pudiera hacerse interminable; vayan un par de botones de muestra, suficientes en su extraña conducta: los híbridos Puenteareas y Puentedeume, que deberían haber formado Ponteareas y Pontedeume —o Pontesdeume, como prefiere decir Otero Pedrayo—, o el extraño Sangenjo (San Xenxo, San Ginés, advocación de la parroquia en la que se residencia el ayuntamiento) que resulta impronunciable para los sangenjinos; recuérdese que la *j* no existe en lengua gallega, y también que la villa está en zona de geada y repárese en que los naturales de ella y su contorno, cuando quieren hablar en castellano, no aciertan a decir sino Sanguengo. En España hay tres lenguas románicas y una de misterioso origen que, si de pretensiones y alturas mayores o menores, son igualmente válidas o naturales, cualquiera de ellas con relación a las otras; quizá no fuera demasiado pedir a los españoles un mínimo amor a las grafías y a los sonidos que, ajenos a su propia lengua familiar, tampoco son por eso menos evidentes.

Otro problema —y de más difícil y vidrioso arreglo— es el de las entidades con topónimo no mejor o peor traducido sino creado de nuevo cuño y en sustitución del originario (las creaciones toponímicas aplicadas a entidades no existentes con anterioridad, no son objeto de nuestra consideración en este momento); nos preocupa el caso de los topónimos establecidos a contrapelo de la voluntad de sus habitantes, o de parte de sus habitantes, bajo el que laten las brasas de la opresión o de la resistencia política —según se observe el fenómeno por su haz o por su envés—, ya que el otro posible supuesto, el del topónimo que se cambia a petición de parte interesada, cae fuera de la cuestión y lo incluimos sin fuerza alguna en el renglón de los derogados, de los que se hablará a su debido tiempo. No procedemos así con los topónimos que, aun derogados —y tanto lo es el simple que se borra y se sustituye, como el simple que se hace compuesto, el compuesto que se abrevia en simple o el compuesto al que se modifica el segundo término—, lo fueron por causa incómoda para alguien, y a cada uno de ellos damos entrada independiente, ya que nos hubiera producido cierta violencia el incluirlos con carácter general, bajo el epígrafe de los históricos, aunque lo sean, y nos hubiera asaltado la constante duda de si acertábamos o errábamos al incluirlos o no en ese apartado según cada caso o circunstancia. El fenómeno es común a todas las lenguas españolas: en castellano, durante la guerra civil de 1936, en la zona republicana, Olías del Rey cambió su nombre por el de Olías del Teniente Castillo, y en la zona nacional, el Alto del León se transformó en el Alto de los Leones de Castilla; en catalán, Ciutat de Mallorques, e incluso la antonomasia Ciutat, pasó en tiempos de Felipe V a llamarse Palma de Mallorca, arcaísmo de origen tan confuso como de oportunidad tan dudosa, y en gallego, la playa de Lourido perdió su nombre para encontrar el de Playa América, por desdichado influjo de los emigrantes que volvieron enriquecidos de Ultramar y quisieron dejar constancia de su gratitud. Donde el punto que venimos examinando se agudiza —y acarrea, como secuela, múltiples y muy impolíticas fricciones cuya observación cae lejos de nuestra esfera, ya que no de nuestro dolor— es en la toponimia del País Vasco, sobre la que incidió —desde hace cientos de años— un muy violento prurito castellanizante que hizo y deshizo a troche y moche y que instauró innúmeras creaciones, no siempre afortunadas ni justificadas: Biaizteri se convirtió en Laguardia, Agurain en Salvatierra, Lizarra en Estella, Arrasate en Mondragón, Iruña en Pamplona, Donostia en San Sebastián, etc.; por fortuna para quienes amamos las lenguas en sí mismas, fueron no pocos los topónimos salvados o, al menos, salvados en la intención y adaptados a la ortografía castellana: Gernica, Markina, Bergara, Bizcaia, Gipuzkoa, etc., que convertidos en Guernica, Marquina, Vergara, Vizcaya, Guipúzcoa, etcétera, siguieron sonando tal como lo habían venido haciendo.

Llamamos topónimo histórico al que, habiendo existido, cayó en desuso: *Onuba*, Huelva; *Osca*, Huesca. Los topónimos derogados por ley y, como dejamos dicho, sin violencia, son pocos, de cierto, pero existen: *Bayona de Tajuña* fue la denominación de Titulcia, viejo nombre romano resucitado, hasta la francesada; *Asquerosa*, aldea de Pinos Puente, cambió su nombre por el de Valderrubio hace menos de treinta años. Topónimo popular es, para nosotros, el producido por metaplasmo: *Sayote*, Sabiote; *Torafe*, Iznatoraf. Entendemos por topónimo significante el formado por locución dotada de sentido: *la Ciudad Condal, la Villa del Oso y el Madroño*. Topónimo gitano es, según cabe suponerlo, el usado por los calés en su lengua; no es muy frecuente pero, en todo caso, sí resulta curioso y nunca sobra: *Ajilé*, Avila; *Chorrigán*, Málaga. Aún menos frecuente es el topónimo germanesco o propio de los rufianes de los siglos XVI y XVII: *Babilonia*, Sevilla. Aunque cae fuera de nuestro campo, no quisiéramos omitir aquí la mención del topónimo literario que es el creado por los escritores: *Luzmela*, nombre que dio Concha Espina al lugar de Mazcuerras y que pasó al *Nomen-*

clátor; Oleza, Orihuela en Gabriel Miró; *Vetusta, Pilares*, Oviedo para Clarín y para Pérez de Ayala.

Un último escondite de dictados nos queda aún por hurgar: el de los gentilicios, forma tan poco representada en el diccionario, y el de los apodos colectivos o por razón de paisaje o vecindad, a los que —por tan aludida causa— llamamos seudogentilicios. Idéntica relación a la existente entre los topónimos puede señalarse para los gentilicios: gentilicio oficial es el que registra el diccionario —*sevillano, toledano*—, y gentilicio usual llamamos a aquel otro que, existiendo de hecho, no figura en el lexicón de la Academia: *azagrés*, el de Azagra; *calaceitano*, el de Calaceite. El gentilicio histórico o de formación culta o seudoculta es el que, habiendo existido, cayó en desuso, o el que, sin haberlo sido nunca, se hace derivar de topónimo histórico: *legionense*, por leonés; *cesar-augustano*, por zaragozano; no interesa a nuestros fines distinguir el uno del otro. Llamamos gentilicio específico al producido por señalamiento de característica, aunque a veces pueda incidir sobre él cierta intención arcaizante que lo aproxima al de causa culta o seudoculta: *barcelonista* es no sólo el barcelonés sino el que, siéndolo e incluso sin serlo, denota manifiesta afección a Barcelona y a su club de fútbol; *madrileñista* es no sólo el madrileño sino el que, siéndolo o no, se proclama paladín de Madrid o estudioso de su cultura; al partidario —o seguidor, o hincha, o forofo— del club de fútbol de igual nombre que esta ciudad se le dice *madridista*, y *matritense* —y aquí la contaminación de arcaísmo a que aludíamos— es voz que suele reservarse para ámbitos sociales y, aun mejor, benéficos, *Asociación Matritense de Caridad*, o con intención costumbrista y literaria, *Escenas matritenses*. El gentilicio popular adjetivo se confunde, a veces, con el seudogentilicio adjetivo; aquél suple con naturalidad al gentilicio y de alguna forma deriva del topónimo oficial o usual —*bartolo*, el de San Bartolomé de Pinares; *picazo*, el de Olmos de la Picaza—, y este otro, en cambio, no suple al gentilicio ni procede del topónimo y suele presentarse lastrado de intención peyorativa, si bien a ésta no debemos considerarla causa determinante: *arrastrado*, el guadalajareño; *embustero*, el oscense, pero también: *caballero*, el abulense, e *hidalgo*, el almazanense. El gentilicio popular por locución se produce, con relación al seudogentilicio por locución con análoga conducta a la observada por el gentilicio popular adjetivo frente al seudogentilicio adjetivo; el gentilicio popular por locución ni suple al gentilicio ni deriva del topónimo oficial o usual, aunque sí quizá del significante sin más que anteponerle preposición: *de la Tierra de María Santísima*, el andaluz; *de la Ciudad del Turia*, el valenciano. Suele ser hábito generalizado el nombrar en plural los gentilicios populares y los seudogentilicios; lo consideramos uso innecesario y vicioso y tan sólo ahora, al referirnos a los producidos por locución —y aunque tampoco siempre—, lo admitimos como preciso. El seudogentilicio por locución no se forma partiendo del topónimo, ni aun del significante, sino de la combinación estable y admitida de dos o más términos funcionando como elemento oracional; también suele enseñarse cargado de intención peyorativa, aunque su presencia no deba ser rastreada, obligatoriamente, para establecer el diagnóstico: *mal pez*, el de Aragoneses; *gente de Barrabás*, el de Benasque, pero también: *buen mozo*, el de Ajofrín y *gallo de pluma y pelo*, el de Fuentegelmes. También puede señalarse el seudogentilicio difuso, que es el que se cuelga al no nativo, al foráneo, sin indicación concreta sino generalizada de su origen; esta curiosa y no muy estudiada forma de apodo suele formarse, entre otras varias causas que no hace al caso rastrear, por sinécdoque (*gallego* al español, en el Río de la Plata), por metáfora (*isidro* al palurdo, en Madrid) o por derivación semántica (*charnego*, en catalán *xarnego*, que empezó significando hijo de catalán o catalana con francesa o francés, y hoy vale por trabajador inmigrante de habla castellana, en Cataluña); en grupo aparte, puesto que no ha de caber en ninguna de las rúbricas previstas, ofrecemos un muestrario suficientemente cumplido de estos supuestos.

Llamamos referencia implícita a la que, sin nombrar el topónimo que se estudia, aunque —no obligatoriamente— quizá sí otro no inmediato e incluso en relación caprichosa, o el gentilicio o seudogentilicio, en cualquiera de sus formas previstas, sugiere su presencia en evocación inequívoca; la referencia implícita estática alude a la tierra y la dinámica, al hombre; ambas pueden ser parciales o, lo que es lo mismo, en ambas se admite el no señalamiento de unidad geográfica sino de elemento que coadyuva a su presencia: una fuente, un paseo, una ermita, etcétera; referencia implícita estática es la locución *Desde mi pueblo se ven las torres* que, refiriéndose a Salamanca, dicen los de las aldeas de su contorno, o el cantar

> En este pueblo, señores,
> hay una grande laguna,
> donde se lavan las guapas
> porque fea no hay ninguna;

el pueblo es Alaejos y dos son las lagunas que hay en su término: Barragán y Pedro Mella; referencia implícita estática nombrando topónimo no inmediato la encontramos en el dícere *Dar a uno más leña que Torozos*, con que en Valladolid quiere dar a entender que a alguien propinan una paliza; Torozos es monte de mucha y buena leña; referencia implícita estática parcial es la locución *El pinar de las de Gómez*, nombre que se dio en Madrid a la calle de Alcalá; referencia implícita dinámica es el refrán *El que no diga jacha, jigo y jiguera, no es de mi tierra*, que exigen los extremeños para otorgar la consideración de tal; referencia implícita dinámica nombrando topónimo no inmediato aparece en la copla

> Para los hombres se hicieron
> Ceuta, Melilla y Peñón,
> y para las buenas mozas,
> el bailar en San Antón,

que se refiere a Navalvillar de Pela, villa de la que San Antón es patrono; el mismo caso y con topónimo, sobre no inmediato, de presencia arbitraria, se encuentra en las frases *Tener un tío en Alcalá* —que vale por no tener nada— o *Tomar las de Villadiego* —que significa huir despavoridamente—, que en todas partes se dicen sin apuntar a las entidades que nombran; referencia implícita dinámica parcial es la locución *Pasar por la capilla de Santa Bárbara*, que equivale a doctorarse por Salamanca, ya que en la capilla de la santa, en la catedral vieja salmantina, hacían los doctorandos su ejercicio de prueba.

Y ya no queda más que repetir unas breves líneas del Quijote por si a alguien pudieran aprovechar: «La libertad, Sancho, es uno de los más preciados dones que a los hombres dieron los cielos; con ella no pueden igualarse los tesoros que encierra la tierra ni el mar encubre; por la libertad, así como por la honra, se puede y debe aventurar la vida, y, por el contrario, el cautiverio es el mayor mal que puede venir a los hombres.» Los topónimos y los gentilicios españoles —y toda su cohorte compañera— nacieron en la libertad que les prestó hermosura y los distingue, y de ellos bien pudiera pensarse lo mismo que de la libertad se dijo por tan ilustre voz. Nuestros viejos topónimos y agudos gentilicios —y todo su bullicioso séquito feligrés— son uno de los más preciosos regalos que los cielos nos dieron a los españoles y, por defenderlos, bien se puede y se debe jugar la vida que brotó entre ellos y que a su sombra debe acabar antes de que ellos mueran. Cada vez que alguien, con el oído poco hecho a estas dulzuras, piense en poner su mano pecadora sobre esta esquina de la sabiduría popular que no es suya sino que es de todos, antes que tocar una sola letra deberá encomendarse al cielo que las permitió tal cual las escuchamos y en su orden. A los topónimos y a los gentilicios jamás han cabido las siempre minúsculas y movedizas razones que son ajenas a su florecer y a su enmustiarse fatal pero imprevisible.

Salsa mahonesa

A mi amigo André Berthelot, sin cuyo
benemérito consulado hubiera seguido andando, por los siglos de los siglos, en un
mar sin orillas.

Llevo ya varios años, exactamente veintitrés, aunque durante largas temporadas ni toqué siquiera la
carpeta en la que guardaba las notas que iba tomando, haciéndome algunas preguntas sobre la salsa
mahonesa y su contorno: ¿fue llevada a Francia,
desde Mahón, por el duque de Richelieu?, ¿quién
fue Lancelot?, ¿el poemilla *Sauce Mayonnaise* era de
Lancelot?, ¿quién si no, fue su autor?, ¿en qué época
fueron escritos esos versos?, ¿es válido llamar salsa
mayonesa a la mahonesa?, ¿cuál de ambas formas
debe prevalecer? Soy hombre paciente y cabezota,
y creo que algo he averiguado, a este vario respecto.
Empecemos, sin embargo, por el principio.

Mi curiosidad nació tras la lectura del artículo
Sobre la salsa mayonesa, de mi admirado compañero
y amigo José Pla, publicado con el antetítulo *Calendario sin fechas* en el número 557 de la revista
Destino, Barcelona, 10 de abril de 1948. En él se
dice: «(...) cuando el poeta francés Lancelot[1] publicó sus célebres versos a la salsa a la mayonesa
(...). Los versos de Lancelot son del siglo XVII» y poco
más abajo: «Decía que los célebres versos de Lancelot son del siglo XVII. Es en ellos donde por primera vez se habla de la salsa a la mayonesa. Para

deleite de las personas cultivadas y norma de cocineros, copiaré los referidos versos, que se titulan:

Sauce Mayonnaise

Dans votre bol en porcelaine,
Un jaune d'oeuf étant placé,
Sel, poivre, du vinaigre à peine.
Et le travail est commencé.

L'huile se verse goutte à goutte,
La mayonnaise prend du corps,
Epaississant sans qu'on s'en doute
En flots luisans jusques aux bords.

Quand vous jugez que l'abondance
Peut suffire à votre repas,
Au frais mettez-là par prudence,
Tout est fini «n'y touchez pas!» [2].

A renglón seguido, comenta: «Si esos versos fueran coetáneos o posteriores a la dominación francesa
de Menorca, la cosa parecería resuelta» (el origen
mahonés de la salsa o, al menos, de su nombre [3]),
y más adelante: «Pero la cronología es sagrada. Los
versos de Lancelot son anteriores, muy anteriores,
a la presencia del duque de Richelieu en Mahón, de
manera que la salsa a la mayonesa estaba ya inventada, etc.» Y bautizada desde el siglo XVII, al menos,
y cantada en verso por Lancelot.

Ahora bien, ¿es esto así?, ¿acierta José Pla en
sus quizá demasiado rotundas aseveraciones? Antes
de buscar respuesta a las dos preguntas formuladas,
juzgo prudente repasar un nuevo artículo del mismo
autor y, a título de botón de muestra, un par de
corolarios o hijuelas espigados entre la nube de los
que hubieron de producirse.

En su artículo «All-i-oli» y salsa a la mayonesa,
publicado, también bajo el antetítulo Calendario sin
fechas, en el número 566 de la misma revista, 12 de
junio de 1948, Pla niega lo que intentamos demostrar que es cierto —el origen mahonés de la salsa
e incluso del nombre «mayonesa»—, e insiste en la
prueba de los versos de Lancelot. He aquí sus pa-

labras: «En *El gorro blanco*[4], correspondiente al
año 1943, D. T. Bardají publicó (...) un largo escrito
sobre la salsa a la mahonesa (...) partiendo del hecho
de que (...) nació en Mahón, fue su receta trasladada
a París cuando Menorca cayó, en la época de Luis XV,
en manos (...) del duque de Richelieu, y allí cambió
su nombre (...). Todo esto es aparentemente de una
claridad meridiana. Digo aparentemente, porque aquí
lo que importa es pasar el cabo de los versos de
Lancelot[5] (...). Ahora bien: por el momento, el cabo
no ha sido pasado.»

La semilla de José Pla fue recogida, entre otros
varios, por dos también admirados compañeros y
amigos, en cada uno de los cuales concurre especial
circunstancia: Alfredo Marquerie, mahonés, como la
salsa y Néstor Luján, muy acreditado conocedor de
manjares e historias de manjares.

El primero de ellos, en su artículo *Divagaciones
sobre la mayonesa*, publicado en *ABC*, Madrid, 1 de
agosto de 1962 (edición de la tarde), sigue las huellas
del maestro ampurdanés, hasta tal punto que llama
Laucelot a Lancelot, en las dos ocasiones en que
lo alude, y asegura, a mi juicio, con una convicción
asaz excesiva, que: «Pla (...) demostró documentalmente y sin dar lugar a ningún género de dudas
que la salsa mayonesa era ya conocida en Francia
en el siglo XVII (...)»; que: «En el siglo XVII el poeta
francés Lancelot publicó un poema titulado *Sauce
Mayonnaise* (...)», y que: «Los versos de Lancelot[6]
no sólo probaban que la salsa había nacido (...) en
el país francés, sino también que *mayonesa* y no
mahonesa era su nombre auténtico y correcto (...).»

El segundo, en su artículo *Sobre nuestra cocina*,
publicado en el número 750 de la revista *Sábado
Gráfico*, Madrid, 16 de octubre de 1971, también
sigue el rastro de Pla, pero, más cauto, no lo cita
y, más cosmopolita, transcribe correctamente el nombre del poeta francés, al que antepone un dubita-
tivo y eximidor pronombre indeterminado. En lo por
él y en esta ocasión escrito se lee: «No sería de
extrañar que la mayonesa fuera un homenaje a su
hazaña (a la del duque de Richelieu) cuando tan
adulado fue por los cocineros. Sólo hay un argu-

mento que contradice esta fácil solución. Y es que la receta de la salsa mayonesa, con este mismo nombre, aparece en un poema debido a un tal Lancelot que vivió en el siglo XVII (...).»

Sigamos adelante, tras haber repasado el texto que me puso alerta y dos de sus más sintomáticos rebrotes.

En premio a no poco trabajo pude encontrar varios Lancelot en la historia de la literatura francesa; estoy muy lejos de suponer que no haya alguno más trasconejado entre sus farragosos —y gloriosos— recovecos, pero en todo caso, sí creo poder asegurar que, de haberlo, quizá ni merezca la pena que aparezca. Los que encontré son los siguientes:

Henri Lancelot-Voisin de la Popelinière, más conocido por La Popelinière. Nació en 1540 o 1541 en La Popelinière-de-Sainte-Gemme-la-Plaine, en La Vendée, y murió en París en 1608. Militó en el bando protestante y fue compañero de armas de Enrique IV el Bearnés. Publicó una *Histoire des troubles et guerres civiles en France pour le fait de la Religion depuis 1555, jusqu'en 1581*, que sirvió de fuente a los trabajos de Jean Le Frère de Laval y Paul Ligneul; tradujo algunas obras del italiano y dejó manuscrito un *Traité du premier langage usité chez les François ou Galois*.

Nicolás Lancelot. Nació a fines del siglo XVI, quizá en 1587, en la Isla de Francia; el lugar y fecha de su muerte se desconocen, aunque algunos historiadores suponen que fue hacia 1640. Escribió una novela *Palma de fidelité ou récit veritable des amours de la Princesse Orbelande et du Prince Charmant*, inspirada, según André Berthelot, en *La Diana* de Montemayor, y tradujo *La Arcadia*, de Lope de Vega, y *El perfecto embajador*, de Vera y Zuñiga.

Dom Claude Lancelot. Nació en París hacia 1615, y murió deportado en Quimperlé, en la Bretaña, en 1695. Fue maestro de Racine en el monasterio de Port-Royal y monje benedictino en Saint-Cyran, uno de los más intransigentes reductos jansenistas. Fue autor, entre otras, de las siguientes obras: *Nouvelle méthode pour apprendre la langue latine, Nouvelle méthode pour apprendre le grec, Le jardin des ra-*

cines grecques, Delectus Epigrammatum, Grammaire italienne, Grammaire espagnole, Grammaire générale et raisonné, Cronologie sacrée, Dissertation sur l'hemine de vin et la livre de pain de Saint-Benoit y *Mémoires pour servir a la vie de Saint-Cyran.*

Antoine Lancelot. Nació y murió en París en 1675 y 1740, respectivamente. Colaboró con Horbicrot en el *Dictionnaire étymologique,* con Bayle en el *Dictionnaire historique et critique* y con Valbonnais en la *Histoire du Dauphiné.* Trabajó para *La Table historique;* inventarió los ducados de Bar y de la Lorena; publicó numerosas *Mémoires* en el *Recueil* de la Academia de Inscripciones y Buenas Letras, a la que perteneció, y prologó la *Histoire des Grands Officiers de la Couronne* del P. Anselme. Su obra maestra, *Memoires pour les Pairs de France,* apareció en 1720.

Lancelot, por último, también fue el seudónimo con el que Abel Hermant, de la Academia Francesa, firmó sus crónicas de *Le Temps* después de la primera guerra europea.

A ninguno de los cuatro Lancelot de los siglos XVI y XVII cabría, dado el sentido de la obra de cada uno de ellos, atribuirles los versos tras cuyo rastro andamos. A mayor abundamiento, los dichos versos tampoco parecen de aquella época. El profesor Antoine Adam, catedrático de literatura francesa de la Universidad de la Sorbona y autor de una magnífica *Histoire de la Littérature Française du XVIIème Siècle,* a quien consulté, me dice en carta de 22 de abril de 1963: «Je ne connais pas l'auteur des vers que vous me citez. Mais je puis vous assurer qui'ils ne peuvent dater du XVII Siècle. Ils ont eté écrits, au plus tôt, ver la fin du siècle suivant. Je ne parle pas de leur sujet, máis de leur facture. Elle suffit à exclure l'idée qu'ils soient plus anciens.»

Ya tenemos situados los versos «a lo sumo, a fines del siglo siguiente», y después, por tanto, de que el duque de Richelieu anduviera por Menorca. Pero ¿quién fue su autor?, ¿quién, el Lancelot misterioso que no aparece? Su presencia en la bibliografía es bien reciente; según dice Pla en su segundo artículo: «(...) don Angel Muro, en 1890, en la primera de las *Conferencias culinarias* que dio en Madrid, se ocupó de la mayonesa y dio a conocer, *por primera vez*[7], en una publicación de cocina[8], los versos de Lancelot.»

Tengo en mi biblioteca un ejemplar del *Almanaque de «Conferencias Culinarias» de Angel Muro*[9] en el que, en efecto, se publican los versos de que se viene hablando; el autor del librillo no se para en barras, y debajo del nombre de Lancelot coloca una fecha muy precisa: 1625. Quedan descartados, por tanto: La Popelinière, muerto diecisiete años antes; Dom Claude, que acababa de hacer la primera comunión por el tiempo que se dice, y el gramático e historiador Antoine, que nacería medio siglo más tarde. ¿Cabría atribuírselos al único posible, a Nicolás, el traductor de Lope? No, de cierto, a la vista del espíritu que animó su obra; a presencia de lo que me asegura el profesor Adam, y considerando que los lexicólogos franceses —como pronto hemos de ver— no documentan la voz hasta el siglo XIX. ¿Será posible que todo este batiburrillo nazca de la errónea o maliciosa atribución de Angel Muro? Lo tengo por lo más probable. Pedro Ballester en su libro *De re cibaria*[10], también señalado —y muy puntualmente seguido— por José Pla[11], copia a Angel Muro y vuelve a insistir en que los versos eran de este Lancelot que nadie conoce, aunque el gastrónomo menorquín le llame eximio poeta.

En el número 349 de *Annales Politiques et Littéraires*, París, 2 de marzo de 1890, se publica una crónica titulada *Cuisinières à vos pièces!* —evidente calco de intención grotesca de la voz militar *Canonniers à vos pièces!*—, en la que, con paternidad diferente, se da también cabida a los versos de la mayonesa; el párrafo que nos interesa dice así: «Voici une recette en vers pour la mayonnaise; c'est au banquet de l'exposition culinaire que lecture a été donné de ce poème, que l'auteur, un cuisinier distingué, M. Ozanne[12], pretend être une imitation du sonnet (sic) de Sully-Prudhomme, le *Vase brisé:*

Dans votre bol en porcelaine,
etc.

M. Sully-Prudhomme ne s'attendait pas à celle-là!» [13].

Lo dicho, ¿nos permitiría suponer que Angel Muro, en su conferencia madrileña del mismo tiempo que esta crónica parisina, confundió las fechas, revolucionó el calendario, trastocó —deliberadamente, según pienso, o incluso sin querer— el nombre del cocinero Ozanne en el del fantasma Lancelot, y fue seguido por Pedro Ballester, por Manuel de Saralegui, en sus *Escarceos filológicos* [14], por José Pla y por tantos y tantos otros? De´otra parte, ¿pudo haber sido Lancelot seudónimo, del que no tengo noticia, del cocinero Ozanne? Por más probable tengo el primero que el segundo supuesto, y en él me atrevería a señalar la fuente de tanto mantenido error. En todo caso, conocemos ya al autor, que no fue ninguno de los Lancelot anteriores al duque de Richelieu, y sabemos la fecha del poema: 1890 o quizá un poco antes, pero sin duda después de Sully-Prudhomme, de cuyo *Vase brisé* es declarada y evidente parodia; recuérdese que los versos que sirvieron de modelo a los de *Sauce Mayonnaise* empiezan:

La vase oû meurt cette verveine,
d'un coup d'eventail fut brisé

en los que la rima es idéntica, y terminan con un concepto paralelo:

N'y toucher pas, il est cassé.

A mayor abundamiento, registro que *mayonnaise*, según Dauzat, *Dictionaire Etymologique* [15], es voz que no se documenta en lengua francesa sino hasta 1807.

Las etimologías pintorescas no me han de llevar más allá de su enumeración sucinta; *bayonnaise*, de Bayona de Francia; *magnonnaise*, de *magnier*, *manier*, manejar; *mayennaise*, en honor del duque de Mayenne o de la comarca francesa del mismo nombre: *moyeunnaise*, de *moyeu*, yema de huevo en francés antiguo, y quizá alguna más.

En cuanto a las fuentes que tengo por más científicas, todas coinciden en dar como probable la derivación de *mahonnaise*.

Emile Littré, *Dictionnaire de la Langue Française*[16], dice: «Quelques auteurs conseillent de préférer *mahonnaise* attendu que le nom de cette sauce vient, disent'ils, de celui de Mahon, ville que Richelieu prit.»

El *Dictionnaire Encyclopedique Quillet*[17], dirigido por Raoul Mortier: «Origine incertaine. Passe pour être la corruption de *mahonnaise*, de Mahon, cap. de l'île de Minorque, prise par le Maréchal de Richelieu en 1756.»

El *Larousse du XXème siècle*[18], dirigido por Paul Augé: «(...) peut-être pour *mahonnaise*; du nom de Mahon, ville prise par Richelieu.»

Albert Dauzat, *Dictionnaire Etymologique:*[15] «(...) parait tiré de (Port-) Mahon (Balèares) en souvenir de la prise de la ville par le duc de Richelieu en 1756. Mais il est surprenant que le terme n'apparaisse qu'au XIXème siècle.»

Armand Lebault, *La table et le repas a travêrs les siècles*[19]: «(...) *mayonnaise ou plûtot mahonnaise* que le duc de Richelieu composa a Port-Mahon.»

No es casual, a mi modo de ver, esta relación que los gramáticos franceses establecen entre el duque y la salsa, e incluso pudiera llegar a demostrarse documentalmente que el mismo Richelieu fue quien la bautizó con el nombre de *mahonnaise*, si alguien alcanzara a quebrar cierta muy concreta resistencia atrincherada tras el bastión al que ahora —y para entendernos— me atreveré a llamar «pudor histórico» o «defensa de la virtud a más de dos siglos vista». En el desván de una familia menorquina —si la humedad no la borró o si los ratones no acabaron comiéndosela— se guarda una carta del duque, el hombre al que gustaban tanto la mesa y las mujeres que, ya octogenario —y tras no haberle hecho ascos jamás ni al mantel ni a la sábana—, reincidió por vez tercera en el matrimonio; la carta iba dirigida a esa trasabuela amorosa que jamás falta en las mejores familias y, en el párrafo que nos interesa, decía así: «...y por si fuese posible que yo me olvidase de vos, madame, esa salsa mimosa con la cual tantas veces hicisteis feliz mi paladar, se encargará de hacerme recordaros, y desde este momento os digo que, en la imposibilidad de darle vuestro nombre, le llamaré mahonesa». No he visto esa carta, y puedo creer a quien me lo dijo con la misma fe e igual convencimiento con que puedo ser no creído por los demás, quizá en algún instante acabe por salir este curiosísimo documento a la luz, tras alguna amnistía general de los hermosos y confortadores pecados contra el sexto mandamiento.

Los franceses siempre han entendido que *mayonnaise* era popularismo por *mahonnaise*. Coriolis, en su artículo *Argot du Protocole*, aparecido en *Le Matin*, París, 31 de mayo de 1907, echa su cuarto a espadas diciendo: «Le pis est encore que le Ministre des Affaires Etrangères ait inscrit su son menu une enormité comme: *Mayonnaise de volaille*. Mayonnaise! Que le patron d'un restaurant dise, écrive, prononce *mayonnaise:* il n'y a que demimal. Mais un ministre français!» Y en 1956 —como recuerda Sempronio, maestro de periodistas y de amigos, en su artículo *200 años de salsa*, publicado en *Diario de Barcelona* el 24 de noviembre de aquel año— los franceses conmemoraron los dos siglos de la mahonesa haciendo coincidir la efemérides con el bicentenario de la toma de Mahón por el mariscal.

Nótese, por último, que en la edición del libro anónimo *La Cuisinière Bourgeoise* de 1786 —y publicada, por tanto, a los treinta años de haber caído Mahón en poder de Richelieu— no se habla aún de la salsa, lo que permite suponer que todavía no era muy conocida.

Su presencia en el diccionario de la Academia Española es tardía: *mayonesa*, en 1884, y *mahonesa* en 1925. Para mí tengo que la salsa que el duque se llevó, como trofeo de guerra, de Mahón, aun siendo, en aquel siglo XVIII, de cuna española, no tenía nombre ni en castellano ni en catalán; fue exportada a Francia por las huestes de Richelieu, que deformaron en *mayonnaise* la denominación de origen que le dieron, y de ellos tomamos nosotros la traducción de la corrupción.

Entiendo que la cadena pudiera establecerse así:

(catalán) *maonesa* y (castellano) *mahonesa* (francés) *mahonnaise* (que corrompe en) *mayonnaise* (y se traduce al catalán) *maionesa* y (el castellano) *mayonesa;* las dos últimas son formas artificiales y ajenas al espíritu de la lengua, tanto en catalán, con la *i* que se interpola, como en castellano, con la *y* que suena en suplencia de la *h* muda.

Si esto es tal cual supongo, ¿no sería oportuno propugnar que los españoles dijésemos y escribiésemos *mahonesa*, en castellano, y *maonesa* en catalán? Me gustaría conocer las opiniones de los filólogos de una y de otra lengua.

1. A lo largo del artículo, Pla cita cuatro veces a Lancelot, y en todas ellas se lee Laucelot, con *u*, sin duda por error atribuible a la imprenta.

2. Corrijo alguna que otra errata y algún acento mal puesto, por considerarlas pifias de la imprenta.

3. Lorenzo Lafuente Vanrell, en su artículo *La salsa mayonesa*, publicado en *Revista de Menorca*, tomo IX, cuaderno VI, Mahón, junio de 1914, recoge la siguiente tradición oral: "El duque de Richelieu, preocupado con el plan de ataque general, vagaba cierta noche por las calles de Mahón, sin acordarse de tomar alimento; y apremiándole el hambre, entróse muy tarde en una fonda para pedir de comer.

"Al decirle el fondista que ya no quedaba nada, le rogó lo mirara bien, y registrando aquél la cocina, halló unas piltrafas de carne, de ingrato aspecto, diciéndole:

"—Señor, es lo único que hay, y no es decente para vuestra excelencia.

"—Arréglalo como puedas, que en tiempo de hambre no hay pan duro.

"Hízolo así el fondista, y se lo presentó con una salsa que fue tan grata al duque, que hubo de preguntar qué salsa era aquella tan sabrosa.

"—Señor, es simplemente una salsa de huevo.

"—Pues dígame cómo se hace que la voy a apuntar.

"Así lo hizo, y le dijo al fondista que en lo sucesivo se llamaría salsa a la mahonesa; con este nombre la dio a conocer cuando regresó a Francia."

4. Aclaro aquí, para el lector que lo ignore: *Revista española del arte de la Gastronomía...* Director, don Ignacio Domènech, Madrid, Imprenta Helénica, 1906-?.

5. En este artículo Pla cita cinco veces a Lancelot, siempre con *n*.

6. Corrijo el erróneo Laucelot.

7. La cursiva es mía.

8. Repárese en la puntuación. Pla dice: "(...) dio a conocer, por primera vez, en una publicación de cocina (...)", y no: "(...) dio a conocer, por primera vez en una publicación de cocina (...)". Esto es, Pla nos informa de que don Angel Muro dio a conocer los versos por primera vez (idea sustantiva) y los dio a conocer en una publicación de cocina (cuestión adjetiva y meramente anecdótica).

9. (Primer Año), 1892, Librería de Fernando Fe, Madrid, 1891.

10. Imprenta de Manuel Sintes Rotger, Mahón, 1923; 2.ª ed., ídem, íd. 1956.

11. A través del libro *De re cibaria* Pla sigue, con obediencia suma a Angel Muro y a Lorenzo Lafuente Vanrell. Sin comentario alguno y a título de botón de muestra:

Muro: "(...) reina de las salsas frías (...) para el pescado frío y las carnes fiambres, en particular las pechugas (...) [transcribo] para deleite de literatos y norma de cocineros (...)."

Pla: "(...) reina de las salsas frías (...) para servir el pescado frío y las carnes fiambres, especialmente las pechugas (...). Para deleite de las personas cultivadas y norma de cocineros (...)."

Lafuente: "Quizá pensó alguna vez él (Richelieu), tan zumbón y volteriano, (...) que lo único positivo y durable de su conquista era la salsa (...)."

Pla: "(Richelieu) era un tipo zumbón y volteriano en la memoria del cual lo único positivo y durable de su conquista era quizá la salsa (...)."

12. También aquí, como en el caso de Laucelot por Lancelot en el primer artículo de Pla, hay errata que subsano: el Ozenne que enmiendo es, según el *Dictionnaire Universel de Cuisine* de Joseph Fabre, Achille Ozanne: "Célèbre cuisinier-poète français, né à Paris le 29 septèmbre 1846. (...) Ce siècle aura produit trois poètes gastronomes, immortels et d'une originalité toute particulière: Berchoux, Monselet, Ozanne (...). Berchoux poètisa le repas, Charles Monselet fit sonner les mets. Achille Ozanne les a formulés"; R. J. Courtine, de la corporación Cuisine et Vins de France, en carta de 8 de setiembre de 1963, me alude a los *Annales Politiques* y sigue la forma no corregida que en ellos aparece.

13. Tampoco es ésta la única parodia que tuvieron los ramplones versos de Sully-Prudhomme. Raymond Oliver, gran autoridad de la gastronomía francesa y director, al menos en la fecha de la que voy a hablar, de las emisiones sobre arte culinario de la televisión de su país, me dice en carta de 10 de mayo de 1963: "(...) une autre parodie que je sais aussi par coeur (du même poème).

             Dans un réduit ce pot de chambre
             Par un coup de pied fut brisé
             (...)."

14. *Ni bayonesa ni mayonesa. Mahonesa*, en *Boletín de la Real Academia Española*, tomo XI, cuaderno LI, Madrid, febrero de 1924.

15. Larousse, París, 1938.

16. Edición que utilizo: Gallimard-Hachette, París, 1960.

17. Edición que utilizo: Librairie Aristide Quillet, París, 1938.

18. Edición que utilizo: Librairie Larousse, París, 1931.

19. Cito por referencia: Lucien Leveur, París.

El "Libro de guisados" de Maese Ruperto de Nola

Todo es oscuro en torno al cocinero, al rey y al libro. La historia, cuando se cierra en banda y juega a confundir, es enemigo que suele maniobrar envuelto en caprichosas nubes de humo que enturbian el mirar, desorientan el instinto y difuminan, cuando no borran del todo, las huellas por las que el entendimiento quisiera haber discurrido; este saludable librejo que tiene usted en la mano, amigo lector, es un botón de muestra, tan anciano como lustroso, de las remotas lindes a que puede conducir la no recta interpretación de los sucesos que se enseñan torcidos: díganlo, si no, los palos de ciego y las fintas, contrafintas y esguinces a que viene obligando, desde hace ya poco menos de quinientos años, a todo el que pone su mano pecadora sobre él y sus orígenes y vicisitudes.

En el *Libre del coch*, versión original del *Libro de guisados*, y en todas sus ediciones catalanas de la época, se habla siempre de mestre Robert o Rubert, al que no se apellida de forma alguna, y se menciona al rey Ferrando de Nápoles sin precisar su número ordinal. Las cuestiones a resolverse —y que aquí, de cierto, no han de resolverse— se engarzan como las cerezas. ¿De dónde, el Nola de maese Ruperto? ¿Llegó a existir realmente, con o sin apellido? ¿De qué país era? ¿Fue realmente el autor del

Libro de guisados? ¿Lo escribió en catalán, en italiano, en castellano? ¿Qué fecha cabe a su primera edición catalana y cuántas fueron éstas? ¿Qué fecha conviene a su primera edición castellana y cuántas fueron estas otras? ¿De cuál de los tres Hernandos, reyes de Nápoles, fue cocinero?

Nicolás Antonio recogió la tradición popular y no muy precisa de que Ruperto había sido cocinero de Alfonso V el Magnánimo, rey de Aragón y guerrero en Nápoles, cuyo trono —y cuyo guisandero— heredó su hijo bastardo Ferrando o Fernando o Hernando, duque de Calabria, quien, por ser el primero de los tres que hubo, no precisaba el ordinal. Post-Thebussem admite la posibilidad de que tal supuesto fuere cierto y entiende que, «dada la calidad aragonesa de la mayor parte de la cocina que Nola preceptúa», el rey y el cocinero eran paisanos. Comentando Post-Thebussem con Eugenio d'Ors su sospecha de que maese Ruperto no hubiera existido jamás, don Eugenio, tras encontrar disparatado su temor, le indicó que Nola, escrito con lla, era topónimo catalán que, en este caso, indicaba lugar de procedencia. Esta adscripción, que según se verá también fue mantenida por Nicolás Antonio y por su anotador Pérez-Bayer —quien prefería llamar lemosín al catalán— carece de base lo bastante sólida para ser admitida, ya que si el nombre de Nola procedía de la toponimia, lo probable es que fuera, en derechura, italiano y no catalán ni aragonés; Nola es villa de la Caserta donde la reina Juana II de Nápoles, que había adoptado a Alfonso V como hijo y heredero revisó sus puntos de vista, revocó la adopción y nombró sucesor a Luis de Anjou; Nola, antes de estos sucesos casi próximos, tuvo ya justa fama histórica: en Nola fue derrotado Aníbal por las armas de Marcelo, y en Nola, doscientos años largos más tarde, murió el emperador Augusto. Antonio Palau duda entre el Nola catalán y el italiano. «Falta saber —nos dice en su *Manual del librero*— si Roberto de Nola nació en Cataluña o en la población del reino de Nápoles que ostenta su apellido; pudiera ser que naciera en Italia de padres catalanes, etc.».

Post-Thebussem, agotando sus dudas, no se para en barras y aún expone una última hipótesis: «...en las ediciones catalanas del *Libre del coch* anteriores a 1525 el apellido Nola no existe. Fue Pérez Dávila quien recogiéndolo de noticias oídas o inventándolo, creó esta ficción de Ruperto de Nola... esta utilización del nombre Nola parece enigma o acertijo o traza, a los que tan aficionados fueron los ingenios en el siglo XVI: *No-la; No-lai; No-lo-hay* o algo semejante». Ni quitamos ni ponemos rey, ni ayudamos a ningún señor, sino que, tal como leemos, transcribimos.

El tan citado Post-Thebussem, el último y más puntual comentarista de este libro, admite dos posibilidades sobre su redacción. En la primera, supone que maese Ruperto, entre 1458 (muerte de Alfonso V) y 1494 (muerte de Hernando I), murió también o regresó, ya viejo, a España, y que su recetario privado «inspiró a alguien, de avisado espíritu editorial, la idea de imprimirlo». En la segunda, corta por lo sano: «Más verosímil es que nos encontremos ante una superchería editorial —llega a decir—. Se imprimió en Barcelona un libro de cocina mediterránea..., se imprimió en catalán lógicamente y se atribuyó su paternidad al cocinero de un rey, muerto, acaso ya... y que, aun vivo, no habría de preocuparse en hacer rectificar...».

Sea lo que fuere, lo cierto es que las ediciones del recetario de maese Ruperto se sucedieron en tropel y marcaron, probablemente, el mayor éxito editorial del siglo XVI español. Su rareza actual debe entenderse en función de una evidencia: no fue un libro de biblioteca, nacido para leer y conservar en ámbito culto, sino un libro de cocina, impreso para trabajar con él y, claro es, ir siendo sobado y maltratado en esquina ruin.

El recuento de sus ediciones merece que le prestemos cierta atención. Nicolás Antonio (1617-1684), en su *Bibliotheca Hispana Vetus* (Roma, 1696), nos dice que «Del mismo rey Alfonso fue cocinero Ruperto, o Roberto, catalán, que compuso un libro de arte culinario en la lengua vernácula de su provincia, que vimos traducido al castellano por su mismo autor con el título de *Libro de guisados, manjares y potajes* y que fue editado en Toledo en 1529». Pérez Bayer, en sus notas a la segunda edición de la *Bibliotheca* (Madrid, 1788), puntualiza: «Este Roberto es el Nola cuya obra *Arte de cocina*, escrita en lemosín... está editada en Toledo no el año 1529..., sino el 1477; existe un ejemplar en la biblioteca de don Joaquín Ibáñez García... de Teruel.»

Es probable que Nicolás Antonio hubiera hablado de memoria y, contra lo que dice, sin llegar a conocer la edición que describe, ya que es demasiado grosero su error al llamar Alfonso al rey que en todas las ediciones se nombra Ferrando o Fernando; de otra parte, la fecha que consigna corresponde a la edición de Logroño y no coincide con la de ninguna de las de Toledo. Pérez Bayer tampoco parece estar en lo cierto, ya que la fecha que registra debería caber a una edición catalana, y no castellana, de la que no se tiene más noticia.

Lo que parece fuera de duda es que el libro fue escrito en lemosín o catalán o quizá en italiano pero, en todo caso, no en castellano, lengua a la que más tarde se tradujo.

Torres Amat, en sus *Memorias para... un diccionario... de escritores catalanes* (Barcelona, 1836), copia a Nicolás Antonio sin añadir nada nuevo y persistiendo en el error (Toledo y 1477), y Juan Corominas, en el *Suplemento a las «Memorias...»* que publicó F. Torres Amat (Burgos, 1849), y cuantos detrás vinieron, hasta bien entrado este siglo, continuaron navegando entre confusiones.

En 1923, a los sesenta y tres años de quedar listo para la imprenta, se publicó el *Catálogo de obras en lengua catalana, impresas desde 1474 a 1860*, de don Mariano Aguiló y Fuster (1825-1897), libro premiado por la Biblioteca Nacional en su concurso del año 1860 y en el que se aporta nueva y abundante luz al siempre oscuro problema de las ediciones catalanas. Aguiló cita, como primera edición conocida, la de Barcelona, 1520 (aunque dice haber visto un ejemplar, incompleto, de edición anterior), y registra tres nuevas ediciones catalanas en el siglo XVI: en 1535, 1560 y 1568. Antoni Palau, en su *Manual del librero hispanoamericano* (Barcelona, 1923-27), menciona una nueva edición catalana ignorada por Aguiló: la de 1578.

Las ediciones castellanas existentes en la Biblioteca Nacional y reseñadas por Post-Thebussem en su magnífico prólogo a la edición de *Clásicos olvidados* (Madrid, 1929), son las siguientes:

a) En la portada: «Libro de cocina compuesto por Maestre Ruberto de Nola, cozinero que fue del Serenísimo Señor Rey don Hernando de Nápoles: de muchos potajes y salsas y guisados para el tiempo del carnal y de la cuaresma... (Escudo imperial). Con privilegio real de diez años...»; en el colofón: «...imprimida... en la imperial ciudad de Toledo por Ramón de Petras, a costas y despensas de Diego Pérez Dávila, alcayde de la Ciudad de Logroño. En el año M. D. y XXV... a XXI del mes de noviembre»; en cuarto. No obstante declararse, en el prólogo, que la obra fue traducida del catalán en 1525, la redacción de la portada parece dar a entender que quizá pudieran estar en lo cierto quienes afirman la existencia de una posible edición castellana anterior a la fecha de ésta.

b) En la portada: «Libro de guisados manjares y potajes intitulado libro de cozina...», etc. (sin escudo ni mención de Ruperto de Nola); en el colofón: «Fue imprimido este libro segunda vez en la ciudad de Logroño, por Miguel de Eguía: a despensas de Diego Pérez Dávila alcaide de la dicha ciudad. Y se acabó el año MDXXIX a XXIII de Noviembre»; en cuarto. Es la edición seguida para la presente y quizá la más perfecta de todas.

c) Es copia de la de Toledo, sin escudo en la portada ni colofón; no consta lugar y va fechada en 1538; en cuarto. Post-Thebussem sospecha que pudiera ser «una edición clandestina o fraudulenta hecha sin esperar licencias, apenas terminado el privilegio que pudiera tener el alcaide de Logroño, Pérez Dávila».

d) Es copia de la anterior y más tosca; va sin lugar de impresión y se fecha en 1543; en cuarto.

e) La portada copia la de Toledo de 1525; el texto también la sigue fielmente y sin recoger las adiciones y enmiendas de la de Logroño; el colofón dice: «fué impreso en la muy noble y leal Ciudad de Toledo, en casa de Francisco Guzmán, año de mil y quinientos setenta y siete»; en octavo. La licencia, a favor del librero Juan López Perete, fue firmada en Madrid el 13 de julio de 1566, dato que lleva a hacer pensar a Post-Thebussem en otra edición anterior, acaso de 1566 o 67 y quizá impresa en Madrid, ya que no es sensato suponer que el beneficio de la licencia retrasara once años su ejercicio.

Además de las dichas, don Mariano Aguiló apoyándose a veces en el testimonio de Brunet, reseña tres ediciones más, que cronológicamente cabrían antes de la última citada; son las siguientes:

f) Impresa en Toledo en 1544, copiando la de 1525.

g) Impresa en Medina del Campo, por Pedro de Castro, en el año 1549, copiando la de 1529; existe un ejemplar en la biblioteca de la Real Academia Española.

h) 1568, sin lugar de impresión; edición también citada por Bartolomé José Gallardo, así como las de 1525 y 1543.

Palau registra, todavía, otras dos diferentes —Valladolid, 1556, y Zaragoza, 1562—, con lo que la cuenta de las ediciones ciertas, en castellano y el siglo XVI, asciende a no menos de diez, que sumadas a las seis o siete catalanas, hacen que ningún libro español de aquel tiempo tuviera difusión mayor.

En la presente edición [1] se sigue, como ya se dijo, la de Logroño de 1529, con los nuevos avisos y recetas que se le añadieron. Que su lectura sirva de provecho a todos es nuestro mejor deseo. Amén. Y si el gato asado cae de punta sobre el estómago y lo araña, pruébese a domarlo con una taza de caldo lardero de jabalí o unas cucharadas de prebada para salvajina, que todo es saludable y gustoso y, a lo que dicen, lo que no mata engorda. Don Alfonso de Aragón y don Hernando de Nápoles fueron dos hombres como es mandado: y el que no lo crea, que pruebe a hacerles la competencia en la mesa. Y que Dios le ampare.

1. *Libro de guisados, manjares y potajes / compuesto por / maese Ruperto de Nola / cocinero que fue / del / Serenísimo Señor Rey / Don Hernando de Napoles. Los Papeles de Son Armadans,* Madrid-Palma de Mallorca, 1969. Estas páginas hacían oficio de prólogo, con el título "Conjeturas sobre el cocinero, el rey y el libro".

El erotismo, en frío

Tratemos de enfrentarnos, en frío, con un problema, de por sí caliente y que precisa cierta calentura: el erotismo y todos los calores que su presencia comporta en cuerpos y almas, procederes y conductas, acciones, reacciones y omisiones, y actitudes, predisposiciones y demás factores desencadenantes.

Jean-Paul Sartre advierte que el escritor debe crear necesidades en las conciencias para después satisfacerlas; debe crear la necesidad de la justicia, de la solidaridad y de la libertad, para después esforzarse por presentarlas en su obra. Deseemos que pueda desprenderse —concluye— de la jauría de homenajes que le acosan. Deseemos que recobre la fuerza de escandalizar.

Pienso que la mejor —y quizá la única— forma de seguir por la sabia y generosa huella que nos traza, es la de proceder siempre con la verdad por delante. *Decipimus specie recti*, nos dejó dicho Horacio: somos engañados por la apariencia de la verdad. Pero *adulterium cordis est veritate negare*, nos aclara San Agustín: negar la verdad es adulterio del corazón. Pido perdón por los latines. Y André Gide, en el prólogo de la segunda edición de *Corydon* (1920), habla con tanta energía como claridad: no hay nada peor ni tan malsano, para el individuo y para la sociedad, como la mentira acreditada. Pudiera ser que, entre todos, hallemos cierta ayuda para no mentir.

Don Miguel de Unamuno, uno de los paradigmas hispánicos del antierotismo (recuérdese que fue operado de fimosis después de los sesenta años), nos legó dos bellos endecasílabos que ahora le pido prestados:

Dios te conserve fría la cabeza,
caliente el corazón, la mano larga.

Así quisiera verme yo ahora: con frialdad en el discernimiento, cálido amor en los entresijos cordiales y mano dadivosa en la palabra, esa herramienta que a veces puede traicionarnos. Y un inmenso respeto, naturalmente, ante el lector y el respetable tema que nos ocupa.

Entiendo el erotismo en su más alta acepción, esto es, relacionado o no —y poco importa en qué grado saludable o vicioso— con el puro acto genésico. Desde el centauro Euritión que, borracho y verriondo, quiso robarle la novia a Piritoo, el lapita valeroso que le hizo huir a las fronteras del Epiro y buscar refugio en las abruptas laderas del Pindo, hasta Caperucita Roja, con los simbolismos de la menstruación (el color del terciopelo de su tocado), de la virginidad (el pote de mantequilla que puede romperse) y de la posesión (la violencia del macho cruel y astuto que intenta devorarla), todo cabe, o puede tener cabida, en mi propósito. Desde las depuradas recetas del *Kama-Sutra* o del *Arte de amar*, de Ovidio, hasta los argumentos tópicos del cine porno clasificados, con muy fino humor, por William Rotsler, nada resbala, o debe resbalar, sobre mi atención curiosa.

Llamo erotismo al apetito sexual contemplado *per se* o en función de los signos, zonas erógenas, situaciones y objetos capaces de fijar su atención o de despertarlo de su sueño, poco importa si por medios plácidos o violentísimos. Desde el joven o la joven normales que entran, con paso sereno, en la fase de la integración del yo en la colectividad, la adaptación al entorno social y la tranquilizadora autoafirmación de su aptitud genésica, hasta Nerakin, el héroe de *El adolescente*, la magnífica novela de Alfons Maseras publicada en Barcelona en 1909, que muere estrangulado por la madrastra que aprovecha los estertores de su agonía para poseerlo y yace con el cadáver hasta su putrefacción absoluta, ninguna leyenda y ningún síntoma —esos dos ingredientes que recíprocamente se condicionan— ha de huir, al menos con mi consentimiento y beneplácito, de mi consideración curiosa.

El erotismo no es tan sólo el hambre sexual, el instinto sexual en cueros vivos y expresado con muy complejas y subjetivas actitudes no siempre conducentes a la satisfacción sexual y, desde este ángulo, cabría diferenciarlo del instinto puro, cuyo fin inmediato es la cópula y su consecuencia la perpetuación de la especie, y aun calificarlo —con las debidas reservas— como instinto impuro y condicionado. El comportamiento de los paladines de las cortes de amor medievales y provenzales, a quienes se les permitía dormir desnudos en el lecho de la amada desnuda para acariciarla y nada más que para acariciarla, no refleja —de cierto— el instinto puro al que acabo de aludir. Al instinto puro y culminador en la cópula, fecunda o yerma, no le resta pureza ninguno de los circunloquios, más o menos sabios, gimnásticos o rebuscados, que puedan preceder al acto del coito propiciándolo y haciéndolo deseable por el amante.

No confundamos ninguno de los tres conceptos que paso a expresar: el hábito sexual convenido o costumbre erótica pactada; la aberración o desviación pasajera —y siempre remediable— de la convenida ortodoxia hacia otras formas diferentes y que inducen al coito sin suplirlo, y la perversión que, por el inverso camino, sustituye al coito que rechaza. Hoy, por ejemplo, ya no suele considerarse perversión, sino simple aberración, la tendencia homosexual o el componente masoquista del hombre que busca para su satisfacción a la mujer de aspecto viriloide o, por el camino inverso, el de la mujer que persigue para su complacencia al hombre de aire delicado. Naturalmente, la lengua marcha en todo momento a remolque de las nociones y conceptos que quiere y necesita designar y, como advertencia, quizá no sobre dejar dicho que, sin su caminar incesante, esta lengua en que hablo, o cualquier otra en la que pudiera hablar, acabaría por devenir inservible; no es éste, sin embargo, el instante propio para detenernos en inquisiciones semánticas, de las que me limito a señalar su lenta —y también inexorable— precisión.

El erotismo es la exaltación —y aun la sublimación— del instinto sexual, no siempre ni necesariamente ligada a la función tenida, en el consuetudinario uso del lenguaje, por sexual. La trabazón entre los ingredientes sexuales y los no sexuales que confluyen en el erotismo ha sido sagazmente estudiada por muy ilustres tratadistas y, claro es, sobre ella no he de incidir ahora.

Considero que el erotismo empieza, o puede empezar, en el amor sublime de los trovadores y los caballeros andantes, para no rendir viaje sino en la muerte y sin haber caminado de forma obligada a lomos de la satisfacción sexual puesto que, a veces, ni la ocasiona o es de muy difícil diagnóstico.

Pero ¿qué es el amor? O dicho de otra manera, ¿qué es lo que, en estos momentos, quiero decir al decir amor? El amor del Dante por Beatrice, a la que no vio sino una sola vez y cuando la moza —con la que jamás tuvo trato alguno— tenía diez años, ¿qué denominador común puede tener con el amor que expresa Boccacio en su *Decamerón?* El amor platónico, en nada relacionado con lo que suele entenderse por amor platónico, ¿dónde incide sobre el amor de los violentísimos románticos? El amor udrí, que el dahirí arabigoandaluz Ben Hazm canta en su delicioso *Collar de la paloma,* ¿cuándo se encuentra con el del marqués de Sade y su plantel erótico? La respuesta no es fácil aunque, obviamente, debe existir.

Repasemos no más que una docena de pensamientos —todos ellos espigados en la literaturas clásicas— en los que late la idea del amor.

Para Esquilo, quien nunca ha amado, no puede ser bueno.

Para Eurípides, el amor es lo más dulce y al mismo tiempo lo más amargo.

Quilón de Esparta aconseja: ama como si tuvieras que odiar algún día, y odia como si algún día tuvieras que amar.

Para San Bernardo, la causa de amar es amar; el fruto de amar es amar; el fin de amar es amar. Amo porque amo —nos dice—, amo para amar.

Y San Agustín nos alecciona: como esté dentro de ti la raíz del amor, ninguna otra cosa sino el bien podrá salir de tal raíz.

Para Ramon Llull, el amor nace del recuerdo, vive de la inteligencia y muere por olvido.

Fernando de Rojas afirma que el amor es un fuego escondido, una agradable llaga, un sabroso veneno, una dulce amargura, una deleitable dolencia, un alegre tormento, una dulce y fiera herida, una blanda muerte.

Para el Dante, el amor —además de mover el sol y las estrellas— es la unión espiritual del alma con la cosa amada.

San Juan de la Cruz adivina que: donde no hay amor, poned amor y encontraréis amor.

Calderón de la Barca advierte que cuando el amor no es locura, no es amor.

Para Pascal, si no amamos demasiado, no amamos bastante.

Y para Goethe, por último —y va ya la docena ofrecida—, nada hay preciso en el mundo de los hombres, excepto el amor.

El ejemplario, por más que lo ampliáramos, tampoco habría de sacarnos de dudas. Los escritores, al enfrentarse con el tema del amor, suelen cantarlo o denostarlo pero no definirlo. Pienso, lleno de aprensiones y remilgos, que, posiblemente, el amor quizá no sea sino la elaboración intelectiva del instinto sexual, ya que parece indudable que contiene un componente psíquico que no aparece en el puro instinto. El amor pasa por el sexo pero no es el sexo, o no es tan sólo el sexo, y la destilación del erotismo —esa esencia del amor— origina una tensión del espíritu que tanto puede conducir a la obra de arte como al crimen. La lujuria, la pornografía y la obscenidad, entre otras situaciones posibles, no son sino etapas —no niego que quizá de muy confusas lindes de la noción que venimos analizando y por cuyos tortuosos senderos debemos discurrir. Porque, ¿quién —y con qué misteriosa maquinita— se atrevería a medir el amor? No deja de ser curioso —y en cierto modo, también paradójico— que San Agustín piense que la medida del amor es amar sin medida, mientras Bussy-Rabutin, desde el ángulo opuesto, dice lo mismo al suponer que el exceso es la medida razonable del amor. ¿Aluden ambos a igual concepto? Por el camino contrario, ¿coinciden tan sólo en la palabra designando situaciones distintas?

El soplo de la vida fluye del silbo de Eros, mientras que el antisoplo de la muerte es la onda sonora que tañe la campana de Tanatos. El erotismo hace manar la vida y puede nacer de la obsesión, pero también llega a sembrar la muerte y es capaz de conducir al hombre a la ofuscación del entendimiento del estúpido y vulgar fenómeno de la muerte; valga el caso de Édgar Allan Poe como ilustre ejemplo de lo que supongo. El erotismo puede brotar de una tensión y aplacarla, pero también puede ser fuente de otra tensión, aun más aguda todavía, que lance al hombre por el despeñadero cuyo final se desconoce. Desde el trance místico de Teresa de Jesús —en cuyas motivaciones ahondaron con tanta sabiduría Novoa Santos y Américo Castro— hasta la satiriasis del caballero Giacomo Casanova; la ninfomanía de Mesalina, la emperatriz cuyo glorioso libertinaje fue cantado por Tácito y por Juvenal; el uranismo de Sócrates, el bujarrón prudente, y el amor lésbico de Safo, la delicada poetisa de Mitilene que floreció en los tiempos del rey Aliates —y por encima y por debajo y a un lado y al otro de estas actitudes o conductas—, todo cabe bajo el amplio epígrafe en el que quisiera enmarcar al erotismo, el tan dilatado mundo cuyo nombre tomó carta de naturaleza en recuerdo de Eros, el hijo de Venus y Marte, el confidente de los enamorados y el correo de los dioses con los hombres y de los hombres con los dioses.

La libido —el capricho en Cicerón, el deleite en Plauto, la voluntad en Aulus Gellius, la inclinación en Salustio, el deseo en Catulo, pero también la estampa o imagen obscena en Plinio— es concepto que fue podado por Freud hasta las meras lindes de la energía pulsional sexual, actitud que mejor se entiende a partir del enunciado de que el trasfondo de toda impulsión es sexual. Prefiero, sin embargo, considerarla en su prístina acepción etimológica y referirla al deleite, sexual o no, puesto que supongo que todo deleite, omisión hecha de que fuere positivo o negativo (o en apariencia positivo o negativo), tiene un núcleo y una motivación sexuales: conocidos o ignorados, deliberados, involuntarios y aun casuales. Stendhal habla de la idealizadora cristalización del amor, que adorna cuanto mira y ama, pero tampoco despreciemos la idea expuesta por Crébillon en su novela *Le Hasard au coin de feu*, de que el acto del amor no nace del sentimiento sino de las circunstancias. Todo pudiera ser posible y todo, quizá, sea también posible. Que cada uno de ustedes se responda, tras haber rebuscado en los arcanos de la memoria y en los sutiles pliegues de la conciencia: ese hueso que, a las veces, remuerde.

Uno de los problemas más debatidos —y no siempre planteado a niveles deseables— es el de la fijación de los conceptos de erotismo y pornografía, y sus concomitancias, diferencias y posibles ámbitos. Etimológicamente, pornografía —del griego *porné*, prostituta— vale por tratado de las prostitutas o de las prostitución, noción que, por razones semánticas, ya no nos sirve ni conviene a la lengua en su actual estado. El diccionario de la Academia le da esta primera acepción, aunque también registre una segunda —carácter obsceno de obras literarias o artísticas— y aún una tercera —obra literaria o artística de este carácter—, ninguna de las dos muy precisas porque, ¿nos vale admitir que obsceno sea, como tan ingenuamente supone el diccionario, lo impúdico, torpe y ofensivo al pudor, esos conceptos tan subjetivos, huidizos y mudables? Quizá no del todo.

Obsérvese que en la definición académica de la voz «obsceno» habita la reiteración confundidora.

Impúdico es lo deshonesto y sin pudor. Torpe, en 4.ª acepción, es lo deshonesto e impúdico. Y pudor es honestidad. Una simple operación algebraica nos lleva de la mano al despropósito, esto es, a colegir que obsceno equivale a: deshonesto y sin pudor, deshonesto y sin pudor, deshonesto y sin pudor, en monótona serie que coloca a la ciencia lexicográfica al borde de la letanía.

Repasemos, antes de seguir adelante, un artículo académico con el que estoy acorde o casi acorde. Erotismo, en 1.ª acepción, se define como pasión de amor, lo cual está próximo a lo que aquí vengo diciendo y aun coincide con lo que quiero decir y, en 2.ª acepción se le llama amor sexual exacerbado, lo que también me vale si se suple el adjetivo (exacerbado —irritado, gravemente enfadado o enojado—, en erróneo señalamiento en el que no debiera haber caído la Academia) por otro más idóneo, y se admite que el espíritu, la *psiqué*, el alma de los griegos, se manifiesta y refleja y alumbra en los sentidos.

Tratar de definir el erotismo y la pornografía en función de la intencionalidad, artística u obscena, del autor, es tanto como caer en un subjetivismo de no fácil entendimiento ni útiles alcances. Y pretender dar en la diana diciendo que la pornografía aspira a erotizar a la masa, no es sino un juego de palabras que esconde una paradoja evidente. No; seamos serios y procedamos con mayor responsabilidad que el legislador, cosa que tampoco ha de resultarnos difícil. Nótese que la voz pornografía es muy moderna en castellano (en el diccionario de la Academia no aparece hasta su XIIIª edición, 1899) y que, en la Antigüedad clásica, el sexo no era incompatible con los dioses ni con el respeto que, como a tales, les era debido. ¿No nos estaremos enfrentando con un planteamiento que sitúa los términos del problema en límites de no mayores horizontes ni alcances que los meramente administrativos de la farisaica civilización judeocristiana? La idea de que, muerto el perro, desapareció la rabia —como la contraidea de que la expresión del sexo debe permitirse tras haber avisado de su peligro—, es subterfugio que encierra un maquiavelismo elemental y no tiene mucha mayor proyección pública que el arbitrio de talar un árbol de la carretera para evitar que un automóvil pueda chocar con él.

Como sagazmente apunta Torrente Ballester al hablar de lo que llama el triunfo del victorianismo —o del disimulo de la realidad ingrata tras un biombo de corrección—, la sociedad decreta que tales actitudes (la erótica o la pornográfica) no son plausibles y sí inconvenientes y, a partir de entonces, se ignoran y se hace como si no existieran. Lo cual, naturalmente, ni afecta a la cosa en sí, ni preconiza suerte alguna de solución viable. La reciente eclosión, entre nosotros, de la pornografía gráfica, una vez analizada como fenómeno comercial, deja intacto al curioso todo un sector de nuestra vida pública y privada, y lo primero que el curioso descubre, a poca vista que tenga, es que no tiene nada nuevo, ni en su consistencia ni en sus manifestaciones, y que con este u otro marbete ha existido y seguirá existiendo, en nuestra sociedad y en todas. Es una de las muchas respuestas humanas a esa otra realidad conflictiva, y jamás resuelta, del sexo. ¿Dónde está el límite (entre el erotismo y la pornografía, se pregunta Torrente), dónde la comisión que lo establece? ¿No será indeterminado, fluctuante, o no será, simplemente, convencional? Depende, a mi juicio —termina diciéndonos—, de la sociedad misma y de su buena o mala conciencia. Cuando la viuda quiso carne, murióse el carnicero nos advierte el maestro Gonzalo de Correas, catedrático del Colegio Trilingüe de Salamanca, en su *Vocabulario de refranes*. ¡Paciencia!

Otro elemento que pudiera incidir sobre el problema —y sin añadirle ni un punto de luz y sí muchos de sombra— sería el análisis de la expresión oral inmediata y quizá automática, quiero decir: el vocabulario que cada cual utiliza para cada instante. Desde el disfraz del lenguaje que supone el no llamar nunca a las cosas por su nombre —el victorianismo del que dejé inmediata noticia— hasta la coprofemia o deliberada actitud agresiva verbal, pasando por la coprolalia o involuntaria tendencia a la voz disonante, todo es considerable y conviene a nuestros fines. Como también lo fuera el detenido estudio de la coitolalia, término que me permito proponer en designación de la proclividad a hablar durante el acto venéreo, así como de las palabras, aisladas o en su conjunto, durante él pronunciadas por los amantes. Entre el «¡mátame!» de la entrega total, y el «no me despeines», de la mujer frígida, son numerosas —y muy confusas y soterradas— las facetas de la personalidad que, actuando como agente inhibidor, puede revelar el orgasmo o la previa y saludable verriondez que comporta.

Ya metido en el arduo berenjenal de señalar los lábiles linderos de los ambos conceptos que veníamos contemplando, pienso —lleno de prevenciones, dengues y demás cautelas— que el erotismo es estético al paso que la pornografía no precisa serlo, con lo que no quiero señalar que haya de ser antiestética. El erotismo es forma noble y culta de la expresión —asimismo culta y noble— que lastra de libidine la belleza, idealiza el deseo, da rienda suelta a la imaginación, se apoya en la inteligencia y aboca a una alegría cósmica compartida. La pornografía, por el contrario (y sin que admita como artículo de fe ni mi propia palabra), no es sino forma abyecta de aquella expresión, abdica del deseo, funcionaliza la fealdad, suprime —o al menos, frena— el proceso imaginativo, se cimienta sobre la realidad representada, inhibe al espectador —que es siempre «el otro», el que asume simbólicamente la sexualidad que no puede vivir— y termina en el vicio solitario. En el desencadenamiento de la pornografía se juega con el engaño de que la figura existe antes que su imagen, aunque se oculta que aun existiría sin su imagen. En mis ambas premisas renuncio a pronunciarme sobre la sabiduría o ignorancia del actor y la acción. Es erótica, o puede ser erótica, la figura de un hombre o una mujer desnudos y su representación, incluso realizando el acto amoroso heterosexual u homosexual o en cualquiera de las actitudes tenidas por aberrantes y aun perversas, siempre y cuando se sometan a determinados y convenidos preceptos estéticos. Ante la escultura de Pan y Dafnis, el primero con el pene erecto y ambos con los órganos genitales al aire, que se conserva en el museo de Nápoles; o el coro de la catedral de Zamora, o las columnas y los frisos de los templos de Khajuraho y Konarak, o de la Lonja de Valencia, o de la iglesia de San Martín-de-l'Isle-Adam-sur-Oise, entre tantas otras que pudieran citarse, con su tropel de figuras en todas las posiciones lascivas imaginables; o la Bacanal, de Mantegna, que está en el Louvre; o Leda pecando de bestialidad con el cisne, cien veces pintada y otras tantas esculpida; o el grabado de Enea Vico sobre un cuadro desaparecido de Rafael, que se guarda en la Biblioteca Nacional de París y que representa a Tarquino con una espada en la mano y ordenando a Lucrecia que se le entregue, mientras un perro, sobre el santo suelo, enguila a una perra; o la aguada de Goya perteneciente a un coleccionista bordelés, en la que figura un hombre realizando el cunnilinguo; o las múltiples lesbianas de Picasso, entre mil ejemplos más que pudieran aducirse, ¿alguien —y ante ellas, repito— podría hablar de obscenidad y pornografía y tildarlas de figuraciones obscenas y pornográficas? Por pudor, prefiero suponer que no.

En la contemplación de la obra literaria cabría establecer, asimismo, un amplio muestrario y formular idéntica pregunta. De la lectura de *Eros*, de Safo; o de *Vino y amor*, de Anacreonte; o de *La fábula de Amor y Psique*, de Apuleyo; o de *El arte de amar*, de Ovidio; o de *Odio y amo*, de Catulo; o del *Satiricón* y *La Lozana andaluza*, ambas tenidas por pornográficas por Menéndez Pelayo; o de *La malcasada*, del Aretino; o del *Libro de Buen Amor*, del Arcipreste; o de los poemas satíricos y burlescos, de Quevedo; o de los versos de Verlaine, de Baudelaire, de Pierre Louys y de Poe; o de la obra de Wilde, de D. H. Lawrence, de Apollinaire y de Miller, entre el centón de páginas que pudieran sumárseles, ¿alguien —hoy día, con la cabeza sana y tras su lectura— podría rechazarlas invocando que navegan por las procelosas aguas de la obscenidad y la pornografía? También pienso que no, aunque prefiera dar respuesta con la palabra de Raymond Poincaré: un libro obsceno es, simplemente, un libro mal escrito;

el talento no es nunca obsceno ni, por razón mayor, inmoral.

El uso, sin embargo, sí llama pornográfica a la figura de aquel hombre y aquella mujer desnudos y a su representación plástica o literaria en el caso de que, huérfanos de supuesto valor artístico, se nos mostraren en actitud que, si admitida en la vida sexual a puerta cerrada, se rechaza por la costumbre —lo que, para Cicerón, es como una segunda naturaleza— por entender que su exhibición atenta al escurridizo canon del buen gusto. Pero ¿cuándo es bueno el gusto? Para Safo, lo que es hermoso es bueno, y lo que es bueno pronto será también hermoso. Para Rousseau, lo bueno no es sino lo bello puesto en marcha, y Persio supone que mil hombres y mil caras son mil gustos diferentes, ya que cada cual tiene el suyo y no hay uno para todos. ¿Qué es el buen gusto? ¿Quién lo define y determina? ¿Cuál es la regla de oro que lo fija y le da validez suficiente y por todos admitida? Eso quisiera yo saber pero, tranquilícense: tampoco ustedes lo saben puesto que es concepto que, como el humo o el suspiro, no puede asirse con la mano. No nos engañemos: éste es el problema con el que nos quisiéramos enfrentar, aun a sabiendas de que jamás habríamos de toparnos con la solución absoluta y que a todos conviniere.

Las lindes entre el erotismo y la pornografía son siempre pactadas y jamás precisas, y en su fijación inciden, claro es, factores múltiples y no siempre fácilmente mensurables: la época, la latitud, el grado de sensibilidad estética de actores y espectadores, su clase social e incluso su oficio, la mansedumbre o violencia de su libido, el contexto religioso (confesional o no), moral, político e histórico en el que el hecho se produzca, la novedad o el hábito ante el objeto amado, etc. Los cruzados de Jerusalén no actuaban como lo hacemos nosotros en situación fundamentalmente idéntica. Los árabes y los orientales son dueños de una sabiduría amorosa de la que los occidentales estamos huérfanos. Un poeta lírico no actúa ni contempla como un banquero. Un campesino se conduce de modo diferente que un marqués de la corte del Rey Sol. Amiel es bestezuela de diferente especie que el burlador Don Juan. Un judío o un calvinista se sienten ligados por conceptos que ignoran —y aun desprecian— los seguidores de Buda y, antes que ellos, los griegos clásicos. No es lo mismo meter en la cama a una vecina que a Abrahel, el demonio súcubo a quien poseía el pastor Pierront a orillas del Mosela en el siglo XVI, etc.

Ante el erotismo funciona el amor, ese noble concepto infinito, esto es, que no tiene ni principio ni fin, al paso que ante la pornografía (que puede no estar desasistida de amor) falla para dejar paso a la aberración o a la perversión (de las que no es forzoso que el amor se ausente) e incluso a la mera seña aberrante o perversa cuyo público reflejo rechaza aquella costumbre de la que hablaba; naturalmente, esta aludida costumbre no tiene por qué ser dada por válida y buena de no asentarse sobre sólidos principios morales y sí tan sólo en un andamiaje no más que reglamentario. La carne no tiene por qué sujetarse al mandato de los delitos artificiales, de los delitos inventados por el hombre; recuérdese que, para Carlyle, la miseria no es causa, sino efecto, de la inmoralidad, y la ley moral —léase a Kant— habita dentro de uno mismo.

Lo erótico puede llegar a pornográfico, o lo pornográfico no pasar de erótico, según el ámbito y la circunstancia y el decorado y el calendario desde los que se contemple la escena. La bella Gabriela acariciándole un pezón a la mariscala de Balagny, según se nos enseña en las paredes del Louvre, es el reverso de la medalla de *Los ciento veinte días de Sodoma*, del marqués de Sade y sus seiscientas perversiones. No obstante, ¿cabría adscribir el cuadro a una noción y el libro, a la otra? No he de ser yo quien ose pronunciarse porque pienso que, de forma consciente o inconsciente, dentro de cada cabeza conviven, peleándose o tolerándose, en fiera lucha o en grata compañía, ambas situaciones, y dentro de cada libido batalla por prevalecer la una sobre la otra, al margen incluso de la voluntad —quizá inabdicable pero no, a la fuerza, domada y domeñada— del individuo.

La doble vida no es una invención de la literatura de consumo sino una realidad que no admite licencias. Todo hombre y toda mujer tienen, al menos, dos vidas, dos actitudes y aun dos personalidades sexuales diferentes: una, en la virginidad y su prurito de conservación, y otra, fuera de ella y cuando el virgo, ya en el cogote, propicia el deleite; una, vestido y en un funeral solemne, por ejemplo, el de un subsecretario, y otra, desnudo y a la media luz de la alcoba; una, al lado —o encima o debajo— del amante que se estrena, y otra, en el aburrido —y con frecuencia dramático— sainete al que se llama el débito conyugal; una, ante el espejo que no refleja la viga en el ojo propio, y otra, de cara a los demás y a la ansiosa búsqueda de la paja en el ojo de los demás; una, de joven y pujante, y otra en la senectud suplicadora, etc.

La ignorancia de este axioma acarrea siempre un entendimiento parcial y defectuoso del problema, como escolio de su planteamiento deformado y falso, y su recta consideración escapa —incluso sin proponérselo— a la diagnosis de lo que pudiera tenerse por moral, inmoral o amoral. La impudicia del sexo será castigada con cien latigazos, se lee en el *Corán;* no he de detenerme en la glosa de este precepto, entre otras razones, porque no soy mahometano, y también porque siento más bien escasa curiosidad por el estudio de la asignatura que se ocupa de las religiones comparadas.

La exigencia sexual no es unidad de medida y, en seguimiento, no cabe aplicar a cada caso un mismo metro riguroso, envarado e inamovible. La divisoria entre el hábito admitido y el vicio inadmisible es fluctuante y múltiple, y quizá pudiera aceptarse como bueno y cierto el hecho de que haya tantas líneas divisorias —y todas quebradas— como individuos o grupos de individuos, y aun instantes.

Lo moral y lo inmoral son postulados adecuados a norma lábil, puesto que germinan en las conciencias, y esa norma sólo es moral o inmoral para el ojo que la contempla y decide. San Agustín nos dice: interroga a tu conciencia; no prestes atención a lo que florece fuera, sino a lo que está enraizado en ti mismo. Y para Cicerón, su conciencia tenía más

---

peso que la opinión de todo el mundo junto. Shakespeare, por el camino contrario, piensa que la conciencia hace del hombre un cobarde. Juguemos el naipe que juguemos, cualquiera de las tres ideas puede servirnos de punto de partida para apoyar nuestro aserto. Lo inmoral no es sino el envés de la moneda cuyo haz es lo moral y, sin grave riesgo, quizá pudiera afirmarse que lo inmoral es el reflejo de una moral de signo contrario pero igualmente rígida y rigurosa. Aquello que se produce al margen, no es moral ni inmoral sino amoral, noción de angélica —o demoníaca— pureza no siempre fácil de ser entendida por el hombre. He querido decir que, en el substrato de cada hombre anida un rigor moral que, sin duda, a algunos podrá parecer inmoral, pero que no es de fácil admisión el supuesto de que ese rigor no se presente o cese en su ejercicio.

La fría y serena contemplación del fenómeno del erotismo, que es el epígrafe que aquí nos ha convocado esta tarde, nos exige atender el dilatado panorama que abarca el conocimiento de todas las manifestaciones visibles o inteligibles de la libido entendida —según ya me permití dejarles dicho— como hambre sexual, como apetito vital resultante de las pulsiones de Eros de que hablaba Freud. Como no dudo que han de suponer, cuando acabo de decirles no es sino un mero enunciado programático cuyo desarrollo nos llevaría mucho más tiempo del que disponemos.

El erotismo no es ya considerable —hoy y en nuestro mundo— sino entendiéndolo como hecho social, dado que este nuestro aludido mundo tampoco es pensable sino en tales términos. De otra parte, la llamada del sexo procede siempre de algo que, de alguna manera próxima o remota, se relaciona con otro individuo, corpóreo, imaginado o fingido, vivo o muerto, de igual o de distinto sexo y de la misma o diferente especie. Esta situación es harto evidente en el desarrollo histórico de lo que convenimos en llamar la civilización occidental y, particularizando en la muy inmediata circunstancia, en la parcela de ese mundo de cultura que conocemos con el nombre de España.

Parto, pues, de un hecho social y actual (nuestros congéneres compatriotas contemporáneos de uno y otro sexo ejercitan sus anhelos libidinosos, si los tienen, como pueden y les es permitido por la sociedad o el propio dictado), y entiendo que, para un mejor atisbo del tema y sus jamás alcanzables soluciones; se han de mostrar los presupuestos y fijar los condicionamientos, factores desencadenantes, formas y tipificaciones del deseo y de sus muestras en figuras vivas (o que estuvieron vivas) o de ficción, y en sucesos históricos o artísticos o literarios, ya cultos, ya populares, expresados en imágenes y volúmenes o en la suma de señales significantes orales y visuales a cuyo compendio llamamos lenguaje: desde el más depurado verso lírico hasta la más soez inscripción a punta de navaja en las paredes de los retretes públicos.

Mientras no hablemos con claridad meridiana y nombrando a las cosas por los mismos nombres que las cosas tienen —y esas cosas jamás se llaman de un modo u otro por casualidad—, no podremos hacernos entender por el prójimo y, naturalmente, aún menos por el distante. San Clemente de Alejandría expresó una idea elemental a la que casi nadie quiere prestar oídos: no es vergonzoso llamar por sus nombres a los órganos genitales que Dios no se avergonzó de crear. Es obvio que los bien pensantes no han leído a San Clemente de Alejandría.

A lo largo del devenir histórico en un mismo lugar, o durante el mismo lapso histórico en lugares diferentes, el contenido del concepto de erotismo, contemplado como resultantes de esos diferentes índices que son los valores morales y políticos, se hace —como dejé apuntado— difícilmente aprehensible, y la respuesta social varía a su compás aunque, por lo común, se les adelante ganándoles por la mano.

Los hábitos sociales en la órbita del erotismo no suelen evolucionar parejos con la norma moral que, en el entendimiento del regidor, debiera regirlos, y no deja de encerrar una gravedad evidente —y también no poco ingenua— el hecho de que todavía queden gobernantes que supongan que puede gobernarse, desde arriba, lo que se gobierna a sí mismo desde abajo y según su propia dinámica, más fluida cuanto más inmediata. Obsérvese que los dictadores europeos del siglo XX —Stalin, Oliveira Salazar, Mussolini, Hitler, Franco—, siguiendo la tendencia a la sexofobia en España representada por Felipe II y en Europa por Calvino, se arrogaron el derecho de tutela sobre el sexo y la vida sexual de sus súbditos.

Todas las estadísticas que, en el terreno en el que nos movemos, se han venido haciendo desde hace años —sobre todo desde el famoso informe del doctor Kinsey y su equipo— han servido para demostrarnos que un elevado tanto por ciento de la población procede, con el sexo y ante el sexo, en desacuerdo permanente con sus pregonadas convicciones morales y, aún más, con los principios establecidos por la ley y el uso. No creo que los datos puestos al descubierto con estas investigaciones fuesen ignorados, aunque sí fueran silenciados, por los moralistas excluyentes.

Estoy tratando de evitar, en tanto en cuanto mi capacidad me lo permite, las valoraciones y los enunciados que pudieran resultar arbitrarios o demasiado subjetivos y personales, ya que procuro proceder acorde con el más aséptico espíritu informativo. Destierro la usual —y falaz— proposición, entendida como producto lógico de un juicio, de «hasta aquí llega el erotismo y, a partir de aquí, se presenta la pornografía» porque, sobre no ser fácil de mantener en el terreno del pensamiento, es aún más difícil de argumentar y demostrar. El erotismo y la pornografía quizá no sean la misma cosa, pero, en todo caso, ésta no es sino una minúscula —y más aburrida— parcela del ancho predio de aquél y no seré yo quien se atreva a levantar aduanas entre el uno y la otra.

Por evolución semántica, lo erótico —y la esquina del conocimiento que lo contempla, la erótica, y su práctica deliberada, el erotismo— es noción que ha ido ampliando su ámbito hasta devenir en: apetencia y subsiguiente ensayo de complacencia, consumado o no, del deseo de algo material o inmaterial e identificado con el sexo o diferente al sexo, aunque con él y sus manifestaciones y conductas pueda tener concomitancias, mediatas o inmediatas, y con él pueda encontrarse por mil vías dispersas y no siempre precisables. Así, en este sentido, ha llegado a hablarse de erótica y erotismo del poder, del mando, de la riqueza, de la posesión, etc.; el epicureísmo, como actitud que no como doctrina, es una forma de erotismo, como pueden serlo —con mayor o menor holgura o violencia— cada uno de los siete pecados capitales: los dos nobles, la lujuria y la gula; los dos vanos: la soberbia y la pereza, y los tres malditos: la avaricia, la ira y la envidia. Mi interés no contempla sino los dos primeros, porque pienso que el sexo y el estómago no son meros adornos del cuerpo humano y porque supongo que la castidad enmohece y la templanza depaupera las carnes y el espíritu. No tratemos, con el reglamento en la mano, de enmendarle la plana al Creador.

Lo pornográfico y la pornografía (el pornografismo no llegó a asentarse y tomar cuerpo suficiente en el lenguaje) son conceptos que no han recorrido sendas paralelas, sin duda porque tampoco precisaron nombrar paralelas evoluciones y trayectorias, aunque también haya habido —sin haberse generalizado, aunque sí probado a hacerlo, el nombrarla así— una pornografía del poder, del mando, de la riqueza, de la posesión, etc., que fue siempre dramática y malsana.

En esta dispar senda recorrida por los ambos conceptos que me he tomado la licencia de disecar, pudiera hallarse una de las claves de su diferenciación posible o, al menos, presumible. También pudiera ayudarnos al amojonamiento que quisiéramos ver con claridad mayor, el hecho de que la pornografía, en España e históricamente, haya solido sustentarse sobre tres columnas quizá de análogo origen pero, a no dudarlo, de diferente proyección —el humor, la irreverencia y la chabacanería—, al paso que el erotismo brotaba a espaldas de las dos últimas nociones pero, por lo común, no abdicaba de la primera, y la sexología —sobre todo en sus primeros escarceos ácratas y naturistas— era el refugio más o menos intelectualizado del análisis de las actitudes tenidas por pecaminosas y contrarias al necesario sosiego del cuerpo, del alma y de la sociedad.

No temamos a los pecados que tienen nombre, que todos nos podrán ser perdonados, pero huyamos como del fuego de los pecados expósitos y aun sin bautizar. Para Goethe, los pecados escriben la historia y el bien es silencioso. Que nadie confunda el pecado con el crimen, ni el silencio con la virtud que necesita, como la verdad, ser pregonada. Tengamos el valor bastante para digerir el pecado y quitarle plomo de las alas. Recuérdese que —según la doctrina del cristianismo— el pecado no es una invención del hombre sino una herencia. Hombre soy —argumenta Terencio— y ninguna cosa humana me es ajena. No; no nos sintamos extraños a nuestras propias vidas de hombres y cantemos en voz alta sus excelencias y también sus inabdicables servidumbres. El hombre no es un ángel y se traiciona a sí mismo cuando intenta pasarse, con armas y bagajes, al bando de los espíritus puros. Les aseguro que no estoy hecho de la madera del desertor, circunstancia de la que tampoco me lamento.

Un peldaño que sólo la muerte ahorra:
El climaterio

Etimológicamente, el climaterio es pariente del griego *klimakterikós*, escalón, peldaño, a su vez derivado de *klímads*, escalera.

Mi ilustre colega el doctor Josep María Cañadell (nadie se alarme: Josep María Cañadell es escritor, aunque suene más su título de médico) me puso como chupa de dómine, de hoja de perejil o cual no digan dueñas, en su conferencia [1] sobre el tema que me ocupa: tienen ustedes una libertad absoluta para el diagnóstico. A veces a uno le zurran con talento, que es lo peor que puede acontecer al zurrado, y entonces Cañadell, tras haberme llevado públicamente el pulso, sonrió con su más abierta sonrisa de triunfador. No ha de ser óbice, lo sucedido, para que yo ensaye ahora la loa de su sabio criterio expresándole, no sin ciertas precauciones, mis disparidades.

Insisto en suponer que la menopausia no es más cosa que un cuadro sintomatológico y que la andropausia no pasa de ser una alarma, sin incidencia grave —ni la una ni la otra— sobre la vida amorosa del sujeto puesto que ambas pueden combatirse con el adecuado ejercicio de la actividad amorosa: la gran arma que el hombre —y la mujer, claro es— esgrime contra el enmohecimiento de la herramienta o, lo que es peor, la abdicación del alma y de sus tres lustrosas potencias: la memoria del amor, que lo mantiene presente en todo momento; el entendimiento del amor, que lo desgrana día a día como las cuentas de un rosario sin fin, y la voluntad del amor, que le da gloriosas fuerzas cada mañana. El admirado maestro Gregorio Marañón nos explica que la morfología masculina se acentúa hasta los mismos linderos de la vejez, y aun que hay hombres que en la vejez adquieren un aspecto de virilidad casi feroz. Pienso que es saludable esta paradoja.

El amor y el deseo de amor, como la virtud y el deseo de virtud, es algo que se mantiene por sí mismo y, para no sepultarlo, basta con no volver la cara y no renunciar jamás. El amor rejuvenece, mejor dicho, evita el rápido envejecimiento violento y, si no lo consigue, sí, al menos, mantiene la ilusión de la juventud. Párense ustedes a considerar que la especie humana, a diferencia de las demás especies animales, no ama tan sólo con el sexo y en aras de la procreación, sino que también ama con el alma (los románticos hubieran dicho que con el corazón) y empujado por una rara fuerza que habita en el discernimiento. Se ama no a una mujer, o a un hombre por parte de una mujer, sino que se ama al amor, y la mujer amada por el hombre, o el hombre amado por la mujer, no son más cosa que el vehículo que hace posible la expresión de ese amor.

El sentido de posesión tiene poco que ver con la noción de propiedad, dado que la posesión también implica entrega y la linde entre ambas actitudes no siempre es fácil de señalar. Quiero decir que la expresión «la maté porque era mía», que el amante desairado expresa ante el juez, no es sino señal de un miedo: el miedo a la soledad que busca su refugio en la destrucción o la muerte: «o mía o de nadie» no es sino la palabra del egoísta erótico que jamás puede regalar felicidad al otro. Nadie olvide que el amor es un juego de dos, en el que ninguno puede distraerse. El solitario mozo ensimismado de que nos habla Cañadell aún no había descubierto esta evidencia.

Cañadell distingue entre enamorarse y amar o, lo que es lo mismo, entre enamoramiento y amor. Discurramos con múltiples precauciones sobre tan movedizas arenas. El amor, tal y como es habitualmente considerado en nuestra cultura, constituye un hecho social e histórico del que pienso que no pueden obtenerse conclusiones generales e inamovibles. Posiblemente, el amor no es sino la elaboración intelectiva del instinto sexual, ya que parece indudable que contiene un componente psíquico que no aparece en el puro instinto. En cualquier caso, instinto y conocimiento del amor figuran ya unidos en las culturas que han alcanzado un cierto grado de complejidad y que han añadido a los rituales y ceremonias en torno a la iniciación sexual y la procreación, variantes más numerosas y depuradas que las primitivas. El concepto de amor ha entrado ya a formar parte de la actividad del hombre, y las teorías que disocian el amor de la sexualidad defienden lo indefendible puesto que el amor parte siempre de un supuesto físico que constituye su superestructura.

El amor está en los albores de todas las mitologías. Entre los egipcios, el Ser Supremo estaba representado por Apis, el buey que se fecundaba a sí mismo; Ken, el engendrador, y Hactor, la diosa receptiva. Los asirios tenían al amor por esposo de Taanth, el caos, y la diosa Nisroch presidía los matrimonios. El Baal fenicio también se autofecundaba, y el elemento femenino del amor lo representaba Astarté, mientras que Moth, el embrión del mundo, nace de la unión del espíritu con el deseo. En la India, Shiva es el origen de la generación, y las representaciones del Yoni y el Lingam son los principios femenino y masculino. Los griegos tenían a Eros, el hijo de Afrodita, como divinidad del amor físico, y a Himeros, del deseo, que en Roma corresponden a Amor y Cupido. En la Biblia, Dios crea al hombre «a su imagen y semejanza» y, aún más, considera luego que no es bueno que esté solo y le da una compañera. Para los hindúes, el Ser lanzó su grito «si yo fuera muchos» y el deseo engendró el mundo. Los filósofos presocráticos griegos elaboraron también sus nociones teológicas del amor, y así Empédocles asocia Dios y amor, que es la fuerza que une, siendo Dios la unidad. Anaxógaras añade que ese amor fue introducido por el pensamiento, y que nos libera de la ignorancia. Platón elabora un concepto que luego será recogido y deformado por el Renacimiento para llegar con su nombre, amor platónico, pero con otro muy dispar concepto hasta nosotros. Según Platón, amar es desear lo bello, desear unirse a la perfección que, entre los helenos, era noción semejante a la de la belleza. La inteligencia, sin amor, no actuaría. El amor del ser por la perfección le conduce a desear lo perfecto en donde esté, y ese proceso lleva al ser a la necesidad de unirse con el otro ser, tendiendo a disolverse en él; esa perfección no es objetiva, sino sentida como tal por el que ama independientemente de su realidad, es decir, subjetiva. Aristóteles incluye la idea de actividad, de que el amor nos hace felices en tanto en cuanto obramos, y así adivina ya en él el pilar de la familia, su fundamento. Epicuro distingue entre apetito, que es necesidad que dimana de la naturaleza y a la que conviene satisfacer, y pasión, que es producto de la imaginación y por tanto rechazable. Entre los estoicos, el amor, derivando de la belleza, conduce a la amistad. En la vida social el amor, tanto en Grecia como en Roma, fue una actividad exclusivamente masculina y de la que se excluía a la mujer, relegada al mero quehacer doméstico; las heroínas que nos han llegado a través de la literatura suelen estar presas de sentimientos excesivos, superiores a ellas, fatales y que son la resultante de un destino que rige los acontecimientos sin apelación, que las impulsa a actuar sin que puedan siquiera explicarse sus actos al margen de este mismo destino y esa fatalidad. El amor queda para el mundo de la belleza visible, para el ágora, los gimnasios, los campos, y se rinde culto a la fuerza armónica, a la virilidad, a la agilidad, a la constancia, a las virtudes masculinas en general; el amor entre varones está tal vez más cerca de la amistad que de otra cosa, pero reemplaza muy frecuentemente al amor heterosexual. La primera imagen literaria que nos llega de una intuición del amor como hoy lo entendemos nos la transmite Virgilio, presentando a Dido, reina de Cartago, turbada por sus sentimientos. El cristianismo parte de una síntesis de las tradiciones grecorromana y hebrea, e introduce el concepto de amor griego y religioso activo, en cierta manera aristotélico, en toda su concepción del mundo, creado y regido por el amor no sexual. La mujer es el núcleo de la familia y merecedora, en cuanto madre, del amor del hombre, y adquiere así un lugar más cercano a él en el conjunto social.

El amor como sublimación absoluta de la sexualidad adquiere su preponderancia en la Baja Edad Media, en la época de los trovadores, de los caballeros andantes y de los poetas renacentistas cultos, como el Dante o el Petrarca, creadores de ese amor platónico en el erróneo sentido que ha llegado hasta nuestros días. El amor real, la relación entre hombre y mujer, la sexualidad e incluso el matrimonio, venían naturalmente subsistiendo —y así habrían de seguir— con independencia de tales formulaciones ideales, pero el concepto nace y crece con tal fuerza que acaba por imponerse en la ideología occidental hasta convertirse en dominante y obligar a su reelaboración científica en este siglo.

Las novelas de caballerías y los poemas de los juglares nos hablan de un código del amor que supone una variación notable en el estatuto de la mujer. Aun cuando una vez casada sigue estando la mujer sujeta a la voluntad y disciplina del marido —y antes de casarse a la del padre— adquiere una nueva dimensión en sus relaciones con el hombre quien, para conquistarla y amarla, se convierte en su servidor y súbdito, además de en su protector y vigía. Sin embargo —y en general—, el caballero que servía a la dama no era el marido, sino un joven casi sin esperanza de poder conquistarla físicamente pero que se sometía a toda clase de pruebas para probar su afecto, poniendo su ingenio, su valor y su fuerza en la empresa y llegando hasta sufrir las mayores humillaciones, si se le pedían, y a la rendición absoluta. Esto supuso un notable cambio en la consideración de la mujer que, desde entonces, pudo imponer al hombre una línea de conducta hacia ella y una actitud de respeto y fidelidad, inimaginables antes. En este instante la mujer pasa de considerarse como un mero objeto de deseo, a convertirse en un ser interesante e incluso adulado.

Esta situación —procede aclararlo— se reducía a las damas pertenecientes a las clases altas, especialmente a la nobleza, y habrían de pasar siglos antes de que llegara a extenderse a la mujer del pueblo. El amor no era para todos, ni resultaba conveniente que así fuera. En el tratado de *De amore*, de Andreas Capellanus, se lee: «Apenas puede acontecer que los trabajadores practiquen la caballería del amor sino que, como el caballo y el asno, tienden naturalmente al acto carnal según el movimiento natural demuestra. Les bastan la continuada fatiga de labrar los campos y los entretenimientos del pico y del azadón.» Y aclara: «Si alguna vez sucede que, fuera de su naturaleza y por excepción, sintiesen el amor, no conviene instruirlos en la doctrina amorosa.»

El Renacimiento elabora la ya aludida teoría del amor platónico, el amor idealizado o imposible que prescinde de cualquier suerte de relación carnal. Esta sublimación encubre, quizá, determinadas anomalías psicosexuales; nótese que el Dante escribe la *Divina Comedia* en honor de su Beatriz, a la que había visto cuando tenía diez años y con la que jamás tuvo trato alguno. De estas ideas, entremezcladas con las caballerescas, nace el concepto de la galantería que pervivió, al menos, hasta el siglo XVIII. No debe olvidarse, sin embargo, que la época renacentista nos ha legado otros ejemplos literarios en los que se nos transmite un concepto muy diverso del amor, más próximo al que Andreas Capellanus atribuía a los campesinos y, probablemente, más real y generalizado entre el pueblo; los *Cuentos de Canterbury*, de Geoffrey Chaucer; el *Decamerón*, de Bocaccio; o el *Libro de Buen Amor*, del Arcipreste de Hita, ofrecen un mundo amoroso mucho más sensual, erótico y verdadero, y mucho más apegado a la verdad de la vida de los hombres y las mujeres. La época de la galantería también conoce otra vertiente de la sublimación del instinto sexual en las formas del amor místico, que mezcla la pura contemplación y el éxtasis con prácticas sexuales encubiertas en doctrinas esotéricas.

No hacen excepción las teorías y prácticas de los

libertinos que, en cierto modo, son el último estadio de esa antítesis amor-sexualidad visto a la luz del racionalismo que se impone durante el siglo XVIII.

El romanticismo aparece a finales de ese siglo reaccionando contra las normas de orden racional y propugnando la primacía absoluta del sentimiento, de la pasión desmedida y sin fronteras; no era nueva del todo esa actitud, pero las ideas anteriores sobre la necesidad del amor absoluto, del «amar demasiado para amar bastante», cobran con ella nuevas fuerzas. La situación entonces estrenada lleva a la exaltación del individuo, definitivamente dueño de sus sentimientos y acciones, y coloca a la mujer en un lugar privilegiado y en el eje de toda la atención del hombre. La revolución burguesa sitúa a la mujer en mejores condiciones legales y, aunque esa situación de derecho no siempre tuviera su reflejo en la ley y menos aún en la vida, el matrimonio empieza a ser posible por amor y no por imposición paterna o por contrato, y el encierro en los conventos retrocede como fórmula de castigo para la mujer desobediente. El ideal romántico, posibilitado por el nuevo orden, pero todavía difícil en la práctica, se convierte en materia de ensoñación poética y novelesca, y la noción de amor absoluto y eterno pervive hasta entrado ya el siglo XX, pese a no haber correspondido nunca a una realidad social (o tal vez por eso). El amor romántico va unido a la idea del abandono de la vida anterior, de la ruptura con las convenciones y los lazos, de la tragedia vivida, del frenesí y, en su esencia, no pasa de ser un amor literario que sólo vive en las páginas de los folletones y los libros de versos. La apasionada historia del amor romántico sirve para hacer más llevadera la monotonía de la vida burguesa y también la dureza de la vida proletaria en la naciente sociedad industrial. La aparición de esta forma de vida y las nuevas relaciones sociales que comporta hacen que comience a existir por primera vez un mismo concepto de amor en todo el bloque social, esto es, que se universalice.

El siglo XX introduce nuevas ideas y actitudes ante el amor y la sexualidad y origina una notable ruptura con los períodos anteriores, especialmente después de la Primera Guerra Mundial y el progreso de las ideas socialistas, institucionalizadas ya en un país tras la Revolución rusa, situación que supuso un fuerte cambio en el desigual equilibrio de fuerzas de las sociedades desarrolladas. El creciente acceso de la mujer a la práctica de unos derechos cada vez más amplios y la lucha por esos derechos y todos aquellos otros que pudieran conducir a una igualdad definitiva entre los sexos —igualdad posibilitada aún más recientemente por las innovaciones tecnológicas en el campo de los métodos anticonceptivos— han originado modificaciones sustanciales en las relaciones amorosas e incluso en su mismo concepto. Ya en el siglo xix algunos autores habían desarrollado, e incluso llevado a la práctica, teorías sobre las relaciones sexuales distintas a las imperantes, generalmente en el marco de experiencias de tipo socialista o comunitario, como Fourier, Owen o Cabet, pero hasta finales de ese siglo y principios del xx no se estudia sistemática y científicamente el tema. A partir de Havelock Ellis y Freud el amor aparece como consecuencia del sexo e imposible de ser disociado de él, y los frecuentes casos de disociación —cuando aparecen— se explican como anomalías, represiones o sublimaciones. La sexualidad cobra autonomía y puede manifestarse y estudiarse en sí misma, y el amor no es entendido sino en función de ella ya que, cuando pretende huir del instinto (el amor platónico), se supone que no hace más cosa que ocultarse a sí mismo. Las teorías fisiologistas consideran al amor como una intoxicación crónica progresiva por envenenamiento de las secreciones glandulares, y los casos de flechazo o enamoramiento repentinos —e incluso el enamoramiento en general—, se explican por el procedo de «impronta» sobre el psiquismo del individuo, en un momento biológico adecuado, a la manera que Konrand Lorenz ha estudiado en el instinto animal. Este razonamiento, con todo, deja un tanto en el aire problemas como el de la reciprocidad, la ruptura, etc., aunque explica la formación de «peculiaridades» o «desviaciones» sexuales y afectivas, dado que el individuo puede quedar «impreso» sobre cualquier otro, e incluso sobre objetos, en el momento adecuado a la impresión, que suele entenderse como el de la primera adolescencia.

En cualquier caso, la consideración actual del amor ha experimentado, científica y socialmente, muy notables variaciones sobre cualquier época pretérita, siendo sin duda los más importantes el reconocimiento de la sexualidad como factor imprescindible, válido y no pecaminoso, y la equiparación de derechos del hombre y la mujer extendiéndose hasta la órbita amorosa. El grado de aceptación social y práctica de estas normas de conducta varía notablemente, desde luego, de individuo a individuo y de grupo social a grupo social, y así, mientras en algunos países del área cultural judeocristiana todavía no se reconoce legalmente el divorcio, en otros se sanciona normativamente la homosexualidad como relación amorosa si no recomendable, sí, al menos, tolerada por evidente. El adulterio carece ya del significado que tuvo en otros tiempos, y hoy, en ciertos grupos humanos se tolera la promiscuidad, actitud que, probablemente, supone más un cambio de consideración ante los hechos que una modificación real en las conductas.

El amor ha venido siendo considerado de muy distinta manera para el hombre y para la mujer, pasajero o accidental en el uno, y puro, altruista y de entrega total en la otra. El varón buscaba revivirse metafísicamente en la procreación, mientras la hembra abrigaba el secreto anhelo de morir en la exclusiva entrega al varón o al hijo. La supervivencia del amor romántico, unida a la tradición patriarcal cristiana, condujeron a formulaciones en contradicción con la realidad aunque sólidamente ancladas en la ideología y en las costumbres y así se llegó a suponer que el hombre es fundamentalmente erótico y desea más que ama, mientras que la mujer es substantivamente amorosa y ama más que desea. También se admitió que el hombre es por instinto, polígamo, y su mayor orgullo estriba en haber enamorado muchas mujeres, al paso que la mujer es esencialmente monoándrica y su galardón es no haber tenido más que un amor. Se daba por buena la idea de que el varón no individualiza el amor a la mujer, y ve en cada una de ellas el universal femenino que se le rinde para reafirmarlo en su virilidad —violando, talando y destruyendo; obsérvese la ambivalencia del verbo *joder* en castellano—, y se admitía que era incapaz de salir de su masculinidad primaria sino mediante un proceso de superación moral e intelectual. La mujer, por el opuesto camino, individualiza lo masculino en todo lo masculino universal, dado que su feminidad se mide por su aptitud para saciar su sed en una sola fuente. La sensibilidad amorosa de la mujer —se decía— no se embota, como la del hombre, con la costumbre sino que, por el contrario, siente verdadera fobia por la novedad sexual. Toda esta forma de vida quizá no sea más que un conjunto de hábitos supervivientes de una situación social en trance de ser revisada a fondo.

Naturalmente, el amor y la sexualidad y sus innúmeras implicaciones, derivaciones y concomitancias, no han sido patrimonio excluyente de la antigüedad grecorromana ni de la tradición e historia judeocristianas, y tanto las culturas orientales como las de los pueblos primitivos de toda época nos ofrecen un interesante campo de experiencias, sin olvidar otra historia menos conocida; la de la heterodoxia de la tradición demoníaca y ocultista. En todos ellos es más difícil hallar la oposición amor-sexualidad, ya que siempre se presentan unidos ambos conceptos. Así, entre los mágicos y los herméticos, se cuentan por docenas los filtros demoníacos que conducen irremisiblemente al amor carnal; los pactos con el demonio para lograr el amor y la posesión de una mujer; los ángeles condenados por pecar con mujeres, lo que hizo que fueran arrojados a la Tierra, donde actúan como ministros del demonio, mientras sus hijos, que no son ni ángeles ni hombres, no pudieron siquiera entrar en el infierno (y de ahí las historias de íncubos y súcubos), etc. Otra de las teorías del origen del amor, que puede adscribirse a la tradición ocultista, indica que al principio del mundo, como Platón creía, los hombres eran literalmente, a la vez varón y hembra, con dos caras, cuatro brazos, cuatro piernas y dos sexos, pero se envanecieron tanto de su perfección que los dioses los partieron en dos y de ahí que cuando esas dos mitades se topaban, se unían indisolublemente y morían de hambre y sed por no soltarse, lo que acabó por ablandar a los dioses que, compadecidos, sustituyeron semejante abrazo por el amor tal y como se conocerá luego.

Agradézcanme el hecho de que para no abusar más de lo debido de su paciencia ni haya aludido siquiera a las suertes cojitrancas de amor: el amor a distancia, o exaltación ideal hacia el hombre o la mujer célebres, casi siempre encubridor de un miedo; el amor de adaptación al objeto amoroso, que puede devenir en neurosis al ver obscurecerse el propio yo; el amor ereos, que en el siglo XIV entendía el amor como un peligro público; el amor imaginario o ficticio o máscara del amor tras la que se refugia el desairado por otro amor; el utópico amor libre, tan grato a los oídos de la revolucionaria Alejandra Kollontai, hoy cantado por Kerouac y Ginsberg, los poetas de la *Beat Generation*; el amor loco, de André Bretón, el penúltimo epígono del romanticismo; el amor pasional, sobre el que escribieron los folletinistas del siglo XIX y, por último, y entre tantos otros amores o pseudoamores que podrían llevar esta enumeración aun más allá, el amor platónico, que casi nadie entiende a derechas y en su real significado.

La ocasión me ha permitido expresar aquí algunas ideas —como mías, en permanente estado de revisión— sobre ese fenómeno que llamamos amor y ante el que, queriéndolo o sin querer, nadie puede renunciar al papel de protagonista.

El hombre desea a la mujer como la rana con sed, la lluvia, se lee en el *Rig Veda*, uno de los libros de técnica amorosa de los hindúes. Esquilo nos dice que, quien nunca ha amado, no puede ser bueno. San Bernardo, con muy generosa palabra, nos alecciona: la causa de amar, es amar; el fruto de amar, es amar; el fin de amar, es amar; amo porque amo; amo para amar. Para el Dante, el amor mueve el sol y las demás estrellas. Lope de Vega afirma que esto de ser platónico y honesto más parece, que amor, filosofía. Para Baudelaire, el amor es un crimen que no puede realizarse sin cómplice. Y, según Marañón, muchas mujeres, por lo menos hasta muy entrada su vida, no pueden comprender que el amor sea una refriega física. Quizá aquí, en estas palabras, radique el huevo de muy complejos problemas cuyo estudio cae lejos, muy lejos, de nuestra atención de hoy.

Sólo me resta añadir media docena de palabras en elogio y defensa de mi llorada amiga mistress Caldwell. El doctor Cañadell la adjetivó de romántica, cachonda y algo majareta. Pienso que todas las mujeres lo son, por fortuna y en mayor o menor grado, y de mí puedo decirles que, cuando una mujer no se me muestra con esas tres virtudes —el romanticismo, la cachondería y un punto de chifladura— bien a la vista, la dejo pasar de largo. Los gallegos, en nuestra humildad, las preferimos tal como Cañadell dibujaba a mistress Caldwell quizá porque —por egoísmo tanto como por respeto a la mujer— no propendemos a confundirla con la hembra doméstica, ese prodigio de malos humores y de acumuladas inutilidades, que además —y para mayor inri e ignominia— suele ser fea.

1. "Las edades críticas. Más allá de Marañón. A los antípodas de Cela". Recogida, junto con el presente texto de C.J.C., en *Evolución y crisis de la sexualidad*, núm. 244 de *Anales de medicina y cirugía*, año LII, abril-junio de 1976.

La explicación del milagro (pequeñas filosofías en torno a un fenómeno de nuestro tiempo: La publicidad)

El milagro es esencialmente inexplicable y, en su sola evidencia, radica su realidad (o su aparente realidad) y su razón de ser (o su fingida y confundidora razón de ser). Sólo así, a la violenta y cegadora luz de la fe, puede cobrar entidad el mundo de los fantasmas. Querer explicar el milagro, como querer resolver la cuadratura del círculo o querer hallar la clave del movimiento continuo, es tan vana y gratuita empresa como la de querer buscarle los tres pies al gato. Joubert asegura que la imaginación es el ojo del alma, y con los ojos del alma, ¡quién lo duda!, pueden verse los fantasmas que se niegan al concreto sentido de la vista, al ejercicio de los ojos del cuerpo. Es más: no sólo los fantasmas y sus contornos huidizos, sino las mismas cosas presentes, al decir de Montaigne, no las poseemos más que a través de la fantasía, esas alas que mueren jóvenes y audaces aun en los cuerpos viejos y timoratos.

Todos aspiramos a que el mundo sea algo más que un mecanismo (recuérdese a Lacordaire: sin libertad, el mundo no sería más que un mecanismo) y, sin embargo, nos apoyamos en la pura mecánica de las cosas para buscar la inteligencia de las mismas cosas, el entendimiento de sus acciones y reacciones, la pauta de su conducta. Si trasladamos nuestro observatorio de la curiosidad, del mundo de lo real y tangible al limbo de lo irreal y resbaladizo e inaprehensible, nos encontramos con la primera y cruel evidencia de que las herramientas de percepción al uso nos valen de bien poco. ¿Cómo explicar, por ejemplo, los matices de una puesta de sol, el tembloroso mirar de una mujer enamorada o el pujante y delicadísimo brote de la primavera en los botones del rosal, sin recurrir a las palabras mágicas y a los valores sobreentendidos y también mágicos? El hombre, puesto en trance de estupor, engendra poesía, estrena la poesía y abre los ojos atónitos al milagro. Es falaz el pensamiento de que el milagro es una situación de excepcionalidad; el milagro acontece cada día —cada día sale y se pone el sol, cada día late el pulso en las sienes, cada día se muere un niño que no había hecho más que sonreír. No; el milagro, contra toda apariencia, es un fenómeno usual y cotidiano, algo que nos rodea por todas partes y en lo que estamos inmersos aun sin saberlo. Lo que se nos resiste no es el milagro ni sus milagrosas consecuencias, sino la mecánica que nos dé exacta noción de su existencia y de sus razones.

Ahora bien: ¿tiene razones el milagro? Probablemente, no. O, dicho sea con mayor modestia, probablemente no las conocemos. La pasión fue antes que la razón, según nos explica Ovidio en su *Remedium amoris*, y aquello que se resiste a ser desvelado por la razón, quizá encuentre su sentido en la pasión, que es el tuétano que anima tanto a los ángeles como a los demonios. Voltaire acude en nuestra ayuda al asegurarnos que más alcanzaremos nuestro propósito dirigiéndonos a la pasión que a la razón. Aun sin poder desnudarnos del lastre de ser hombres razonables, esto es, de ser hombres que, inevitablemente, todo lo pasamos por el tamiz de la razón, tampoco debemos negarnos a la evidencia de que, para el bien y para el mal, también la pasión existe y está ahí: a nuestra percepción y a nuestros alcances.

Las ideas no toman carta de naturaleza entre los hombres hasta que maduran en forma de ley o de costumbre pero, nadie olvide el axioma de Gustave le Bon, las ideas envejecen más pronto que las palabras. También más pronto que la costumbre se hacen viejas las leyes, produciendo, con su rara conducta, la paradójica situación de ver siempre a los mejores hombres caminando delante de ellas: no a remolque de ellas ni siguiendo sus mandatos, que pasan de la niñez a la senectud sin conocer la edad madura y creadora. Guibert adivina, con muy sagaz intuición, que los hombres hacen las leyes y las mujeres, las costumbres, esto es: que los hombres legislan (en abstracto) al paso que las mujeres se acomodan, y acomodan el universo a su propio y concreto ser y substancia. Suele decirse que la costumbre es ley, lo que no es sino una verdad a medias ya que la costumbre engloba y perfecciona —y hace útil y viable— a la ley.

Las artes del toma y daca, desde que el mundo es mundo, vienen regidas por la costumbre que, a veces (no siempre), se positiva y se instituye en ley.

Pensemos en sus íntimas razones. Se compra y se vende todo: se compra y se vende una libra de arroz y se compran y se venden parcelas en la luna; se compra y se vende amor —o su mera apariencia, su antifaz— y se compra y se vende odio —en forma de delación o de venganza—; se compran y se venden caballos, se compran y se venden toros bravos y vacas mansas, se compran y se venden lingotes de oro y flores de adormidera, se compran y se venden esclavos y conejillos de Indias, se compra y se vende salud, se compran y se venden honras fúnebres y, por fortuna, también se compran y se venden sueños e ilusiones.

Ahora bien: ¿por qué, cómo y para qué se venden —y se compra— y se consigue vender —y hacer comprar— aquello que se vende y se aspira a vender y hacer comprar? Hablemos hoy de las motivaciones de la venta, ese fenómeno que viene condicionado por las motivaciones de la compra.

Se vende por instinto, como se respira, y por necesidad, como se digiere (más adelante veremos que se puede respirar y digerir bien o mal). El tridente de Neptuno, decía Lemièrre, es el cetro del mundo. El hombre compra y vende por ser hombre y es el único animal de la creación que conoce las cambiantes reglas del comercio. La hormiga atesora, pero no vende: consume. La abeja produce, pero no vende: se deja desvalijar. La res engorda y la bestezuela del monte produce su piel preciosa, pero ninguna de las dos venden: pagan con su propia vida el botín que excita la codicia del hombre. La humanidad es una continuada herencia y está compuesta más de muertos que de vivos pero, para ser más exactos, debiéramos aclarar que, lastrando y dando sentido a su tradición, late el comercio: ese hecho diferencial.

Se vende por instinto y por necesidad, sí; se vende más por ganar batallas dialécticas y poder, que por ganar dinero —que no es más que una herramienta del poderío—; se vende casi —y aun sin casi— por espíritu deportivo y esta certidumbre hizo exclamar a Benjamín Disraeli que el librecambio no es un principio teórico sino una evidente conveniencia.

Pero se puede comerciar, como se puede respirar o digerir —y antes apuntábamos esto— bien o mal, y a nosotros, por razón de oficio de pensamiento, compete el estudiar las causas de tal suceso y el aportar las soluciones encaminadas a su buena marcha.

Si el comercio es un instinto, no es menos cierto que, en su ulterior maduración, es un instinto que debe ser cuidado y encauzado con mimo y con no poca inteligencia y cautela.

Se vende porque antes se ha creado o, al menos, perfeccionado, en el cliente posible, la idea de la necesidad, de la precisión de la compra; una compra —y la secuela de actos no sólo mercantiles sino también civiles y aun morales y quizá penales, que esa compra origina— es conveniente o inconveniente no tanto por su íntima y saludable adecuación al logro de un anhelo del orden que fuere, cuanto por el grado de amor que se ponga en su satisfacción. Procuraré hacerme entender. Las verdaderas, las inabdicables necesidades del hombre son mínimas: comer, vestirse, trasladarse, reproducirse (las acciones del nacimiento y de la muerte no son necesidades que lleven al sujeto a suerte alguna de desembolso) y muy pocas más, y para subvenir a ellas es muy escaso —en el contexto general de nuestra sociedad— el gasto que se origina.

Pero en nuestra civilización y desde el maquinismo, desde hace no más que ciento y pico de años, otras son, a más de las dichas, las motivaciones que inducen al hombre a comprar, hasta donde puedan ser adquiribles por dinero, múltiples remedios para las necesidades creadas por el mismo hombre o, lo que es lo mismo, para las necesidades que antes no lo eran o, al menos, no lo parecían o no se tenía de ellas muy precisa noción. No eran necesarios, o no se articulaba su existencia, su realidad, múltiples afanes hoy vigentes y operantes, por ejemplo: la automática comunicación, la velocidad en el transporte, la información simultánea y, en otro orden de cosas, la calefacción y refrigeración del habitáculo, la conservación de los alimentos, la flexibilización de las faenas domésticas e incluso el conocimiento de las latitudes remotas. Antes del teléfono o del telégrafo, el hombre no aspiraba a más comunicación que la de la posta, literaria e ineficaz, sí, pero también —entonces— suficiente; hoy se manejan minúsculos y eficacísimos aparatos portátiles de emisión y recepción que nos permiten seguir unidos, por un misterioso cordón umbilical y en todo momento, a la matriz de nuestro hogar, de nuestro despacho, de nuestra clínica. Antes de la aviación, el hombre no pretendía mayor velocidad en el transporte que la que le brindaba la máquina de vapor acoplada al ferrocarril o al barco; hoy se nos antojan lentos los aviones de hélice y pistón y, siempre que podemos, utilizamos el jet, ese invento civilizado y mansamente endiablado. Antes de la radio, el hombre no soñaba con más inmediata información que la del periódico diario; hoy, a la televisión le exigimos la transmisión directa y simultánea del suceso, y no nos sentimos conformes con saber ya coronado al nuevo Papa o posesionado al nuevo presidente, o con conocer detalles de la reciente boda de la princesa casadera o de la actriz famosa, o con enterarnos del resultado del último partido internacional de tenis o de fútbol o de la penúltima batalla en el Vietnam o en el Próximo Oriente, sino que pretendemos ver, a muchas leguas de distancia y en el mismo momento en que el suceso acontece, el grado de júbilo del pueblo de Roma ante la decisión del cónclave de cardenales, la cara que tiene y el vestido que lleva la novia de turno, y cómo se suceden y se producen las series y los tantos y los bélicos vaivenes de la contienda deportiva o guerrera. El ejemplario pudiera extenderse hasta lindes insospechadas y tampoco merece la pena incidir sobre él.

Para Goethe, se puede conocer la utilidad de una idea y, sin embargo, no acertar a comprender el modo de utilizarla. De esta idea de Goethe sobre la idea, debe partirse para saber el cómo y el para qué se venden y circulan no sólo las mercancías, sino también las ideas y hasta los sentimientos. Pero caminamos con suma cautela y recordamos a Rousseau, ya que las ideas generales y abstractas son la fuente de los más grandes errores humanos. Y —recordemos también a Taine— nada hay tan peligroso como una idea general en un cerebro estrecho.

¿Cómo, para qué, en qué grado y a qué velocidad y eficacia circulan las mercancías, las ideas y los sentimientos entre los hombres?

El maestro Gonzalo Correas, dómine de la Universidad de Salamanca a finales del siglo XVI y principios del XVII, recogió en su *Vocabulario de refranes* diversas formas, incluso antagónicas y encontradas, que trataban de expresar las artes —y las esencias, las características, el espíritu y aun las mañas— de los vendedores y los compradores de su tiempo y las normas por las que se regía el trato comercial, el acto humano y jurídico de la compraventa. Se tenía entonces por aforismo el adagio que rezaba «el buen paño en el arca se vende, mas el malo verse quiere», con el que se intentaba señalar que la calidad se pregona por sí misma, al paso que su ausencia o su deficiencia debe medirse y sopesarse —e incluso ser pensada y repensada— con mil ojos, antes de la decisión y tras una bien meditada memoria de los precios.

La paradoja se presenta cuando el buen paño abandona su solitaria navegación, olvida el singular y, en vez de una, enseña siete o setenta marcas diferentes en las que las calidades, de la índole que fueren, de las unas, vienen condicionadas por las calidades de los productos de la competencia, por las óptimas excelencias —de estas o de las otras utilidades, bellezas, precios y características— de los paños de los demás.

Hay más dinero; el número de posibles compradores ha crecido; paralelamente, crece también la cantidad de marcas de buenos paños en concurrencia y —aquí la paradoja que señalaba— aquel buen paño deja de venderse en el arca y hay que exhibirlo en el escaparate, hay que pregonarlo, hay que llamar la atención sobre su existencia y sobre la conveniencia de su adquisición, sobre la saludable prudencia de su posesión.

¿Qué ha pasado? ¿Por qué cuesta más trabajo —y más dinero y más tiempo— vender lo que antes se vendía solo y sin esfuerzo? La vida de relación empieza a complejizarse y, subsiguientemente, el comercio se complejiza también. El primer síntoma de la riqueza es el paraíso perdido, el abandono de la bucólica y bienaventurada paz de la pobreza. El hombre que tenía una sola camisa de quien nos habla el cuento de *Las mil y una noches*, comienza a sentirse un extraño entre los suyos, una literaria y pintoresca supervivencia de los tiempos idos, porque el tiempo presente empieza ya a empujar: impulsado por la riqueza que, a su vez, crea riqueza, y desorientado e incierto por esa misma riqueza que, en todo caso, es, al menos, de más difícil y enojosa administración que la pobreza.

Aquel buen paño ha proliferado; probablemente, cualquiera de los buenos paños que ahora se ofrecen es mejor y más bello que aquel buen paño solitario de entonces y, sin embargo, el comprador lo piensa (cosa que antes no hacía) antes de decidirse. ¿Por qué? La respuesta es sencilla: porque antes no se precisaba decisión en la elección, bastaba con la escueta decisión del acto. Es más fácil —también más natural— decidirse que elegir. La elección no implica mayor riesgo que la decisión, pero sí mayores dudas y titubeos; también enseña más amplio margen a la posibilidad de error.

Así las cosas nace, todavía confuso e incipiente, el arte (o la ciencia; después aclararemos este punto) de la publicidad: en un principio ingenua y dirigida a un ámbito ingenuo; más tarde maliciosa y proyectada sobre una masa de clientes también maliciosa; por último, psicológica y sembrada en un campo abonado a la cultura o, al menos, abierto a la contemplación y admisión del hecho culto, del fenómeno —de tan complejas implicaciones sociales— de la cultura.

La publicidad —tiempo al tiempo— se hace cultura, se engarza en la cultura y goza y padece de todos los triunfos y de todas las servidumbres de la cultura. Jorge Santayana, el gran filósofo abulense que floreció en Norteamérica, estudió este haz y este envés de la cultura: la cultura —nos dice— está entre los cuernos de este dilema: si debe ser profunda y exquisita, ha de quedar reducida a pocos hombres; si debe hacerse popular, tendrá que ser mezquina. ¿Por qué la publicidad había de ser una excepción a esta forma general?

Pero no vayamos demasiado de prisa a donde queremos ir; retornemos al maestro Correas y oigamos, una vez más, su voz resonando en el dorado marco de Salamanca. El maestro Correas nos sume en un mar de confusiones cuando, en su mismo y ya citado *Vocabulario*, también nos dice lo contrario de lo que ya nos dijo y poco atrás me permití repetir ante ustedes, esto es: «El mal paño en el arca se vende, mas el bueno verse quiere.» ¿Hacia dónde apunta el maestro Correas con este nuevo y extraño refrán? ¿Qué quiere decirnos? ¿Por qué juega, o aparenta jugar, a confundirnos? ¿Qué rara y remota razón le induce a volver su pensamiento (o el ajeno pensamiento que registra) en tan violento giro de 180 grados? El mismo, en glosa a su refrán, nos da la respuesta: «El mal paño, porque tiene mala mercaduría, no se deja ver; el bueno, sin verlo se vende, pero el que compra siempre quiere ver lo que compra». Y el que vende, si lo que vende es bueno —añadimos ahora—, quiere mostrarlo.

La actitud psicológica del binomio comprador-vendedor oscila, desde que el mundo existe y aun antes de que fuera señalado, entre los dos polos a que alude cada uno de los dos refranes dichos. En el segundo —evidentemente posterior en el calendario— se integra lo que pudiéramos llamar la «intencionalidad maliciosa» del vendedor, aún ausente (quizá no la intencionalidad, pero sí su constancia) en el anterior. Y sobre aquella actitud psicológica y sobre este binomio incide la publicidad —insisto: esa cultura— con el propósito de hacerlo viable, flexible y eficaz.

Las artes de vender —decíamos— son consubstanciales con el hombre; de las artes de comprar pudiera pensarse lo mismo. El hombre compra y vende como respira y como digiere, sí, pero empleando para ello más noble víscera que el pulmón o el estómago; el hombre compra y vende con la cabeza, eso que, más que una víscera, es un cosmos completo y, en sus difíciles circunvoluciones, también diáfano.

Lo que ya no es innata al hombre es la articulación de aquellos instintos, su ensamblamiento en el completo sistema de la cultura, su científica —y artística— técnica de implantaciones, eficacias y logros.

Ya vamos acercándonos al conocimiento, al diagnóstico de los contornos de la publicidad; ya vamos aproximándonos, poco a poco, a la linde que nos avisa la presencia de la publicidad. Debemos cuidar, como primera providencia de nuestra búsqueda, de que su mera apariencia no nos confunda y nos suma en el error. *Decipimur specie recti*, decía Horacio: somos engañados por la apariencia de la verdad.

Es mal arte de vendedor el anteponer la apariencia a la esencia, lo tangencial y adjetivo a lo substancial y profundo. Pero —repárese en ello— también sería mal arte de vendedor el olvidar que el buen paño ya no se vende en el arca sino en la mano y después de un largo e inteligente discurso de captación de la voluntad, de educación del gusto, y hasta de creación de la necesidad que todavía no existía.

Algo va a ser lanzado al mercado. Poco ha de importarnos ahora que ese algo sea un objeto (un automóvil, una bebida refrescante, unas camisas a la última moda) o una idea (política, social, económica) o un sentimiento (el que despierta el hambre en la India o en Biafra, o la enfermedad en el Congo o en Guinea) o incluso un hombre o una mujer (un cantante, un boxeador, un diputado). Todo necesita su lanzamiento, todo precisa ser aureolado de simpatía, de interés, de un cierto y poético misterio: en una palabra, de popularidad.

Algo va a ser lanzado al mercado —decíamos— y hay que predisponer al mercado a la benévola aceptación de eso que se lanza. La publicidad tiene la palabra. Es fácil vender ese algo nuevo que se lanza —todo consiste en apartar las monedas precisas y destinarlas a tal fin—, pero en esa facilidad estriba, precisamente, el mayor peligro: si el producto lanzado no responde, en sus excelencias, a la expectación que su presencia despierta, el producto lanzado se hunde irremisiblemente y para no levantar jamás la cabeza. Nadie olvide que es más fácil engendrar a un vivo que resucitar a un muerto. El cliente, como la mujer amante, está siempre dispuesto a dejarse engañar; lo que no admite es ser defraudado. Hay un amoroso engaño deleitosamente admisible, pero el infringimiento de las reglas del juego acarrea el repudio.

En aquel momento, que antes señalábamos, en que la presencia del buen paño se multiplica, nace, en el hombre, el primer dolor de cabeza. Nada produce mayores quebraderos de cabeza que la necesidad de optar. El hombre se enfrenta con un más amplio panorama, se siente —o se presiente— incapaz de abarcarlo de un solo golpe de vista, y pide auxilio a quien supone que pueda brindárselo. La publicidad acude en su ayuda; le recomienda el paño que mejor pueda servir a su apetencia; le aconseja el más eficaz remedio para alejar la neuralgia que su indecisión le acarrea y, de paso, le ofrece una gaseosa o un televisor o una nevera en cómodos plazos mensuales. El hecho de que «piensen por uno» hay que pagarlo, pero el que paga exige que el que «piensa por uno» piense bien.

No es una sólo —y rígida y lineal— la posibilidad de captación psicológica, porque las psicologías, a la postre, son tantas como hombres estamos, al tiempo, vivos sobre la costra de la tierra, latiendo —y afanándonos y viviendo y muriendo— sobre la piel del mundo.

La expresión «picar el anzuelo» señala algo que los hombres estamos dispuestos a permitir que se haga con nosotros mismos, siempre y cuando no trascienda o no se blasone por parte de quien nos lo hace picar o lo intenta. Cuando en los espíritus o en las conciencias nace el recelo (que también puede ser un instinto puramente físico y animal) el hombre —y no sólo el hombre sino el ser vivo, en más abstracta noción— se cierra en banda y, por más que lo disfracemos y hagamos sugestivo, se niega a picar el anzuelo.

El invierno pasado, en el jardín de mi casa de Palma de Mallorca, observé que los pájaros buscaban con afán el alimento que el mal tiempo les negaba o, al menos, les hacía difícil. Arbitré entonces ponerles tres o cuatro comedores de alpiste colgados de los árboles pero, al cabo de unos días, observé con estupor que los granos no habían sido tocados. Los pájaros, probablemente, creyeron que mi honesta preocupación era una celada, tomaron por trampas los pesebrillos, y prefirieron —e hicieron bien, si tal pensaban— el ayuno a la posible pérdida de la libertad. En efecto, mi sospecha no era infundada: esparcí el cereal sobre la yerba, se presentó una nube de gorriones y los granos desaparecieron en un santiamén.

Un caso de signo radicalmente inverso —esto es: un caso en el que, en vez de la vida, se quiere producir la muerte— también pudiera aleccionarnos a este respecto. Las ratas no se dejan envenenar. El puro veneno, aunque tratemos de dárselo con queso, no mata más que a las primeras ratas. Sus compañeras relacionan la muerte con la ingestión del alimento envenenado y, por negra que sea el hambre que las acosa, se abstienen de volver a comerlo. El instinto de conservación es más fuerte que la presencia de la miseria y de la calamidad y mientras hay vida —parecen pensar las ratas— hay esperanza. Las autoridades sanitarias, preocupadas en el mundo entero, por la lucha contra las ratas, arbitraron una fórmula de exterminio tan cruel como eficaz: la muerte diferida. Y hoy las ratas, que ignoran que el alimento que les produce la enfermedad es la causa de la muerte que les sobreviene a equis semanas vista, mueren de leucemia.

La publicidad presenta muy sutiles vías de penetración en el ánimo del comprador y —por ende— en su bolsillo: desde la casi imperceptible sugerencia que nos hace sentirnos padres de la idea (y regodearnos en la contemplación de la paternidad, siquiera sea atribuida) hasta la machacona insistencia conminatoria que llega a hacer que nos imaginemos culpables de desobediencia y aun de deslealtad. Todas las fórmulas pueden ser buenas y malas, útiles e inútiles, y de su valor o inconsistencia no puede hablarse jamás sino a posteriori. Lo único que la publicidad no admite es la proclamación, la vanagloria de su existencia que, si conocida por todos, no por todos se tolera de buen grado; por eso las agencias de publicidad se abstienen de hacer publicidad de sus servicios y, si no se abstienen, se equivocan, marran el golpe y acaban por perder los cuartos en cuya prosecución se afanaban.

Un aforismo jurídico de los romanos reza: *tantum valet res quantum vendi potest*, tanto vale la cosa cuanto puede obtenerse por su venta. Esta sentencia, si cierta en el foro y entre juristas, ya no lo es tanto en el comercio desde la aparición de lo que venimos llamando cultura de la publicidad. El precio de las cosas viene marcado por la concurrencia de múltiples factores determinantes y también por las leyes que rigen su gravitación sobre el ámbito del comercio. Una de las más inexorables y precisas normas que gobiernan esta parcela es, quizá, la ley de la oferta y la demanda o, dicho sea de más precisa manera: la ley que proclama la evidencia de que el capricho hay que pagarlo. La publicidad no opera directamente sobre el precio de la cosa, pero sí puede alterar los precios supuestos que lo condicionan: a mayor publicidad, mayor apetencia; a mayor apetencia, mayor demanda; a mayor demanda, mayor precio. El justo equilibrio rentable indica que la política de producción debe proceder con suma cautela para evitar que pueda llegar a ir por delante de la capacidad de absorción del mercado, aun ensanchada, día a día, por el inteligente ejercicio de la publicidad. Si este equilibrio se altera de forma que los almacenes se llenen a más velocidad que se vacían, la quiebra nos acecha y la publicidad, como una navaja de dos filos, acaba hiriendo la mano que la esgrime.

Cuando la publicidad se funde —o se diluye, que tanto monta— en la cultura de los pueblos y llega a hacerse consubstancial con determinadas formas de vida, es inútil querer ensayar con ella la marcha atrás. La vida es un río de fluir constante cuyas aguas, amén de otras ignorancias, desconocen la evaporación, no se van jamás y siempre crecen.

La cultura es una carrera de antorchas en la que cada gimnasta es siempre un punto más veloz que el anterior. También, en la buena filosofía de la historia que refleja la fabulilla centroeuropea, los hijos presentan siempre mayores virtudes e inteligencia que los padres ya que, en el supuesto contrario y según es evidente, la humanidad no hubiera evolucionado.

Se discute si la publicidad es un arte o una ciencia; permítasenos suponer que ya el solo planteamiento de tal cuestión es obvio y falaz: hay quien llama arte a la medicina y no falta quien quiera ver una esotérica y soterrada ciencia en la poesía. El hábito casi nunca hace al monje y, en este caso, menos aún. La publicidad, como —artes o ciencias, ¿qué más nos da?— la medicina o la poesía, es hoy un eslabón de la cadena sin fin de la cultura: algo que, si se rompe, rompe todo el buen orden del sistema. La poesía no nos hace buenos y dulces y sentimentales si no lo somos, pero fray Luis de León o Antonio Machado nos recuerdan que la bondad y la dulzura y el sentimiento existen, todavía, en los corazones elegidos; la medicina no nos evita, de cierto, la última pirueta mortal, pero Flemming, con su hallazgo de la penicilina, y Severo Ochoa, con sus estudios sobre el ácido ribonucleico, nos alejan la quiebra y nos permiten vivir más y en mejor salud; la publicidad no nos resuelve el más íntimo meollo de nuestros problemas (tampoco ésa sería su función) pero sí nos ayuda a vivir, aun con problemas, mejor informados acerca de las mil parciales soluciones de los mil subproblemas que nos acechan; en este sentido, no me parecería arriesgado asegurar que la publicidad todavía es escasa y aún ha de crecer. Lo deseable sería que creciere bien y acorde con la realidad que representa o aspira a representar, porque lo contrario, esto es, el tumoroso e informe crecimiento desbordador, no acarrearía sino confusión, duda y, a la postre, esterilidad y colmado asco de vanas insistencias.

Claudiano, allá por el siglo IV, se proclamó enemigo de la publicidad: *minuit praesentia fama*, llegó a decir: la fama disminuye con la presencia. Su pensamiento, sin que podamos darlo por rigurosamente verdadero, sí es digno de ser tenido en muy atenta consideración: determinados automóviles ingleses y ciertos relojes suizos todavía basan su propaganda en la demostración de que no la necesitan. Pero obsérvese que su publicidad, no por proceder por ausencias y no por presencias, deja por eso de ser publicidad. Es probable que se necesite un jefe de publicidad muy inteligente para que pueda determinarse, con toda precisión y eficacia, el exacto momento del silencio. Aquellos coches británicos y aquellos cronómetros helvéticos todavía son el buen paño vendido en el arca pero, de su existir, no debe obtenerse la consecuencia de que el buen paño, como en los tiempos idos, en el arca se sigue vendiendo. No; el buen paño, según antes vimos, ya no se vende como se vendía sino de otra y más actual manera. Aquel arca fue cerrada con siete llaves, como quiso cerrarse el sepulcro del Cid y, a lo mejor, en su vientre guarda todavía la pieza del paño.

Se intenta ganar, sí, y para eso se aguza el ingenio, pero no hay que volver la espalda a la posibilidad contraria: el perder. Ni un solo general ilustre, ni un solo jugador de ajedrez prudente, ignora las artes del sacar provecho de la retirada, del encauzar la momentánea pérdida hasta el ulterior puerto de la ganancia. Miguel de Cervantes, en su *Quijote* y en un rapto de pesimismo, llega a decirnos: «Lo bien ganado se pierde, y lo malo, ello y su dueño.» Obsérvese, contemplando serenamente lo escrito por Cervantes, que no nos dice que lo ganado haya, a la fuerza, de perderse, sino que puede perderse, de venir las cosas mal dadas y presentársenos al alimón con la desgracia. Lo que sí afirma el moralizador Cervantes es que, si lo mal ganado se pierde, arrastra en su caída a su dueño. También en esta esquina de las posibilidades debe escucharse la voz, ahora más cauta que nunca, de la publicidad. Gómez Pérez, poeta del *Cancionero de Baena*, llegó a cantar:

Ve, ganancia, allá te vayas
donde pérdida non trayas.

Y en la paremiología española se registra una sentencia que no ha lugar a dudas: «Del ganar viene el perder.» Como no hay un solo refrán sin su contrarrefrán, también se dice: «Del perder viene el ganar.» Y éste pudiera ser el breve esquema de todo el código de la publicidad: del perder, a su tiempo debido y con talento y tiento, se obtiene la nunca casual y siempre prevista cosecha de la ganancia.

El milagro es esencialmente inexplicable —decíamos—, pero la publicidad —aclaramos ahora— no opera milagros sino que nos brinda, como la vid el racimo de uvas, el fruto que hemos sabido cultivar. En una empresa científicamente estructurada, el capítulo de las ganancias milagrosas o casuales carece de entidad considerable. Se sabe lo que cuesta fabricar el producto; se conoce lo que vale arroparlo y acicalarlo y vestirlo; se calculan, hasta la última peseta, los gastos de lanzamiento; se estiman los márgenes comerciales y, lo que es todavía más importante, se conoce la capacidad de absorción del mercado, el techo de su saturación, su última frontera posible y razonable. En el teórico supuesto de que todas estas operaciones se perfeccionasen al límite, aquel capítulo de las ganancias milagrosas quedaría reducido a cero, desaparecería de las contabilidades.

A veces, llamamos milagro nada más que a aquello que no sabemos articular y explicar. La ignorancia se refugia en el acogedor regazo de la magia, más por miedo que por convencimiento, y también porque el miedo, en su última maduración, es el germen de la esperanza. El que nunca tuvo miedo, nos dice William Cowper, no tiene esperanza, y la esperanza, al pensar de Antonio Pérez, es el viático de la vida humana.

No; no llamemos milagro al teorema, ni milagrosa a la geometría, ni milagreros a Pitágoras o a Euclides. Barramos los fantasmas de nuestras cabezas y no pensemos, ni por un solo momento, que los resultados de una oportuna campaña de publicidad son producto de la suerte y no del talento y del estudio. La suerte existe, ¡quién lo duda!, pero también existe una cierta dosis de vocación de suerte, que la propicia y nos la hace asequible.

Varias son —y sobre algunas hemos incidido— las determinantes de la próvida y saludable eficacia de la publicidad y, entre ellas —nadie lo olvide—, ocupa un lugar señero la poesía. Los psiquiatras del Medio Oeste norteamericano observaron frecuentes trastornos nerviosos entre los niños, todavía analfabetos, que empezaban a frecuentar la escuela. Trataron de bucear las causas y tardaron en encontrar el origen del infantil desasosiego. Sus familias eran normales y bien avenidas; su alimentación correcta; no arrastraban tara alguna hereditaria; el trato recibido en la escuela era inteligente y cariñoso, y los juegos discurrían, entre ellos, con la debida fluidez y la naturalidad necesaria. ¿Qué acontecía entonces? Uno de los psiquiatras encargados de aclarar y resolver el raro problema encontró el huevo del que partían todos los males: las casas —con su tejado a dos aguas, sus ventanas de guillotina, su jardín de césped— eran todas iguales y los niños, al salir de la escuela, se perdían, no daban con su hogar —o tardaban en dar con él— y, en lógica consecuencia, acababan con el sistema nervioso excitado y en permanente sufrimiento. Ahora bien: ¿cómo enseñar a contar a unos niños que, por su edad, todavía no sabían los números?, ¿cómo enseñar a leer a unos niños que no estaban aún en trance de aprender las letras? Fue un técnico de la publicidad quien halló la poética fórmula de arreglo. Cada casa había que diferenciarla de las demás pero, ¿cómo?: con una fotografía de la madre de cada niño perdido y nervioso, colgada sobre la puerta. Se siguió su consejo y los niños recuperaron el equilibrio, la paz y la alegría. ¿Cabe concebir mayor y más diáfana aplicación de la poesía al vivir cotidiano? ¿Es posible imaginarse una más poética contribución de la publicidad al bien deseable?

La poesía explica —poéticamente, que es muy noble forma de explicación— el milagro y desvela el mundo de los fantasmas, porque en su angélico estupor estriba —estribaba— su seguridad. El hombre sin fe y sin capacidad de pasmo se siente solo e inseguro ante la vida, y la soledad y la inseguridad no siempre son buenas consejeras. No es bueno que el hombre esté solo, se lee en el libro del Génesis, porque cuando caiga, se aclara en el *Ecclesiastés*, no tendrá quien le ayude a levantarse. La soledad es la última y más noble prueba de los espíritus y únicamente los que se saben muy seguros son capaces de soportarla. Antonio Machado, aquel hombre de espíritu fuerte y delicadísimo, llegó a sentir el pavor de su propia soledad.

> En mi soledad
> he visto cosas muy claras
> que no son verdad,

llegó a decirnos; para añadir, en una petición de amoroso auxilio:

> Poned atención:
> un corazón solitario
> no es un corazón.

La publicidad cumple —o debe cumplir— la función de respaldarnos, el oficio de hacernos compañía para que no nos sintamos demasiado solos e inseguros.

El hombre que se sabe seguro jamás se encuentra solo porque en sí mismo se respalda. En un naufragio, nos dice el poeta Schiller, el que está solo se vale más fácilmente. Pero el hombre, cada día que pasa, está más solo —y lo que es peor, tiene mayor conciencia de su soledad— y también más inseguro de sí mismo y de todos los hombres.

Alguien podrá estudiar algún día, con mantenida paciencia y sagaz aplicación, los posibles efectos terapéuticos de la publicidad —esa compañía que se agradece— sobre los cientos de miles de solitarios que en el mundo se sienten solitarios y luchan y se afanan —no siempre con suerte— por dejar de serlo.

El que se retira a la soledad —nos dice Goethe— muy pronto se encuentra solo; todos los demás hombres viven y aman, y lo dejan entregado a sus sufrimientos. Pidamos a la publicidad que nos acompañe, sí, pero pidámosle también que nos guíe en la buena lección, que no nos defraude ni nos engañe —que nuestro engaño acabará siendo su ruina— y que no olvide que, al lado de la lógica, late el milagro; que al tiempo que los vivos, vuelan los más raros fantasmas; que la ciencia pura todavía no ha desterrado los sueños, y que —al decir de Aristóteles— la poesía es más profunda y más filosófica que la historia. La poesía —pensaba el delicadísimo Alfred de Musset— es el más dulce de los pesares. Pidamos a la publicidad que sume poética dulzura al pesar inevitable.

Sobre España, los españoles y lo español

El señalamiento de los orígenes del concepto de España y la fijación de su idea, su linde y su meollo, es algo que me viene preocupando desde hace ya largos años y de continuo. Quizá este insistir sobre qué es lo que es España, qué es lo que somos los españoles y qué es lo que, a la postre, viene a ser y a resultar lo español, constituya la faz visible de una de mis más permanentes actitudes: la duda o, quizá mejor, la incertidumbre.

Las ideas que me voy a permitir exponer sobre los tres pies de banco de España, los españoles y lo español —y su noción, su concepto y su esencia—, en ningún caso deben tomarse por definitivas sino por muy provisionales y revisables. Es éste un tema por mí trabajado y reelaborado una y otra vez sin que, hasta hoy, me haya atrevido a suponer que quede dicha mi última palabra. En mis libros, con frecuencia, abordo el misterio español y su plural corolario histórico, político, moral, humano; entiendo que es un deber al que no tengo derecho a sustraerme. Debo, sin embargo, declarar que tan sólo la duda es lo cierto que he podido hacer mío. Bernardino de Rebolledo, en su *Selva militar y política*, asegura que todo lo ignora quien de nada duda. De ser cierta la idea inversa, quien ante ustedes tiene el honor de hablar, todo lo sabría puesto que sobre todo asienta su permanente duda.

Tampoco sería mal lema de mi pensamiento aquel verso del Petrarca: *Cosi in dubbio lasciai la vita mia* (en la duda dejé la vida mía).

Uno de los españoles más preocupados por la puntual delimitación y esclarecimiento del concepto de España nos dejó dichas, en muy nobles páginas, unas palabras clave: «Ni en Occidente, ni en Oriente hay nada análogo a España, y sus valores (sin que nos interese decir si son superiores o inferiores a otros) son sin duda muy altos y únicos en su especie. Son irreductiblemente españoles La Celestina, Cervantes, Velázquez, Goya, Unamuno, Picasso y Falla. Hay en todos ellos un quid último que es español y nada más»[1]. De estas palabras de Américo Castro y de todas sus implícitas, aleccionadoras y saludables consecuencias, ha de partir quien quiera ver claro el tema de España y su revuelto mundo.

Ese quid último que es español y nada más es lo que determina el ser español, la manera de ser española, la forma peculiar que tenemos los españoles de ser y de no ser, de vivir y hasta incluso, de morir. Miguel de Unamuno, restableciendo todos los etimológicos alcances de la peleadora noción de la agonía, prestó, aun sin proponérselo, un señalado servicio al mejor entendimiento de este quid último español. Agonía, dice Unamuno, quiere decir lucha. Agoniza el que vive luchando, luchando contra la vida misma. Y contra la muerte. Es la jaculatoria de Santa Teresa de Jesús: «Muero porque no muero.»

España es un país históricamente escindido en dos mitades, cada una de ellas partida en otras dos que a su vez se dividen y subdividen —como se multiplican las imágenes en los juegos de espejos— hasta el límite que la vista alcanza. Ese quid último de lo español, sin embargo, habita, múltiple y uno, en todas y en cada una de las mil caras de España y sin él, sin su presencia, no sería factible la inteligencia del fenómeno español.

Podría trazarse la ideal órbita humana de ese quid español considerando, en escalas paralelas, los nombres y el actuar de los españoles tópicamente españoles y, a su lado, los de los españoles que, sin presentársenos disfrazados de españoles, también lo son —y muy cumplidamente— en su más íntimo tuétano.

Antes de establecer ambas escalas quizá fuera conveniente pasar, aun de puntillas, sobre el completo de virtudes y vicios que laten en el más remoto rincón de las conciencias españolas, determinándolas y señalándolas.

Son siempre peligrosas las generalizaciones pero, en cierto sentido, pudiera decirse que el vicio que lastra a la masa española es la envidia. Unamuno llama a la envidia la íntima gangrena del alma española, y Don Quijote, en trance de aleccionar a Sancho, la moteja de raíz de infinitos males y carcoma de las virtudes.

La virtud que vivifica al español —aunque también le esterilice para muy trascendentes empresas— es la desobediencia: aquello que en los espíritus inferiores se trueca en rémora. Y en los superiores —históricamente apartados del poder: no de la lucubración intelectual sobre el poder y sus causas y su ejercicio—, en descalificación política por parte de los más, quienes suponen —gratuita y apriorísticamente— que la inteligencia y la política marchan por sendas diferentes, lo que por fortuna no es cierto.

El quid último de lo español suele venir marcado más por sus incapacidades que por sus capacidades; nótese que Goya intentó pintar como fra Angélico y, al ver que le resultaba imposible conseguirlo, se inventó la pintura desde sus orígenes. Lo que cualifica y diagnostica al español es, con harta frecuencia, su postura *a la contra*. El recuerdo de la Contrarreforma, que es uno de los más sólidos puntales de un determinado —y muy ortodoxo— entendimiento de España, servirá para ilustrar lo que aquí se dice. Y la memoria de los dos grandes bloques en colisión durante la etapa 1936-39 (bloques que el uno se llamaba antifascista y el otro antimarxista), también.

No deja de ser curioso el hecho de que la actitud a la contra —o a contrapelo o contrarriente— sea una de las constantes del fenómeno español, si consideramos que el español carece de sentido crítico —y por ende, de sentido político— y que abraza las más graves causas políticas e intelectuales con tanto externo, arbitrario y movedizo entusiasmo como falta de íntima, sosegada y convencida aplicación. Lo que los filósofos de la historia llaman la coyuntura histórica (obtener provechosa paz civil de la victoria armada; lograr la convivencia de sus hombres tras una determinada unanimidad política, etc.) es algo que los españoles dejamos perder sin inmutarnos y quizá incluso sin darnos cuenta de que la perdemos y aun de que exista, haya existido o pueda existir.

Por contraposición, el español entiende el fenómeno religioso con un desmelenado y heroico rigor llevado hasta sus últimos alcances, tanto en su defensa como en su ataque. El clericalismo y el anticlericalismo españoles no son sino el haz y el envés de la moneda en la que el más hondo sentido religioso queda un tanto al margen de la cuestión. El anticlericalismo, en España, es fenómeno que cobra sus mayores proporciones en el siglo XIX, aunque presente síntomas de muy ilustre antigüedad; recuérdese que ya en el siglo XIII los españoles quemaban conventos. Señala Gregorio Marañón que en las peleas españolas rezuma no el sentido teológico de la lucha, sino el puramente formal, representado por un absurdo clericalismo-anticlericalismo que no es más que una parodia lamentable del magno problema de la fe y de la no fe [2]. De otra parte, el hereje español, que es siempre un franco tirador, es —cuando sufre— más violentamente hereje que nadie; diríase que su tenacidad en la herejía es el homenaje que brinda —a su antisocial manera— al mismo dios que invoca quien le pide cuentas.

Esta actitud a la contra y sin espíritu crítico es próxima pariente de la falta de dotación del español para el menester filosófico, aun distinguiendo en toda su amplia gama los complicados —y también diáfanos— valores y significados del *ser* y del *estar*, en castellano más precisos que en ninguna otra lengua europea.

Ese quid último español se encuentra en el Cid y en Hernán Cortés, en Ignacio de Loyola y en Cervantes, en Miguel Servet y en Quevedo, en Goya, en Unamuno, en Picasso: son los españoles de la desobediencia genial, los españoles acostumbrados a poner, cada mañana, toda la carne en el asador.

Pero a su lado, también brota ese quid último español en Velázquez y en fray Luis de León, en Luis Vives y en el Padre Vitoria, en el Padre Feijóo y en Jovellanos, en Godoy (nadie se alarme), en el 98 (quizá salvo Unamuno), en Ortega, en Marañón: son los españoles que a cada amanecida cobran fuerzas en su propio examen de conciéncia.

La rara ánima de lo español —su quid último— puede presentársenos vestida con el más vario y aun encontrado ropaje sin que por eso sufra o se resienta su remota esencia.

España y lo español, considerados como entes válidos e inteligibles, son conceptos que no se perfilan —y entonces aún muy toscamente— hasta la batalla del Guadalete, en el siglo VIII, que abre las puertas de la península a los musulmanes. La España anterior, no ya la España de los fenicios fundando Cádiz; de los celtas llegando a la meseta; de los cartagineses destruyendo Tartessos; de los griegos sembrando nuestras costas de colonias, y de los romanos incorporándonos a su imperio, sino también la España de la Alta Edad Media, la España visigoda de los concilios de Toledo y la declaración del catolicismo como religión oficial, aún no es España, todavía no tiene, en sus hombres y en su actuar, ese quid último que la señala y que no puede encontrarse, por más que se rastree, en el gaditano Columela, en el cordobés Séneca o en Trajano, el sevillano de Itálica, que no son españoles; como tampoco es italiano Tito Livio no obstante haber nacido en Patavium, la Padua actual. Ese quid último ni siquiera puede hallarse en los visigodos, que eran *los otros*, los venidos de fuera, circunstancia que jamás olvidaron.

El ámbito geográfico de España fue el tablado donde tuvieron lugar múltiples sucesos históricos que todavía no sucedieron en España, aunque sí en el suelo sobre el que España —entonces en ahistórica latencia— habría de surgir. Ataúlfo, rey visigodo, se metió en España, en lo que después sería

España, porque ni pudo mantenerse en las Galias, ni tampoco logró llegar al Africa. Ataúlfo jugó la carta de la derrumbada Roma como Sigerico, su sucesor, probó fortuna con el naipe contrario. Los españoles —que ni tenían conciencia de serlo ni, bien mirado, lo eran todavía— asistieron a la irrupción de los visigodos en su territorio sin actuar como tales españoles y sin tomar partido en las luchas intestinas que sacudían el cuerpo del invasor.

España es un concepto que, en sus orígenes, no debe identificarse con su escenario. Las representaciones de la tragedia de Numancia, del drama de Viriato, de la comedia de Caracalla haciendo a los pobladores de la península ciudadanos de Roma, o de la sangrienta farsa de don Oppas el obispo traidor, no tuvieron lugar en lo que hoy sentimos como España, aunque a su decorado y al lugar de la acción, andando el tiempo, llegásemos a llamarle España.

España no es —no lo fue nunca— tan sólo un delimitado espacio geográfico, a pesar de que desde los Reyes Católicos haya venido coincidiendo, más o menos, con la mayor parte de la península Ibérica. España es una manera de ser, un entendimiento de la existencia basado, paradójicamente, en el no entendimiento de los españoles entre sí. De la consideración de este mutuo no entendimiento, obtuvo Jovellanos la sagaz conclusión de que la unidad española radicaba en su empresa, ya que no en sus tierras, en sus hombres o en sus formas de vida [3].

España es el producto de la convivencia, la lucha, la recíproca destrucción y la fusión de tres razas —término éste un tanto confuso en la historia española— y tres religiones: los cristianos, los moros y los judíos. Los cristianos españoles, que a la postre resultaron ser quienes llegaron a marcar sus conciencias —y mejor aún, sus subconciencias— con el quid último de lo español, fueron, a su vez, el producto de los sucesivos cruces y contracruces de las sangres y las ideas políticas y religiosas de astures, cántabros, vascones, lusitanos, vetones, carpetanos, celtas, iberos, fenicios, cartagineses, griegos, romanos, visigodos —*godos sabios*—, suevos, vándalos, alanos y otros bárbaros, moros y judíos, cociéndose todos tumultuariamente, en el bullidor caldero que hirvió durante siglos.

Los cristianos y los moros coincidieron sobre el suelo de España a lo largo de ocho siglos. Los cristianos y los moros se pelearon sobre el campo de batalla español durante mucho tiempo, aunque no tanto, quizá, como quiso pensarse. Menéndez Pidal[4] supone que la lucha de España contra los musulmanes duró cinco siglos, de los cuales sólo dos fueron de reconquista. Don Ramón piensa que no debe desvalorizarse la reconquista, ya que estuvo inspirada en ideales nacionales perfectamente claros. Don Ramón, en éstas sus páginas (que datan de 1924), disiente de los criterios de Menéndez Pelayo y de Ortega. Don Marcelino, en 1891, llama a la reconquista «abstracción moderna, buena para síntesis históricas y discursos de aparato», y entiende que no puede concebirse en los hombres de la primera Edad Media más que un instinto que sacaba toda su fuerza, no de la vaga aspiración a un fin remoto, sino del continuo batallar por la posesión de las realidades concretas[5]. Don José Ortega —en 1921— rechaza, no ya el fin noble, trascendente o político de los guerreros cristianos —como hace Menéndez Pelayo— sino incluso la idea de la reconquista, de la que ya don Marcelino dudaba: «No entiendo —nos dice[6]— cómo puede llamarse reconquista a una cosa que dura ocho siglos.» En realidad, según nos explica Menéndez Pidal, la reconquista —o lo que fuese— no duró más allá de doscientos años, que tampoco fueron de permanente guerrear.

Américo Castro recuerda[7] que no se dice en español que los Reyes Católicos *reconquistaron* Granada, sino que la tomaron o *conquistaron*.

Fuera reconquista, como quiere llamarle Menéndez Pidal o no, como apunta Menéndez Pelayo y afirman Ortega y Castro, lo cierto es que la lucha de moros y cristianos sobre el siempre abierto campo de batalla de España, también coincidió con largos períodos de sosegado y fructífero convivir: la existencia de los mozárabes —cuya presencia llega hasta el siglo XII— rezando a Cristo en territorio moro y la de los mudéjares invocando a Mahoma a la sombra de las banderas cristianas, es un hecho histórico tan conocido como incontrovertible.

Obsérvese que sólo muy al final los cristianos y los moros lucharon en campos señalados por sus religiones y que, durante siglos, fueron frecuentes las alianzas de moros y cristianos para luchar contra moros y contra cristianos. Los móviles del permanente pelear español medieval —ya moro, ya cristiano— fueron, para algunos autores, tan elementales como ajenos a los propósitos políticos. El Cid del poema —nos dice Menéndez Pelayo—, lidia por ganar su pan..., por convertir a sus peones en caballeros..., por dejar a sus hijas la rica heredad de Valencia. Para otros, en cambio —el venerable don Ramón, a la cabeza— aquellos móviles fueron, como ya dejamos anotado, tan nobles como complejamente políticos. La reconquista —afirma don Ramón [8]— es la más valiosa colaboración que ningún pueblo ha aportado a la gran disputa del mundo entablada entre el cristianismo y el Islam.

También pudiera considerarse la posibilidad de que la lucha de los cristianos contra los moros fuera motivada por elementales e inmediatos propósitos de cuyo victorioso resultado se obtuvo prolija consecuencia política. Sea lo que fuera, lo cierto es que aquel mantenido pelear fue uno de los candentes hierros que más indeleble huella marcaron sobre el carácter español.

El secreto de los grandes problemas españoles está en la Edad Media, nos dice Ortega. A la sombra de sus bélicos aconteceres, los judíos (pueblo que, desde su diáspora y en toda la era cristiana, careció hasta fecha muy reciente de actividad militar concreta) luchaban, al tiempo que convivían con moros y con cristianos, con las armas en cuyo manejo más diestros se sentían: la ciencia, la técnica administrativa, y su peculiar sentido religioso —y filosófico y ético y moral— de la existencia.

De aquella cocción a fuego lento —y a veces no tan lento— surgió lo que llamamos España: con su incapacidad para la ciencia (tema, éste, tan debatido como deformado por no pocos de sus detractores), con su comprensión —o incomprensión— del fenómeno religioso y con su afán de personal dominio, que tanto tiene de mora propagación de la fe. Los cristianos —los señores cuyo más noble y gustoso menester era la guerra— habían delegado en moros y judíos el menester científico y administrativo (*albacea*, *álgebra*, *guarismo*, son palabras árabes), renunciando por anticipado a lo que entendían como actividades secundarias o auxiliares y, sin duda, impropias de caballeros. Hasta hace bien pocos años era considerado inelegante, en las más señaladas familias de la aristocracia española, el que sus miembros fueran personas cultas; esta característica era muy fácil de observar en la pequeña —y hermética— aristocracia de provincias. Los moros y los judíos aportaron a la formación de España la ciencia de sus minorías, aunque la masa del pueblo moro o judío, entonces y en nuestra latitud, tampoco tuviera asomo de preparación científica. Bien mirado, las masas jamás tienen esta preparación que se alude: quizá fuera pedirles demasiado. Entiendo que un pueblo debe considerarse culto cuando sus hombres cultos pueden salir de sus clases económicamente débiles.

España, a raíz de la culminación de aquellos históricos sucesos, se empobreció no con la expulsión de los moros y los judíos, sino con la expulsión de sus culturas. Los moros y los judíos no se fueron o se fueron en una mínima proporción. Lo que sí nos abandonó fue su cultura, aquella doble y, pese a todas las apariencias, bien ensamblada cultura que al quedarse —y tener que quedarse de precario— se deformó al tiempo de desvirtuar la cultura cristiana.

No son los moros ni los judíos —tampoco los cristianos— los que empobrecieron sino los que vivificaron a España. Quienes la arruinaron fueron los moros y los judíos que se convirtieron y se quedaron. Aunque es axiomático que la historia que no fue no es historia, no por eso deja de asaltar, a múltiples españoles, la dorada utopía de que otra cosa hubiera sido España —y cuál otro gallo habría de cantar bajo su alto cielo— si los moros y los judíos se hubieran podido mantener en sus creencias o se hubieran cristianizado por la caridad, que es herramienta cristiana, y no a sangre y fuego, que son armas moras y, en España, artes empleadas por los judíos conversos (nadie olvide que el dominico Torquemada era marrano) que se sentían en la obligación de hacerse perdonar su sangre vertiendo la sangre hermana.

Los moros y los judíos que no se fueron de España, moldearon la mentalidad del incipiente español: aquéllos dándole su violencia y su sentido suntuario de la vida; estos otros contagiándole su ñoño comportarse de cristianos nuevos que, para colmo, se habían formado en los mandatos que se negaron a recibir el chorro liberalizador y modernizador de Cristo. La identificación de la iglesia y el estado es un concepto oriental: moro o judío, jamás cristiano.

En cierto modo cabría dudar de si fueron los judíos, los moros o los cristianos quienes convirtieron a quién, y no sería descabellado suponer que todos convirtieron un poco a todos.

Obsérvese que la ñoñería y la pudibundez española es un fenómeno tan reciente como disímil de la originaria mentalidad española. Según nos cuenta el ilustre don Claudio Sánchez-Albornoz —de quien tomo la cita [9]— el obispo Elipando de Toledo y nada menos que en una disputa teológica, llamó a Beato de Liébana borracho y farsante, en pago a la flor que el monje le dirigiera al tildarlo de cojón del Anticristo.

Aquella histórica y explosiva mezcla humana de la España medieval no deslindó los campos cristiano, moro y judío en capas sociales o territorios de geográfico dominio, lo que hubiera simplificado no poco el problema. Ni un solo español está libre de ver correr por sus venas sangre mora o judía, ni tampoco esta o la otra comarca conserva, puras e inalteradas, las características de esta o de la otra raza. Es más. Suponiendo —cosa, incluso teóricamente, dura de admitir— que pudiera encontrarse un español sin una gota de sangre judía o mora, ese español muy poco tendría que ver con los cristianos derrotados a orillas del Guadalete, ya que tanto —o más— que la sangre, puede condicionar los caracteres el medio ambiente en que crecen y se desarrollan, y el medio ambiente español no menos vive y se nutre de la tradición cristiana —moldeada por las erosiones judía y mora— que de las tradiciones judías y moras, desgastadas y limadas por la marca cristiana.

El español moderno —el español de los Reyes Católicos acá— sangra con las tres sangres (que tampoco son tres sino treinta o cuarenta) y vive sirviéndose, al mismo tiempo, de las tres formas de vida que en la Edad Media tan precisas podían distinguirse y que hoy, habitándolo tras haberse deformado las tres, hacen de su corazón y su conciencia un permanente campo de batalla.

Esta característica de la guerra civil latiendo en cada pecho es una de las determinantes más concretas del español y uno de los prismas a cuya luz puede verse, con mayor claridad, aquello que llamamos lo español. La discordia civil, esa cruenta e impolítica maldición que pesa sobre España, anida como un fiero aguilucho en los más recónditos entresijos de cada español que, cuando no está contento consigo mismo, se pelea consigo mismo en el espejo de los demás. Y el español, que salvo elegantes altruismos, arde en el fuego de la envidia —como el anglosajón, en líneas generales, se quema en la hoguera de la hipocresía y el francés se consume (márquense las excepciones que se quieran) en la llama de la avaricia—, está frecuentemente triste. Recuérdese la coplilla de don Sem Tob, el rabí de Carrión, en sus *Proverbios morales:*

> *¿Qué venganza quisite*
> *ayer del envidioso*
> *mejor que estar él triste*
> *cuando tú estás gozoso?*

De esta civil discordia del español, de esta incivil y permanente pelea que para presentarse no necesita ni de la presencia de dos españoles —ya que, para desgracia de todos, con el desdoblado corazón de uno tiene suficiente—, nace, quizá, la centrifugadora fuerza de España, la tierra que, de vez en cuando, lanza a sus hijos por esos mundos de Dios: poco ha de importarnos y menos aún ha de consolar nuestro dolor, el que estos españoles sean el Cid desnaturado por el rey Alfonso, o los jesuitas expulsados por Carlos III, o los republicanos que se fueron de España el año 39. Se trata no más que de apuntar un síntoma.

La envidia, la desobediencia y la discordia marcan al español, y sus secuelas —el cáncer disociativo, la mesiánica demencia, el epiléptico cariz de sus reacciones políticas y la parálisis de sus estructuras sociales— son así fáciles de entender. España es, más que una nación, una serie de compartimentos estancos, nos dice Ortega [10]. Las razones de esta situación de hecho, como las causas —o quizá mejor, las características— de aquel quid español, de aquel quid último que es español y nada más, que don Américo quería ver, con sabia adivinación, denominando las cabezas españolas (y no sólo las mejores), deben buscarse y seguirse, por quienes quieran conocer el sentido de España, desde sus mismos medievales orígenes.

España es su Edad Media y todo su histórico caminar, en los doce siglos de validez que tiene su noción, viene determinado desde su cuna. Es ingenuo pensar que la decadencia española tenga, como la de las damas, cincuenta o sesenta años o, como la de los elefantes o las ballenas, dos o tres siglos. También, en cierto modo, lo es el creer que España está en decadencia. Decadencia —nos habla otra vez Ortega— es un concepto relativo a un estado de salud, y si España no ha tenido nunca salud, no cabe decir que ha decaído. A nosotros, españoles, no debe asustarnos el enfrentamiento con la verdad, por amarga que fuere. Lo primero que un cuerpo enfermo necesita para sanar es saberse enfermo; lo segundo, proponerse combatir la enfermedad; lo tercero, probar a ensayarlo y que haya suerte.

España, históricamente, ha quemado las tres —o las tres mil— etapas que la apartan de la salud; recuérdese la frívola, la suicida actitud de los españoles en el 1898, ante la pérdida de las colonias. España ni se sabe —ni jamás se supo— enferma; es ésta una actitud que tiene muy amarga lógica entre ciertos enfermos crónicos. Un cuerpo que se cree sano (o lo que es peor, un cuerpo que, intuyéndose enfermo, finge la salud) prefiere la lenta agonía de la costumbre a la valerosa decisión quirúrgica: aquello que jamás puede llegar a ser costumbre.

Tal es el caso de España, país de torpes e históricas matanzas que jamás tuvo una ágil revolución capaz de modificar sus caducas estructuras sociales y sus enmohecidas actitudes intelectuales.

La imagen de España que hasta ahora queda reflejada es, quizá, un tanto desoladora y amarga: no menos, tampoco, que cierta, sangrante para quien ante ustedes tiene el honor —y el dolor— de expresarlas. Pudiera ser, sin embargo, que este retrato de España no cumpliera, por demasiado riguroso, con los fines propuestos: orientar a un grupo de lectores de buena voluntad sobre la noción, la esencia y el concepto de España [11].

Estas palabras han sido escritas por un español amante de su patria —por un español que procura no traicionarse ni traicionar a España haciendo oídos de mercader a su clamador problema— que hizo abstracción al pensarlas, de sus futuros posibles lectores y de nada que no fuera el dictado de su conciencia.

Es evidente que España es una, aunque múltiples puedan ser sus interpretaciones. Es asimismo cierto que de todas sus claves, tan sólo una de ellas —en el mejor de los casos— y jamás dos o tres, debe ser tenida por cierta y de exacto diagnóstico. Pudiera suceder también que todos los entendimientos que se han querido tener de España vengan a resultar, a la postre, falsos de la cabeza a los pies.

Américo Castro llama *España, o la historia de una inseguridad* al capítulo inicial de *La realidad histórica de España* y, en apoyo del título, encabeza sus páginas con unas palabras de Galdós de *Fortunata y Jacinta*: «La inseguridad, única cosa que es constante entre nosotros.» España es insegura y de ella, paradójicamente, pudo decir el novelista Galdós lo que dijo.

Se trata no más que de redondear, hasta donde nos fuere posible, la siempre movediza y varia imagen de España y para ello quizá fuera conveniente imprimir un violento viraje a nuestro rumbo, marcar a nuestro derrotero un cambio total de dirección.

España, amén de máquina trituradora de sus hombres (*madrastra de tus hijos verdaderos*, le llamó Lope de Vega en *La Arcadia*), es también fábrica incansable de hombres capaces, si se les deja solos, de las empresas más altas y descabelladas, más señaladoras y luminosas. No deja de ser curioso este solitario sentido de la sociabilidad —que pasa a ser una sociabilidad insociable, una sociabilidad antisocial— y de la eficacia del español. El torero, en trance de intentar la gran faena —dejaría de ser español de no pintar su instante con el trágico pincel de la muerte— en la que, sin duda, pone su vida en juego con no escaso riesgo de perderla, da una sola orden a sus peones: «¡Dejadme solo!»

Ortega, en su *España Invertebrada*, nos dice: «Muy diferentes en otra proporción de calidades, coinciden Rusia y España en ser las dos razas pueblo; esto es, en padecer una evidente y perdurable escasez de individuos eminentes» [12]; quiero pensar que Ortega, tan sagaz siempre en sus adivinaciones, se refería a los «individuos eminentes» capaces de formar una operante minoría rectora. En España —repásese la memoria—, todo lo que hizo el pueblo permanece: las danzas y canciones españolas están vivas y en vigor; la cerámica muestra sus lozanos brillos inmarcesibles y pasmosos; la fiesta de toros, con sus vaivenes, ahí está, y el romancero popular no muere. Como contrapartida, las minorías rectoras de que hablaba Ortega nada han hecho, al no existir o al casi no existir —históricamente— entre nosotros.

La proliferación de personalidades ejemplares, tal el caso de la Grecia clásica, trae como consecuencia, para Ortega, la inestabilidad histórica.

«Llegó un momento —dice [13]— en que la nación helénica vino a ser como una industria donde sólo se elaborasen modelos, en vez de contentarse con fijar unos cuantos *standard* y fabricar conforme a ellos abundante mercancía humana. Genial como cultura, fue Grecia inconsistente como cuerpo social y como Estado.»

En los antípodas intelectuales de la Grecia clásica podríamos situar a Estados Unidos, sociedad que rayendo de raíz todo intento del individuo por señalarse —por noble que fuere su forma de señalamiento— consigue una aparente estabilidad política apoyándose en la prosecución de la mediocridad. El hombre mediocre siente un lógico y —para él— vivificador recelo frente al creador, frente al hombre que tiene ideas que, buenas o malas, se diferencian de aquellas que vienen circulando desde hace tiempo y que pueden considerarse ya digeridas por la sociedad y, como secuela, las deserciones en el campo de la inteligencia se suceden, vez tras vez, al mismo tiempo que el área de la mediocridad —de la resignada y, lo que es peor, defendida mediocridad de la que no se quiere salir— se ve, de día en día, más nutrida.

El caso de España, que no es ciertamente el de Grecia, tampoco debe confundirse con el de los Estados Unidos. En Grecia, la minoría selecta llegó a formar una abundancia casi monstruosa de personalidades ejemplares, tras las cuales sólo había una masa exigua, insuficiente e indócil. La masa norteamericana es amplia, sobradamente suficiente y dócil, pero, coronándola, no existe la minoría rectora en cuyo espejo aquella masa se pudiera mirar y ejemplarizar; quizá por eso las mejores cabezas americanas (sus novelistas de los años 20 y 30, por ejemplo) son siempre los más acerbos críticos de la sociedad cuya inmediata observación les corresponde.

En España, decíamos, todo lo hizo el pueblo; pero todo lo que el pueblo pudo hacer fue poco. En España, aquello que no compete al pueblo sino a sus minorías rectoras, está aún por hacer. Américo Castro [14], hablando del español, nos dice que el nivel de su arte y su literatura y el mérito personal y ejemplar de alguno de sus hombres continúan siendo altamente reconocidos, al tiempo que el valor de su ciencia y su técnica lo es menos y su eficacia económica y política pesa poco en el concierto de las naciones.

El mundo griego falló, como puede fallar en nuestros días el curioso experimento de Israel, por aspirar a convertir en minoría selecta a la mayoría; el mundo griego formó una cultura macrocéfala que no tuvo cuerpo sobre el que subsistir. El mundo norteamericano puede quebrar por su extraña pretensión de dar más importancia al cuerpo que a la cabeza; el mundo norteamericano ha formado una civilización microcéfala en la que su minúscula cabeza no habla si no es para declararse incompatible con su inmenso e informe corpachón.

En España, el pueblo, la masa, no está en contra de sus minorías selectas, sino que deja correr el mirar en torno y, por más que aguza sus sentidos, no las encuentra. Francia o Inglaterra tienen y han tenido unas minorías encargadas de la orientación del pueblo francés o inglés. En España, las individualidades que hubieran podido formar sus minorías fueron siempre taladas a cercén y tan sólo aquellas que eran muy poderosas pudieron subsistir, aunque sin llegar a formar jamás una operante minoría.

Quienes talaron las individualidades españolas no fueron el pueblo, que nunca supo dónde estaban, ni la clase media, como sucede en Estados Unidos, sino quienes prefirieron, con evidente desprecio de los más altos conceptos patrióticos, volver la espalda al calendario y dejar que las cosas sucedieran como siempre habían venido sucediendo. Aunque fuera mal.

La minoría selecta española se caracteriza por venir marcada con el eterno castigo de la soledad. En España, las minorías selectas jamás influyeron sobre el pueblo sino sobre el poder. La soledad fue la impronta de quienes hubieran podido constituirlas y su huella no puede rastrearse por lado alguno. Repárese en el hecho de que en España —como antes aludíamos— hasta los herejes fueron unos solitarios.

En España, aquello que pudo hacer el pueblo —y que apuntado quedó— o los individuos, tiene validez en el mundo y en todo tiempo. Incluso lo que acontece en nuestra época y en condiciones un tanto revueltas, pesa —siempre y cuando, repetimos, sea obra individual— fuera de nuestras fronteras. España puede presentar, en el siglo xx, una baraja de nombres en gloriosa y evidente desproporción con sus arrestos: los poetas Antonio Machado, Juan Ramón Jiménez y casi todos los de la generación del 27, los pensadores Unamuno, Ortega y Xavier Zubiri, el músico Manuel de Falla, los pintores Pablo Picasso, Juan Gris y Joan Miró (e incluso José Gutiérrez Solana, tan difícil de ver por los no españoles), los críticos históricos Menéndez Pidal y Castro, el histólogo Ramón y Cajal, los novelistas Galdós y Baroja, el escritor Azorín, el médico —y tantas otras cosas— Marañón, etc., etc., etc., fueron la pléyade que la empobrecida España puede poner al lado —y aún por encima— de la de tantos otros países más importantes, más ricos y más prósperos.

Pero en aquello, sin embargo, en lo que se requiere como condición inexcusable la eficaz presencia de las minorías, el papel de España baja considerablemente: la técnica española está en mantillas y la ciencia sigue vinculada al reducidísimo grupo de investigadores que podrían contarse con los dedos de la mano. Y en aquello otro en que es ineludible escuchar, no ya entrever, la sabia voz de las minorías, España, que jamás supo buscarlas, nunca encontró su adecuada fórmula. Ruiz Zorrilla, político español del siglo xix, dividía a los españoles en dos grandes grupos: el de quienes todo lo esperan del milagro y el de quienes todo lo aguardan de la lotería.

Y lastrando a todos y a cada uno de los españoles, su quid último del que Castro nos habla, habita, fiero y eficaz, en cada corazón. Lo malo es que sobran los corazones que jamás se detuvieron a oírle respirar. Pensemos que, conocido el mal, quizá podamos algún día darnos con el bien.

1. Américo Castro, *España en su historia*, Editorial Losada, S. A., Buenos Aires, 1948, pp. 12-13.

2. Prólogo a *El Cádiz de las Cortes*, por Ramón Solís, Instituto de Estudios Políticos, Madrid, 1958, p. XXIX.

3. Insisto sobre lo mismo en mi artículo *Cuatro figuras del 98*, recogido en el presente volumen.

4. *La España del Cid*, pp. 683-684.

5. *Antología de poetas líricos castellanos* (1890-1898), II, IX.

6. *España invertebrada*, 2.ª parte, *La ausencia de los mejores*, cap. 6, Ed. Revista de Occidente, Madrid, 1946-1947, t. III, p. 118.

7. *La realidad histórica de España*, Ed. Porrúa, México, 1954, p. 364.

8. *Ob. cit.*, p. 685.

9. *España, un enigma histórico*, Ed. Sudamericana, Buenos Aires, 1956, t. I, p. 128.

10. *Ob. cit.* 1.ª parte, *Particularismo y acción directa*, cap. 6, *Compartimientos estancos*, p. 74.

11. Este artículo fue escrito para una enciclopedia italiana; ulteriores disparidades de criterio con los editores aconsejaron al autor su no publicación entonces.

12. *España invertebrada*, 2.ª parte, p. 109.

13. *Ibídem*.

14. *La realidad histórica de España*, ed. cit., p. 15.

El escritor, su conciencia y el mundo en torno

En su cotidiano y silencioso trabajo, aquel que
se levanta, durante toda una vida, sumando palabras
a las palabras, el escritor va dejando huella de su
paso por este bajo mundo a través de la pública
evidencia a la que, para entendernos, llamamos obra
literaria. De mí puedo decir que llevo ya publicados
muchos libros, con mejor o peor fortuna, y que
en el trance de hoy me encuentro —quizá estupefacto— con la sorpresa de ver mudados, por una
vez, los papeles propios y ajenos para rendir homenaje a la curiosidad meramente formal que se nutre
y beneficia de los didácticos y clasificatorios afanes
de la preceptiva.

La tarea taxonómica, cuando se ejerce desde tri-
bunas extrañas, se me antoja tan esterilizadora como
ineficaz, tan gratuita como inútil y aun vanidosa.
Una obra de creación literaria pensada —y desarrollada y realizada— de cara a la incidencia que pueda
tener en el conjunto de las tareas semejantes que
el devenir de la historia de la literatura haya ido
acuñando, podrá sostener, sin duda y con una relativa facilidad, su competencia entre los administra-
dores y los oficiantes de la cultura por decreto, entre
los mandarines del saber libresco y escalafonario;
quiero decir que la avisada y ponderada utilización
racional de los elementos recibidos y consagrados
como válidos para sostener la carga emocional esté-

ticamente aceptable, llevará al éxito inmediato y al reconocimiento unánime a quien acierte con la técnica adecuada a cada momento. Pero no es ése, de cierto, el camino que hubieron de seguir quienes, haciendo de tripas corazón y desechando la fácil y doméstica senda consuetudinaria, instauraron las bases de lo que hoy se acepta como muestra indiscutible, como ejemplario fuera de toda duda, de la maestría en el quehacer literario.

La estética, considerada como disciplina científica y que crece al margen de tentaciones y otras intrusiones, se ha planteado con rigor los problemas de la última esencia de lo bello; de la identificación de la hermosura con la bondad, con la calidad; de la existencia de signos estéticos icónicos y el subsiguiente desarrollo de toda una compleja teoría de valores.

Desde Alexander Baumgarten hasta las estéticas axiológica y semiótica, se han analizado, pormenorizado y reconstruido el valor, la significación y el oficio de lo bello en cuanto vehículo social, con un aplomo y una exigencia que deberían haber descorazonado al conversador a nivel de tertulia que esgrime, como axiomas, los argumentos y paraideas recién leídos en el suplemento de los domingos del diario de la localidad. Debo reconocer, sin embargo, que por desgracia esto no siempre ha sucedido así, ya que la literatura sigue siendo la *res nullius* sobre la que todos inciden; con harta frecuencia, la osadía se nos muestra de la mano de la barbarie y, para mayor oprobio de lo que entendemos por cultura, quienes ejercen el menester de la crítica —salvo excepciones fáciles de contar— apenas traspasan el nivel de los juicios de valor sin más sentido que el de la intuición primitiva o el interés culpable.

Tal estado de cosas, tal situación de hecho a la que, hoy por hoy, no veo reversibilidad posible, sería suficiente para que sintiese justificada mi comparecencia pública en un tímido intento de meter orden —un poco de orden y tan sólo con muy relativas pretensiones, claro es— en esa parcela, para mí confusa, donde pudieran habitar los rasgos fundamentales de la revuelta y humeante falacia a la que me atrevería a llamar, para poder seguir hablando, la obra literaria de cada cual: la mía, en este caso. En nuestro país, semejante honesta intención se nos presenta lastrada por la extraña regla que rige la teoría de las deserciones que conducen, desde el campo de la creación frustrada, al erial de la crítica entendida como pacto.

Aquel estado de cosas al que acabo de aludir sería una excusa válida y suficiente si la tarea pudiera llevarse a cabo con un mínimo de dignidad. Pero acontece que la común ojeada al panorama literario suele terminar por convertirse, de manera inexorable y como si sobre ella pesase no sé qué suerte de maldición extraña, en la estructuración rígida de unos dogmas o corsés en los que embutir a unas páginas que, cuando son sinceras, han ido naciendo a su aire y sin preocupaciones, mayores ni menores, ante su posible futura disección. Ni la literatura se hace sobre literatura, ni la literatura —tampoco— se hace ante la crítica. Me permito compadecer a quienes piensen lo contrario.

Decía que quienes sentaron las bases de la estética literaria que hoy consideramos válida y en vigor, no se sintieron jamás depositarios de ninguna tarea en tal sentido trascendente. Ni Kafka, ni Joyce, ni Proust —por ejemplo y si aceptamos incluir a estos tres hombres entre los que merecen nuestro respeto—, fueron estudiosos del oficio literario o teóricos de la función estética, y cuando algún monstruo de la narrativa —como Poe— consideró necesario el librar recetas sobre la labor de creación literaria, dio más importancia a la última ironía que a la necesidad didáctica. Desde que Poe aceptó hacer pública confesión de la pretendida técnica formal con arreglo a la que compuso su poema *The Raven*, hasta hoy, han pasado generaciones y generaciones de estudiosos que dispusieron de tan inapreciable fórmula; no conozco ninguno que consiguiera ofrecernos una réplica acreedora de la más mínima estimación. De otra parte —y como de pasada— recordemos que, para Dostoievski, la preocupación por la estética es la primera señal de impotencia.

Sigamos. Si entiendo que la técnica literaria no

puede transmitirse formalmente sino en sus generales y más tópicas sentencias, y si supongo que la carga emotiva de una obra de creación se recibe directamente y a través de una adecuación de la sensibilidad conforme a las normas sociales de cada momento, ¿qué sentido tiene el que yo esté aquí, hablando de mis libros? Quizá no otro que el de establecer, de manera explícita, la unión —y el subsiguiente concierto— que se ajusta, que se debe ajustar, entre el escritor y su obra, la huella a que antes aludí; esto es, esa condición íntima y difícilmente asequible a la que pudiéramos llamar la conciencia literaria.

Esta conciencia, para desencanto de líricos y soñadores, no es sino el reflejo de unas determinadas condiciones sociales que moldean y conforman, que apoyan y delimitan el talento de cada individuo. El resultado —es cierto— se nos muestra a través de la obra individual en la que el escritor aparece como protagonista inmediato, pero —también es cierto— sería engañoso el conceder al protagonismo del individuo más importancia de la que realmente tiene.

Tan grande ha sido el protagonismo del escritor en la tarea de recoger y arropar el conjunto de circunstancias dignas de ser estructuradas en forma de relato, que pronto se identificó su misión con la de pasar revista y dar fe de la realidad social circundante. ¿Es esto así? ¿Dispone el escritor, como se quiso un tiempo, de un espejo que se sitúa frente al camino por el que desfila el cortejo ininterrumpido de las miserias y las grandezas de su pueblo? Una vez más, la pregunta tiene que quedar forzosamente limitada por su propia ambigüedad. Porque el escrito, al igual que el lenguaje por él empleado, es no solamente vehículo de expresión social, sino también producto y forma de aquel pueblo en cuyo seno discurre su trabajo.

Cada escritor tiene, sin duda alguna, una personalidad, una pauta peculiar que lo distingue de cualquier otro individuo que haya escogido idéntico oficio, pero este aserto no cabe asegurarlo sino dentro de ciertos cautelosos límites. Hay mucha más diferencia entre cualquier poeta o novelista europeo y su colega japonés o guineano que la que pueda marcar la diversidad de estilos y aún de escuelas, ya que cada sociedad acierta a construir unas pautas, unas condiciones dentro de las que se desarrollan —sin posible escape— las diversas literaturas. Bien es verdad que el auge de las comunicaciones y el desarrollo de la crudelísima civilización de consumo ha venido a limar diferencias y a tender vínculos expresivos, pero esa circunstancia no hace sino afirmar la dependencia última del literato respecto a la forma de vida y la condición social en las que se mueve. Los esquimales, en su lenguaje, utilizan hasta veinte palabras para designar distintas calidades y texturas de nieve: ¿qué poeta europeo sería capaz de competir con ellos en tan sutil matización?

Por eso, cuando el temperamento individual acusa unas características tan intensamente definidas que la personalidad del escritor desborda las posibilidades que su sociedad le ofrece, suele formar un vacío en torno suyo y su obra cae en la indiferencia mientras su persona es condenada al más absoluto ostracismo. Andando el tiempo y si las circunstancias varían, se reconoce su talento y se alzan voces de reproche hacia la falta de sentido crítico y estético de la época que le tocó vivir y esa actitud es entendida como reivindicación suficiente.

Sí, la sociedad se retrata a sí misma a través de ese instrumento que ha desarrollado y contribuye con su esfuerzo a la profundización de las posibilidades del idioma común. Pero todos los intentos de forzar esa realidad ahondando en el nexo de la sociedad consigo misma han resultado, hasta ahora, tan inútiles como esterilizadores. La personalidad íntima del escritor quiere desembocar por los cauces individuales y solitarios que le marca su propia vocación, atesorando las palabras al servicio de lo que su conciencia le dicta. Tal conciencia es el producto de un determinado estado social, y aquí termina cualquier vínculo que pueda establecerse a priori respecto a la temática desarrollable y al formalismo con el que se debe acometer la tarea. Los escritores de los países socialistas han sido tan buenos o tan malos como los producidos bajo el régimen feudal, y únicamente han caído —los unos y los otros— en la pauta estéril, cuando han movido sus plumas al dictado del capricho, o de la necesidad o de la orden del amo. Este peligro, pese a todo, es mucho mayor en nuestra sociedad de hoy. Si no de una forma explícitamente rastreable, la facilidad del esquema, de la palabra que busca el premio cómodo y tentador del todopoderoso, encuentra a través de las modas provocadas —y tendentes a crear una conciencia común determinada— su sepulcro definitivo.

Han muerto así muchas conciencias incapaces de sostener el desafío de la propia dignidad, del único y más implacable censor que aguarda todas las noches el momento de la íntima soledad. Porque el arte, y la literatura no escapa a las razones artísticas, aguanta mal las recetas interesadas. En el arte, nos dejó dicho Picasso hace ya más de medio siglo, todo el interés se encuentra en el comienzo; después del comienzo, ya llega el fin.

¿Cómo debemos entender el pensamiento de Picasso? De un modo intuitivo y no a la fuerza consciente, todos los artistas —o todos los escritores— con una conciencia no abotagada por la rémora del plagio, el servilismo de la pública fama o la contemporización con la opulencia, han ido planteándose la necesidad de renovar sus bagajes teóricos renunciando a la monótona tarea de repetir y repetir lo ya conseguido, y se han esforzado en bucear en la niebla de la más pura experimentación. Sólo a través del continuo incendio de las naves se puede continuar en la línea de vanguardia de una sociedad que jamás detiene su camino. En ese sentido, la literatura no es más que una mantenida pelea contra la literatura, y el escritor no juega otro papel que el del enfermo que lucha denodadamente con su propia salud, contra su propia salud, en una guerra de la que sale con el alma en pedazos y reducida a ruinas.

O el hombre mata a la obra, o la obra mata al hombre; el escritor, nadie lo olvide, tiene más de chivo expiatorio que de verdugo. Resulta enternecedor contemplar cómo en la historia de los escritores —que no en la historia de la literatura—, los personajes han ido suplantando al demiurgo que les dio vida y han dictado la última razón de su propia existencia. No pocos autores de reconocido talento han intentado romper las cadenas que les atacaban a un determinado personaje de su creación, cuya vitalidad sobrepasaba con mucho el soplo íntimo del padre. La necesidad de cortar amarras se hace, en estos casos, más patente, pero no tan imprescindible como en el resto de las tareas creadoras. Nada más triste y deprimente que la gloria de quien explota un pasado ante la inexistencia de un difícil y penoso presente o de un incierto porvenir.

En tales circunstancias, con la necesidad siempre acuciante y nunca absolutamente realizada de superar día a día la contradicción dialéctica que enfrenta al autor con su obra, se habla hoy —como anteriormente y más tarde y siempre se hablará, porque forma parte del temario monótona y periódicamente recordado— de la crisis de la literatura, fundamentalmente a través de la crisis de una de sus más tangibles manifestaciones: la novela. Ya son muchos años los que el hombre lleva insistiendo en la miseria de las clasificaciones para uso de preceptivistas poseídos por un afán metafísicamente taxonómico, y es inútil y ocioso repetir ahora el hilo de la argumentación. Es demasiado duro este oficio para que podamos permitirnos la licencia de los apriorismos y el ingenuo juego de azar de aquellas preceptivas; recuérdese que la literatura, para Unamuno, no es arte de precepto sino de poscepto. No voy a detenerme, claro es, en el ensayo de la definición de la novela considerada como género literario, por dos razones de principio: porque no creo en los géneros literarios ni en sus convencionales fronteras, y porque tampoco creo que la novela —y la literatura en general— pueda sujetarse a norma. La literatura no es más que muerte —vuelvo a Unamuno— y la novela, según dejé ya dicho, no es sino una muerte, ni mejor ni peor que cualquier otra: el cáncer, el veronal, el infarto de miocardio o el tiro en la sien. Dejemos que los cautelosos mandarines sigan entreteniéndose con sus clasificaciones y sus ejes de ordenadas y abscisas; a nadie hacen daño y, menos que a nadie, a nosotros los escritores.

Queda pendiente, pues, la problemática afirmación que quiere contemplar là crisis de la literatura en sí, la decadencia de una de las manifestaciones culturales que la sociedad ha acertado, con mayor o menor fortuna, a crear y a cultivar. Paso por alto las vanas profecías de los nuevos tecnócratas de la información y la comunicación de masas, con Marshall McLuhan a la cabeza y la multitud de sus epígonos, ansiosos de la receta que les resuelva el particular problema de su enfrentamiento con el mundo y buscadores incansables de esa píldora filosófica que englobe a Hegel y a los *graffiti* neoyorquinos en un caldo efervescente. Al menos doy de lado a su teoría sobre la caducidad de la letra impresa como vehículo de mensaje, puesto que ello nos conduciría simplemente a la sustitución de una técnica por otra más o menos similar, con sus reglas y compromisos, pero cumpliendo una función social paralela y adecuada para una futura e hipotética cultura de masas que se presenta, en todo caso, fuera de los alcances de nuestro propósito de hoy. Quiero, en cambio, abordar el hecho en sí de la muerte de cualquier expresión literaria como instrumento de comunicación adecuado a los intereses sociales.

Me parece excesivamente ingenuo pretender que la literatura, en tal acepción, pueda tener una muerte en solitario y separada del mismo hecho culto que siempre la ha amparado e incluido como premisa vital de una forma de entender la vida. La muerte de la literatura significaría no más que la exteriorización evidente y primigenia de un problema de consecuencias muchísimo más graves: la muerte de la cultura. No de un tipo determinado de cultura —como «la cultura occidental», por ejemplo— que esconde un determinado proceso de civilización, sino de la cultura en cuanto a conjunto de todas las técnicas, artes, procesos de adaptación al medio ambiente, fórmulas de convivencia y demás bienes patrimoniales e intelectuales que el hombre ha logrado acumular a lo largo de su historia. No existe más que una especie humana, no lo olvidemos, y su desarrollo ha sido necesariamente paralelo a todos los rincones del mundo a través de un proceso no sincrónico sino adaptado a las posibilidades y circunstancias que, en cada lugar, fue encontrando.

La literatura, en su más amplio criterio, ha sido una de las parcelas universales de la cultura, y no por casualidad. ¿Se trata, entonces, de postular la quiebra de la cultura? Pudiera ser, siempre que se admita la necesaria quiebra paralela de la sociedad humana. Es posible que el límite último de convivencia social está a punto de alcanzarse; hay que admitir la teórica probabilidad de una «masa crítica» social capaz de llevar en sí misma el germen de su destrucción. Lo que es mucho más difícil de imaginar es la fragmentación del binomio sociedad-cultura —en el sentido de «cultura» que hemos señalado, muy alejado del que la antropología le concede— con una supervivencia posterior de uno de los dos términos por separado. La cultura señala los límites que el hombre ha encontrado en el proceso epistemológico, y pretender que existe una trascendencia más allá de esas fronteras supondría admitir que la especie humana es capaz de llegar, por ejemplo, a la captación clara y distinta de conceptos como el infinito o a la representación espacial inequívoca de un número de dimensiones superior al de tres.

No; el escritor tiene la conciencia tranquila, porque la acusación que le echen encima vuelve de rebote hacia la sociedad en la que se mueve. Soy consciente de la crisis por la que atraviesa, como muchas otras veces ha atravesado, la literatura, pero entiendo que no es sino el inevitable reflejo de la crisis de la sociedad, que contempla la no validez de las instituciones actuales para resolver los problemas que se le plantean a diario. Y no es el escritor, recuérdese, quien ha de arbitrar las necesarias soluciones, ya que su papel empieza y acaba con la tarea de denunciarlas. El intelectual metido a redentor de masas ha tenido, con cierta frecuencia, una actuación tan desdichada como funesta, y la historia nos ofrece demasiados ejemplos como para que haya de insistir sobre este hecho.

Sin embargo, sería tendenciosamente culpable quien pretendiera que la literatura debe permanecer ajena a ese necesario proceso de cambio social que periódicamente se hace patente. El escritor «neutral» en el trance difícil, no pasa de ser un instrumento al servicio del orden caduco, del *status* próximo a perecer. Precisamente es en esos momentos cuando su función crítica pasa a ser más activamente necesaria y, por ende, más preocupantemente delicada. Pero la inseguridad como horizonte ha sido siempre la circunstancia que ha rodeado cualquier creación artística alejada de la simple paráfrasis, y a ningún escritor le viene de nuevo el hecho de tener los pies sobre el vacío y la cabeza al alcance de la guillotina. La simple elección del oficio lleva consigo una renuncia a cualquier tipo de solución definitiva. A caballo de la duda, el escritor anda y desanda eternamente, sin pausa y sin sosiego, el camino de sus infinitas singladuras. En el corazón del escritor anida esa última esperanza que lo mantiene y le fuerza a no romper la pluma contra el suelo, cuando el suelo parece como querer escapársele de los pies. Alguien hará, algún día, la lista grande de las esperanzas y las desesperanzas del escritor, el censo de sus afanes y sus vicisitudes, la nómina de sus anhelos y sus renunciaciones. Mientras tanto, el escritor, con los pies sobre la tierra y el corazón lastrado con el bronco eco del dolor de los demás, ve el mundo con unos ojos honestamente amargos, ingenuamente ilusionados, valerosa y puerilmente escépticos también. Tampoco tiene, ésa es la verdad, muchas alternativas.

Al servicio de la cultura, en singular, y contra las falsas y plurales culturas que se apoyan en el velador de tres patas —la mentira, la opresión, la tortura— del macabro espiritismo que trata de confundirse con la vida misma, al escritor no le queda sino apoyar cada vez más los pies en la tierra, estrechando los lazos que siempre le han servido de cordón umbilical con el pueblo al que ofrece su arte: la sinceridad y el difícil compromiso. Ni una ni otra son facultades cómodas de ejercer cuando soplan malos vientos y el credo mesiánico de la incultura se cobra el tributo de su próxima e inevitable caída en las carnes del intelectual, pero la sinceridad en la postura y el compromiso con la misión que la sociedad le ha confiado forman el único —y peligroso— refugio en el que el escritor puede esconder su angustia. Convendría aclarar un detalle punto menos que obvio a estas alturas: no es escritor quien meramente redacta unas líneas sobre el papel o esboza unos pensamientos a través de un esquema determinado, ya que la conciencia, la auténtica y profunda conciencia del escritor, es algo muy distinto al simple ejercicio técnico. Afortunadamente la historia, con su juicio implacable, ha sabido siempre distinguir al escritor del títere cambiante que pone su pluma al servicio del último y más generoso postor.

Repasar los rasgos fundamentales de mi obra literaria supone, en tales condiciones, echar una ojeada a lo que la sociedad española ha ido representando a lo largo de los años que han transcurrido desde aquella lejana novela que se llamó *La familia de Pascual Duarte*, hasta el *oficio de tinieblas, 5* en cuya clasificación formal coinciden mucho menos los estudiosos de la materia. Es algo, por otra parte, que se escapa a mis posibilidades y a mis aficiones. La España que yo he conocido figura en mis libros como trasfondo condicionante y como escenario final, sin que jamás haya torcido el gesto al enfrentarme con sus problemas. Todo lo que quise decir, ahí figura, y lo que no acerté a expresar con mis libros de mala manera podría hacerse patente en una intrusión hacia parcelas ajenas a mis aptitudes, mi deseo y mi manera de ser y de pensar.

Quede claro que entiendo la necesidad de abarcar la totalidad de una obra literaria a la hora de pronunciarse sobre su autor y conceder, o negar, beligerancia a su expresión formal. En mis años de oficio como escritor he sacado a la luz una serie de títulos cuya acogida por la revuelta fauna de los entendidos —de quienes pagan patente de conocedores— ha sido tan dispar y contradictoria que me llevó hasta el límite en el que el estupor tuvo que dejar paso a la sosegada indiferencia. La necesidad de sacar adelante el último libro desechando la fórmula que mereció el aplauso en los anteriores supone un esfuerzo demasiado grande como para atender a las cuestiones marginales sobre la literatura. En tal sentido, considero inútil el insistir en una disección formal de mis libros. Para mal o para bien, tengo que limitarme a escribirlos con paciencia, y a publicarlos, poco importa si con pena o con gloria. El oficio tiene sus inercias y sus servidumbres, que tampoco deben entenderse ajenas a las inercias y a las servidumbres de la historia.

Discurso para una joven señora amante de los libros

No sé bien, señora, hasta qué punto no es abuso —deleitoso, como suyo, ¡y viva el lujo!— el hacer lo que usted hace en la grata y perfumada carta que me dirije: ordenarme —sus deseos son órdenes para mí, señora— que hable sobre los libros a un hombre que sólo sabe (y con no poca dificultad) escribir libros. Sin embargo, puedo asegurarle que agradezco todo cuanto me dice, incluso todo cuanto de fiero me dice, ya que uno, señora, se nutre y vivifica con las iras de las mujeres que son jóvenes como usted es, sin duda, y bellas, como me permito imaginármela y que su marido —si miento— me perdone.

Permítame que pedantice un poco. No me salga usted con la monserga de que el verbo pedantizar no existe, que ya lo sé. Y no se le ocurra aconsejarme que emplee pedantear, que es otra cosa. Ante usted, señora, yo no aspiro a hacer, por ridículo engreimiento, inoportuno y vano alarde de erudición. Ante usted, señora, mis aspiraciones —que ni me permito expresar, dado el mucho respeto que le debo— serían mucho más vulgares y, desde luego, nada eruditas sino más bien, ¡cómo le diría!, gimnásticas. ¿Me entiende? También pudiera ser que se equivocase en su interpretación de mis palabras. Ustedes, las señoras jóvenes, a veces no dan una y creen, lo que es bastante próximo a la verdad, que con ser monas, cumplen. Servidor.

Como el tema pudiera ser muy largo y temo cansarla —¡qué presunción!, ¿verdad?— voy a intentar ahora no más que explicarle, a mi manera, lo que es el libro. A lo mejor, en otra ocasión sigo con la misma música y le hablo de qué es lo que el libro hace, y de que por qué es libro —y no ninguna otra cosa— el libro, y de que para qué es el libro, para qué sirve. La tela cortada es mucha, señora. Ahora vamos a ver si, en su honor, acierto a hilvanarla. Verá.

Los libros, al escrito decir de Platón, son decires escritos. Ortega, comentando el texto platónico, dice —y escribe— que el decir no es sino una de las cosas que el hombre hace: otra, entre otras muchas más —contestar de viva voz cartas de lejanas señoras, por ejemplo, o imprimir libros—, fijar en el papel los escritos decires propios y ajenos. Observe, señora, que a poco que nos demos a pensar nos saltará por la cabeza abajo, la liebre de que, en apariencia contra lo que Ortega dice, el decir no es sólo una de las cosas que hace el hombre sino, quizá, la única cosa que el hombre hace; precisando un poco más los límites de lo que quisiera decirle, pronto pararíamos en que el decir, al menos, es la única cosa que el hombre hace con voluntad de permanecer, él mismo, y con intención de que permanezca aquello que dice.

El maestro Ortega define el hacer —en palabras que glosamos tomadas del discurso de apertura del Congreso Internacional de Bibliotecarios, 20 de mayo de 1935—, todo lo que se hace, en función de sus dos ingredientes: el para y el por algo de lo que se hace. El actuar, para Ortega, no es lo mismo que el hacer; el átomo que vibra, la piedra que cae, la célula que prolifica, actúan pero no hacen. El pensar mismo y el mismo querer en cuanto estrictas funciones psíquicas, son actividades, pero no son hacer.

El decir de Ortega es, en sí, lo bastante diáfano como para no precisar escolio alguno. El pensar y el querer de que nos habla, no son hacer en tanto en cuanto permanecen en su originaria etapa de estrictas funciones psíquicas: en el momento en que los anima un ansia de permanencia, esto es, en el instante en que se piensa o se quiere para algo y por algo, ese pensar y ese querer «se dicen» —es igual por el poeta que por el indiscreto—, ya que no pueden, ni deben, ser callados; ya que tampoco quieren permanecer mudos y en silencio. Es entonces, en aquel minuto, cuando el pensar y el querer rompen el cascarón de la desnuda actividad, de la actividad que no es más cosa que actividad, para abocar al aire libre y deliberado del hacer. El hombre confundido —fundido con su conciencia— hace incluso cuando actúa —aunque en su subconciencia pueda como el átomo, como la piedra, como la célula, actuar sin hacer— y dice lo que hace; mejor dicho, no hace otra cosa que decir: quizá para que él y los demás guarden memoria de lo que hace. Y por qué y para qué.

Pues bien: el acta de lo único que el hombre hace —decir— es el libro. Platón estaba en lo cierto y Ortega, distinguiendo la actividad del hacer, vino a poner orden, actualizándolo, en lo que Platón hizo y dijo: en lo que Platón hizo, precisamente porque lo dijo, ya que de habérselo callado, se hubiera quedado en el mero actuar, un peldaño más abajo del hacer.

Ya tenemos el libro, el palacio —o la choza— de los decires escritos: él es —sigamos a Ortega para no complicar demasiado las cosas— una de las cosas que el hombre hace. El libro, por obra del hombre, ya está hecho. Y el hombre, al verlo, se sorprende de lo que hizo, del poder y la fuerza que tiene el libro, aquello que hizo. Dios, piensa, está en sus páginas, como estaba en los pucheros de Santa Teresa. El hombre —y ahí el milagro—, al escribir su libro, volcó en sus hojas la ceniza que le quedaba de la presencia de Dios en sus carnes y en sus tres potencias del alma. Cuando oramos —decía San Agustín— hablamos con Dios; mas cuando leemos, es Dios quien habla con nosotros.

Hasta aquí, señora, hemos visto —o al menos, tal intenté— lo que era el libro. Ahora nos toca caer sobre dos puntos más, que tampoco serán los últimos: qué es lo que el libro hace —que se explica pronto— y por qué es libro el libro —que a lo mejor no se lo llego a hacer entender jamás. Veamos si alcanzo claridad bastante —y logro sitio holgado y tiempo suficiente— para contarlo como usted se merece que lo haga.

Ya tenemos, como bien sabe, el libro; ya existe el libro: aquello que el hombre hizo, que el hombre hace. El hombre hace el libro y, a lo que se ve, lo hace divinamente, casi divino. Pero el libro, señora, ¿qué hace? Piénselo un poco —no arrugue la frente, por favor— y vea que ésta es cosa que también sabemos: prestarse a ser el portavoz de Dios. Haga memoria sobre lo que en mis palabras de ha poco, le contaba de San Agustín y pronto verá por dónde ando.

(Confío en que, con esta indicación, habrá usted conseguido, señora mía, no desorientarse demasiado, pero si, aun a pesar de mis esfuerzos, ignora usted por qué trochas camino, no titubee ni lo dude un solo segundo: cállese y no opine, que es peor. En boca cerrada, mi gentil amiga, incluso en boca tan golosa como la suya, no entran moscas. El escaldado don Francisco de Quevedo escribió, en defensa de la discreción, virtud de la que no era partidario, dos versillos muy aleccionadores que decían, y siguen diciendo,

que por callar
a nadie se hizo proceso.

Si le sirven se los regalo, para que pueda usted usarlos en el primer trance que se le presente.)

El escudero Marcos de Obregón aseguraba que los libros hacen libre a quien los quiere bien; lo que no es chico hacer, señora, sino al contrario; meritorio y siempre agradecido acontecer. Y en esa libertad que dan los libros —libertad, señora, perdón, quiero decir Sancho, es uno de los más preciosos dones que a los hombres dieron los cielos— encuentra el hombre que bien los quiere su mejor premio.

Ahora bien, ¿por qué es libro el libro? Entre las varias acepciones que da el diccionario de la voz libro —y que, si no le causa fatiga, puede repasar conmigo, que para eso las traigo— dos son las que mejor convienen a nuestros fines: 1.ª, que habla del libro como objeto (reunión de muchas hojas de papel, vitela, etc., ordinariamente impresas, que se han cosido o encuadernado juntas con cubierta de papel, pergamino u otra piel, etc., y qúe forman un volumen) y la 2.ª, que se refiere al libro como criatura intelectual (obra científica o literaria de bastante extensión para formar volumen). En mi opinión, señora, y permítame que me lo crea, el orden del diccionario no está puesto con sentido común, ya que para que el libro del librero exista, pienso que se requiere la evidencia previa —y no al revés— del libro del escritor. A mi opinión, señora, y lo regalo para uso de aquellos a quienes pueda servir, defino el libro y ordeno sus dos primeras acepciones, diciendo: 1.ª, razón escrita que puede presentarse formando volumen; 2.ª, reunión de hojas impresas presentadas en forma de volumen.

Voy a intentar argumentarle mis puntos de vista, que ojalá lleguen a ser los suyos. Me refiero a mi 1.ª acepción, la del libro del escritor, del razonador por escrito.

Razón quiere decir (3.ª acepción) «palabras o frases con que se expresa el discurso» y discurso, en castellano, vale (5.ª acepción) por «serie de palabras y frases empleadas para manifestar lo que piensa o siente». Tras una sencilla operación matemática no quedará demasiado raro decir que razón es lo mismo que «palabras o frases con que se expresa lo que se siente o ve» y, saliéndonos de la aritmética y entrando en el terreno, siempre movedizo, de las suposiciones y aventuras (tras recordar que frase es lo mismo que conjunto de palabras...), me permito creer que aún mejor habría de quedar diciendo: palabras con que se expresa lo que se piensa, se siente, se sabe o se ve.

El diccionario dice *obra* donde aquí prefiero poner *razón escrita* y le diré por qué. Obra (2.ª acepción) es «cualquier producción del entendimiento en ciencias, letras o artes, y con particularidad la que es de alguna importancia» (definición que nos veda, si no queremos salirnos de la ortodoxia del lenguaje, aludir a la obra de los colonizadores, por ejemplo, o a la de los misioneros) y también (3.ª acepción) «tratándose de libros, volumen o volúmenes que contienen un trabajo literario completo» (definición un tanto coja ya que deja fuera a lo científico, o teológico, o filosófico, o lo que sea, ya que literario es sólo lo perteneciente o relativo a la literatura, y literatura es el arte bello que emplea como instrumento la palabra). El aludido porqué de mis preferencias, señora, es fácil de ver: obra, en su 1.ª acepción, se me antoja concepto más impreciso que razón escrita, y en su 2.ª, notoriamente incompleta, no me sirve, al menos mientras no se amplíe.

Si no se cansa, señora, voy a seguir. No especifico, en mi definición, si la razón escrita ha de ser científica o literaria (por respeto a la cronología me gustaría más decir: literaria o científica) porque, amén de científica o literaria, la obra puede ser —y algo ya le dije poco antes— teológica, filosófica, histórica, numismática y vaya usted a saber cuántas cosas más, y también porque pienso que, a los fines de definir el libro, basta con que la razón sea, precisamente, escrita.

El puede (tercera persona del singular del presente de indicativo del verbo poder, que una cosa es poder y otra es querer) que meto en mi definición, bien claro ha de indicarle que pienso que no es necesario que el libro, para serlo, haya de presentarse en forma de volumen, ya que le basta con poder hacerlo aunque, a las veces, puede darse la ocasión en que jamás lo haga. Recuerde que, con frecuencia, se oye de un poeta desaparecido: «se murió dejando más de tres libros en el cajón», con lo que se quiere decir que sus tres libros, aun sin estar impresos ni editados formando volumen, sí lucían ya lo bastante gordos y redondos y maduros para poder estarlo, de haber sido más risueña su circunstancia.

Pasemos ahora, señora, usted delante, a mi 2.ª acepción, a la del libro del librero.

La definición del diccionario, quizá sea innecesariamente larga y prolija. El diccionario dice que el libro —el libro como objeto— es la reunión de muchas hojas, etc. Legalmente, el número de páginas que ha de tener un libro son, al menos, doscientas. Pero ¿es esto válido, de modo riguroso, a todos los demás efectos? Sin duda alguna, no. De serlo, no podría llamarse libro, lo que resultaría paradójico, a uno de los últimos de Jorge Guillén, que aquí tengo sobre la mesa —*Viviendo y otros poemas* se titula— y cuya lectura le recomiendo porque es un gran libro aunque no tenga más que ciento diez páginas, incluido el índice. A mí me parece que el término *muchas* que usa el diccionario, es poco señalador, y que el límite mínimo de doscientas que marca el reglamento, no es sino un mero tecnicismo administrativo sin mayor sustancia ni aprovechamiento.

El diccionario habla de que las hojas han de ser de papel, vitela, etc., y ordinariamente impresas. En la definición que le propongo, señora, exijo que las hojas hayan de ser forzosamente impresas —no ordinariamente impresas— ya que el libro escrito a mano o el libro con las páginas en blanco (recuerde que ahora le hablo del libro del librero) no son tales libros, en esta nuestra 2.ª acepción, aunque debieran ser objeto de otra u otras definiciones dentro del mismo artículo.

Prefiero omitir la sustancia de que las hojas estuvieren compuestas, ya que ésta puede ser, amén del papel, la vitela y el etc., cualquiera que admita la impresión.

Por último. Para que llegásemos a admitir, en la definición que le brindo, la palabra volumen, quizá conviniera corregir su 2.ª acepción (véala usted por libre, señora, que de traerla aquí esto iba a resultar el cuento de la buena pipa) o la también 2.ª de encuadernación (haga lo mismo), ya que es evidente que hay libros sin encuadernar (no en rústica, claro, que también es forma de encuadernación, sino en rama y metidos en una cajita) que si no les llamamos libros, no hay Dios que los bautice. Pero esto, señora, es ya de más fácil arreglo y dejo *volumen* en mi enunciado porque, si lo quito, sería todo aún mucho más complicado todavía.

Vemos, señora, que el libro es libro porque tiene, al menos, intención y a veces, forma de tal. El libro —en nuestro primer sentido, claro es, ya que en el segundo no podría ni pensarse— no es nunca la casualidad; observe que incluso los libros que más casuales y extraños pudieran parecernos —los dispersos papeles de un joven poeta muerto, reunidos por una mano piadosa y amiga— llegan a ser tales libros porque la antorcha de la intención, que su autor dejó caer, fue recogida por alguien. Por eso mienten, pudiera ser que sin saberlo o aun creyéndose lo contrario, quienes encabezan un título con las palabras tópicas: «Jamás pensé que estas páginas que hoy ofrezco pudieran llegar a verse en libro, etcétera.» (De cualquier periódico: Al final del banquete, el homenajeado pronunció un discurso: Yo no soy orador —dijo— y sólo al vernos aquí reunidos... Estuvo hablando —quizá sin deleitar, ni persuadir, ni conmover a nadie— durante hora y media. No deja de ser curioso el hecho de que el diccionario no admita la posibilidad del orador malo, cosa tan frecuente: orador, persona que ejerce la oratoria; oratoria, arte de hablar con elocuencia, de deleitar, persuadir y conmover por medio de la palabra.) Quizá no lo pensase su autor, señora, pero sus papeles, en sus más misteriosos y recónditos escondrijos, sí sabían —y bien sabido— que entre sus pliegues estaba naciendo el libro, igual que un ave mágica.

En el tintero —o en el hilo de la voz quebrada— nos queda todavía el rematar lo que le vengo diciendo y, puestos a apurar las cosas, aún una última flauta que chiflar: ¿para qué es el libro?

Lo peor de todo, señora, es que el libro, además de querer ser libro y de tener forma de tal, puede —¡vaya por Dios!— ser malo aun sin quererlo. A ciertos niños revoltosos y zascandiles les pasa algo muy parecido y, aun animados del mejor propósito, de comportarse con ejemplaridad, no consiguen ser ni medianamente pasables. ¡También es mala suerte!

El diccionario, que supone —y ya es caridad la suya— que no hay orador que no sea bueno, ¿recuerda?, como la copla ensalza que no hay quinto malo, no se atreve a afirmar que el libro, para serlo, haya de ser un buen libro. Y es lástima, aunque nosotros —usted y yo, señora— tampoco nos hayamos atrevido a asegurarlo. El libro puede ser bueno o malo, amiga mía, como creación intelectual y como objeto. A veces sucede que un mal libro —un texto que es un fiasco— aparece en una mala edición; es cosa que poco importa. En ocasiones acontece que un buen libro —unas páginas sabias e inspiradas— nace envuelto en muy ruin ropaje; es siempre doloroso, ya que un libro bueno merecería serlo mirándosele por donde se le mirase, pero un futuro editor más fiel a las exigencias de su oficio siempre podrá enmendar el desaguisado y enderezar el entuerto. Lo peor viene a ser —lo más desorientador, lo más descorazonador y deprimente— que, con harta y torpe frecuencia, un texto insulso o estúpido o pedante se nos presente ataviado con las más nobles vestiduras, con aquellas galas que, sólo por cubrirlo pierden toda su nobleza. Entonces, señora, es cuando nace el desvío del lector —el tantas veces tan justificado desvío del lector, que quería lo que no se le supo servir— y entonces es, también, cuando brota la fuente de las decepciones y de las tristes llamadas a engaño.

No; el libro debería, para poder ser llamado libro, ser un buen libro por dentro y por fuera, por el haz y por el envés: ser un buen texto en una buena edición. Usted, señora, que es bella, según le digo que me permito pensar, lo es tanto porque nació así como porque así se presenta; si se hinchase de callos y de judías con chorizo —viles manjares que tienen toda mi afición— o si se vistiese de harapos, sería la misma, ¡quién lo duda!, pero mirándolo bien, tampoco sería, exactamente, la misma.

Para este trance de definir el libro nos faltan las palabras: libelo, en castellano, significó librillo —libro pequeño— y significa: escrito en que se denigra o infama a personas o cosas. En un libro malo por lo que dice y por lo mal que lo dice, aunque no se infame o se denigre a nadie, se falta al respeto al confiado lector. Quizá no fuera muy violento aplicar el concepto de libelo a una nueva posible acepción: reunión de hojas impresas, presentadas en forma de volumen y a las que, por su falta de calidad, no cabe la consideración de libro. El libro malo por su forma de aparecer —el libro impreso en mal papel, con las páginas mal entintadas, plagado de erratas y con las letras rotas— sí tiene nombre en castellano: libraco, libracho, librejo, son modos despectivos de por sí lo bastante claros para no precisar comentario alguno.

El ideal —sé bien que imposible— sería que por libro se sobrentendiera libro bueno y además bello y bien editado, sin necesidad del uso, siempre tan confundidor, de los apellidos y los adjetivos. Lo óptimo —¡y tan lejano!— sería que el libro fuese libro por ser, a más de libro, bueno.

Pero a todo esto, mi joven amiga, ¿para qué es el libro? El libro es, antes que para ninguna otra cosa, para leer. La lectura —y el deleite y la sabiduría que de ella cuelgan— es el delicado fruto del libro, el primer y mejor premio que el libro nos ofrece. El discreto Gracián decía que el leer es empleo de personas que, si no las halla, las hace.

El libro, en la cabeza y en la mano de su autor, nace con varios —y quizá múltiples— posibles fines. Algunos de estos fines pueden entenderse como de orden terapéutico —se escriben para descargar la conciencia (*Werther*, *Crimen y castigo*, todo Kafka). Otros deben ser apuntados en la cuenta del puro placer del arte puro —se escribe para revelar y fijar la belleza (Fray Luis, Machado, Juan Ramón Jiménez). Otros prefieren vincularse a la propagación de esta o de aquella idea —se escribe (abocamos a la llamada literatura comprometida) para dejar constancia de nuestra necesaria verdad (Ehrenburg, Ber-

nanos, Blas de Otero). Otros se esfuerzan, que es
buena suerte de esfuerzos, por dejar constancia de
lo que se ha visto —se escribe como se fotografía
(los libros de viajes y, teóricamente, Stendhal)— o
lo que se ha vivido y padecido —se escribe en función de lo que se sufre o se ha sufrido (Faulkner,
Camus, Pavese). Otros optan por bucear en el meollo
de los problemas —se escribe para aclarar (Ortega,
Dilthey, Guillermo de Torre, Pedro Laín)— o en el
misterioso mundo del más allá —se escribe para
entender a Dios, hasta donde se puede, y amarlo
sobre todas las cosas (Maritain, Zubiri, Aranguren)—
o del un poco más acá —se escribe para descifrar
el cosmos y sus múltiples materias, que al final se
está llegando a que es una sola (Einstein, Heisen-
berg, Planck). Otros se conforman con distraerse y,
si se tercia, distraer —se escribe para ilusionarse y,
si hay suerte, ilusionar (Valera, Galsworthy, Baroja,
Eduardo Mallea). Otros aún, entre muchos más, brotan acariciados por el solecico tierno de la vanidad
—se escribe, a veces y aunque no se confiese, para
adquirir pseudopatente de letrado.

Pero en la cabeza y en la mano del autor, señora,
el libro (todos los libros: el libro-confesión, el libro-
obra de arte, el libro-herramienta, el libro-objetivo
fotográfico, el libro-acta del dolor, el libro-llave, el
libro-pasatiempo, y amén de todos los demás el libro-
efímera flor en el ojal), el libro, le venía diciendo,
nace, además de por todas las causas y fines apuntados, para llegar a ser leído por alguien. Nadie ha
escrito jamás un libro sin el propósito, pudiera ser
que incluso subsconsciente, de que ese libro, algún
día, llegara a ser leído por los demás.

El libro es, pues, para leer, como la música es,
sin duda, para escuchar. Pero el libro, como la música, para poder ser gustado, necesita al menos de
una limpia ejecución. En el arte de la imprenta,
nos dice el viejo Eugenio d'Ors, casi todo el secreto
se reduce a quitar, a eliminar falsos primores. Recuerde siempre estas palabras, mi buena amiga, que
son palabras sagaces que le ayudarán a amar el

libro sin desvíos, sin vanos desvíos, que es lo que yo trato de conseguir de usted.

Y nada más. Ahora sí que pongo de verdad punto final y me callo. Perdóneme el tiempo que le habré hecho perder y disculpe mi torpeza pensando en que no es menor ni más canija mi voluntad y mi buen deseo de haberla complacido.

Pícaros, clérigos, caballeros y otras falacias, y su reflejo literario en los siglos XVI y XVII

A Américo Castro y a Marc Bataillon.

Por las enseñanzas que recibí de ambos y por las curiosidades que supieron despertar en mí.

I

La historia general de los siglos de oro de la literatura española, de los siglos XVI y XVII, se representó y se escribió con tanta lozanía como eficaz donaire, pero también, ¿por qué hemos de disfrazar con palabras el pensamiento?, un poco de pillo a pillo y —con menos saludable descaro que vergonzante pudor— al grito de ¡sálvese el que pueda! Ni el Lazarillo de Tormes, ni Guzmán de Alfarache, ni el escudero Marcos de Obregón, ni las harpías madrileñas, ni Teresa de Manzanares, la Niña de los Embustes, ni la Garduña de Sevilla, ni el bachiller Trapaza, ni Estebanillo, ni el Gran Tacaño, ni el Diablo Cojuelo, ni toda la cohorte de pícaros que los acompañaron en sus malaventuras por este duro y bajo mundo, estaban hechos de diferente madera —aunque pintada, sí, de distinto color— que los viajeros a Indias, o el inquisidor Torquemada, o el secretario Cobos, o los juristas del Tribunal de los Tumultos, o Juan de Escobedo el Verdinegro, o Antonio Pérez, o los mil y un cofrades de su tránsito por la necedad y el aviso y la crueldad y la intriga. Esta aseveración, que bien pudiera parecer tenue e irónicamente heterodoxa a algunos y a una primera vista, ya no lo es tanto —o puede no parecerlo tanto— si se consideran los hechos acaecidos, y las causas que los motivaron, y las herramientas —morales, psíquicas y físicas— con que se llevaron a término, y los comportamientos de los protagonistas de aquel revuelto y bullidor proceso histórico, con una curiosidad mínima y de nueva planta, esto es: procurando seguir y entender el hilo de los sucesos y su clave humana, y no repitiéndolos —vacíos de sentido y horros de significación— a título de salmodia recitada como artículo de fe tras haberla aprendido en los manuales. La evidencia de que su fruto literario, la novela picaresca, haya venido a resultar inmarcesible y glorioso, no es razón suficiente —aunque sí, quizá, consecuencia inmediata— para dar pábulo al contrario pensamiento.

II

El diccionario, en trance de definir al pícaro y a lo que es pícaro y propio de pícaros, abre dadivosamente la espita de los denuestos para ponerlo, ¡pobre y zurrado pícaro!, cual digan o no digan dueñas. En las cuatro acepciones —y todas emparentadas— que registra, el diccionario moteja al pícaro de: bajo, ruin, doloso, falto de honra y vergüenza, astuto, taimado, dañoso, malicioso, descarado, travieso, bufón y de mal vivir. Lo peor de todo es que, tras el chaparrón, el pícaro, probablemente, sigue sin ser definido tal cual es en su esencia y su peculiar estado.

Pícaro (en la acepción que aquí conviene, que *pícaro de cocina* es oficio diferente y de documentación algo anterior) es voz que aparece en la literatura española quizá entre 1541 y 1547, en la farsa *Custodia del hombre,* del aragonés Bartolomé Palau, y sin duda en 1548, en la *Carta del Bachiller de Arcadia,* de Eugenio de Salazar. En su forma *picaño* —que el diccionario da como adjetivo y con el valor de pícaro, holgazán, andrajoso y de poca vergüenza— se registra ya en el siglo XIV, en la anónima *Danza de la Muerte* y en el *Libro de Buen Amor,* del Arcipreste, que substantivan el femenino.

Don sacristanejo de mala picanna,
Ya non tenés tiempo de saltar paredes
Nin de andar de noche con los de la canna,
Fasiendo las obras que vos bien sabedes.

(Versos 561-4)

Se lee en la *Danza*. Y en el *Libro* de Juan Ruiz, se dice:

murieron, por los furtos, de muerte sopitanna,
rastrados e enforcados de manera estranna;
en todo eres cuquero e de mala picanna:
quien tu cobdicia tiene, el pecado lo enganna.

(Estrofa 222)

Don Ximio fuese a casa, con él mucha companna,
con él fueron las partes, concejo de cucanna;
y van los abogados de la mala picanna;
por bolver al alcalle ninguno non l'enganna.

(Estrofa 341)

La duenna dixo: «¡Vieja, guárdem Dios de tus
[mannas!
Ve: dil que venga cras ante buenas compannas,
fablarme buena fabla, non burlas ni picannas,
e dil que non me diga de aquestas tus fazannas.»

(Estrofa 1493)

Sin embargo, la voz *pícaro*, nombrando al héroe, o a la contrafigura del héroe protagonista de una de nuestras más peculiares formas literarias —quizá a la vera, en orden a su importancia, pero en ningún caso detrás ni a remolque de la gran poesía mística—, no se presenta hasta el siglo XVI, como poco atrás quedó dicho. No deja de ser curioso que en el *Lazarillo de Tormes* —la muestra más pura de toda la novela picaresca, pese a que algunos tratadistas la vean no más que como un ilustre antecedente del género— no se pronuncie la palabra pícaro ni una sola vez. El pueblo español, a principios del XVII, llamaba el pícaro, por antonomasia, al *Guzmán de Alfarache*, y en los registros de las naos que hacían la ruta de Indias se habla de «tantos ejemplares del *Pícaro*», sobrentendiéndose el libro a que se referían.

III

Ahora bien, *Pícaro*, ¿es voz que en todos los casos quiere decir lo mismo? ¿Actúan, piensan, reaccionan y proceden de idéntico modo Lazarillo que el Buscón, Guzmán que el *Donado hablador*, Estebanillo González que don Gregorio Guadaña? Evidentemente, no. El pícaro de la literatura española es, en cierto sentido, el burlesco gorgojo de la conciencia del tópico —o del ideal humano— de aquel momento: el santo nimbado de bienaventuranza, el caballero aureolado de honor y el capitán cubierto de laureles. La diferencia entre Don Quijote, contramolde del caballero, y Lazarillo, envés del hidalgo cristiano viejo, estriba en que aquél tenía planteado su conflicto consigo mismo —de ahí su singularidad—, al paso que este otro trataba de resolver el permanente problema que le ofrecía su vida, escurriéndose como un ánima huidiza entre las vidas de los demás. Don Quijote vive de espaldas a la realidad del mundo en torno y sus hábitos establecidos y admitidos por la costumbre, al paso que Lazarillo, inmerso en la anécdota y en la esencia misma de las cosas, lucha con ellas, contra ellas, como gato panza arriba, para subsistir. Don Quijote sueña con imponer un orden que estima justo, mientras que Lazarillo se conforma con comer, cuando puede y le dejan, e ir tirando, sin llamar demasiado la atención, que no fuera norma prudente —sino delatora— el hacer lo contrario.

El pícaro es un estoico que sabe que el mundo en torno es malo e injusto, pero que ni prueba siquiera a modificarlo porque teme que con el arreglo pueda resultar peor. «Más vale no meneallo» pudiera ser el mote heráldico que rige la conducta del pícaro. El pícaro sólo intenta vivir (o no morir) y, en el fondo de su conciencia, sueña con que llegue el día en que pueda dejar de serlo o, al menos, de parecerlo. El cinismo del pícaro no es muy diferente, en su esencia, del cinismo del hidalgo o del inquisidor. Acuciado por el hambre y, aun antes, deformado por un concepto del honor que supone fantasmagórico, el pícaro no entiende las razones heroicas del bien nutrido honrado: las disputas teológicas, las disquisiciones sobre el honor y las apologías imperiales. Y asediado por la sociedad al uso admitido, se torna antisocial —aunque con frecuencia se lo calle— pensando en que fuera de ella, al margen y haciendo caso omiso de ella, ha de vivir más tranquilo. Esta actitud a contrapelo puede llevar al pícaro a la situación límite de formar su propia sociedad paralela y de inverso sentido ético y humano, que la sociedad que lo rechaza.

El Lazarillo —decíamos— es quizá el tipo más esbelto y puro y mejor trazado entre los pícaros literarios: su moral —que no coincide con la moral al compás de su tiempo— es firme y alada, y no pierde sus días en fingir moralizadores discursos que le justifiquen, como el empalagoso Marcos de Obregón, a las veces tan indigesto.

El diccionario, en su 4.ª acepción, que es la que aquí interesa, define al pícaro, diciendo: tipo de persona descarada, traviesa, bufona y de mal vivir, que figura en obras magistrales de la literatura española. Quizá nos decidamos algún día a proponer la definición siguiente: tipo humano descarado, apaleado y resignado que vivió en la España de los siglos xvi y xvii rodeado de un ambiente convenidamente hostil y zarandeado por gobernantes tenidos por ecuánimes en su obediente ceguera, clérigos vapuleadores en su falta de caridad y caballeros soberbios en su fanfarria que pronto habría de trocarse en derrota; a su hambre, los historiadores la suelen llamar inadaptación, cuando no le aplican peores y más crueles epítetos.

IV

El pícaro literario español, el sujeto que produjo aquel fenómeno memorable de la narración de sus vidas y andanzas, era casi siempre pobre, cierto o fingido, descarado o vergonzante, solitario o agremiado, que sobre esto no hemos de incidir ahora, pero el español no pobre ni literario de entonces también fue pícaro, aunque se vistiese con muy galanos ropajes y pese a que los más nobles conceptos no se descabalgaran jamás de sus labios y aun de su sentimiento y de su actitud ante los demás. El suceso de que estos últimos no llegaran a ser modelo de obra literaria considerable tiene fácil e inmediata explicación en el rígido y enterizo contexto político y religioso de la época.

La novela picaresca denota sabiduría en la creación pero no, contra lo que se ha venido suponiendo con frecuencia, propósito moralizador alguno, aunque sí —quizá— afán desmitificador, por las confusas revueltas tan caras a los cristianos nuevos, de los postulados y principios tenidos por sacrosantos e intocables: el honor —y aún más, su reluciente barniz— a la cabeza de todos. Vivamos para servir a Dios —suponen o fingen suponer, cada cual a su aire, el pícaro, el clérigo y el caballero— por todos los medios a nuestro alcance, menos el trabajo, que para eso, para admitir herejía semejante, ya nacieron otros hombres —Luis Vives, por ejemplo—, indignos de la divina misericordia y aun del respeto de los demás hombres.

Con la ecuación que rige los espíritus, las conciencias y las conductas de los caballeros se puede formar una cadena sin fin en la que no es preciso dar cabida a un solo eslabón cristiano: el dinero engendra consideración pública, la consideración pública causa honor, el honor produce poder, el poder devuelve honor, el honor receba la consideración pública, la consideración pública es manantial de dinero, y vuelta a empezar. Paralelamente, la comba a cuyo aire se obliga al pícaro a saltar tampoco presenta fisura ni quiebra alguna: el hambre motiva desprecio, el desprecio acarrea deshonor, el deshonor da pábulo a la infamia, la infamia añade más deshonor, el deshonor nutre al desprecio, el desprecio alimenta, ¡qué ironía!, al hambre, y otra vez vuelta a empezar. La primera ringla de situaciones gira en torno al concepto del poder, que en ningún caso es abdicable. La segunda gravita alrededor de la noción de la infamia que, cuando no se puede abandonar (y no se puede abandonar casi nunca), se explota, mientras se pueda, y se pone —en cínica pirueta— al servicio del bandujo, ya que no del alma y del pendiente problema de su salvación eterna.

V

El enunciado «novela picaresca» no pasa de ser término empírico y no poco confundidor, bueno para las preceptivas literarias y los discursos académicos, pero poco útil como clarificador señalamiento; los comentaristas literarios disputan, con frecuencia, sobre sus límites, y la mayor o menor amplitud de sus fronteras suele ser tema grato a la convencional sabiduría de las aulas. La novela picaresca no es, o no es tan sólo, el reflejo literario más o menos realista del mundo de los pobres que viven a salto de mata (el criado de cien amos, el vagabundo sin brújula en el corazón, el escudero con la cabeza horra y los cueros estremecidos, el ratero por lo menudo, la ramera de los más ruines jergones) y zurrados por la falta de caridad del prójimo, sino también la consideración, no importa si como diatriba o como ditirambo, del concepto al uso del *honor* y de su pública y convenida máscara, la *honra*.

La presencia literaria del pícaro pobre es anterior a la novela picaresca (ya Menéndez Pelayo quiso ver en Ribaldo, el escudero del Caballero Cifar, un precursor del pícaro), y la aparición del pícaro poderoso se produce —a mediados del siglo XIX, que no antes— cuando los resortes coactivos por ellos manejados se reblandecen y la hacen posible; hasta entonces, los escritores, no atreviéndose a encararse con el problema y menos aún con las consecuencias que habría de acarrearles su manipulación literaria con la figura del pícaro poderoso, proceden por alusiones y perífrasis que conducen a una literatura, a este respecto, punto menos que críptica en su deliberado y disfrazado esoterismo.

La antítesis *honrado* lector (rico y acomodado) y *deshonrado* actor o personaje (pobre y ambulatorio) quizá pudiera darnos una de las claves de aquella parcela de nuestra literatura y un atisbo de aquel otro rincón de nuestro cuerpo social de entonces. El actor reconforta al lector en tanto aquél puede adoptar actitudes y realizar actos y acometer aventuras que a éste le están vedados por su impermeable, aunque quizá no muy sólido, concepto de la honra, del que —por harto que se sienta— no puede, ni debe, ni aun quiere, desasirse: vestir de harapos, pedir limosna por amor de Dios, sentarse en las escalinatas de las iglesias o de los palacios, mangar para comer y para beber, fumar colillas, hablar en jerigonza, frecuentar los tugurios, los garitos y los lupanares, dormir bajo los puentes o en el quicio de una puerta, recorrer mundo sin una credencial en el bolsillo y sin tener que dar mayores explicaciones a nadie, etc. Al lector *honrado* le atenazan múltiples condicionamientos, cuya existencia ignora (o desprecia o rechaza, incluso con altanería) el actor *deshonrado*, y en la contemplación de tan minúsculas y múltiples anticonvencionales actitudes encuentra el bálsamo que le reconforta —quizá sin enunciárselo del todo— de su falta de libertad y aun de imaginación. Al lector *honrado* le ata con muy recias ataduras la «tiranía del honor», esa vigorosa y convenida cadena sobre la que el actor *deshonrado* tiene un concepto peculiar y ahormado a sus necesidades; el pícaro no carece de norma, aunque ésta sea —obviamente— de consistencia dispar a la del caballero, de la que es su caricatura disolvente. El pícaro procede como lo hace por instinto de conservación, actitud que, por paradoja no del todo compleja ni inexplicable, también adopta el caballero al solazarse —y reírse a saludables carcajadas— con la narración de los ardides que el golfo maquina para subsistir.

VI

El pícaro es especie parasitaria, pero el caballero —la especie parasitada— no lo rechaza sino ante los demás y de labios afuera, esto es, no más que externa y aparentemente; el caballero necesita al pícaro tanto como es necesitado por él, y en el acoplamiento, en la simbiosis del uno y del otro (y del clérigo y del funcionario), debe rastrearse el inestable —y duradero— equilibrio de la sociedad española de aquel tiempo.

El mendigo sirve para permitirnos ejercitar la caridad con él; el pícaro vale para redimirlo y salvar su alma y, si se resiste, para aprovisionar los bancos de las galeras, y el ejemplo de la meretriz en permanente pelea con la enfermedad, y el hambre y el azotador y público desprecio, se usa a los nobles fines de la mejor sumisión de la hembra doméstica a la norma establecida. Al recio cinismo católico del litúrgico lector *honrado* se contrapone el también recio, si bien no más que presentido, cinismo cristiano del agónico actor *deshonrado*, que quiere cortar amarras aunque no sepa bien por dónde ni en qué momento hacerlo. El lector *honrado* admira, allá en los más inescrutables recovecos de su espíritu —y sin osar enunciárselo—, al actor *deshonrado*, quien no sólo no le corresponde sino que ni sabe siquiera que es objeto de admiración.

La novela picaresca carece de motivación social aunque no, de cierto, de intención política, no por tan sólo presentida menos real y evidente.

El pícaro atenta por instinto contra la norma de moral política del poderoso de su tiempo, cuya más alta —y última— meta en esta vida efímera es la salvación de su alma de cara a la otra vida inmortal y bienaventurada, salvación que habrá de conseguirse, a ser posible, por medios mágicos y velocísimos y no como premio a una mantenida e incómoda conducta virtuosa; pero el pícaro lleva a término su atentado quizá sin proponérselo y sí, sin duda, por mimetismo. El pícaro copia al caballero en lo fundamental, o aparentemente fundamental, y sólo se aparta de su modelo en lo que no puede hacer suyo:

el vestido elegante, las maneras pulidas, la noble serenidad del ademán, la bolsa pronta y la voz tonante, entre otras circunstancias parejas. El pícaro y el caballero van acortando, a medida que el tiempo pasa, las distancias que los separan, pero no por ascensión del pícaro a los estamentos poderosos sino por degradación moral del poderoso que deja de serlo quizá por suponer —y hacer suya— la reblandecedora noción de que los pobres son necesarios y algo consustancial con la naturaleza del hombre: «Siempre habrá pobres entre vosotros», son palabras de Cristo demasiado literalmente entendidas por el caballero católico español. La expulsión de los moriscos, pudiera ser que la población española más laboriosa de aquel tiempo, ayudó también a subrayar este equilibrio en la competencia ante la holgazanería que queremos ver como el común denominador de pícaros y caballeros. Tampoco fue ajeno al mantenimiento del *status*, la victoria de los conceptos tradicionales de la mendicidad (el dominico fray Domingo de Soto) sobre los supuestos reformistas o modernizadores (el benedictino fray Juan de Medina), que en España tardaron no poco tiempo en abrirse paso y ser admitidos.

VII

El pícaro vive en permanente justificación ante la sociedad que lo soporta (también lo explota, dando rienda suelta a su paternalismo a latigazos) y el arma de la que con más habilidad se vale suele ser la ironía, con frecuencia cruel con el mismo pícaro que la esgrime. El pícaro tiene unos determinados derechos, ruines pero inabdicables, que no asisten al caballero, con lo que se da la circunstancia extrema de la aparición del curiosísimo tipo del pobre vergonzante, el triste y desamparado títere que sin bienes de fortuna —«sin un palmo de tierra donde caerse muerto»— tiene que ingeniárselas para vivir sin dar la espalda a unos determinados principios que no le funcionan pero que tampoco le permiten el abandono, ni el olvido, ni menos aún su cambio por otros diferentes.

Al pícaro desaliñado con naturalidad —y porque no tiene otro remedio— y al raído y corcusido pobre vergonzante que lucha por llevar dignamente, al menos en su apariencia, la derrota, ha de sumársele otro personaje, quizá no tan peculiarmente español, pero ni más virtuoso ni menos humano, que también vive a salto de mata, aunque asentado en más sólida economía, y también forma parte de la briba: el aparatoso y muy en carácter méndigo profesional, organizado y jerarquizado, para quien la vida picaresca es estado y no circunstancia. El pícaro español roba sin arte y cuando lo necesita (aunque esta necesidad la sienta casi siempre), al paso que el pícaro también presente en las literaturas foráneas suele ser ducho en las mil artes de robar: una de ellas, la de pedir limosna como única —y rentable— finalidad de la que tampoco quiere apartarse.

Quizá una de las diferencias que pudieran establecerse entre nuestro pícaro y el pícaro ajeno (o compartido) sea la de que aquél es pícaro contra su voluntad —aunque se recree en la suerte— y por lo tanto redimible, al paso que este otro es pícaro deliberado que no aspira a cambiar su oficio, con cuya rentabilidad se conforma y hasta se reconforta.

VIII

La mala conciencia del poderoso —y el mantenimiento, a contrapelo, de unos supuestos en los que acaba por no creer— fue otra de la próvidas y fluidas fuentes de las que manó, con su gracioso donaire, la novela picaresca. No es lo mismo saberse impuro y con ascendencia mora o judía y no aspirar a prebendas y ejecutorias —tal el caso del pícaro—, que conocer la impureza de la propia sangre y luchar por mantenerla oculta y soterrada. La prueba de limpieza de sangre, elemento tan en boga en la novela picaresca, y el miedo a su resultado o, quizá mejor, a la proclamación pública de su resultado, no produce los mismos efectos en el ánimo del pícaro que en el del caballero temeroso de perder su consideración de honrado, que no precisamente la honra —ni falta que hace— sino su eficaz y sosegadora y rentable apariencia. Américo Castro se planteó el tema de la contribución de los cristianos nuevos a la novela picaresca, con tan meritorio empeño como feliz e inteligente resultado. La psicología del español de entonces se debate entre dos supuestos tan sólo distintos en su aspecto externo: el del cristiano nuevo, que procuraba disimular su condición, y el del falso cristiano viejo que, sabiendo que no lo era, exageraba su disfraz.

IX

La picaresca —y su secuela la novela picaresca— se plantea al contraluz de dos elementos, el pícaro y el caballero, el actor *deshonrado* y el lector *honrado* cuya lucha pudiera enmarcarse en la noción expresada por Hegel en su *Fenomenología del espíritu*, cuando habla del sentido del «yo», de la autoconciencia del hombre y el proceso por el que llega a ser verdaderamente hombre.

Hegel parte, no de la capacidad cognoscitiva del hombre sino de su libertad, y en la libertad, la verdad y el ser basa toda su doctrina. Según Hegel, la libertad es la determinación fundamental del hombre y habita la entraña misma del saber.

Para Descartes, el pionero de la filosofía de la razón, un ser dotado de figura humana pero horro de pensamiento que pueda manifestarse a través del aspecto creativo de su lenguaje, no sería un hombre sino un autómata. Para Kant, el filósofo del esplendor de la burguesía, ese mismo ser, aunque piense pero carezca de capacidad de acciones morales, no pasaría de ser una marioneta. Para Hegel, la contradictoria cumbre del racionalismo alemán, un ser que renuncia a la libertad a cambio de la conservación de su vida no es un hombre con pleno sentido, sino un siervo.

El deseo primitivo del hombre, esto es, el punto de partida para su autoconocimiento, se dirige hacia los otros hombres con el anhelo de ser reconocido, propósito que acaba convirtiéndose en deseo de reconocimiento. En esta primera situación, la presencia de un hombre —el pícaro o el caballero— ante otro hombre —el caballero o el pícaro— conduce a un mutuo proceso de cosificación en el que el «otro» no pasa de ser considerado sino como una cosa más; para resolver esta situación límite y también para evitar el ser recíprocamente cosificados, ambos deben arriesgar su vida forzando la conciencia ajena y ambos deben luchar por su reconocimiento no como cosa sino como conciencia en sí. Esta lucha no sabe sino de dos salidas: la muerte de uno de los dos hombres, que no resuelve el trance porque difícilmente puede ser reconocido el vencedor como conciencia en sí por un cadáver, o el planteamiento de un nuevo esquema en el cual uno de los hombres cede para evitar la muerte, estableciéndose entre ambos una relación de amo a esclavo. Es el miedo a la muerte lo que provoca la aceptación del amo; también es la clave de uno de los sentimientos más peculiares de la picaresca. El miedo a la muerte es reflejo de la nueva mentalidad de un mundo nuevo: el apego a la existencia terrena —el entendimiento de la locución «este valle de lágrimas» como un tópico insustancial y carente de sentido— y la denodada lucha por la supervivencia. La impronta marcada por la picaresca condiciona, en mayor o menor grado, toda la novela que desde entonces acá se ha escrito en el mundo entero.

El reconocimiento de la autoconciencia a través de otra autoconciencia es, para Hegel, la base sustentadora de la jerarquía. Ese reconocimiento, en el caso que ahora nos toca analizar, es la motivación de la existencia del pícaro y la cifra que nos desvela el papel que cumple en la sociedad. El hidalgo en pobreza y tristeza, el lector *honrado* del que venimos hablando, precisa ser reconocido como señor, le es imprescindible expresar su autoconciencia de amor, y esa necesidad solamente puede perfeccionarla a través del reconocimiento de su situación por otro:

el pícaro, el actor *deshonrado* al que aludimos. Este enfrentamiento dialéctico guarda en su más recóndito meollo el germen de la tragedia, porque el amo, que busca denodadamente afirmar su autoconciencia para llegar a sentirse hombre verdadero, no puede —por más que se esfuerce en fingirlo— ser satisfecho por el reconocimiento del esclavo, del hombre que maneja una conciencia que no es libre, una conciencia que no es para sí sino para el mejor o peor uso de otro.

Lo que Hegel llama *Begierde*, el deseo primitivo del hombre, la semilla de su autoconocimiento, es lo que le impulsa a transformar la naturaleza por el trabajo para obtener así los bienes suficientes con que cubrir sus necesidades. Planteada la situación del enfrentamiento amo-esclavo, los deseos del amo deben ser satisfechos por el trabajo del esclavo, situación que lleva al amo a un inevitable apartamiento del mundo en torno, puesto que su conocimiento de las cosas es un conocimiento indirecto, un conocimiento a través de otro: del esclavo que trabaja y proporciona al amo los bienes que éste desea. Tampoco este conocimiento mediatizado puede bastar al amo porque no pasa de ser un conocimiento a través de una conciencia imperfecta, de la conciencia para otro de un hombre no libre.

El tambaleante reconocimiento de su autoconciencia y la ignorancia o el tarado conocimiento del mundo exterior son los dos obstáculos con que tropieza el amo en el camino hacia el hombre verdadero. ¿De dónde surgirá éste, entonces? Dentro del esquema de Hegel, nacerá de la superación de la contradicción, del enfrentamiento dialéctico de amo y esclavo, en el que la existencia del amo es un obstáculo y una etapa a superar. Jamás conseguirá el amo la satisfacción de saberse hombre verdadero por el reconocimiento del esclavo —o lo que es lo mismo: jamás podrá liberarse a través de una conciencia no libre—, mientras que el esclavo, que sí conoce una libertad —la del amo—, podrá llegar a alcanzar la suya si consigue hacerse reconocer por él. El medio de superar el estadio de conciencia para otro es el trabajo, que es efectuado tan sólo por el esclavo y que puede llegar a proporcionarle el conocimiento de una libertad a través del dominio de la naturaleza. Esta libertad consciente no es, con todo, una auténtica libertad hasta que llega a manifestarse en la obtención del reconocimiento por parte del amo: la superación del proceso dialéctico por el que el esclavo puede llegar a ser hombre verdadero.

El amo representa la cara negativa en su enfrentamiento dialéctico con el pícaro. Su presencia es necesaria —y aun imprescindible— como transformador de la conciencia del pícaro al obligarle al trabajo, por pintoresco y desusado que éste fuere, pero intrínsecamente arrastra la imposibilidad de renunciar a su papel de amo, con lo que le queda vedado el logro de la satisfacción total como hombre. Ese cometido está reservado al pícaro, quien sí está dispuesto a dejar de serlo y abandonar la esclavitud, y quien llega, mal que le pese, a un conocimiento de primera mano del mundo que le rodea. Para llegar a su realización, a su liberación total como autoconciencia para sí, necesitará lograr el reconocimiento por parte de su señor y, como es lógico, este último paso hacia el hombre verdadero puede llegar a darse o no, pero, de hacerlo, es competencia exclusiva del pícaro, del elemento positivo —y paradójicamente sano— en la lucha dialéctica.

Historia, literatura y costumbrismo

Esto de escribir cuartillas es oficio que tiene demasiadas servidumbres no siempre confesadas, aunque sí, en cada momento, atenazadoras y ciertas. Para servir bien y con decoro, al decir de Erasmo, el servidor ha de ser fiel, deforme y feroz, inexorables brochazos que —según el inexorable diagnóstico del humanista— tanto pueden caracterizar al criado de escaleras abajo como al monstruo de barraca de feria. Tras la fidelidad, la deformidad y la ferocidad se agazapa la cautelosa y aun sabia palabra, igual que una liebre con alma de víbora, dispuesta siempre al fraude, ese ejercicio en el que es maestra porque su primigenio manantial es ella misma. Cicerón, en su *Epistola ad Quintum*, advierte a todos de la falacia que la palabra implica: la frente, los ojos, el rostro —nos dice el filósofo de la palabra en orden— engañan muchas veces, pero la palabra engaña muchas veces más.

El oficio de escribir cuartillas juega, peligrosamente, con las palabras, y su oficiante, diríase que por entretenerse —también porque se mueve a su compás y arrastrado por el tumultuario torrente por el que las mismas palabras se despeñan—, las caza, las diseca, las estructura en ringleras armoniosas en las que aspira a decir algo, aunque no siempre lo consiga, y acaba siendo sepultado bajo su granizada cruel y estentórea.

La literatura automática, que fuera del terreno puramente experimental carece de entidad bastante, quizá sea la única suerte literaria capaz de liberarnos de esclavitudes (suponiendo que el subconsciente no nos esclavice, lo que es mucho suponer) o al menos de esclavitudes impuestas por el prójimo (admitiendo que el subconsciente sea de nuestra propiedad, lo que no es de fácil demostración, y podamos disponer de él a nuestro capricho y conveniencia). Lo que acontece, quizá para nuestro escarmiento y desconsuelo, es que la literatura automática a nadie satisface, pudiera ser que porque a nadie —o a muy pocos— seducen los automatismos tras los que puede esconderse una servidumbre aún peor: el instinto, eso que es, por esencia, ajeno al hombre, en tanto el hombre está hecho para pensar y concebido como ser pensante. (Día llegará en que se sepa que es también extraño a los animales y a las plantas: que también piensan o subpiensan, aunque nuestro pensamiento y nuestra adivinación no sean todavía capaces de descifrar sus pensamientos.)

De la servidumbre de la idea y aun de la de la palabra puede huirse, aunque sin excesiva garantía de que la huida haya de llevarnos a buen puesto, pero del ámbito, o aire o caldo de cultivo de cada circunstancia, es más difícil escapar con suerte; quizá si llamamos condicionamientos a las esclavitudes, podamos sentirnos menos envarados y más a gusto.

Cada género literario, como cada una de todas las posibles actividades del hombre, tiene sus peculiares esclavitudes (queremos decir: sus propios condicionamientos) de las que es ingenuo intentar destrabarse, aunque ya no lo sea tanto el probar a conocerlas. Hay esclavitudes que se buscan —el corsé del soneto, por ejemplo— y esclavitudes que se encuentran —la conciencia que lastra cada tiempo histórico. La prosa da una idea pobre, pensaba Ganivet, pero el verso da una idea inexacta; de esclavitud a esclavitud, tanto monta la rígida e inexacta, aunque buscada, como la huidiza y pobre, pese a encontrada.

La historia es disciplina capciosa, arte que se

mueve entre lindes muy convencionales, menester que gira sobre ejes demasiado previstos y admitidos. De cada suceso histórico hay, al menos, dos versiones (la de los vencedores y la de los derrotados en una batalla pongamos por caso; en París, en el Arco de Triunfo, se cuentan Bailén y los Arapiles entre las victorias de Napoleón), y el fluir de la historia y de su constancia escrita suele hacer bueno el doméstico supuesto de que cada cual habla de la feria según le va en ella. No se nos oculta que la historia la escriben, sí, pero no la hacen los historiadores, sino los historiables (cuya nómina no es siempre idéntica a la de los historiados), salvo en el no demasiado frecuente supuesto de que aquéllos sean también carne de historia, situación que da paso a los libros de memorias. Los chinos, que hilan más delgado que nosotros los occidentales, suelen decir que hay siempre tres puntos de vista sobre cada problema y cada evento —el tuyo, el mío y el verdadero—, pero los historiadores europeos no parecen haberse enterado de lo que tan sensatamente piensan los chinos, y la historia —la escrita, que no la real— sigue dando tumbos y confundiendo a las gentes y a los países. Oliver Wendell Holmes, en la teoría de los tres Juanes y los tres Tomases que expone en su *Autocrat of the Breakfast Table*, es el único europeo, que nosotros sepamos, que en esto se aproxima —y tampoco con peligroso exceso— a lo que piensan los chinos.

Sumando error al error y más humo a las cortinas de humo, crece y prospera —tampoco demasiado— ese género literario híbrido y administrativo al que llaman, nunca supimos por qué y nos cuesta trabajo suponer que alguien lo sepa bien sabido y como es mandado, la novela histórica, en cuyas páginas es hábito que se admite el de dar el gato de las idealizaciones más gratuitas por la liebre de la verdad que se oculta cada vez que conviene ocultarla, que es casi siempre.

Así las cosas, acontece que entre la historia al uso y la novela histórica al gusto nadie sabe, al final, lo que pasó entre Isabel II y Olózaga, y no digamos entre el rebelde Froya y el perdonador Recesvinto, y los españoles (y los franceses y los ingleses, que de este mal nadie se libra, cada cual a su aire) seguimos sin enterarnos qué es lo que somos, qué causas motivaron que seamos de esta o de la otra manera y cuáles fueron las conductas de nuestros abuelos.

La vilipendiada literatura costumbrista, pese a todas sus evidentes limitaciones, es, quizá, la única fuente sensata en la que puede beberse el agua histórica clara, el agua histórica que —ni podrida ni hervida— pudiera servir para lavarnos los ojos de grandilocuentes y solemnes legañas nacionalistas y de heroicas y extremas telarañas presuntuosas. El escritor costumbrista suele proceder con humildad y narrar lo que pasa ante él o en torno a él sin preocuparle demasiado todo lo que no sea lo que realmente ve, y en sus páginas es posible (o puede ser posible) encontrar la crónica cierta de un tiempo determinado. Suponemos que no es del todo concebible el intento de historiar un instante debidamente acotado, a espaldas de las páginas de los escritores costumbristas. La historia —tal como Unamuno quería que fuese el poema— es arte de postcepto y no de precepto, y el historiador suele ser más proclive que el escritor a los apriorismos y otras taras enfermas; hablamos en términos generales, claro es, ya que si bien es cierto que son escasos los historiadores sin propósito previo, tampoco es mentira que falten los escritores que se enorgullecen de dar escolta a quienes sí lo tienen.

La historia de España, pese a todas las aceleraciones que hayan querido imprimírsele, es de muy cansina y lenta andadura; recuérdese que España es un país de menstruaciones retenidas, un país que no tuvo ni Renacimiento, ni Reforma, ni Revolución (y enquistando el medievalismo ignoró el Renacimiento, y dio pábulo y estado oficial a la Contrarreforma, y aglutinó a la burguesía bajo las banderas de la Contrarrevolución), y repárese en el hecho de que en todas las confrontaciones habidas entre españoles —como bien recuerda un humorista contemporáneo— siempre, desde don Pelayo, esto es, desde los tiempos en que los españoles todavía no lo eran e ignoraban que acabarían siéndolo, ganaron la batalla y se llevaron el gato al agua las derechas, ese medio país más fuerte y decidido, más hábil y cauteloso, o con mayores medios, bélicos o materiales, para acabar levantándose con el santo y la limosna sobre los maltrechos restos de sus enemigos. Esta evidencia ha venido condicionando la ciencia histórica española desde sus orígenes, y los perdedores, sobre serlo, siempre han sido presentados como desasistidos de la razón y paganos de sus propias culpas. El aludido ritmo lento de la historia de España no es, a la vista de este señalamiento, difícil de explicar.

El costumbrismo literario, según las clasificaciones habituales, es creación de muy nuevo cuño y su nacimiento entre nosotros suele señalarse en la primera mitad del siglo XIX, en el instante de la aparición de las páginas, tan divertidas como jugosas, que firmaron *El Solitario* y *El Curioso Parlante*. Aun admitiendo como buena esta fecha, a nuestro juicio tardía (puesto que —según pensamos— el costumbrismo venía siendo realidad antigua, si bien carente, hasta el momento que señalamos, de adjetivo que la señalase), ya no lo es tanto la de su ilustre abuela, la novela picaresca, género prócer bajo el que laten, amén de muy hermosas sabidurías literarias, no pocas enseñanzas humanas y sociales cuyo conocimiento es de todo punto preciso al historiador. La historia, según nos permitimos pensar, no es sólo la crónica, incluso puntual, de los hechos acaecidos en un período determinado, sino, aun antes, el análisis inteligente de las motivaciones de aquellos hechos y de la huella que marcaron sobre las conciencias, que es la cuna, a su vez, del racimo de nuevos hechos producidos.

Los escritores costumbristas del XIX convivieron con el romanticismo y, comulgando con sus postulados (mejor fuera decir: con su actitud) o denostándolos y satirizándolos, en ningún caso permanecieron ajenos a su violenta presencia; de ellos pudiera decirse, quizá sin excesiva fuerza, que fueron, en realidad, y si se nos admite el marchamo que nos permitimos colgarles, unos *románticos impuros*, unos románticos contaminados del espíritu popular, a diferencia de los intelectualizados, aristocraticistas y literarios románticos puros —Pastor Díaz, Bécquer, el duque de Rivas—, cuyas figuras nos las imaginamos siempre recordadas sobre el puntual y bien medido y no poco previsto decorado de los salones. Los costumbristas fueron, bien es cierto, más ingeniosos que inteligentes y más pintorescos que trascendentes, pero no es nuestro intento de ahora su valoración, sino su nuevo y apresurado retrato, aquel esbozo que pueda permitirnos la aproximación que ensayamos y la relectura que preconizamos.

Uno de los ingredientes que lastran la literatura costumbrista pudiera ser el humor amargo, el humor del hombre que, sabiéndose miserable y no alentando demasiada esperanza de dejar de serlo, sonríe a la miseria y hace —según muy viejos cánones españoles— de tripas corazón. Otro, quizá fuera el sarcasmo, la mueca entre dramática y suplicante que se finge (a veces, ni se finge siquiera porque sale del alma) ante la inalcanzable rebatiña de los bienes materiales, aquellos que siempre caen, ¡y qué vamos a hacerle!, lejos de nuestro alcance. El tercero es la resignación que se disfraza, al tiempo, de ira y de cinismo, de rabia que no acaba de explotar (pero que sí termina siendo digerida) y de trágico rictus populachero (y también en clave distante).

Estos tres ingredientes (que a lo mejor son cinco o seis) que acabamos de anotar tienen, todos a una, un denominador común: el nihilismo.

> Si humor gastar pudiera,
> con más salud sospecho que viviera,

clama el gracioso Panduro en el acto III de la comedia *Pobreza no es vileza*, de Lope, autor que siente la necesidad de aclarar, ya en el título, que ambas nociones no son sinónimas. Aunque quizá sí parientes, pensamos ahora, en la cadena sin fin: humoramargura-humor que se pierde o se deforma, miseria-desesperanza-mofa de la miseria propia, pérdida de la salud del alma, y vuelta a empezar. El sarcasmo, la burla sangrienta, la ironía mordaz, también pudiera ser oportuna senda para el nihilismo, el ulterior *manfutismo* (obvio del francés *je m'en fous*) que cuando se viste con el elegante juboncillo de la resignación da paso al cinismo, que no es más cosa que un nihilismo maduro entre los algodones del *spleen* (recuérdese a Meredith). Los costumbristas sirvieron, con intención o sin ella (más bien sin ella), la prolija causa del nihilismo, anticipándose en medio siglo al intelectualizado Wilde, y sentaron las bases de un peculiar e hispánico sentido de la existencia, conociendo el precio de todo (de una arroba de harina, de una cántara de vino, de un acta de diputado, de una mujer) e ignorando —fieles al objeto que retrataban— el valor de una sola cosa: la conducta ética, que más cornás da el hambre y no está el horno para bollos.

No deja de ser curioso el hecho de que los costumbristas, que terminaron casi todos en la Academia (Mesonero Romanos, Bretón de los Herreros, García Gutiérrez, Gil y Zárate, Hartzenbusch, Zorrilla, Eugenio de Ochoa...), tuvieran con harta frecuencia una juventud tumultuaria en la que vivieron a salto de mata y libraron el pellejo por tablas y de milagro: Bretón fue guerrillero de la Independencia; García Gutiérrez, soldado voluntario; Gil y Zárate, miliciano nacional; Hartzenbusch, ebanista; Zorrilla, sablista; Ochoa, pintor fracasado, etcétera. Esta vida de riesgo —y poco importa que también de disparate, según la pauta habitual— es, a no dudarlo, una de las determinantes de la autenticidad, que siempre fue el mejor adorno de su literatura. Los costumbristas fueron auténticos, incluso hasta la crueldad y la inmisericordia, y el retrato —y aun la caricatura— que nos legaron del tiempo que les tocó vivir es la piedra de toque por la que hemos de pasar todas nuestras ideas sobre aquella España de hace siglo y medio y su revuelto mundo.

El costumbrismo —y de ahí su aroma a verdad

vivida— fue una literatura aideológica, una literatura producida incluso al margen del pensamiento, y su bien representado papel de folclore *avant la lettre* en ningún caso debe cargarse al capítulo del propósito deliberado, sino al del resultado posible, que es de mucho más humildes alcances; del costumbrismo nace el folclore como ciencia de la expresión popular, pero el costumbrismo no es todavía el folclore (recuérdese: la ciencia que considera, no el objeto considerado) sino su literaria y artística semilla.

Los tratadistas no suelen mostrarse demasiado acordes en el abrupto negocio de la fijación de las lindes del costumbrismo; se sabe, más o menos, dónde comienza —aunque nosotros lo hagamos comenzar bien antes—, pero se ignora hasta dónde llega y qué es lo que contiene. Aunque se nos hace que las denominaciones que se cuelgan a las estéticas, o escuelas, o tendencias literarias, son tan imprecisas como mudadizas, nos permitimos apuntar que el costumbrismo no es, a nuestro entender, sino una suerte de realismo volando a ras del suelo, de naturalismo que sacrifica el arte a la evidencia; Larra dice de Mesonero que retrata más que pinta, con lo que nos da a entender que don Ramón procede al margen de todas las posibles idealizaciones y que no deben achacársele a él los lunares y pelos fuera de su sitio de las criaturas que se posan ante su vista.

Los tipos manejados por nuestros abuelos los costumbristas exceden, por humanos, el poético limbo del títere, de la marioneta de trapo que no se tiene sobre las piernas y acaba doblándose por la cintura, aunque no alcancen, por rastacueros y pese a su paradojismo, la noble consideración del héroe; fue aquélla una literatura que operó con antihéroes, con arquetipos o modelos que, jamás únicos ni excepcionales, nunca lo fueron del todo y a conciencia de serlo; de ellos pudiera decirse que, habiendo sido sacados de la doliente masa de quienes cruzan por la vida sin dejar, ni por un instante, de mirar al suelo, se largaron para el otro mundo en silencio y procurando no despertar a nadie, y también sin haber soñado siquiera que alguien habría de perpetuar sus no muy estructurados afanes, sus vulgares y cotidianas vicisitudes. Pese a ser muchos los oficios difuntos y los menesteres muertos y enterrados o, al menos, moribundos y al borde del ataúd —el pretendiente, la castañera, la cigarrera, el cagatintas, el cesante, el dómine, el ama de llaves, el ventero, la celestina...—, no nos son ajenas a los españoles de hoy las actitudes de aquellos españoles de ayer, de quienes nos hablan los costumbristas en sus páginas. Un filósofo de la historia podría probablemente hallar la constante que por debajo de ellos y de nosotros sigue latiendo y conformando nuestra vida nacional, no tan distinta como pudiera suponerse. Las motivaciones inmediatas de nuestros contemporáneos no son idénticas, es cierto, pero tampoco tan dispares a las de los españoles que movieron las plumas de Antonio Flores, de Navarro Villoslada o de Enrique Gil y Carrasco. El observador curioso se sorprende al comprobar que la costumbre histórica, el tic histórico de los españoles —aquello que late bajo los más aparatosos o mínimos sucesos—, se produce con una rigurosa e incluso emocionante fidelidad a sí mismo, lo que causa el fenómeno que, puesto a bautizarlo, nos atreveríamos a llamar calco histórico.

Queremos pensar que es saludable para el espíritu de los españoles de estos años el repaso amoroso —y aun crítico— de aquellas páginas que amarillearon y se oxidaron antes que su verdad evidente y más presto que su blindada lección de humildad. La historia, para Carlyle, no es más cosa que la destilación del rumor, y los rumores y las rumorosas siluetas de carne efímera y mortal y hueso de anónima y amarga fosa común, fueron los ladrillos y la argamasa con los que se levantó aquella literatura que ni se ha caído ni va, por ahora, camino de caerse. No es el suceso, sino el huevo del suceso —y su grado de lozanía, y el color de su cáscara, y el sabor de su yema, y la vitalidad de su galladura— lo que debiera servirse al lector atento por el historiador celoso de entender y hacer entender el objeto de la ciencia histórica, y, en este sentido, nos atrevemos a asegurar —como páginas atrás nos atrevimos a suponer— que no puede historiarse la época en que vivieron los escritores costumbristas sin antes haber estudiado, en sus páginas, la composición del aire, quizá enrarecido, que se respiró entre los españoles de su tiempo. El saber hasta qué punto aquel aire sigue siendo el mismo, o hasta qué otro punto se renovó o se envició todavía más, es cometido del sociólogo o del moralista, que no nuestro.

Los escritores costumbristas cumplieron retratando el mundo en torno, y, en su patriótica dedicación, en su denodado esfuerzo, sentaron las bases de un arte que había de nacer aún: la fotografía, con su frío testimonio de bellezas y fealdades. Nadie se ha parado a suponer lo que tenemos por evidente: que el costumbrismo, pese a no haber articulado su propósito estético, fue la larva del más avanzado objetivismo; incluso en el retrato del alma —de la memoria del hambre y del hartazgo, del entendimiento de la miseria y la opulencia, de la voluntad aplicada al menester inútil y minúsculo—, aquello que los románticos y los surrealistas, más idealizadores y presuntuosos, llegaron a patentar como lo suyo e inalienable. De los costumbristas, que tampoco salieron de la nada, nacen los naturalistas y los realistas ulteriores —y sus hijos y nietos y biznietos—, y es bien posible que, al margen de siempre confundidoras denominaciones, todas quieran señalar un mismo y único fenómeno, la literatura, a la que quizá sobren apostillas y calificativos. Thomas Brown, doscientos años antes que los costumbristas, aseguraba que todos los necesitados de compañía precisaban, a veces, las malas compañías. Los zascandiles, ¡algunos bien a su pesar!, que pululan por las páginas de los escritores costumbristas del XIX, quizá sean malas compañías, pero, en todo caso, nos acompañan como fieles sombras, nos reconfortan con sus filosofías resignadas y nos aleccionan igual que a doctrinas a quienes hay que ayudar a cruzar la calle.

Para San Agustín, la ignorancia es madre de la

admiración. Puesto que el pensamiento de San Agustín cabe como anillo al dedo a nuestro propósito, declaramos nuestra admiración basada en dos ignorancias: la atribuida, con precipitación ignorante, a los costumbristas, y la declarada, con muy sólido fundamento, en no pocos de sus lectores y glosadores.

Nunca he sido partidario de la entomología literaria —ese *refugium pecatorum* de todas las ordenadas inexactitudes—, ni nunca, tampoco, he conseguido llegar a creer demasiado en la virtud de las etiquetas. A pesar de ello, sé bien que ha habido, a lo largo de la historia de la literatura, instantes que han pasado a la posteridad con un marchamo clasificador que, cuando ha tenido suerte y hecho fortuna, nos ha servido, a quienes vinimos detrás, para entendernos. Tal es el clasicismo, por ejemplo, por vago ejemplo. Tal es el romanticismo. Tal es, en las letras españolas, la generación del 98.

Es curioso observar que Pío Baroja —uno de los 98 más característicos— siempre ha rechazado con furor la posible existencia de aquella generación entendida como tal generación; esto es, como conjunto, más o menos homogéneo, de hombres movidos por una común preocupación.

Dando de lado al confuso capítulo de una posible teoría de las generaciones, lo evidente es que la del 98 existió como real y glorioso fenómeno de la literatura de nuestro país y que, cierto o errado, el nombre con que la venimos designando sirve para ·llamar a un grupo de escritores españoles, quizá el más glorioso y trascendente que entre nosotros se presentaba desde los Siglos de Oro, desde los siglos XVI y XVII.

El panorama de nuestras letras cuando en ellas irrumpe, violentamente, el 98, era un sosegado e incluso luminoso mundo en cuyo cielo brillaban astros de muy variable luminosidad: Blasco Ibáñez, Palacio Valdés, Pérez Galdós, Pereda, la Pardo Bazán, Clarín, Picón, Valera...

En el año 98, precisamente, en el año cuyo número de orden habría de designar a los hombres que vamos a intentar tratar, se publican en España *Los trabajos del infatigable creador Pío Cid*, de Ganivet, el atormentado granadino que fue un poco el alcaloide del 98; *La barraca*, de Blasco Ibáñez; *De Oñate a La Granja, Zumalacárregui y Mendizábal*, de Galdós; *Cuentos de amor*, de la Pardo Bazán; *Soledades*, de Azorín, que por entonces se firmaba todavía José Martínez Ruiz, y *Cuentos breves*, de María Lejárraga de Martínez Sierra.

En este panorama, realmente brillante, de nuestra literatura, fue donde hizo su presentación, su ruidosa presentación, rompiendo moldes y tirando a degüello contra todo y contra todos, la generación del 98.

Estudiando los nombres que, por aquel tiempo, se presentan al público lector, algunos comentaristas quieren apuntar la casi coexistencia de dos grupos: el del 98 propiamente dicho y el del modernismo.

A mí se me antoja que no es fácil este deslinde, esta delimitación de los campos de ambos. Lo probable es que, entre los escritores del tiempo, todos hayan tenido, en mayor o menor proporción, ilusiones y afanes que habían de apoyarse, de manera más o menos firme o pasajera, en las preocupaciones o determinantes que a cada grupo pudieran, aprioristicamente, señalársele.

Se ha venido entendiendo que el modernismo tendía a la feminidad, mientras que el 98 se apoyaba en la virilidad, en la masculinidad; que el 98 era trascendente y el modernismo inmanente; que el modernismo se preocupaba no más que por el instante, al paso que al 98 le obsesionaba el tiempo en su más alto sentido.

Todo pudiera ser. Sin embargo, donde pienso que pudiera estar la propia constante de cada grupo

—caso de que la hubiera— es en la actitud ante la vida y ante la literatura, ese reflejo de la vida, de cada uno de ellos. El 98 se nos presenta en una actitud fría y razonadora, en una actitud que quiere permanecer; el modernismo, inversamente, se nos muestra adoptando una actitud puramente estética y aun, si se me apurase un poco me atrevería a decirlo, esteticista.

La generación del 98, como es fácil suponer, no sale de la nada, no se presenta en el tabladillo literario español por artes de birlibirloque. Su trayectoria, desde los orígenes de nuestra literatura, no sería difícil de seguir y señalar, y su órbita, desde los cancioneros anónimos y los romancillos amatorios y picarescos, tampoco sería imposible de marcar.

Sin embargo —y ciñéndonos más exactamente al tema que nos ocupa— sí cabe dejar dicho que el 98, como actitud vital, cuando se presenta, no lo hace en las figuras que comentamos, sino en nombres, injustamente preteridos, sin cuya consideración no tendría demasiado sentido la ingente labor del 98.

Los Silverio Lanza, los Ciro Bayo, los Llanas Aguilaniedo, dieron, desde sus oscuros rincones, la pauta al 98. En *Artuña*, pongamos por caso, en *El Lazarillo español*, en *Navegar pintoresco*, se encierran las sales que habían de aromar al 98. En Ganivet, en el *Idearium español*, de Angel Ganivet, se guardan las esencias del entendimiento que de España y sus problemas habrían de tener los hombres del 98.

Paralelamente a la labor literaria de aquellos hombres se presenta un *ars pictorica* de tema español, firmemente español, que alcanza quizá sus cumbres más altas en Solana y en Zuloaga. José Gutiérrez Solana con sus máscaras y sus procesiones, e Ignacio Zuloaga con sus torerillos de siniestras plazas, cumplen, con sus pinceles, una trayectoria de una pasmosa identidad a la que los escritores del tiempo sirven en sus cuartillas.

Naturalmente, no cabe suponer que aquella pléyade se hubiera asomado a las bardas del mundo con una actitud deliberada de demostrar esto o aquello. Los hombres del 98 encontraron su común denominador en una situación política española determinada. España, cerrada en sus fronteras a raíz de la emancipación americana y filipina, se refugió, mirando para adentro, en el examen de conciencia que llevaron a cabo sus mejores cabezas. A los escritores y a los artistas del momento les preocupó España y su eterno tema, porque con España y con su tema eterno hubieron de enfrentarse cuando España se quedó a solas consigo misma y sin más espectáculo que su viejo y ruinoso y lacerado cuerpo.

No se trata —no se trató entonces— de buscar una gratuita actitud estética, sino una honda, y dolorosa, y digna actitud humana.

Las gentes del 98, al mirar para adentro, se enfrentaron con un espectáculo amargo y peculiar, con un mundo anárquico, proteico, variopinto, cuya crónica les preocupó.

Zuloaga y Solana, al pintarlo, cumplieron con el dictado fatal que sonaba a firmes campanazos en sus oídos. Se hubieran traicionado a sí mismos —y hubieran traicionado de paso a su espacio y a su tiempo— si hubieran hecho lo contrario de lo que hicieron. Y el no traicionarse —pase lo que pasare— y el ser leales consigo mismo, es quizá el más alto valor de aquellos hombres que hoy podemos contemplar ya con cierta perspectiva.

En Solana, precisamente, y ajustándonos hasta donde nos sea dado hacerlo a nuestro enunciado, se da un caso curioso de escritor, no por poco conocido menos importante, en el que pudieran hallarse todos y cada uno de los elementos que hubieron de servir de substrato al 98. En sus seis libros —en *Madrid: Escenas y costumbres (Primera y Segunda serie)*, en *Madrid callejero*, en *La España negra*, en *Dos pueblos de Castilla* y en *Florencio Cornejo*— late, toscamente, pero también con reciedumbre, el acento que había de marcar, e incluso de determinar, al 98: en su temática, en su léxico, en su técnica, en su filosofía del existir y del desaparecer.

Cuando el 98 se presenta —el 98 al que nos vamos a ceñir: el 98 de Unamuno, de Valle Inclán, de Baroja y de Azorín—, el panorama español, como cabe sospechar, es menos propicio que nunca para un posible entendimiento entre sus hombres y sus cosas. España, empobrecida, desangrada, doliente, trata de hacer oídos sordos a su tragedia y no quiere entender el aldabonazo con que el 98 intenta despertarla. Este factor negativo fue precisamente lo que vigorizó la actitud de quienes se sentían con el deber de predicar la cruel realidad de la situación: un grupo de jóvenes —jóvenes entonces— que no querían ahogarse en el mar sin substancia de la zarzuela, en la traidora laguna del patrioterismo a ultranza y de los sandungueros compases de la *Marcha de Cádiz*.

A los veintiocho años, Valle Inclán, Unamuno y Baroja, y a los veinticuatro Azorín, nuestros hombres, alrededor de la fecha que había de señalarlos con su cifra, se asoman a los escaparates del país cada uno con su primer libro bajo el brazo. Valle, con *Femeninas*, en el 94; Unamuno, con *Paz en la guerra*, y Azorín, con *Bohemia*, en el 97, y Baroja, con *Vidas sombrías*, en el 900, dan su fe de vida y comienzan la labor que tan sólo a la muerte había de truncar. Desde entonces hasta la desaparición de Valle Inclán y Unamuno, todos los años, menos el 35, publica alguno de los cuatro y ningún año coinciden los cuatro con un título nuevo cada uno. El año 1936, con la muerte de Valle Inclán en sus comienzos y de Unamuno en sus postrimerías, dejó truncada la generación.

Refiriéndonos a los dos más viejos —Valle Inclán y Unamuno— cabría establecer entre ellos múltiples disparidades y caminos antagónicos y una constante única, si bien entendida de forma disímil y peculiar: su fiero iberismo.

Don Ramón María del Valle Inclán y Montenegro quiere literaturizar la vida y empieza por inventarse un nombre de nobiliarias resonancias. Cuando el joven Ramón Valle Peña se decide a lanzarse a la palestra literaria, descubre que necesita un nombre de pelea que suene a caballero de Santiago o de Calatrava y adoba el suyo propio hasta el límite necesario. Para decorar mejor su figura, arbitra perder el brazo —el mismo que le quitó Manuel Bueno del histórico palo de la mala suerte que le propinó en el café de La Montaña, de Madrid— en un hecho de armas en Tierra Caliente, en el mejor servicio de Su Majestad Católica.

Unamuno, por el contrario, quiere humanizar, vivificar, la literatura. En *Andanzas y visiones españolas*, en el año 1922, nos dice: «El que, siguiendo mi producción literaria, se haya fijado en mis novelas, excepción hecha de la primera de ellas en tiempo, de *Paz en la guerra*, habrá podido observar que rehúyo en ellas las descripciones de paisajes y hasta el situarlas en época y lugar determinados, en darles color temporal y local. Ni en *Amor y pedagogía*, ni en *Niebla*, ni en *Abel Sánchez*, ni en mis *Tres novelas ejemplares*, ni en *La tía Tula* hay apenas paisajes ni indicaciones geográfica y cronológicas. Y ello obedece al propósito de dar a mis novelas la mayor intensidad y el mayor carácter dramático posibles, reduciéndolas, en cuanto quepa, a diálogos y relato de acción y de sentimiento —en forma de monólogos éstos— y ahorrando lo que en la dramaturgia se llama acotaciones... El que lee una novela, como el que presencia la representación de un drama, está pendiente del progreso del argumento, del juego de las acciones y pasiones de los personajes, y se halla muy propenso a saltar las descripciones de paisajes, por muy hermosos que en sí sean.»

Valle Inclán llega a convertirse en su propio personaje y se confunde con el marqués de Bradomín. «Yo he preferido luchar por hacerme un estilo personal —dice—, a buscarlo hecho... Buscarme en mí mismo y no en los otros.»

Unamuno convierte en sí mismo, en su propia substancia, a sus personajes. En *Niebla*, en 1914, se confiesa: «Mis personajes se irán haciendo según obren y hablen; su carácter será el de no tenerlo.» Y en *Amor y pedagogía*, aún en 1902, ya ve, certeramente, la genial limitación que habría de señalarlo: «Diríase que el autor, no atreviéndose a expresar por su propia cuenta ciertos desatinos, adopta el cómodo artificio de ponerlos en boca de personajes grotescos y absurdos, soltando así en broma lo que acaso piensa en serio.»

Valle Inclán alimenta su ser del propio ser de

sus personajes, mientras que Unamuno, inversamente trasvasa su ser al de sus arquetipos.

Valle Inclán, en una palabra, es devorado por la literatura, al paso que Unamuno digiere y hace carne de su carne a la literatura.

Valle Inclán es mentiroso, y Unamuno, verdadero. Pero ninguno de los dos es falso, nótese bien, ya que tan auténtica y de tan buena ley es la verdad del uno como la mentira del otro, que también es su verdad. La dolorosa verdad de Unamuno, ¿pudiera decirse más verdadera que la alegre y jolgoriosa mentira de Valle Inclán? No sé hasta qué punto.

Unamuno es un asceta y Valle Inclán, un epicúreo. Valle es cruel y Unamuno, piadoso.

La caricatura de Valle Inclán pudiera ser la máscara de carnaval, y su pájaro totémico, el loro. La caricatura de Unamuno sería la descarnada calavera de un hombre, y su pájaro insignia, la lechuza, el ave de la sabiduría.

Valle es un *dandy* y Unamuno, un intelectual. Valle es un esteticista y Unamuno, un humanista. Valle, un escritor, y Unamuno, un pensador. Valle sueña con ser cardenal y Unamuno, con llegar a santo. Unamuno leía a san Juan de la Cruz y Valle Inclán a Gabrielle D'Annunzio. Unamuno admiraba a san Ignacio y Valle Inclán, a Benvenutto Cellini. Unamuno tenía como modelo a Cristo y Valle Inclán se miraba en el espejo de Alejandro VI, el papa Borja.

Valle Inclán es descarnado y amargo. En su última cuartilla —que tuve el honor de sacar a la pública luz en las páginas de *Clavileño* [1] termina su poema *Testamento* con unos versos clave:

Caballeros, ¡salud y buena suerte!
Da sus últimas luces mi candil.
Ha colgado la mano de la muerte
papeles en mi torre de marfil.
Regalo al tabernero de la esquina
mi cetro y mi corona de papel.
Las palmas, al balcón de una vecina
y a una máscara loca el oropel.

Unamuno es honesto y Valle Inclán fue habitado por el fantasma de la lujuria. Unamuno es casto y Valle, erótico. Unamuno fue monógamo, y Valle Inclán se sintió califa de la decadencia. En Unamuno, la mujer fue siempre la madre —su madre y la madre de sus hijos— y en Valle Inclán la mujer se confunde con la amante.

En el lenguaje empleado, en la herramienta literaria que usaron a sus fines, Valle Inclán se muestra florido y galán: «He sentido no sé qué alegre palpitar de vida, qué abrileña lozanía, qué gracioso borboteo de imágenes desusadas, ingenuas, atrevidas, detonantes. Yo confieso mi amor de otro tiempo por esta literatura.»

De él habló el hondo poeta Antonio Machado: «Si dijéramos que nadie ha escrito en castellano hasta nuestros días de modo tan perfecto y acabado como don Ramón del Valle Inclán, sentaríamos una afirmación sobradamente rotunda, y diríamos, no obstante, una gran verdad. Don Ramón del Valle Inclán se planteó, cuando comenzó a escribir para el público, el problema de la forma literaria como un problema que rebasa los límites del arte.»

Unamuno, en su idioma y en su estilo —en su modo de usar el idioma— se nos muestra matemático y frío: «En el fondo, hay que reconocer que no tiene (el autor de *Amor y pedagogía*) el sentido de la lengua, efecto, sin duda, de lo escaso y turbio que es su sentido estético. Diríase que considera a la lengua como un mero instrumento, sin otro valor propio que el de su utilidad, y que como el personaje de esta su novela, echa de menos la expresión algebraica. Vese su preocupación por dar a cada vocablo un sentido bien determinado y concreto, huyendo de toda sinonimia; de hacer una lengua precisa, suene como sonare.»

Y, sin embargo, tras tanta disparidad, ¿no habrá algo que pudiera emparentarlos, entroncarlos en una común raíz? Sí, sin duda, y a ello aludimos poco atrás cuando apuntábamos su fiero iberismo.

Unamuno y Valle Inclán, vascongado de Bilbao el primero, gallego de la ría de Arosa, el otro, son dos claras muestras de carpetovetónico. Llamo carpetovetónico —y apuntes carpetovetónicos llamé en su día, a las crónicas de andar y ver por las duras trochas castellanas— al estilo que prestan, al hombre y a la vida, las amorosas contemplaciones de lo que, a una primera vista, jamás resulta amable: las parameras de los Campos Góticos, las quebradas de Gredos, los molinos de La Mancha, el discurrir por los campos —del Arlanza al Arlanzón— por donde se perdió el capitán, al decir del poeta amigo.

Unamuno y Valle Inclán son dos patriotas a lo de «caiga quien caiga». Unamuno quería españolizar a Europa a cristazo limpio, palabras suyas. Unamuno escribió sus más dolientes líneas españolas en el destierro, en su libro *De Fuerteventura a París*, allá por el año 25. El tema español, tanto en Unamuno como en Valle Inclán, prevalece sobre todos los demás. Por caminos inversos, ambos quisieron llevarnos a una dura y leal imagen de España. Unamuno se arrancó con sus ensayos de *En torno al casticismo*, de *La tradición eterna*, de *Castilla ante los ojos*, de *¿Está todo moribundo?*, de *La falsedad de la regeneración*, de *La europeización de España*, a la que se oponía con todas sus fuerzas, de *La españolización de Europa*, que tan ingenua y ardorosamente preconizaba, de *El pecado capital español*, de *La preocupación trascendida*.

Valle Inclán cumplió novelando las guerras carlistas. De él dijo su biógrafo y comentarista Melchor Fernández Almagro, poniéndolo a la vera de Galdós: «La diferencia entre los grandes intérpretes del siglo XIX en España no radica en el modo de percibir y rehacer la Historia, sino en su manera de expresarla, como corresponde a las contrapropuestas estéticos de Galdós, realista, y Valle Inclán, fantaseador.»

Valle Inclán, volando a caballo de su imaginación, nos dejó una muestra de la España del XIX, bárbara, cruenta, literaria, pero, en todo caso, amorosa. Unamuno, interpretando la España que le tocó vivir, llamando la atención sobre los pecados de la cómoda y adormecedora España del desastre, centró el problema con una santa pasión, con un meritísimo desasosiego.

Ahora bien: este fiero y común iberismo, ¿tiende, en ambos, a una idéntica expresión?

De cierto, no. Unamuno y Valle Inclán son los exponentes de las dos Españas que se pelean, y que conviven o no conviven, y que lloran juntas desde que España existe: la España del Cid y la del rey Alfonso; la España cristiana y la España mora; la España de Velázquez, el cortesano, y la del Greco, el proscrito; la España de Góngora y la de Lope.

Unamuno y Valle Inclán abarcan, entre los dos, todas las posibilidades del ser español y, fuera de Unamuno y de Valle Inclán, no es fácil imaginarse na España auténticamente personal.

Egoístas, cada uno a su gloriosa manera, anárquicos y grandiosos, Valle Inclán y Unamuno —aquél en su luminoso tablado, éste en su penumbrosa soledad— representan el haz y el envés de esa moneda, siempre dispuesta a ser tirada al aire, que se llama España.

Sin su existencia no habría de ser fácil hallar la clave de lo español, la cifra que nos diese el quid de lo español, ese fenómeno nada fácil de ver.

Pero tampoco vayamos más allá de nuestro previsto camino.

Don Ramón y don Miguel, cada uno desde su esquina, delimitan el campo de lo español, la geografía del pensamiento actual español. Quienes venimos detrás y sentimos el problema de España, desde todos sus ángulos, como algo cuya interpretación nos corresponde, sabemos bien que, sin su ejemplo, no nos habría de resultar hacedero nuestro empeño.

Porque Valle Inclán y Unamuno, la preocupación por la vida y la preocupación por la muerte, el sentido pagado y litúrgico y el sentimiento agónico y cristiano, forman, a mi entender, los dos ejes del sistema sobre el que discurre el auténtico ser del español.

Quedó intentado el ensayar los paralelos o divergentes caminos de las dos figuras del 98 mayores en edad: Valle Inclán, nacido en el 66, y Unamuno, que vio la luz del mundo tres años más tarde. Cúmpleme ahora, hasta donde me sea posible hacerlo, probar análoga suerte, idéntico oficio, con Pío Baroja y con Azorín, cuyos ambos centenarios ya se han cumplido.

También intenté bordear la fijación de la idea de España —de su problemática tanto como de su entendimiento— en la obra y en el pensamiento de los dos escritores entonces estudiados.

Pudiera determinarse como idea motriz y general de la actitud —apasionada, enamorada, crítica— de los hombres del 98 ante el cúmulo de problemas que venimos llamando España, con el análisis, por lo menudo, de la honda postura que preconizaron, los autores de quienes nos venimos ocupando, en sus escritos, que ya forman legión.

El 98 —y el fenómeno quizá fuera más fácil de ver, o de entrever, como ya antes apunté, fuera de la labor de sus cuatro grandes, en la obra de las gentes (el vagabundo Ciro Bayo, el cientificista Llanas Aguilaniedo, el solitario Silverio Lanza, virrey de Getafe) que les sirvieron de decorado para enmarcarlos—, el 98, digo, se enfrenta con la problemática española, no adornándose con el vago oropel del exegeta sino vistiéndose con la áspera estameña del descubridor.

España se ha perdido dentro de sus fronteras; a España no se le encuentra en los límites —los Pirineos, Gibraltar, Portugal, sus tres mares— en que cabría suponerla, y los hombres del 98, cuidadosamente, amorosamente, se imponen la meritoria, la dura tarea de ir por ella hasta donde ella —¡todavía!— late y respira: en el monte donde se crían el lobo y la garduña; en el campo por el que la alondra canta y salta la liebre que huye del lebrel; en el luminoso pueblecito de enjalbegadas bardas y pulso rumoroso; en la pequeña villa provinciana sin esperanza y sin ferrocarril.

España, para el 98, no fue una abstracción, sino una realidad, una evidencia, no por olvidada y pobre menos evidente y real. Diríase que el 98, como los padres de los niños enfermos y contrahechos, aplicó a la débil España de aquel momento sus mejores cuidados y sus desvelos de más firme ley.

Hasta entonces —y después de entonces también— los escritores españoles solían tender a buscar la clave de España en su historia, ese poderoso venero de aguas que se presentan en bullidor torrente. La generación del 98, por el camino inverso, dio de lado a la historia y se afanó por encontrar a España en su geografía.

La primera consecuencia fue la fijación de la idea de que España no es un país, sino un *puzzle* de países y de ahí su fuerza. Y no ya entre los mundos que la forman, sino dentro de cada uno de ellos, se entiende este fenómeno. La Galicia celta y marinera, la Galicia de la geada y del seseo, nada tiene que ver con la Galicia suave y campesina, de delicados matices y añorante folclore. A la Cataluña del Ampurdán poco se le semeja la Cataluña del pla tortosino, allá donde el padrecito Ebro, cansado ya de caminar, se vuelca sobre el Mediterráneo. La Andalucía del sombrero ancho —la romana Córdoba, la cristiana Sevilla— es un mundo dispar de la Andalucía que no lo conoce, de la Andalucía del Reino de Granada, mora en sus aristocracias y gitana en el pueblo. La Castilla a caballo, la rubia y goda Castilla de la línea de los castillos y la vocación política, ¿qué tiene de común con la Castilla sefardí, con la cautelosa y comercial Castilla del gueto burgalés o del gueto toledano?

El 98, estudiando la geografía de España, llegó a la consecuencia de que España, como ya lo entreviera Jovellanos, tenía una unidad en su empresa, pero no en sus tierras, en sus vivires y en sus hombres.

De esa disimilitud, de esa variedad, de ese multiformismo nace, en los más recientes entendimientos, en las más nuevas interpretaciones de nuestro ser y de nuestra substancia, la pujanza de España, su rara fuerza —aquí el clásico sacar fuerzas de flaqueza, fuerzas morales de flaquezas físicas— para salir, aun a trancas y barrancas, de todas sus vicisitudes y de sus baches todos.

El 98, como primera posición conquistada, sentó las bases de que a España, superconocida históricamente, había que estudiarla y hallarla geográficamente, esto es: caminándola, paso a paso; no leyéndola, página a página.

De este primer hijo asimilado, salió —de la mano viene— la otra idea que veníamos analizando: España es un mundo dispar y casi infinito, con cuatro lenguas, medio centenar de dialectos, mil culturas superpuestas y tantas razas, cruzándose y entrecruzándose, como pueblos se asomaron y se pelearon en su encrucijada.

Naturalmente, esta simbiosis de elementos produjo, con el paso del tiempo, una conciencia que es aquello que, precisamente, llamamos España: el organismo vivo y tan vapuleado en cuyo paisaje —y aun antes de que fuera, realmente, España— brotó el caserío que hace ya varios años celebró su trimilenario como ciudad viva: Cádiz, la más antigua de Occidente.

Pues bien: el mejor entendimiento de ese tablado donde tienen lugar, día a día y desde hace tantas centurias ya, las representaciones de aquella conciencia, es lo que preocupó al 98. Se sabía el libreto, pero se ignoraba el decorado. La generación del 98 luchó por situar los problemas en su propio marco: el cuerpo físico de España.

Al contemplar, con cierta mínima perspectiva ya, la actuación patriótica —no temamos a las palabras— del 98, lo primero que nos sorprende es el no castellanismo de sus hombres. Unamuno, vizcaíno, y Valle Inclán, arosano; Baroja, donostiarra, y Azorín, alicantino de Monóvar, buscaron en el entendimiento de Castilla y de sus hombres y de su paisaje, el nexo que había de unirlos, el común elemento que había de denominarlos. Este no castellanismo del 98 se extiende no sólo a las figuras que nos ocupan, sino, en general, a todo el 98. Angel Ganivet, su inspirador, fue granadino. Antonio Machado, su cantor, nació en Sevilla, en el palacio de las Dueñas, del duque de Alba. Ignacio Zuloaga, su pintor, era eibarrés de la verde Vasconia.

Muy lejos podría llevarnos el minucioso estudio del punto que nos conformamos con esbozar. En la generación del 98 se hace tangible la función catalizadora de Castilla en el ruedo ibérico. De una manera casual y no deliberada, los escritores del 98, periféricos todos, coincidieron en su preocupación por Castilla y acertaron a expresar su preocupación en lengua castellana.

Madrid —eso que no es, con exactitud, Castilla sino un *hinterland* global y español nacido en el geométrico corazón de la península— los acogió a todos, y el tiempo, y las ignoradas y misteriosas leyes que rigen los destinos de los hombres, el crecer de las plantas y el caminar de las estrellas, hizo el resto o, si lo prefieren, obró el milagro.

Sin embargo, ya antes del 98 y entre los mejores escritores no castellanos, incluso entre aquellos que no usaban la clara lengua de Lope como vehículo de expresión, el tema de Castilla o, más ampliamente el de España, fue en todo momento motivo de noble alerta.

Desde ángulos muy diferentes, primero la doliente Rosalía de Castro, mi ilustre paisana, y después Joan Maragall, el cósmico poeta Joan Maragall, y precisamente en el 98, movieron sus plumas al compás que había de marcarles la meseta.

Rosalía, en *Tristes recordos*, entre otras muchas poéticas lamentaciones, se duele:

> E non parei de chorar
> nunc' hasta que de Castela
> houbéronme de levar.

En su cuerpo enfermo y en su bella y pujante voz romántica, Rosalía de Castro se sentía cónsul general y dadivosa cantora de los segadores gallegos, que iban como rosas y volvían quemados; que emigraban a Castilla, cuando la mies granaba, a recoger la cosecha que les daba de comer. La preocupación de Rosalía, aun siendo de orden inverso a la tónica general de las preocupaciones que vengo apuntando en los hombres que aparecieron detrás, en los hombres del 98, ¿es por eso, menos auténtica o, en todo caso, menos obsesiva y preocupadora? Me inclino a pensar que no.

Joan Maragall, el gran poeta catalán que dejó

casi toda su obra fijada en su noble y sonora y antigua e ilustre lengua vernácula, cantó, en su *Oda a Espanya* y precisamente en el año 98, el sentimiento que había de animar a las más diáfanas voces del momento:

> T'han parlat massa —dels saguntins
> i dels que per la pàtria moren:
> les teves glòries —i els teus records,
> records i glòries— només de morts:
> has viscut trista.
>
> ... ...
>
> Espanya, Espanya —retorna en tu!
>
> ... ...
>
> On ets, Espanya?
>
> ... ...

Ese retorno a sí misma que Joan Maragall quería, tan noblemente, para España, ¿puede entenderse como un retorno a su historia, a su agobiadora —por gloriosa e intensa— historia? Es evidente que no. Se le había hablado ya mucho al español de los saguntinos y de aquellos que por la patria mueren, y era preciso vivir, echar la vista sobre el paisaje donde nos había correspondido actuar, cerrar las heridas en nuestras carnes y mirar para adelante. Al compendio de todas estas artes y habilidades, se le llama geografía, y este programa geográfico del entendimiento de España fue la empresa que se planteó, con un valor desusado, el 98.

Pío Baroja se ha pintado a sí mismo con estas precisas y tajantes palabras: «Yo he dicho que soy vasco-lombardo, un hombre pirenaico con un injerto alpino. Como temperamento individual, me veo dionisíaco, turbulento, entusiasta de la acción y del porvenir. Me he llamado también, cariñosamente, pajarraco del individualismo y romántico, y he dicho que en mi juventud era bruto y visionario.»

Estudiemos, siquiera sea con brevedad, su retrato. Baroja, evidentemente, es un nórdico, un hombre que sólo por parte de su madre —Nessi, ¿el injerto alpino de que nos habla?— tiene algo que ver, y siempre de una relativa manera, con lo latino, ese elemento que él desprecia.

Recuerdo que, hace algunos años, la contemplación de su hogar me produjo la impresión de hallarme ante una familia de pacientes artesanos bávaros o flamencos: todos en torno a una gran mesa y todos aplicados a su menester. Su hermana Carmen trabajando, a la máquina, en su *Historia de las joyas*; su sobrino Julio, ordenando fichas y dibujando croquis para sus libros de antropología y de folclore; su sobrino Pío, atlético y rebosante de vida, estudiando sus textos jurídicos, y el viejo Baroja, en medio de todos, con su pluma rota y su tinterillo escribiendo sobre sus cuartillas o corrigiendo pruebas de imprenta, intercalando, tachando, añadiendo, perfilando, puliendo.

En la pintura de su individualidad, Baroja, lo reputo como lo más probable, no se ve, con diáfana claridad, en lo que es sino en lo que hubiera querido haber sido. El mismo, con sagacidad honesta, nos lo da a entender en las palabras que publica Juan del Arco en su antología *Novelistas españoles contemporáneos*, aparecida en 1944: «Es muy difícil —imposible— mirarse a sí mismo fríamente.» Esta idea de Baroja nos autoriza al análisis de sus puntos de vista sobre él mismo.

¿Dionisíaco, turbulento, entusiasta de la acción y del porvenir? Vayamos por partes. Baroja fue un tímido fisiológico, un hombre cuya capacidad de osadía no salió jamás, a lo largo de sus años, de su cabeza. No me apoyo para sentar lo que digo en el conocimiento personal que de él haya podido tener. El mismo, en sus páginas más clave para un mejor entendimiento del hombre Baroja, en sus *Memorias*, en los siete libros que agrupa bajo el título de *Desde la última vuelta del camino*, bien claro nos lo da a entender. ¿Cómo si no, hallar lógica explicación a su vulgar aventura de la rusa del taxi en París, una anécdota que semejaría tema de engallamiento para un estudiante jovencito?

Baroja tampoco fue un hombre turbulento sino, bien al contrario, un hombre apacible. Su turbulencia, como su osadía, no pasó del pensamiento de la dialéctica y de la literatura. Baroja fue un hombre que amó la casa, y el fuego en la chimenea, y la manta sobre las piernas, y la boina en la cabeza. Cuando era joven, Baroja tampoco amó el azar y la vida del aventurero. Baroja estuvo siempre demasiado ocupado en la narración de las azarosas y aventuradas vidas de sus personajes, para que le quedasen arrestos con que poder imitarlas. Su vida, a estos efectos, fue gloriosa y heroicamente vulgar.

En cuanto a su entusiasmo por la acción, Baroja, en cierto modo, no miente. Baroja no fue nunca hombre de acción. ¿Cómo entender que tuvo tiempo y arrestos para la acción un hombre, por muchos años que le hayan tocado vivir, que murió dejando más de ciento quince títulos diferentes? Baroja no sólo no vivió —el hombre de acción cuenta cómo y con qué intensidad vive sus días y sus azares— sino que tampoco ansió vivir. Baroja, en un cierto sentido, se conformó con vivir en la ensoñación de sus personajes y en el deleite que su desbocada acción le producía. Baroja, que fue un imaginativo —el hombre de acción es todo lo contrario, es un pragmático— se desdobló en los cientos de vidas que produjo a cambio de no vivir —en el sentido que a la palabra vivir puedan dar los hombres de acción— la suya. Para la literatura fue mejor, a no dudarlo, que las cosas acaecieran como acaecieron.

Sobre el entusiasmo de Baroja por el porvenir también convendría caminar cautelosamente. Pío Baroja no fue, de cierto, un tradicionalista. Empleamos la usual terminología para mejor entendernos. Pero, ¿fue, entonces, un porvenirista, un progresista? Entiendo que no más que hasta fronteras muy próximas. El porvenir en el que Baroja creía y se mostró muy sorprendido de escucharlo. Baroja habla de Darwin y de su *Origen de las especies*, y de Stephenson y de su máquina de vapor, y de Edison y de su fonógrafo, con un entusiasmo enternecedor. Baroja, inmerso de hoz y coz en el siglo xix, llamó siempre porvenir a lo que ya había pasado.

Tampoco encuentro cierto que Baroja sea un romántico. El romántico suele vivir despegado de este mundo y Baroja, por el opuesto camino, se sintió siempre con raíces en tierra, con firmes y antirrománticas raíces sujetándolo a la tierra. Con su cotidiano —y nada romántico— entendimiento del existir, Pío Baroja no le perdonó jamás al poeta Villaespesa que se fuese para el otro mundo sin devolverle los cuarenta duros que en cierta ocasión le hubiera de prestar. Larra, Bécquer, Espronceda, el duque de Rivas, cualquier romántico, jamás hubiera hecho tema literario de semejante minucia. Baroja —precisamente por antirromántico— encontró insólito e inaudito el hecho de no pagar una deuda, por mínima que fuese. No es avaricia: es sorpresa, e incluso espanto, ante lo que jamás él hubiera hecho.

Con relación a su propio y fiero individualismo, sí acierta Baroja en su diagnóstico. Nadie como él en España —país individualista a ultranza— llevó tan hasta sus últimos extremos el individualismo. Baroja, en su individualismo, llegó hasta sus finales consecuencias, hasta su postrer heroísmo.

Tan a espaldas ha querido vivir Baroja de la sociedad, que su actitud permanente, a lo largo de su vida, ha podido venir marcada por una constante de la que jamás se apartó: su antigubernamentalismo.

En esa postura, Baroja pudiera representar el antípoda de Azorín. La inexplicable adoración que Azorín siente por el poder constituido —sea el que fuere— se convierte, en Baroja, en aversión hacia el que gobierna: en la situación que sea y en representación de ésta, de aquélla, o de aquella otra idea.

Nada tan dispar entre sí, como estos viejos patriarcas de las letras españolas. Azorín, desde esa idolatría que apunto hacia el poder constituido, sufre viendo cómo se quema el tiempo, cómo se agotan los plazos de los últimos poderes terrenales. El paso del tiempo, el cruel y desconsiderado caminar del reloj y del calendario, es su permanente, más fiel y mejor dibujado personaje. Pío Baroja, por el contrario, goza plantándole fuego al tiempo, como buen nihilista. El tiempo, ¿para qué? ¿Para qué nos sirven las horas más que para lastimarnos? El reloj de Baroja tiene una leyenda que, refiriéndose al caer de las horas, reza: *Todas hieren, la última mata.*

Los héroes de Baroja —Silvestre Paradox, el arbitrista; Juan de Alzate, el caballero; Zalacaín, el arrojado; Aviraneta, el conspirador— mueren incendiados en la acción. Los antihéroes de Azorín —Antonio Azorín, el resignado; don Bernardo Galavís, cura de Riofrío de Avila, el resignado; don Juan, el resignado— agonizan helándose en la inacción, en la contemplación. Baroja viene de Nietzsche y de Sorel, y Azorín, por el otro camino, llega desde los limbos piadosos de Orígenes y de Molinos. Baroja —de lo dicho se desprende— guarda un petardo anarquista en la cabeza. Azorín —tras de lo que se habla cabe suponerlo— esconde una maquinita quietista y casi virtuosa entre los pliegues y los surcos del cerebro.

Los personajes de Baroja son y se sienten extravertidos, viven derramándose. Los personajes de Azorín se saben y quieren ser introvertidos, mueren cuidándose de sus más últimos pulsos. Por eso aquéllos tienen voz, por lo común tonante, y estos otros se conforman con enseñar color, un pálido color por lo general.

Baroja —aquel fabulador de violentos y desasosegados mundos— amó el siglo XIX, el turbulento siglo del progreso. Azorín —aquel cronista de lo cotidiano, el eje del sagaz ensayo de Ortega *Primores de lo vulgar*— siente veneración por el siglo XVIII, el amoroso y rendido siglo de las luces.

Baroja, cuando crea, lanza a sus personajes a ahogarse en la ciudad o a espabilarse por la mar de abajo. Incluso Aviraneta —intrigante de tierra adentro— navega por España como por la mar, en amplias singladuras. Los hombres y las mujeres que maneja Azorín —Pecuchet, don Quijote, el licenciado Vidriera, doña Inés, Félix Vargas, Angelita— caminan por la llanura y huelgan en el pueblecito.

Apretando las cosas, ciñendo aún más sus delicados bordes: los arquetipos de Baroja hacen y hacen sentir; los de Azorín ven hacer a los demás y sienten, en sus propias carnes, lo que los demás hacen.

En sus personas, Azorín y Baroja, marcan también caminos encontrados. Azorín, con su paraguas rojo, llegó a Madrid dispuesto a llamar la atención. Al contrario que Baroja que, envuelto en su bufandilla gris y tocado con su boina cantábrica, arribó a la capital con la vana pretensión —y también honestísima pretensión— de pasar inadvertido.

En su estilo, también ambos proceden por recursos y artes diferentes. Baroja —yo lo he visto trabajar, siempre a mano— cuida el vulgarismo con verdadera delectación y sabiduría, mientras desprecia, en el lenguaje, todo lo que no sea concisión, y claridad, y eficacia.

Conocida es la anécdota que de él cuenta Ortega en uno de los ensayos de *El Espectador;* aquella que se refiere a que, yendo de camino el pensador, el novelista e Ignacio Zuloaga y habiéndose detenido en una venta para pasar la noche, Baroja, que escribía en su alcoba, se llegó al zaguán a preguntar a los dos amigos, que charlaban ante el fuego, que qué era mejor decir: si Aviraneta bajó *a* zapatillas, o Aviraneta bajó *en* zapatillas o Aviraneta bajó *con* zapatillas. Semejante consulta no se le hubiera ocurrido jamás al cultista Azorín.

Sobre la novela, Baroja, en la aludida antología de Juan del Arco, se pronuncia con ideas tan claras y certeras como elementales:

«No es cosa de definir la novela; cualquier definición que inventara uno, después de calentarse la cabeza, sería incompleta, arbitraria y no vendría completamente justa. Que hay una necesidad para el hombre actual de leerla, no cabe duda. Para unos es como un abrigo necesario para preservarse de las inclemencias de la vida; para otros, es una puerta abierta al mundo de lo irreal; para otros, es un calmante.

»La novela debe encontrar la finalidad en sí misma —una finalidad sin fin—; debe contar con todos los elementos necesarios para producir sus efectos; debe ser, en este sentido, inmanente y hermética.

»La novela cerrada, sin trascendentalismos, sin poros, sin agujeros por donde entre el aire de la vida real, debe ser indudablemente y con mayor facilidad la más artística.

»Existe la posibilidad de hacer una novela clara, limpia, serena, de arte puro, sin disquisiciones filosóficas, sin disertaciones ni análisis psicológicos, como una sonata de Mozart; pero es la posibilidad solamente porque no sabemos de ninguna novela que se acerque a ese ideal.

»Para mí, en la novela, lo difícil es inventar; más que nada, inventar personajes que tengan vida y algo.

»El escritor puede imaginar, naturalmente, tipos e intrigas que no ha visto; pero necesita siempre el trampolín de la realidad para dar saltos maravillosos en el aire. Sin ese trampolín, aun teniendo imaginación, son imposibles los saltos mortales.

»Es más, ya dentro de la vulgaridad cotidiana, casi prefiere uno al novelista de mala técnica, ingenuo, un poco bárbaro, que no al fabricante de libros hábiles, que da la impresión de que los va elaborando con precisión en su despacho, como una máquina de hacer tarjetas o chocolate.

»Lo único que sabemos es que para hacer novelas se necesita ser novelista, y aun eso no basta.

»El novelista es, sin duda, y lo ha sido siempre, un tipo de rincón, de hombre agazapado, de observador curioso.

»Yo supongo que hay una técnica en la novela; pero no una sola, sino muchas: una para la novela erótica, otra para la dramática, otra para la humorística. Supongo que también habrá una técnica para la novela que a mí me gusta y que quizá con el tiempo yo llegue a encontrar.»

La cita es larga —por lo que pido perdón—, pero aleccionadora.

Azorín, en el capítulo segundo de *Valencia*, en el que titula *La eliminación*, nos habla, sagazmente, del estilo literario. (El trasfondo de la novela es tema que no ha tratado.)

«Entre todo el laberinto del estilo, se levanta, a nuestro entender, el vocablo eliminación. Porque de la eliminación depende el tiempo propio a la prosa. Y un estilo es bueno o malo, según discurra la prosa o arreglo a un tiempo o a otro. Según sea más o menos lenta o más o menos rápida. Fluidez y rapidez; ésas son las condiciones esenciales del estilo, por encima de las contradicciones que preceptúan las aulas y academias: pureza y propiedad. El tiempo adecuado al estilo no lo da ni la elipsis, ni el laconismo. La elipsis puede ser dañosa, en muchos casos. Contra la elipsis, la repetición que precisa, la repetición sin miedo. Sólo en determinados casos —en poesía lírica sobre todo, en prosa delicada también— la elipsis nos abre de pronto perspectivas que no conocíamos. La eliminación nos enseña a saltar intrépidamente, sin la preocupación de la incoherencia, de un matiz a otro matiz. Los intersticios que otros rellenan, con fatiga del lector, quedan suprimidos. Elipsis, sí; pero elipsis, principalmente, no gramatical, sino psicológica.»

Azorín —yo lo he visto trabajar, siempre a máquina— cuida la voz sonora, el adjetivo preciso y puntual con mimo de jardinero.

Y ahora sería llegado el momento —tras tanta disparidad, como con relación a Valle Inclán y a Unamuno nos preguntábamos— de plantearnos idéntica cuestión: ¿no habrá algo que pudiera emparentarlos, entroncarlos en una común raíz? También la respuesta ha de ser afirmativa: el denominador de Pío Baroja y de Azorín es su iberismo. No un iberismo fiero, como el que quisimos ver en don Ramón y en don Miguel, sino un manso, un tibio iberismo que les ha conducido —aun sin quererlo— a una visión de España como problema literario e incluso como problema trascendente.

---

1. Véase mi artículo *La peonza del 98: Pío Baroja en silueta y Valle Inclán en la agonía.* "Clavileño", núm. 2, Madrid, marzo-abril de 1950.

Recuerdo de don Pío Baroja

Dos meses antes de cumplir sus ochenta y cuatro años y una semana después de no llevarse el premio Nobel, murió Pío Baroja. Bien poca cosa: una bufandilla usada, una boina vasca, más vieja que nueva, un traje arrugado y de desvaído color, una ilimitada vocación de independencia y más de cien libros en su haber. Está todo siempre demasiado próximo en mi recuerdo para que pueda darme cuenta de lo que sucedió en aquel instante en la historia de la literatura española. Los gusanos del cementerio civil —debemos pensar que, probablemente, más fieros que los gusanos de ningún otro cementerio— habrán acabado ya hace tiempo de entretenerse con el Baroja de las partes blandas, con el Baroja del vientre, y de la lengua, y de los párpados: con el Baroja mortal que la arteriosclerosis se llevó con los pies para adelante, en la caja de muerto —la petaca de pino, hubiera dicho uno de sus entrañables golfos— que a fuer de pobre, crujía y desteñía. Dejemos en paz y en su sitio a los muertos; no osemos interrumpir su serio silencio, ni hollar el rincón que eligieron para irse convirtiendo, poco a poco, en un inerte montoncito de basura, en una bullidora y fétida gusanera.

Empecemos por el final, por el Baroja difunto, que es el más próximo —y también el más doloroso— de los recuerdos.

Baroja muerto y entre cuatro velas humildes, en su casa, en una habitación del fondo —puerta al pasillo, ventana sobre el patio, desnudas las paredes y, en el suelo, el frío baldosín— yace en un ataúd humilde y con una palidez humilde pintada en el semblante. A mí se me ocurrió cavilar —viéndolo tan auténtico, tan poco disfrazado de muerto— que don Pío era un muerto de una naturalidad, de una ejemplaridad que encogía el ánimo, oreaba el espíritu y atenazaba los pulsos del corazón. A mí, que me ha tocado —ni para suerte ni para desgracia— ver muchos muertos de cerca, ningún muerto me ayudó más a creer en la muerte que Baroja muerto. Cuando esperábamos la mala hora de tapar la caja y llevárnoslo al cementerio, me pasó por la cabeza el antojo de comparar su cara con las caras de quienes estábamos allí a su alrededor. En evitación de jugar con ventaja, probé a mirarme en un espejo que había en la habitación de al lado. Pues bien: puedo decir —y tengo muchos testigos de que digo la verdad— que quien, entre todos, tenía menos cara de circunstancias era el mismo Baroja. No suele ser frecuente, aunque a veces ocurra: San Francisco de Asís o San Juan de la Cruz, probablemente, se murieron también de la misma sencilla manera. Los héroes de la época romántica, que solían ser algo histéricos, se iban para el otro mundo de forma muy diferente, se iban para el otro mundo escandalizando y diciendo frases solemnes y ya pensadas, a lo mejor, desde muchos años atrás. A los escritores y los políticos les suele suceder lo mismo; algunos dicen cosas tan pulidas que uno, al oírlas o, aún mejor, al leerlas, se queda perplejo y admirado de su buena memoria. A mí no me parece muy natural que un hombre que se muere mida tan bien lo que dice. En mi casa de Palma de Mallorca tengo una antología de últimas palabras que me regaló su autor, un cura paisano y amigo mío: la gran mayoría suenan más a zarzuela que a muerte. Don Pío, muriéndose como lo hizo, nos ahorró el doloroso trance de que, al final, pudiéramos descubrir lo que, por fortuna, ni existió: la falsedad de su autenticidad, la mentira de su verdad. No; don Pío, a sus amigos, bien tranquilos nos dejó. Su autenticidad y su verdad eran de muy buena y sólida ley: ahí estaba la muerte, al acecho, para haberle quitado el antifaz. Don Pío, de muerto, era lo más parecido que jamás hubiera podido imaginarme a don Pío, de vivo. Tan esto es así que, al sacarlo por el pasillo, cuando el bárbaro del funerario empezó a maniobrar con el ataúd como si fuera un cajón de percebes, me asaltó la dolorosa aprensión de que podíamos hacerle daño.

Más allá del bien y del mal, donde Baroja estaba ya antes de muerto, pienso que se ven las cosas con un esbelto perfil, con una luz diáfana y, sin embargo, no heridora, como es, para algunos poetas, la luz de la luna. De Baroja, de quien tanto aprendí, he recibido la última y más saludable lección: la de la humildad humilde, que es la más noble y difícil, a diferencia de la soberbia humildad de tanto y tanto humilde como en este valle de lágrimas se finge. Don Pío me entendería de sobra porque éste no habría de ser tema nuevo en nuestras conversaciones. Lo humilde, según don Pío me hizo ver, es no variar; lo sabio, contra todos los decires, también. Entiendo que son razones suficientes para exponer mis más rígidos, inabdicables y permanentes puntos de vista sobre su figura.

Más allá del bien y del mal, las cosas cobran un relieve muy acusado y una claridad extraña, e incluso misteriosa, las ilumina. Baroja lleva ya varios años muerto. En este tiempo, yo he procurado olvidar las tristes horas que pasé en su casa la tarde que se murió y la mañana en que lo enterramos. A ratos, he podido conseguirlo. Pero no es esto de lo que se trata. Recordar a un muerto es más fácil que recordar a un vivo. Lo malo que a mí me acontece es que su recuerdo de vivo es el que no me abandona, quizás porque su recuerdo de muerto no me lo haya llegado a creer del todo. Sus libros —algunos de los cuales ahora estoy releyendo todavía ignoro si con gozo o con amargor— no me ligan más a Baroja, conversador, que a Baroja, silencioso. No sé si me explico. Quisiera decir, si puedo, que sus páginas no me parecen, ya muerto su autor, las páginas de un muerto. La difícil prueba de morirse la aguantan muy pocos escritores. A la muerte del escritor —quizás por miedo de quienes quedamos vivos— sucede, según costumbre, una supervaloración del muerto seguida de una rápida vuelta de hoja, de una veloz olvidarse. Don Pío ha hecho excepción a estas dos costumbres y yo bien sé por qué. A don Pío, de recién muerto, lejos de supervalorarlo le tiraron a dar. También es cierto que a continuación, lejos de olvidarlo, algunos seguimos recordándolo y yo, repito, más de vivo que de muerto. Eso que dicen de que los grandes escritores son inmortales, resulta que es verdad aunque a primera vista parezca una estupidez, una frase hecha o un lugar común.

Don Pío había dejado de hablar ya antes de muerto. Sus últimos tiempos, con la enfermedad a cuestas, le habían restado voz y lucidez y, no obstante, sus amigos seguíamos visitándolo, leyéndole y respetándolo. Don Pío, en sus últimos meses, tuvo un anticipo de su inmortalidad si se dio cuenta de que, viejo y deslucido, todo seguía igual a su alrededor. Su gran triunfo —el de reinar antes y después de morir— no fue, bien mirado, sino la cosecha de lo que sembró durante tantos años y con tanta constancia y aplicación. En su casa, la noche que murió, no hablaban de él más que las mujeres. Los hombres fumábamos pitillos y decíamos que hacía frío o que si Rusia tal y los Estados Unidos cual. Esto fue lo que me dio más la impresión de que Baroja, contra todas las apariencias, no está muerto más que para el registro civil, esa minucia. También pude pensar —aunque procuré desecharlo en seguida— que las mujeres estaban más en la realidad de las cosas que nosotros. A veces —y aunque sin quererlo— le asaltan a uno malos pensamientos.

Ya tenemos a Baroja muerto. Es preciso —aun haciendo de tripas corazón— llevarlo al cementerio.

Quizá no debiera haberlo hecho, pero aquella mañana, la del 31 de octubre de 1956, a la vuelta del cementerio, me lavé las manos porque la caja de muerto de Baroja —pobre como corresponde a su último atuendo— desteñía. Miguel Pérez Ferrero —el amoroso biógrafo de *Pío Baroja en su rincón*— se tiznó la cara y Hemingway, otro ilustre amigo que se nos fue —el respetuoso y emocionado Hemingway del último homenaje—, aún con las escamitas del catarro en la nariz, lloraba tras sus lentes artesanos, sus lentes de médico de pueblo o de viejo marinero holgando en tierra firme. Casas y Val y Vera, los fieles, los cotidianos, los tenaces Casas y Val y Vera —entrañables ambos: uno, tímido y mínimo; el otro, gallardo y derrotado— paseaban atónitos, idos y sin consuelo, su soledad. El pintor Eduardo Vicente tenía serios los ojos que tantos paisajes barojianos habían reflejado, y apagado el pitillo de picadura. Clementina Téllez, criada manchega besó al muerto en la frente y en la mejilla. Los besos de Clementina Téllez, cocinera de oficio, besos violentos y populares, sonaron igual que enamorados trallazos. Julio Caro se metió en el bolsillo un frasco con tierra del verde Bidasoa para la tumba. Algunas mujeres lloraban por los rincones por donde, ayer aún, Baroja alentara. Llegaron los funerarios —colilla en la oreja, blusón de feriante, gesto de estar de vuelta de todos los misterios— y cargamos al muerto. Una voz que olía a ojén, se levantó:

—Para esto hay que saber. Lo peor son las esquinas, doble sin miedo.

Por la escalera abajo, Miguel Pérez Ferrero, Eduardo Vicente, Val y Vera y yo, tropezamos varias veces. Hemingway no bajó a Baroja.

—Es demasiado honor para mí. Sus amigos..., sus amigos de siempre.

—Como usted guste.

En la calle había doscientas personas; parte eran los del Rallye Ibérico, que preparaban sus automóviles para la carrera. Estaban también un ministro y algunos académicos; no todos llegaron al cementerio civil, se conoce que para no contaminarse. El duelo se despidió cien pasos más adelante, a los muros del museo de Artillería. La mañana brillaba más bien fría y temerosa y la gente caminaba con las manos en los bolsillos —medio distraída y como disimulando; medio avergonzada y como esperando a que pasase el tiempo lo más de prisa posible.

Por el Retiro paseaban los niños ricos y los novios pobres: aquéllos displicentes y soñadores; éstos, ilusionados y sobones. A Baroja hubiera sido mejor haberlo enterrado por la tarde y uno o dos días más adelante, en su mes preferido: noviembre, el 1, día de Todos los Santos (y Baroja fue un santo) o el 2, día de Difuntos (y Baroja era ya un difunto). Pero la muerte viene cuando viene. Baroja, en sus *Canciones del suburbio* tiene un pasodoble profético:

> Esas tardes del Retiro
> en pleno mes de noviembre
> me dan la impresión romántica
> de un mundo que desfallece.

Por Ventas, en la antevíspera del día de Difuntos, lucían —azules, rojas, amarillas, blancas, de color malva, frescas y recién cortadas— las prietas y tiernas flores de los muertos. El paisaje por donde, años atrás, anduvieran a la busca Vidal, el Bizco y Manuel, se pintó al correr del tiempo, con la mancha, dicen que civilizada, del hormigón.

Por el camino del cementerio, los lapidarios y los imagineros golpeaban el mármol de los recuerdos y las perpetuidades. Por el Abroñigal saltaban los niños, los perros y los gorriones del suburbio, las hurañas, las delicadas, las asustadizas y bellas y cochambrosas bestezuelas que jamás pasan —jamás pasaban— de la plaza de toros y de la casilla de los consumeros. Un avión cruzó, zumbando, sobre el Abroñigal; los niños no lo miraron; los perros no le ladraron; los gorriones no levantaron, cauto y espantadamente, el vuelo.

En el cementerio se leen nombres conocidos y sobrecogedores, al lado de nombres ignorados y sobrecogedores también. En el cementerio se ven tumbas pulidas como mozas —la de Pablo Iglesias, con sus flores— y tumbas amargas como viejas enfermas —la de Salmerón, con sus cardos y su olvido—. En el cementerio se huele el vientecillo del campo abierto, se palpa la brizna de aire que lame la tierra de los muertos, la tierra que acongoja —y que estremece— pisar.

Don Pío quedó a la izquierda, según se baja. Sobre su ataúd cayeron las tres o cuatro coronas que le acompañaron. El frasco de magnesia que Julio Caro trajo lleno de tierra, no quiso abrirse. Los fotógrafos decían: «Apártense, por favor» y los que allí estábamos nos hicimos a un lado. Después nos fuimos.

Ya de nuevo en Madrid, mi amigo Rafaelito Penagos subió a casa de Baroja —a las habitaciones a las que preferí no volver en aquel momento— a ver si encontraba mi sombrero. Después me llegué hasta mi casa a lavarme las manos y a guardar media docena de flores que preferí que no anduvieran rodando; todavía las guardo, en una compotera de cristal.

Ya tenemos a Baroja enterrado. «Que la tierra te sea leve», grababan los romanos en sus sepulturas. Vayamos ahora hacia atrás, hacia los mejores y más distantes recuerdos.

Imaginemos que estamos a diez o doce años de aquellos días, contando para atrás. Pío Baroja tiene una manta echada sobre las piernas. Está sentado en su sillón bajo, al lado de la salamandra, de espaldas a la ventana. Su despacho es una habitación rectangular, más bien amplia, cargada de muebles. En las paredes hay diez o doce cuadros y cuadritos al óleo. Unos son de su hermano Ricardo, otros de algún amigo de los tiempos del Colegio Español de París.

Es por la tarde, después de comer. Cuando entramos, don Pío está durmiendo en su butaca, la boina ladeada sobre la frente.

—Sí; algunas veces se queda uno dormido. Como se está caliente...

Por la ventana se ven las torres del museo de Artillería —los muros que habrían de despedirlo—, con sus tejadillos de pizarra y sus desconchados que forman como dibujos.

Don Pío tiene, entonces, más de setenta años y también más de setenta novelas.

Estamos en noviembre o diciembre de 1944. El mundo arde —quizá para no perder su costumbre— por los cuatro costados. Todos los días mueren cientos, miles de hombres.

La calle de Alarcón, silenciosa, burguesa, tiene un suave arbolado urbano de acacias, de plátanos que llegan a la altura de los entresuelos.

En la calle hace frío, mucho frío. La gente pasa presurosa, envuelta en sus gabanes y en sus bufandas. A las señoritas les debe subir un frío tremendo por las piernas.

Es la época en la que Baroja, cuando no dormía la siesta, se levantaba, con su franciscana humildad, a abrir la puerta: la época del Baroja aún fuerte y con buena cara, aún ingenioso, aún ocurrente y con la memoria en su sitio.

—El cura Santa Cruz era un gran tipo. ¡Qué tío! Entonces también había gente muy burra, tan burra como ahora. El maestro Caballero comía las ostras con cuchara. ¡Qué bárbaro!

Dos años antes —hablo de 1942—, cuando publiqué mi primer libro, *La familia de Pascual Duarte*, le pedí un prólogo.

—Mire usted, don Pío, yo he escrito un libro, una novela. ¿Quiere usted hacerme un prólogo?

Don Pío me miró como si hubiera oído la cosa más rara del mundo.

—¿Y para qué quiere usted un prólogo mío?

—Hombre...

Don Pío se echó atrás en su butaca.

—Yo una vez hice un prólogo a uno que se llamaba Carranque de Ríos, que después se incomodó porque dije que era un vagabundo y un golfante. ¡Yo no sé cómo es la gente! ¡Se conoce que no le gustó!

—Puede...

—Sí, sí, la gente es como muy rara... Bueno, deje usted ahí sus cuartillas, ya veré si se me ocurre algo.

Volví por su casa a la semana siguiente. Don Pío, nada más verme entrar, me soltó:

—Oiga, usted, si quiere ir a la cárcel, vaya solo, yo ya no tengo edad para que me lleven a la cárcel.

Yo no le hago el prólogo, yo no tengo ganas de ir a la cárcel ni con usted ni con nadie.

Después, Baroja, como me vio triste, me llevó para adentro y me invitó a buñuelos y a vino de Oporto.

—Hombre, comprenda usted, no es que no quiera hacerle el prólogo, no es eso, es que no quiero que me lleven a la cárcel, usted debe hacerse cargo.

Después se quedó mirando para el suelo.

—Esto de tomarse una copita de vez en cuando de Oporto está bien, ¿verdad?

—Sí, señor, muy bien.

Les aseguro a ustedes, señoras y señores, que cambié gustosamente el prólogo que no me hizo por aquellos momentos que me regaló.

Baroja, nuestro viejo oso vascongado, fue un hombre escéptico y tierno, humilde y decente, íntegro y burlón. Con él se fue para el otro mundo nuestra última gran novela, aquella voz caudalosa que nos reflejó. Con él se fue también el penúltimo 98 —el maestro Azorín le sobrevivió varios años—, el hombre que era un poco el alcaloide del 98, la gloriosa generación que él negó, quizás por entretenerse.

Con Baroja recién muerto, se abrió en las letras españolas la honda fisura por la que corren peligro de escaparse la sinceridad a ultranza y la dolorosa y reconfortadora independencia. «Yo tengo la costumbre de mentir», nos dice Baroja, antes que ninguna otra cosa, en el prólogo de *El escritor según él y según los críticos*, tomo primero de sus *Memorias*, de sus emocionantes libros de la serie *Desde la última vuelta del camino:* «yo no tengo afición a falsificar». Baroja, al decir de Ortega —el otro gran español que también el traidor octubre nos robó—, «es un hombre limpio y puro, que no quiere servir ni pedir a nadie nada». En la vida española —tan dada a la fluctuación y a la inconsciencia— Baroja representa la honestidad, ese raro concepto determinado, a partes iguales, por el culto a la sinceridad y a la independencia. Baroja es, probablemente, el hombre más fiel a sí mismo que a todos nos haya sido dado conocer y sus detractores podrán culparlo de lo que quieran, pero no, de cierto, de arribista, de confusionista, de pescador en las turbias aguas de los ríos revueltos, de arrimador de su sardina literaria y humana al ascua tentadora del favor y de los honores.

El maestro Ortega, al decir lo que dijo, dio en el blanco; él —arquero ibérico— clavó el dardo en el mismo corazón de la diana. Baroja, nuestro entrañable oso vascongado, murió de viejo y sin servir a nadie, sin pedir nada a nadie, sin engañar su diáfana limpidez, sin perder su angélica pureza. La ejemplaridad de Baroja estriba, precisamente, en su fidelidad a la norma de conducta que se trazó cuando, joven aún, colgó su título de médico y abandonó Cestona para emprender el camino literario por el extraño rodeo de la tahona de su tía abuela doña Juana Nessi, viuda de Lacasa, de don Matías Lacasa.

La filosofía de Baroja fue tan elemental como concreta, y su binomio verdad-independencia le acompañó hasta la muerte. Baroja se propuso llamar a las cosas por su nombre, vivir sin apoyaturas del Estado o las corporaciones y renunciar al sofisma y al subterfugio. Muerto ya y bajo tierra, nadie podrá acusarle de haber hecho lo contrario, de haberse traicionado. Al margen de que su pretensión fuera conveniente o inconveniente para él o para los demás —punto cuyo razonamiento y discusión habría de ser forzosamente prolijo—, resulta emocionante la evidencia de su propia lealtad. En este sentido es en el que don Pío —aquel espejo de españoles— se nos antoja un arquetipo, un hombre que no se permitió jamás licencia alguna a sí mismo. Genio y figura hasta la sepultura. Baroja sintió toda su vida la fobia de lo instituido, por la misma misteriosa razón de principio —o de endocrinología— que movió a Azorín a la actitud contraria. Sin duda alguna, ambos fueron auténticos.

Baroja es el modelo, la imagen misma, del individualismo a ultranza, postura que quizás tenga sus quiebras, pero que también posee sus valores. Sin el apoyo de una moral externa, o aprendida o episódica, Baroja ha podido dar, a lo largo de su extensa obra y de su dilatada vida, un claro ejemplo de permanencia y de lealtad a unos principios tan elementales como difíciles, tan simples como férreos. Esa es, posiblemente, una de sus mayores virtudes, quizá la más recia y sólida de todas.

Pío Baroja —de otra parte— fue siempre un hombre distante, un hombre que veía el universo desde su atalaya, sin preguntar a nadie, interpretándolo todo, descubriendo y clasificando, por sí mismo, los seres vivos y las cosas muertas, los libros y los grabados, las estrellas y las plantas, los animales y las piedras, las sensaciones y los recuerdos. Esta encantadora primera mano del mundo de Baroja presta a su obra un penetrante aroma a sinceridad, a autenticidad. Baroja ignora el mundo físico de los demás porque su inmenso y clarísimo mundo literario le permite vivir sin él; su lujo fue un lujo de ricos, algo con lo que no pueden regalarse más que los poderosos. Y de esa original visión del mundo en que Baroja se mueve y del mundo en que hace mover a sus criaturas, dimana la humanidad de nuestro novelista, su suave o acre ternura, su directo entendimiento de los tipos y de los caracteres; por eso sus personajes sangran y gozan, sudan, se mueren, siempre como gozaría o sufriría, como amaría o como sangraría el hombre vivo: el herrero y el mercader, el clérigo y el estudiante, el guerrillero y el escribano.

Baroja —a pesar de la mera apariencia de las *Memorias de un hombre de acción*— adopta, ante la vida, una actitud antihistoricista. El precedente no le sirve y las cosas las entiende buenas o malas porque, en sí mismas, puedan ser o parecerle buenas o malas, jamás porque hayan venido siendo aplaudidas, o disculpadas o censuradas. ¿Quiénes son los demás —parece preguntarse constantemente Baroja— para aplaudir, o para disculpar, o para censurar lo que cada cual debe juzgar por sí mismo? Este antihistoricismo de Baroja le lleva de la mano a no encontrar justificación para hechos que, aun sancionados por la pícara costumbre de la ciudad, no sustenta una consideración moral siquiera mínima: tal el *sablazo*. Acordarse al redactar unas memorias de que fulanito le pidió a uno cuarenta duros —o tres duros, ¿qué más da?—, que jamás devolvió, no implica en ningún caso, ruindad de espíritu o dureza de sentimientos, sino, exactamente, sorpresa ante lo que ya a nadie sorprendería, ingenuidad y sinceridad: una férrea sinceridad que sabe, y nada le importa, que ha de caer en la impopularidad. Rechazar actitudes histriónicas, aunque esas actitudes histriónicas vengan respaldadas por el público asenso, e incluso lleguen a constituir parte substancial de un personaje —*fantasmón*, hubiera dicho Baroja—, no es, en nuestro don Pío, sino directa resultante de su actitud humana y literaria, esas dos posturas que en él no se pueden prescindir. Por eso, a veces, a algunos puede parecerles hosco cuando jamás fue sino verdadero y limpio.

Estos tres primordiales valores —la sinceridad, el sentido de la independencia y el antihistoricismo— que venimos viendo cómo concurren en Baroja, cómo forman y dibujan a Pío Baroja, aparecen llevados hasta el límite a lo largo de los siete volúmenes de sus *Memorias* si no sus mejores páginas, quizá sí sus páginas más íntimas y sintomáticas.

Si su libro de versos *Canciones del suburbio* fue ininteligentemente mal recibido, porque sus críticos olvidaron —o no quisieron ver el valor que aquellas coplas encerraban (que no era, de cierto, un valor poético, sino un valor anecdótico y temático y, sobre todo, un valor de intensa importancia estética para el mejor conocimiento del novelista, ya que el libro es una reiterada muestra del «alcaloide Baroja»), sus *Memorias*, realmente, no han corrido una pública suerte mejor.

Las *Memorias* de Baroja, por lo común, han sido leídas con fruición y denostadas con saña. El fenómeno podrá calificarse de lo que se quiera menos de extraño o no previsto. En ellas, Baroja lleva sus puntos de vista, o sus puntos de sentir, hasta fronteras extremas y no esperadas por el lector; pecarían de torpe ingenuidad quienes hubieran esperado una reacción contraria a la que se produjo.

El problema literario —la cuestión de ética literaria— que la actitud que la forma de comportarse del público lector plantea, podría dar lugar a comentarios tan sabrosos como a tan amargas consecuencias.

Es posible —y grave— que el juego de la sinceridad atraiga menos al lector que el juego de la ficción; es también probable que la independencia se tolere más difícilmente que la sumisión; asimismo puede parecer evidente que el historicismo pueda tener más favorable acogida que el puro rigor moral.

Item más: Baroja fue un enamorado de la ciencia, un hombre que colocó el pensamiento y la lucubración científica por encima de todos los demás valores. El mundo en torno existe, en tanto en cuanto el mundo en torno es explicable. Esta actitud —vieja ya en Europa— no es común en España o, al menos, no lo era en tiempos de Baroja. El español —tema que ha sido ya debatido suficientemente— se desinteresa por la ciencia por pereza mental. Incluso por holgazanería de la memoria, del entendimiento y de la voluntad. El español, con su substrato judío no evolucionado, con su poso judío tradicionalista, prefiere creer en el milagro y en la iluminación. Quizás sea ésta la determinante de su histórica desnutrición, de su resignada depauperación, de todo aquello que ha sido tan ingenua y mendazmente cantado —tomando el rábano por las hojas— sin pensar que no era otra cosa, probablemente, que la resultante de una excesiva y deformadora concentración de dióxido de carbono en sangre. Baroja no creyó en el arbitrismo y ése fue el pecado que la sociedad española jamás le perdonó.

Este planteamiento de la situación puede llevarnos de la mano al corolario de que la estética de Baroja ha perdido actualidad. Epoca la nuestra, de acentuada crisis literaria —secuela de la crisis total espiritual que padecemos y no tan vinculada al escritor como al lector— no resulta demasiado extraño que en ella se prefiera lo fácil a lo diáfano. En la crisis inmediatamente anterior —la subsiguiente al 98—, que vino caracterizada, inversamente, por un anhelo del lector que el escritor no supo servir, la pública apetencia derivó hacia los falsos y dorados puertos de los epígonos del modernismo, en cuyas aguas surcadas por las góndolas de la pornografía se fueron ahogando levas sucesivas de la sensibilidad.

Las *Memorias* de Baroja fueron, quizá, un plato demasiado fuerte —o tal vez no más que demasiado auténtico— para los paladares que han llegado a una situación real y permanente: los errores de perspectiva literaria conducen a veces al desmantelado solar de las falsas consecuencias.

Pero los volúmenes de *Desde la última vuelta del camino* ahí están: con su artístico desaliño y con sus sabias reiteraciones, con su certero desgarro y con su despiadada claridad, con su sinceridad y con su decantada y proclamada independencia.

A mí no me fue dado encontrar a Baroja antes de su última vuelta del camino. El calendario es inexorable y contra él —como contra los guardias civiles de la copla— no hay manera de luchar. La última vuelta del camino de Baroja fue larga y dilatada, incluso serena y majestuosa. A mi entender, empieza con su vuelta a Madrid, al terminar la guerra civil y comenzar la mundial. En casa de Baroja, entonces, reinaba la contenida alegría y las ganas de trabajar. Con su hermana Carmen aún viva y su sobrino Pío todavía niño de pantalón corto, recuerdo la impresión que la familia me produjo, trabajando todos en torno a una gran mesa con la aplicación y el esmero de un hogar de artesanos bávaros o flamencos: Carmen, escribiendo notas para su *Historia de las joyas*; su hijo Julio, dibujando croquis para sus libros de etnografía y folclore; su hijo Pío, atlético ya y rebosante de vida, repasando sus libros de texto, y don Pío, con su pluma rota y su tinterillo, corrigiendo pruebas, intercalando, tachando, añadiendo, perfilando, puliendo. Si uno recibió alguna lección en su vida, probablemente ninguna hubo más saludable y oportuna que la de la contemplación de Baroja y los suyos trabajando con aquel honesto amor, con aquella íntima y sencilla dedicación con que lo hacían.

Por aquella época frecuenté algo la casa de Baroja. Ese temor a molestar al maestro que, a veces, invade al joven respetuoso —y tal, al menos con Baroja, procuraba yo ser entonces— desaparecía tan pronto como la puerta se cerraba tras uno. Baroja, por aquel tiempo, trabajaba todas las horas que le dejábamos libres los amigos.

—Estaba usted trabajando, si quiere me voy...

—No, no; siéntese usted, hay tiempo para todo.

Baroja, sobre hospitalario y de sencillas costumbres, era aún ocurrente y reía sus propios cuentos a grandes carcajadas. Después, a medida que fue envejeciendo, empezó a hacerse reiterativo y monótono. La última vez que le vi, su pérdida de facultades me produjo una honda tristeza. Su fin se venía próximo e inevitable, y la evidencia de ese fin me llenaba de congoja y de preocupación.

Dos o tres años antes, por el verano, o mejor, por la primavera, don Pío estuvo enfermo y algo fastidiado. Yo intenté llevármelo a Cercedilla, donde tenía alquilado un chalet lo bastante capaz para que él cupiera con comodidad. Le prometí ir a buscarlo en un automóvil a su casa y dejarlo, en el mismo automóvil, a la puerta de mi casa en el campo. Lo tuve casi convencido cuando, de repente y de una manera, en apariencia, inexplicable, don Pío dio marcha atrás. Inquirí, pregunté, insté y don Pío, en una carta que, como todas las suyas, guardo como un tesoro, me expuso sus humildes puntos de vista: «no voy —me dijo— porque es una lata para su familia; me salió un sarpullido por la barriga y por las nalgas, y me tengo que dar una pomada negra que lo pone todo perdido; eso de que le manchen a uno la ropa de cama de pomada que después es muy difícil de lavar, no gusta a nadie». Fueron inútiles todos mis argumentos. Don Pío tenía el pudor de su vejez y de su enfermedad y se quedó en Madrid, aguantando el calor.

El día de Inocentes —su cumpleaños— procuré siempre no faltar a su casa. Como a don Pío le gustaban los pasteles, sus amigos solíamos llevarle algunos para que después nos invitase. Recuerdo que un año que estaba algo mejor de dinero, le compré una tarta descomunal en la mejor pastelería de Madrid. Cuando se la llevé, poco después de comer, estaba con él nuestro común amigo Edgar Neville. A don Pío le gustó mucho el aspecto de la tarta y se deshizo en elogios y disculpas. Yo me marché en seguida porque tenía algo de prisa y Neville, al día siguiente, que me lo encontré en la calle, me paró:

—A don Pío le gustó mucho la tarta que le llevaste, me estuvo hablando de ella un buen rato y hasta me la dio a probar. ¿Sabes lo que dijo?

—No.

—Pues dijo, nada más saliste por la puerta: «Este Cela es igual que un loco; yo no sé para qué hizo esto. ¡Qué barbaridad! ¡Lo menos le costó tres duros!»

Don Pío, en sus últimos tiempos, vivía en un mundo tierno, utópico e irreal, al que le ayudaban su fértil imaginación y el fallo, al final alarmante, de su memoria. Les hago gracia a ustedes de las dolorosas anécdotas de sus últimos meses. Quiero demasiado a don Pío —y respeto, en todo lo mucho que se merece, su memoria— para permitirme lo que consideraría impermisible licencia. Quisiera lo que no tengo —una fuerte, inspirada y vigorosa voz poética— para poder entonar las nenias de esta figura prócer que se nos fue. Pero —y les hablo a ustedes con mucha honradez— hasta para esto me conformo con lo que tengo y ahora les ofrezco.

Sigamos. Marañón, comentando *El academicismo de Baroja*, en un trabajo así precisamente titulado, glosa, certero, lo que llama «la clave de su estética literaria y en parte, de su psicología». Un escritor —nos dice Marañón— para el pueblo —y para la Academia— es quien sabe expresar con la palabra escrita el mundo de la realidad de fuera y el de la realidad de sus propias creaciones, y de tal modo que exista «un paralelismo absoluto entre el movimiento psíquico de ideas, sentimiento y emociones y el movimiento del estilo». Son estas palabras del propio Baroja —sigue diciéndonos don Gregorio—, que, aun cuando presume de descuidado y de antigramatical, tiene sus libros llenos de retazos de su teoría del arte literario, con lo que alguno de sus comentadores podrá rehacer algún día la doctrina nada liviana de su estética.

Estas ideas de Marañón, que datan de la primavera de 1925, del tiempo en que don Pío entró en la Academia y don Gregorio contestó a su discurso, vienen como anillo al dedo para salir al paso (quizá ni mereciera la pena) al pensar de tanto y tanto Dómine Cabra como en nuestro país existe, dedicado al confundidor menester de presentarnos a Baroja como el antiescritor. Su preocupación por el no estilo o por la no retórica (entendidas las voces *estilo* y *retórica* en su más popular —e inexacta— acepción: *estilo* por «éstilo pomposo y relamido»; *retórica* por «retórica florida y grandilocuente») lleva a Baroja a la consecución de un estilo terso, directo, eficacísimo, exacto. En este sentido, Baroja consigue hacer realidad el postulado que Galdós no alcanzó sino a enunciar, aunque de forma clarividente, por otra parte: «Para la novela se necesita una prosa que esté equidistante de la oratoria y del periodismo». A mayor abundamiento, recordemos las palabras de Ortega: «La corrección gramatical —dado que exista una corrección gramatical— abunda hoy en nuestros escritores. Sensibilidad trascendente, en cambio, se encuentra en muy pocos. Tal vez en ninguno como en Baroja». La fórmula mágica de Baroja es sencilla vista a posteriori, como todas las fórmulas que han venido a resultar eficaces en el acaecer de la humanidad. Baroja, desde su «sensibilidad trascendente», hace navegar el barco de su estilo salvando los escollos que la oratoria —tan «gramaticalmente correcta»— le presenta por estribor, y sorteando los bajíos —de tanta aparente «sensibilidad inmediata»— que el periodismo le muestra la banda de babor. Con ello, la retórica de Baroja —su antirretórica, si por retórica entendemos lo que él entendía— creció lozana y fresca, y recién estrenada como una rosa a la que todavía el sol no desnudó del rocío de la madrugada.

Quiérase o no se quiera —y proclamándolo o callándolo— de Baroja sale toda la novela española a él posterior. Obsérvese que aun en las plumas que más apartadas pudieran parecer de su estética, late el ejemplo de Baroja: no importa si para seguirlo o para huirlo. Baroja que, a diferencia de Ortega y aun de Azorín, fue el *antimagister*, el nombre que, proclamándose solitario, no quería discípulos ni seguidores, dejó en las letras españolas una impronta, un surco del que a todos nos va a resultar muy difícil salir. Si Galdós, nuestro otro gran novelista, nuestro otro gran biógrafo de España y de los españoles, nos mostró un mundo que él mismo, magistralmente, agotó, Pío Baroja, nuestro entrañable oso vascongado y pirenaico, nos abrió las puertas de una España novelesca —o histórica, si se atiende a su trascendencia y a su proyección— que ni aun él mismo, con ser tan grande, hizo sino entrever. Este es, quizá, su gran servicio, el favor que nunca sabremos agradecer bastante los españoles. Dudo sin embargo, que los olvidadizos españoles —olvidadizos para todo menos para el rencor— sepamos hacerlo.

Pío Baroja se ha ido de entre nosotros. Pío Baroja, probablemente, jamás estuvo, en vida, de forma más real y verdadera entre nosotros.

Y a nosotros, los españoles que nos tomamos la molestia de leer libros, nos compete fijar, en sus precisos y amplísimos límites, la figura literaria y humana de Pío Baroja. No voy a pedir ahora una estatua para él; no merece la pena y, además, eso viene solo; las fuerzas vivas, en sus numerosos ratos de ocio, suelen arbitrar levantar estatuas a los muertos a quienes, en vida, procuraron hacer la vida imposible. Para Pío Baroja sí quisiera pedir el homenaje de nuestra dedicación. Si cada uno de nosotros, con arreglo a nuestras fuerzas y a nuestro leal saber y entender, leemos una página de Baroja o tomamos la pluma en la mano para glosar una esquina de nuestro hombre y de sus personajes, habremos contribuido, entre todos, a levantar algo mucho más duradero —y mucho más serio también— que una estatua. Todos pensamos que don Pío Baroja se lo merece, lo que importa es que no desfallezcamos.

Un curioso epistolario del joven Baroja al joven Azorín

Quienes fuimos amigos de Pío Baroja y proclamamos lo mucho que, como escritores y como españoles, le debemos, tenemos la obligación de dar por buenas todas las coyunturas para rememorar a aquel hombre honrado, sencillo y luminoso que pasó por la vida sin contaminarse, sin pedir nada a nadie y sin claudicar ni ante el canto de las sirenas ni ante el bronco vozarrón de quienes mandan a gritos. ¡Buena falta le hace al llorado maestro que se lave toda la insana mugre que cayó sobre su figura de hombre y de escritor en los últimos años de su vida y primeros de su muerte! Ahora aparece hasta en los sellos de Correos —es bien cierto—, pero aún ayer se publicaba su obra completa con tachaduras tan pueriles como irrespetuosas y con omisiones tan ingenuas como malintencionadas. En la República de Platón se hubiera procesado por delito de lesa patria a más de un funcionario que, por defender su parca nominilla, llegó a mutilar lo que no tiene mutilación posible: la obra literaria que, pese a quien pesare, es siempre más permanente que las censuras. Nadie recuerda de memoria el nombre de los jueces de la Inquisición que encarcelaron a fray Luis, pero nadie, tampoco —y no es chica venganza de la poesía—, olvida el nombre y y los versos de fray Luis. Reconforta, al menos, el saber que esta incómoda batalla está ganada de antemano, aunque a veces cueste lágrimas de sangre y libertades el llegar al término victorioso.

Son muchos —mejor dicho: varios, porque tampoco son demasiados— los testigos del estupor que a todos quienes asistimos al entierro de Baroja nos invadió al contemplar aquel subreal espectáculo: con un académico preguntándonos a quienes bajábamos el cadáver (y soy el único vivo) que por qué lo llevábamos al cementerio civil, destino que no era de nuestra incumbencia sino de nuestra obediencia y de nuestro respeto; con un clérigo especializado en socorrer intelectuales moribundos, que giró sobre sus talones al conocer el término del viaje, y con un ministro que alegó sus muchas ocupaciones para salir de estampida y en dirección contraria. Para redondear la escena, un crítico a nivel de parroquia y desde un diario madrileño, le dedicó al maestro todavía sin enterrar un mendaz artículo necrológico tupido de ofensas y enlosado de inexactitudes y falacias. ¡Allá cada cual con su conciencia! A todos me permito recordar ahora que los despojos mortales que encerraba aquel ataúd modesto y desteñidor no eran los de Belcebú.

Corrían los duros tiempos —tan duros para el estómago como para la inteligencia— en los que el libro *Lecturas buenas y malas* del P. Garmendia de Otaola era el oráculo de quienes habían de determinar lo que los españoles podíamos o no podíamos leer, y en sus páginas, con harta falta a la verdad y a la misericordia, se moteja a don Pío de antiespañol y antihumano, de genio para el mal, de autor de una literatura corrompida y demoledora, de embadurnador de limpias resmas de papel, de blasfemo, de dueño de un corazón viejo, insatisfecho y cargado que ya hizo harto daño a pasadas generaciones, de impío y clerófobo, de inmoral, desesperado y justificador del suicidio, de insubstancial, de poco natural, etc., etc., etc. Por fortuna, todo aquello pasó como una zurradora calentura, y hoy podemos reunirnos para glosar al hombre y a la señera obra literaria que nos legó.

Pío Baroja vino al mundo reinando don Amadeo

de Saboya, aquel rey inútil y bien intencionado, y gobernando Ruiz Zorrilla mientras los españoles se sacudían estopa en la batalla de Oroquieta, en la última guerra carlista. No soy demasiado partidario de astrologías ni augurios, pero, en todo caso, aquí queda el dato consignado para su mejor uso por quienes sientan afición a las explicaciones milagrosas y misteriosas.

Pío Baroja fue el último gran maestro de la novela que tuvo España y tuvimos los españoles y de él y de sus libros ya hablé en más de dos ocasiones, y, lo que es más importante, ya hablaron, con su mejor y más sagaz acento, no pocas voces más autorizadas que la mía.

De sus amargos últimos tiempos, de cuando le conocí en persona, hace por estas fechas cuarenta y dos o cuarenta y tres años, ya dije, en ocasión pretérita, cuanto tenía que decir, y creo que mejor será recordarlo ahora de joven y principiante, por las calendas en las que si no lo traté —¿cómo había de tratarlo si mi madre era veintitantos años más joven que Baroja?—, sí, lo estudié, no poco ayudado (a todos los efectos de lo que hoy he de decirles) por la fortuna de un casual descubrimiento.

En la casa museo de Azorín, en Monóvar, se guardan varias cartas dirigidas por el joven Baroja al joven —un año más joven— Martínez Ruiz, que nació coincidiendo con el arranque de los *Episodios Nacionales*, de Galdós. Quiero dejar pública constancia de mi gratitud a los miembros del patronato de la dicha casa museo por las facilidades que en todo momento me brindaron.

Las cartas de que hablo son dieciocho y, que yo sepa, no habían sido publicadas en 1972, cuando yo las estudié y escribí sobre ellas [1]. Ninguna de ellas tiene desperdicio y todas nos ayudan a recomponer la imagen barojiana de entonces. Y de siempre.

La primera de estas cartas, sin fecha, es de finales de junio o primeros días de julio de 1893, el año de la guerra de Melilla, y tiene —particularmente para mí— un interés familiar: su alusión a Rafael Picavea, hermano de mi suegra, que ha de continuar presente en la carta que a ésta sigue y en alguna otra de varios años más adelante.

«Probablemente hice una tontería —dice Baroja a Azorín— al pedir a Picavea mil pesetas para cada uno de nosotros (...). Para mí, que estoy en Madrid, se me figura que no es mucho, pero para usted, que está en Monóvar y tiene que ir desde allá a San Sebastián y pasar allí dos meses, es poco. El secretario de Picavea aceptó lo de las mil pesetas, pero creo que Picavea daría más aunque no se le pidiera. Yo empiezo a no tener ganas de ir porque veo que en el fondo, el periódico ha de ser clerical. Si usted está decidido a ir, dígalo usted; aquí le dejarán a usted dos mil reales. Hay que estar en San Sebastián el 25 de julio. Condiciones por ahora: mil pesetas por dos meses (aunque ya le digo a usted que Picavea dará lo que se necesite) y la mitad de esas mil pesetas, adelantadas. Yo, a pesar de esto, la sombra de clericalismo del periódico nuevo me molesta y quizá al final no vaya.»

Siete años antes de que Baroja publicara su primer libro, *Vidas sombrías*, e incluso faltando todavía tres años para la aparición de su tesis doctoral, *El dolor. Estudio de psico-física*, dos evidencias se deducen de la carta que me he permitido leerles a ustedes: su buscada presencia en el trabajo de la pluma —no obstante no haber cumplido aún sino veinte años— y su preocupación por mantenerse independiente; al margen de la pura anécdota de que a Picavea hubiera podido sacarle más dinero, y 500 pesetas de entonces, al mes, era un holgado sueldo. En el diario de Picavea, *El Pueblo Vasco*, habría de colaborar Baroja diez años más tarde, en 1903.

En la segunda carta, fechada el 18 de julio del mismo año, Baroja es todavía más explícito.

«Le digo a Picavea que no vamos a San Sebastián. Ahora yo, por mi parte, he añadido que con las mil pesetas que le dije me voy, si quiere, camino de Macedonia, a todas partes, menos a San Sebastián.» ¿Qué le pasa a Baroja con la ciudad que lo vio nacer? ¿Adivinaba que, después de muerto y tras una vida gloriosa, un ayuntamiento donostiarra habría de resistirse a bautizar una calle con su nombre? «Le he dicho que usted —continúa en esta carta a Azorín— es el que no quiere ir, para no entrar en explicaciones con él de por qué yo no quiero ir.»

La tercera carta es de ocho años más tarde y está fechada en Madrid el 23 de julio de 1901. Baroja ya no era un escritor inédito y, amén de su primero e inadvertido *Vidas sombrías*, tiene ya en la calle dos novelas: *La casa de Aizgorri* y *Aventuras, inventos y mixtificaciones de Silvestre Paradox*, que había aparecido como folletón en *El Globo*. La carta que ahora leemos nos trae noticia de una actitud y de un viaje. La primera alude a la de su aversión a la burocracia: «He preguntado en la Universidad —nos dice— el caso de Amancio (uno de los hermanos de Azorín, que quería cambiar su matrícula) y un señor con toda la grosería que gastan estos tíos, cagatintas universitarios, me ha dicho, etc.» La segunda, la del viaje, nos habla de que «uno de estos días» se va a ir al Paular, refugio por el que siempre tuvo manifiesta querencia.

Pasemos a la cuarta epístola, de 3 de agosto también de 1901 y desde Madrid, en la que narra su vida de noctámbulo veraniego: «(...) me levanto a la hora de comer (...) y a la noche nos dedicamos a los Jardines (Baroja llama los Jardines, por antonomasia, a los Jardines del Buen Retiro) y después a tomar un bock en el bar y a dar vueltas por Madrid hasta que aparece en el cielo la de los dedos rosados que dejando la cama del celoso marido...» En la misma carta anuncia otro viaje y se permite un gracioso e ingenuo juego de palabras: «Yo me voy a pasar dos o tres días a Cogolludo (...). No es muy cogolludo el proyecto, pero no se puede hacer otra cosa.»

La quinta carta —Madrid, 17 de septiembre del mismo año— es graciosa y algo más larga; me voy a permitir glosarles a ustedes algunos párrafos. «¿No siente usted la nostalgia de Madrid? —empieza preguntando—. Me dijo Colorado, que le había visto a un hermano de usted, que trabaja usted mucho. Burell, hace algún tiempo, me habló de usted; me habló bien y, como es natural, no dándose por enterado de las pequeñas alusiones a su instinto económico para los cigarros puros. Madrid empieza a ponerse agradable, aunque las pequeñas muchachas de la aristocracia no han hecho su aparición por la Castellana, están todas en sus chateaux; hay quien amenaza nuestros paseos: Luisa Minerva, por ejemplo, que sigue tan displicente mirando desdeñosa a la humanidad y ciñéndose la falda de tal modo que casi casi empieza a traslucirse el ombligo a través de la tela de su traje. Una mala noticia —continúa—: Su novia de usted, Aurelita de Quintana, pasea con un joven que lleva pantalones blancos de piqué y el bastón cogido por la contera.» ¿Qué mosca le picó a Baroja para comunicar semejante extraña noticia a su amigo Azorín? ¿Qué raro diagnóstico encierra la advertencia de que el antagonista del maestro levantino usa pantalones blancos —y para colmo, de piqué— y empuña el bastón por la contera? El colofón de Baroja a la mala nueva encierra, sin embargo, un punto de humor: «Los intelectuales somos así —le dice—: crueles y terribles.» Y termina con un trozo histórico: «A propósito de terribles: el terrible Bargiela ha organizado un banquete en honor de dos portugueses desconocidos que han venido de Lisboa (o mellor povo do mondo) y en el banquete va a pronunciar él, con sus mismos bigotes, un discurso en portugués. Allá en el banquete, entre Villaespesa, Machado, Maeztu, Bargiela y unos cuantos más, en unión de los dos portugueses (que por su tipo deben ser sastres), vamos a hacer la unión ibérica literaria, que precederá a la unión política, económica, social, etc., etc.; todas estas uniones, protegidas por la rebaja de precios de los tupís de Madrid a Lisboa (o mellor porto do mondo), serán un abrazo, como diría Proudhomme, entre las dos grandes naciones del extremo Occidente.» Que en este banquete puedan, o no puedan, rastrearse las remotas motivaciones del Pacto Ibérico, es algo cuya averiguación no me compete, puesto que no soy historiador. Baroja termina su información con un corte insospechado al que ni siquiera concede los honores del punto y aparte: «El Paular, en donde he estado: delicioso.»

En la siguiente carta, sin fecha, pero también de Madrid y de 1901, ya expresa su impaciencia por terminar el libro que trae entre manos y su deseo de abandonar la crítica teatral que viene haciendo y que le ofrece a Azorín. «Dígame usted —escribe— si viene usted pronto o no, porque yo tengo que terminar el libro para Barcelona y con esto de la crítica de los teatros no hago nada, me sirve la cosa de pretexto para andar golfeando por ahí. Si viene usted dentro de pocos días, yo esperaré; si no, le diré al director de *El Globo* que busque a otro.»

¿A qué libro, «para Barcelona», se refiere don Pío? Cartas más adelante —y ruego que se me perdone este salto cronológico que rellenaré a no mucho tardar—, él mismo nos lo explica con claridad suficiente, a renglón seguido de algunas noticias familiares, profesionales y tumultuarias.

Hablo ahora de la carta décima, en el orden del epistolario que manejo; viene sin datar, pero es, sin duda, de Madrid y, según lo más probable, de 1902. «Hemos tenido una mala racha este verano —dice Baroja—; mi hermana ha estado enferma con una fiebre tifoidea no muy grave afortunadamente, y además de eso, que ha sido nuestra preocupación mayor, una porción de líos por culpa del traslado de la panadería. Nuestros obreros se han portado con nosotros como canalla vil que son. Anteayer tuvimos que ir a la Delegación porque Ricardo le arrimó una bofetada a un hornero que le hizo dar dos o tres vueltas, le hinchó la nariz y estuvo echando sangre media hora.» La torta, según cabe colegir, debió ser lo bastante poderosa como para concederle rango histórico; Ricardo, a diferencia de su hermano Pío, no era hombre que se anduviera por las ramas en estos trances, y el hornero agredido, a juzgar por lo que se nos dice, cobró lo suyo. A continuación del relato del suceso, Baroja sigue: «Valentí y Camp me escribió y como yo no tenía concluida la novela y, para terminarla, necesitaba ver alguna que otra cosa, se me ocurrió convertir en novela aquel drama del que no tenía más que un acto y que se lo leí a usted.» ¿De qué novela habla Baroja? No tengo la menor duda a este respecto: de *El Mayorazgo de Labraz*, publicada por Heinrich y Cía., de Barcelona, en 1903, en la *Biblioteca de Novelistas del siglo XX* que dirigía don Santiago Valentí y Camp, diputado de don Nicolás Salmerón y más tarde presidente del Ateneo Socialista de Barcelona. Baroja nos explica —a través de esta carta a Azorín— la técnica de trabajo empleada y, lo que es más curioso, pide socorro del amigo: «Llevo dictando a un escribiente granadino —continúa—, amigo de Gerona y Alberti, unos diez días; las cuartillas, a pesar de escribir por este procedimiento a lo Ponson du Terrail y de Montepin, cunden muy poco. A ver si tiene algo hecho que me sirva para meter en el libro. Este algo podría tener como título: *La vida de los hidalgos en el siglo XVII*, o podría ser una descripción de un entierro con todos los latines correspondientes, o una descripción de una misa de funerales; cualquier cosa que tenga un carácter arcaico me sirve. Lo mejor sería una conversación de dos hidalgos, el uno avanzado y el otro reaccionario, hablando de la Constitución. El libro va a resultar un ciempiés —un ciempiés y sin cabeza, como diría Gerona—, pero para mí la cuestión es llegar a las dos mil del ala.» ¿Atendió Azorín la llamada de auxilio de su amigo? No debe ni ponerse en tela de juicio, tras leer la tarjeta postal de acuse de recibo que le dirije Baroja (también sin fecha, pero con matasellos de Madrid, 30 de agosto de 1902): «Ya recibí las notas. Algunas me sirven admirablemente, pero a pesar de todo, para llegar a las 300 páginas necesarias, voy a necesitar Dios y ayuda. He metido en mi libro un entripado formidable, pero aún no he conseguido el tamaño necesario.» El «entripado formidable» del que habla don Pío no es fácil, ni tampoco imposible, de determinar en el cuerpo del libro, y sobre eso trabajo con paciencia, e ignoro si también con buen provecho; caso de obtener, cuando fuere, alguna conclusión mínimamente aceptable, ya la publicaré. Lo que sí puedo decir ahora es que *El Mayorazgo de Labraz*, contra el sentir de Baroja, no es ningún ciempiés sino una novela perfectamente estructurada; entiendo como muy probable que las notas facilitadas por Azorín no hayan ido a la imprenta en derechura y tal como llegaron, sino tras una reelaboración, más o menos paciente, de Baroja. Don Pío, en el t. VII de *Desde la última vuelta del camino,* dice que «es una novela desigual, mal compuesta, pero que tiene un fondo de romanticismo y cierto color y movimiento». En todo caso, aquí queda la constancia de algo que quizá pueda servir de motivo de pensamiento para el estudioso.

Volvamos hacia atrás. Ibamos, según mi cuenta, por la séptima carta, fechada el 7 de julio por la noche, sin año, pero creo que de 1901, en la que, tras suponer que Azorín se aburre y declarar que él tampoco se divierte, nos suministra muy curiosas noticias de su vida y andanzas «Supongo —dice a su corresponsal— que se aburrirá usted y cantará a la luna tiernas endechas desde el jardín del Casino de Monóvar. Aquí vamos pasando lentamente, lentamente como los frailes de los versos de Godoy, y aburridamente también. Tengo un proyecto terrible —sigue en punto y aparte—: hacer otro periódico; pero no un semanario ni otra chapucería así, sino un periódico diario. Se me ocurrió la idea la otra tarde en el Congreso, viendo tanto idiota en el Salón de Conferencias. ¿Por qué nosotros, gente joven, que aunque no valgamos nada, valemos más que estos señores, no hemos de intervenir en estas cuestiones políticas? E inmediatamente, la idea: hacer un periódico. Este sería una cosa similar a *La Aurore,* de Clemenceau, una publicación que reuniera, sin dogma alguno, a los socialistas, a los anarquistas y a los intelectuales independientes. Yo no sé si se podría hacer, yo he supuesto que sí y he pensado como hombre práctico y fuerte (ahora tomo glicerofosfato) en formar una sociedad por acciones: cien acciones a mil reales. Tendría gracia que resultara. Por de pronto yo voy a escribir a mi padre para que hable a algunos de esos capitalistas ricos de Bilbao. Forma parte del proyecto aprovecharse de los datos del Ministerio de la Gobernación que nos suministraría el gran Alberti; él iría a verle a Moret para encontrar una pequeña subvención y otra porción de martingalas que iríamos pensando.» Pese a los sueños, las martingalas y el glicerofosfato, el proyecto cayó por su base porque el contemplativo Baroja se imaginó una vez más, lo que jamás fue y siempre quiso haber sido: un hombre de acción «práctico y fuerte», como, en su inocencia, se declara. El gran Alberti de que habla Baroja es el granadino José Ignacio Alberti, empleado del gabinete de prensa del Ministerio de la Gobernación, y hombre pintoresco, filarmónico y violento, que había fabricado un gran abanico con periódicos atrasados que colgaba del techo; que cantaba la romanza de *La Favorita*, y que a poco más deja manco a Valle Inclán del otro brazo, cuando ya había perdido uno. En su covacha y ante un grupo de amigos leyó Baroja *El Mayorazgo de Labraz*, ya en galeradas. «De noticias, aquí no hay nada —sigue escribiendo Baroja—: que Valle Inclán se va a Barcelona el lunes de la semana que viene; que ha venido Marquina; que Maeztu y Valle estuvieron a punto de reñir el día pasado por la vieja cuestión de Poveda; que de mi libro escribió un artículo Valera en *La Lectura* (alude a la novela *Aventuras, inventos y mixtificaciones de Silvestre Paradox*, publicado en el n.º VI de la revista dicha), y además que el día pasado le escribí una carta a Unamuno mandándole al carajo. Como me decía que me debía marchar de Madrid, el otro día que estuvieron en casa Rodríguez y Marquina, el primero me dijo: —Voy a verle a Unamuno. —¡Hombre! Ya que está hablando de que yo me debía marchar de Madrid, dígale usted que me busque algo en Salamanca. —Bueno. Dijo que lo haría y, efectivamente, se lo indicó y le contestó Unamuno que buscaría algo por allá. Como se fue allá (a Salamanca) el rector y no dijo nada, yo le escribí y me contestó una carta muy amable, pero tan en pedagogo pedante que me indignó y le contesté una porción de impertinencias. No me ha contestado todavía.» Unamuno y Baroja siempre se llevaron mal; eran muy diferentes y no complementarios (tal el binomio Baroja-Azorín) y a nadie debe extrañar el divorcio de sus sentimientos y actitudes. Recuérdese que Unamuno, bastantes años andando, llegó a decir de Baroja que le gustaría que le enviase sus obras completas encuadernadas con su propia piel. «Yo no tengo ningún motivo de antipatía personal contra Unamuno —nos dice Baroja en sus *Memorias*—; pero cuando intento leer sus libros, pienso que son como una venganza contra algo que no sé lo que es.»

La siguiente carta, la octava ya, está escrita en papel con un membrete que dice: «*El Globo*. Diario liberal independiente. Mayor núm. 6. Madrid. Redacción.»; va fechada a 26 de marzo, pienso que de 1902, y dice así: «Me dijo Alberti que haría el encargo que usted le indicó; no lo hice en seguida porque he estado atareado con un asunto financiero que ayer terminó lo más desfavorablemente para mí con la salida de Villaverde del gabinete. Este Silvela es un pedazo de adoquín completo.» Baroja fue siempre hombre de opiniones tajantes y, a lo que se ve, el jefe del partido conservador don Francisco Silvela —«la daga florentina», como se le llamaba en las crónicas políticas de su tiempo por lo acerado de sus intervenciones parlamentarias— no era santo de su devoción. Don Francisco Silvela, el creador de la feliz locución «Madrid, en verano, con dinero y sin familia, Baden-Baden», y autor de *La filocalia o el arte de distinguir a los cursis de los que no lo son*, se sentó, en la Academia Española, en la silla K, que años más tarde habría de ocupar don Gregorio Marañón, el encargado de recibir a don Pío en aquella casa.

En la novena carta, también sin fecha y asimismo de 1902, anima a Azorín a colaborar en *El Globo*: «No le he escrito a usted antes porque en estos días estaba creyendo que lo que le contó Rodríguez Serra de las combinaciones con *El Globo* no iba a resultar. Sin embargo, ahora parece que sí, de manera que debe usted enviarle a Riu, o enviarme a mí para que yo se lo entregue, uno de sus *Paralogismos*. No sé al fin si haré lo de los teatros, en tal caso será sólo la comedia y el drama porque el género chico lo hace ya otro. ¿No le gustaría a usted eso? ¿El hacer la crítica del género grande? A mí no me gusta, porque ya sabe usted que yo, además de ser algo patoso para escribir, pongo de primer intención una gran cantidad de barbaridades.» Según mis datos, Azorín colaboró en *El Globo*, a fines de 1902, con un artículo titulado *Los labradores*. Emilio Riu, «un catalán pequeño, moreno y barrigudo», al decir de Baroja, llegó a subsecretario de Hacienda.

De las cartas décima y undécima ya informé a ustedes minutos atrás. En la carta duodécima —quizá también de 1902 porque todavía habla del negocio de la panadería, que delegó ese mismo año en un administrador—, Baroja está triste y pesimista: «He estado malo con intermitentes unas dos semanas y me he quedado muy flojo. No voy a poder terminar el libro para cuando quería: Además, se resentirá probablemente de flojedad.» Alude, como ustedes podrán recordar, a *El Mayorazgo de Labraz*. «Ricardo —sigue don Pío—, ocupado con la panadería que nos está dando una porción de disgustos. Todavía no hemos acabado con la obra. Yo aún no salgo de noche y no les veo a Alberti ni a ninguno de los otros.»

Baroja, sin embargo, pronto se repone y vuelve a la carga y a los proyectos. En la carta decimotercia, sin fecha, aunque ya desde su nueva casa de la calle de Mendizábal, a donde se trasladó la familia a finales de 1902, se muestra de nuevo el Baroja de buen humor y veleidades científicas. «Ya envié los libros a don Camello —dice— con las dedicatorias *flatteuses* puestas por Ricardo con la peor de sus letras. Estamos ya en la casa nueva de Mendizábal 34, en donde yo estoy pensando poner una especie de laboratorio para dedicarme a hacer análisis químicos. He encargado unas cuantas cositas baratitas y he comprado un microscopio simple de los baratos.»

La carta decimocuarta está fechada en Madrid a 5 de julio, supongo que de 1903. En ella vuelve a hablarle a Azorín de Rafael Picavea: «Ayer estuve con Picavea, el de San Sebastián, en los Jardines. Los días anteriores había estado con su secretario.» Y cuñado, aclaro ahora: Toribio Noain, el marido de Javiera Picavea. Continúa Baroja: «Maeztu no le había escrito nada. Discutimos la cosa y como le dijeron que usted era un tanto antojadizo, se pensó en que se nombrara para el periódico nuevo un director estable, un señor Herminio Madinaveitia. Entonces se me ocurrió a mí que podríamos nosotros formar una como redacción veraniega y Picavea aceptó la idea. Yo voy a pasar una temporada allí y a hacer una información por pueblos y caminos. Si usted quiere ir de redactor veraniego, dígame usted lo que habría que pedirle a Picavea. Yo, aunque creo que iré, no le he puesto todavía condición alguna. Como este Picavea es amigo de mi padre y algo pariente mío, me atenderé a lo que él diga.» Del parentesco de Picavea y Baroja no se puede decir que no lo cazara un galgo aunque sí, quizá, conviniera usar para este menester un galgo muy entrenado. La madre de Rafael Picavea, doña Concha Leguía, la bisabuela de mi hijo, era hermana de doña Javiera Leguía, que se casó con don Manuel Larumbe y fueron padres del médico Rafael Larumbe, amigo, compañero de viaje en sus excursiones a París y quizá pariente de Baroja; no descarto la posibilidad de que el parentesco sea otro y yo lo ignore. Sé bien que esta ampliación del concepto de la familia hasta las lindes más allá de las habituales suele ser patrimonio, casi exclusivo, de vascos y de gallegos; en consecuencia, pido perdón a mis oyentes no vascos ni gallegos por la licencia que me tomo de dar por natural y sabido lo que suele ignorarse y más tenerse por artificial, que no antinatural. Baroja sigue diciéndole a Azorín: «Hace algunos días estuve en el Teatro Lírico, donde está o va a estar la redacción del *Gráfico*, con el secretario de Gasset. Dicen que saldrá el periódico el primero de octubre y que para septiembre tendrían formada la dirección. Me dijo el secretario de Gasset, si quería que hablara de mí para redactor; yo le dije que no. He añadido que quizás a usted le gustase eso. Si quiere usted ir a San Sebastián, al periódico de Picavea, empieza el 1.º de agosto según ·parece; si le parece a usted mejor lo del *Gráfico* debía usted escribirle a Burell, que será el director. A lo de Picavea, contésteme usted cuanto antes.»

En la carta decimoquinta, Madrid, 21 de julio de 1903, Baroja apremia a Azorín: «Me parece que no voy a tener más remedio que ir a San Sebastián y en ese caso le pondré a usted un telegrama dos días antes diciéndole el día que salgo para que usted se presente en Madrid, si quiere ir allá.»

La carta decimosexta también está fechada: el 14 de agosto de 1903. «Me escribe Picavea diciéndome que colabore usted en el periódico nuevo. A mí me dijeron que enviara un artículo para el primer número, pero como resultaba un poco violento no lo quisieron poner.» El artículo a que Baroja hace referencia se titulaba *No nos comprendemos* y apareció en el n.º 32 de *El Pueblo Vasco*, 1 de septiembre de 1903; colaboró también los días, 3, 5, 10 y 18 del mismo mes y año, en total, en cinco ocasiones bien seguidas las unas de las otras. «Pagar, pagarán bien —vuelve don Pío—, pero no quieren cosas fuertes sino artículos de crítica política o social hechos amablemente. Si quiere usted colaborar, mande usted los artículos al señor director de *El Pueblo Vasco*, Plaza de Guipúzcoa, San Sebastián. Picavea quiere con gran interés que usted colabore. Creo que el *Gráfico* no va a salir.» No obstante la amístosa —y tan reiterada— insistencia de Baroja, Azorín no llegó a acompañarle a San Sebastián.

Desde esta ciudad está fechada la carta decimoséptima, si bien tan sólo con número ordinal, el 26, cabe suponer que de agosto y del mismo año 1903, y en ella le anuncia su regreso a Madrid: «Yo me voy dentro de tres o cuatro días de aquí. He estado una temporada corta en Articuza (les aclaro: un caserío de Goizueta, en Navarra) y por eso no contesté a la anterior carta. Eso del *Globo* yo no sé cómo va. Por lo que me ha dicho Maeztu, Troyano es el director y según parece, Riu no tendrá ningún cargo en la nueva empresa. Maeztu ya lleva hablando y entendiéndose con Troyano para esto, desde hace tiempo. El podría decirle a Troyano lo que usted quiere, pero me parece que Maeztu no hará nada por llevar al periódico alguien como usted que le pueda, no sólo hacer sombra, sino oscurecerle. En Madrid, si voy yo antes que usted, ya me enteraré de qué es lo que hay y se lo diré a usted.»

La decimoctava y última carta de este curioso epistolario que el saludable afán de vagabundear por el país puso en mis manos, está fechada en Castellón, 15, sin mayores precisiones; Baroja escribe en papel timbrado, «Obras Públicas. Provincia de Castellón. (La insignia de los ingenieros de Caminos.) Ingenieros. Particular.» Que a Baroja no le gusta el Levante español es algo que conoce cualquiera que lo haya leído; como vasco, Baroja ama las brumas que difuminan el paisaje y los tintes grises que lo dulcifican y amansan, y el Levante es luminoso y violento, grandilocuente y multicolor, aparatoso y nítidamente dibujado. Para que no haya dudas del sentimiento de Baroja hacia el Levante, he aquí lo que dice al levantino Azorín: «Estoy en casa de mi amigo, al lado de un balcón con muchos tiestos. El viajecito, latoso hasta la exageración. Encontré Valencia tan repugnante como me parecía cuando tuve la desgracia de padecerla dos años y medio.» Recuérdese que Baroja vivió con los suyos en Valencia, siendo todavía estudiante de Medicina, y que sus primeras impresiones no pudieron ser más violentas ni insospechadas: las chinches atacando en tropel, un pavo real pegando gritos estentóreos en un tejado, el rosario de la aurora, el vecino que criaba conejos en un armario y, para remate, las hemoptisis y la muerte de su hermano Darío. «La catedral, fea —sigue Baroja—, con unas reparaciones que están haciendo, odiosas, con luces eléctricas de arco voltaico colgando de las naves. La reja de Villena es mejor que todas las que hay en la catedral de esa encantadora ciudad de las flores, de Blasco Ibáñez y Rodrigo Soriano. Valencia para mí es el pueblo más antipático de toda España. Cuando iba en tren, oí una serie de conversaciones entre gentes de Gandía, Játiva y Carcagente, hablando de los jesuitas, que ardían en un candil. Las mujeres, sobre todo, eran las que llevaban la voz cantante y el estribillo de todos, refiriéndose a los jesuitas era siempre decir: *mala chens*, mala gente. Aquí en Castellón hay una iglesia gótica estropeada, que la han pintado de una manera loca, todas las columnas, chapiteles, etc., etc.; no hay sitio para poner en la pared la punta de un alfiler. Esta maravilla la hizo en unos cuantos años un pintor valenciano. Vivo en la calle Mayor, 37, y estaré cinco o seis días. Le voy a escribir a Orts para preparar la vida de Bohemia. Véngase usted allá.» ¿Qué es la vida de Bohemia? Baroja, en su carta a Azorín, escribe vida con minúscula y Bohemia con mayúscula. ¿Se refiere a *Adiós a la bohemia*, aparecido en 1911 en *El cuento semanal*, la publicación que dirigía Emilio Carrere? ¿Alude a *Bohemia madrileña*, que vio la luz en *La Esfera*, en enero de 1915? ¿Quién es el Orts de que habla? ¿Ramón, el inventor del faro parlante? ¿Su hermano Tomás, el sucesor de don Jacinto Benavente en la dirección de la revista *La vida literaria*? Estas preguntas —y no pocas más— quedan pendientes de respuesta; la cronología de aquellos primeros tiempos de Baroja no es excesivamente puntual y las fechas, con harta frecuencia, son confundidas o entremezcladas por sus historiadores.

Aquí he tratado no más que de rendir homenaje al amigo que nació hace más de cien años y murió no más que anteayer: todavía me parece sentir, sobre el hombro, el peso amargo de su cadáver cuando Val y Vera, su médico, Eduardo Vicente, el pintor de sus paisajes madrileños, Miguel Pérez Ferrero, su biógrafo, y yo, lo bajábamos —emocionados y tropezadores— por las escaleras de su casa de la calle de Ruiz de Alarcón.

Aquí no he intentado más cosa que rememorar al ilustre y viejo amigo —y, salvadas sean las distancias, compañero— de quien Antonio Machado pudo decir que

> De la rosa romántica, en la nieve,
> él ha visto caer la última hoja.

1. Las publicó José Rico Verdú en su libro *Un Azorín desconocido. Estudio psicológico de su obra*, Alicante, 1973.

Las narraciones breves de un hombre humilde y errante (prologuillo bienintencionado y arbitrario)

Al enfrentarse con la obra literaria en tono menor de Pío Baroja, al encararse con los cuentos que vuelan airosos e independientes o con los que nuestro autor engasta —al suavísimo modo de Cervantes— en páginas de mayor aliento, el lector curioso, ante la luminosa y diáfana belleza de tales rincones literarios y como sin darse cuenta de que lo hace, se plantea alguna que otra pregunta inmediata y necesaria: ¿de qué flexibles materiales está construida esa prosa designadora y eficaz?, ¿qué raro y sencillísimo pulso la habita?, ¿qué aire le sirve de poético excipiente?, ¿de dónde mana el cauteloso y piadoso misterio que de su contemplación se desprende, a veces mansa como la tenue gota de rocío y en ocasiones fiera como la agilísima chispa deslumbradora y saltarina que ciega el mirar?

Vayamos por partes y, recordando que la obra literaria no es sino la huella del hombre sobre el polvo del camino de la vida, el sendero que traza con su andadura, comencemos por estudiar el Baroja que él se suponía, aunque sin echar en el olvido que, como hablando de su propia persona llegará a decir, «es muy difícil mirarse a sí mismo fríamente».

Nuestro autor se retrata con palabras tan claras como significantes: «Yo he dicho que soy vascolombardo —lo dijo en *Juventud, egolatría*—, un hombre pirenaico con un injerto alpino. Como temperamento individual me veo dionisíaco, turbulento, entusiasta de la acción y del porvenir. Me he llamado también cariñosamente, pajarraco del individualismo y romántico, y he dicho que en mi juventud era bruto y visionario.» ¿Pueden las curiosas características y circunstancias enumeradas, producir una actitud literaria de tan óptimo y duradero fruto? Pienso que, por sí solas, no. Y lo pienso, claro es, lleno de precauciones y respetos. A Baroja le gustaba calificarse con dos adjetivos hacia los que mostró siempre no poca reiteración y tanto cariño como simpatía: el que señala la humildad y el que denuncia el vagabundeo. «Pío Baroja, hombre humilde y errante», escribe en *Las nociones centrales*, capitulillo de *Juventud, egolatría*. En el prólogo de *El escritor según él y según los críticos*, el tomo primero de sus *Memorias*, Baroja nos da una nueva pincelada que ha de ayudarnos a fijar su retrato: «Yo no tengo la costumbre de mentir, yo no tengo afición a falsificar.» Con tan sencillos ingredientes —y sin desechar jamás ninguno de ellos— Pío Baroja se fue de este valle de lágrimas después de dar cima a una obra generosamente dilatada y tras habernos predicado con el ejemplo de su saludable postura, tan aleccionadora para todos nosotros, los olvidadizos e inconstantes bípedos implumes de Diógenes Laercio.

La piedra de toque de los escritores, el cabo de Buena Esperanza que han de doblar si quieren ser considerados como tales, quizá sea la de la dura prueba de la economía de sus recursos. En la obra de amplio empeño, la novela, pongamos por caso, o el poema épico, el escritor dispone de una vasta y casi ilimitada pista para maniobrar y despegar y volar libre como el pájaro, y las dificultades con que se tropieza son de índole diferente: no menores, pero sí, en todo caso, diferentes.

Quizá pudiera plantearse un esquema punto menos que cierto y automático: a mayor y más próvido vocabulario y más compleja técnica (y talentos supuestos, claro es), la literatura muestra más sabiduría, sí, y mayor alarde y virtuosismo, pero también más facilidad y defensa. La riqueza acopia recursos posibles, pero su renuncia —la voluntaria y generosa pobreza— es el mejor y más soterrado adorno del arte literario. El meollo del problema habita en la cuestión, nada fácil de deslindar, de conocer hasta dónde esa pobreza léxica y estilística es deliberada (y meritoria y plausible) o forzosa (y delatora e ingenua); en el primer económico supuesto está el Cervantes del *Quijote*, por ejemplo, o el autor del *Lazarillo de Tormes*, como en su antípoda ubérrimo habita Quevedo con su abrumador —y glorioso— despliegue táctico y verbal; como es de sentido común, los dos caminos son buenos y los dos peligrosos, ya que —contra lo que suelen creer la crítica y el profesorado— el fenómeno literario no es paisaje que pueda reducirse a apriorismos; no es, según pensara Unamuno y a mí me gusta repetir, un arte de precepto, sino de potscepto.

Pío Baroja, en sus cuentos y en sus narraciones breves (también en sus más auténticas y personales novelas) parte de postulados tan elementales como difíciles —el relato lineal según los viejos usos de los cuentos al amor de la lumbre, la anécdota narrable y recordable, el sentimiento a flor de piel— para cuya expresión utiliza la muy simple herramienta de su casi avaro y siempre directo vocabulario. Al fondo —y como sirviendo de contrapunto a la danza de sus aventureros y sus conspiradores— vuelan los fantasmas de los maestros rusos del siglo XIX vagando, como almas en pena, por la memoria del lector y quizá, también, por la memoria del autor, aquella joven esponja ávida de lecturas y sensaciones.

¿De dónde, entonces, el encanto, la lozanía, el deleite intelectual que de sus páginas se desprende? Ese es el problema con el que el lector se enfrenta, la situación —en principio paradójica— que todos quisiéramos desvelar.

El joven Baroja de *Vidas sombrías*, el mozo de veintiocho años que era el Baroja de 1900, se encara con el mundo con unos ojos lastrados, evidentemente, de literatura anclada en el dolor y en el pesimismo. En *Mari Belcha*, aquel ingenuo poemita en prosa, se siente médico viejo a lomos de un viejo caballo. En *Los panaderos* nos describe un entierro de tercera con sus dos caballos escuálidos y derrengados y su acompañamiento de agria resignación. *Águeda, la encajera*, es una muchachita angulosa, con uno de los hombros más alto que el otro, los cabellos de un tono bermejo y las facciones desdibujadas y sin forma. En *El trasgo* nos habla de las hijas de Aspillaga, el herrador, que las tres se contagian la histeria y las tres están locas de remate, locas de atar. En *La venta* se dirige a los mendigos, a los charlatanes y buhoneros y saltimbanquis y vagabundos que no tienen más patria que el suelo que pisan, ni más hacienda que la que llevan sobre sus espaldas, ni más amor que la hermosa libertad. En *Errantes* insiste en su coloquio con gitanos, caldereros y mendigos y retrata a una familia vagabunda en una noche de nevada. En *Angelus* nos habla de la oración a bordo de la trainera *Arantza*, con sus trece hombres impasibles, la mujer del patrón y un perrillo de aguas que mira atónito para la mar. En *Lo desconocido* hace viajar en tren a una mujer cuyos recuerdos eran todos fríos y sin encanto alguno. En *La trapera* piensa que Dios, en la gran ciudad, habita en los solares por los que deambula una vieja pequeña, arrugada y sin dientes en compañía de una moza flaca, desgarbada, pecosa, pero que, no obstante, irradia juventud y frescura. En *La sima* supone que el macho cabrío de la tía Remedios, que tiene fama de bruja, vuela por los aires entre bandadas de culebros. En *Las coles del cementerio* —uno de sus cuentos más clásicos y más publicados— habla de Pachi-zarra, que algunos sospechan que tuvo una juventud borrascosa, que otros dicen que había sido bandolero por las lomas de La Rioja, o fugado de presidio, o marinero pirata, y que no pocos piensan que quería ser sepulturero para sacarles las mantecas a los niños; para mejor desengaño de todo, Pachi-zarra es un sentimental que se hace cargo de los seis hijos pequeños de la tabernera muerta y que llena de hortalizas el camposanto para poder darles de comer. En *De la fiebre* cuenta su pesadilla de una noche de calentura en la que se le apareció la mujer hidrópica cuyo cadáver había visto en el depósito del hospital. A lo largo de estos doce cuentos —y de los veintitantos más que figuran en *Vidas sombrías*— late un denominador común, el dolor de los miserables y la infinita misericordia que le inspiraba, y el título bajo el que les da cabida a nadie puede llamar a engaño porque sombrías son todas las vidas de que nos da noticia. Baroja, ya desde su primer libro (no considero ahora su tesis doctoral, *El dolor. Estudio de Psico-física* [1], aunque no falten en ella evidentes logros literarios en los que también se muestra verdadero y no mentiroso), hace cierto su propósito de no engañar a nadie, saludable intención que había de acompañarle hasta el sepulcro.

La literatura de Baroja, aquel escritor diáfano e inmediato, fue siempre claro trasunto de su persona a su obra; quienes tuvimos la fortuna de tratarlo sabemos bien que eran una y la misma cosa leerlo que escucharlo. De ahí el aroma a verdad que de sus páginas, que no fueron pocas, se desprende. Don Quijote, en trance de coloquio con el Caballero del Verde Gabán, le argumenta que la pluma es lengua del alma, aserto que conviene con holgura a Pío Baroja.

«Cuando me creía un hombre humilde y errante —nos dejó escrito— estaba convencido de que era un dionisíaco y me sentí impulsado a la turbulencia, al dinamismo, al drama.» «Yo también soy un puerco de la piara de Epicuro», nos reafirma poco más abajo. ¿Dónde están, me pregunto, las páginas dionisíacas y las actividades epicúreas de Baroja? Hace años comparé el hogar de Baroja con el hermético refugio, con el fructificador tablado de una familia de artesanos bávaros o flamencos: todos en torno a una gran mesa y cada uno de ellos aplicado a su peculiar e inabdicable menester.

Baroja, en aquellas páginas, nos aboceta un curioso esquema de su persona. Sabemos ya que se pensaba humilde y errante, dionisíaco y epicúreo, entusiasta de la acción y del porvenir, turbulento, individualista, romántico y —de joven— bruto y visionario. También se nos presenta, con muy saludable humor, como el hombre malo de Itzea, como agnóstico («me gusta ser un poco pedante con los filisteos»), dogmatófago y archieuropeo.

Un hombre —y Baroja no tiene por qué hacer excepción a la norma general— no es sólo lo que es, sino también lo que fue y lo que será, e incluso —en proporción mayor o menor— aquello que hubiera querido ser o haber sido. Con esto intento decir que en la cabeza del escritor nato —y Baroja es, probablemente, su ideal arquetipo— habitan y conviven, no importa si en paz o en guerra, las actitudes y los sentimientos que más encontrados pudieran parecernos a una primera vista. Un escritor lo es, en realidad, en tanto en cuanto se sienta y sepa sentirse guerrillero en una página y asceta en otra, abnegado héroe (o agnegada heroína) en un capítulo y chulo de mujeres (o mujer chuleada) en el siguiente; el escritor de su anecdótica aventura personal, el escritor de una única acción —aquella que le ha tocado vivir: la guerra, el naufragio, el presidio— no pasa de ser un memorialista.

El cosmos literario de Baroja se nos presenta tumultuariamente poblado por personajes que actúan, cada uno de ellos en su órbita peculiar, inducidos por móviles múltiples y dispares: tantos, como hilos maneja nuestro autor para mejor danza de sus marionetas. Boileau, en su *L'Art poétique*, nos explica que

Souvent, sans y penser, un écrivain qui s'aime
forme tous ses héros semblables à soi-même.

Pienso que fatalmente —y no con frecuencia sino siempre— esto es así, puesto que la imagen y semejanza de un escritor que se precie de serlo no tiene barrera previsible ya que en su cabeza, e incluso en su sentimiento, cabe todo y éste es el caso de nuestro escritor.

Baroja, en el parágrafo *El remedio*, último del segundo capítulo de *Juventud, egolatría*, el que titula *Yo, escritor*, se confiesa de forma paladina: «Como todos los que se creen un poco médicos preconizan un remedio, yo también he preconizado un remedio para el mal de vivir: la acción. La fuente de la acción —nos dice poco más abajo— está dentro de nosotros mismos, en la vitalidad que hemos heredado de nuestros padres. El que la tiene la emplea siempre que quiere; el que no la tiene, por mucho que la busque, no la encuentra.» Baroja, que no actuó «por fuera», externamente (no fue ministro ni financiero ni capitán de industria y abandonó el ejercicio de la medicina), sí actuó con inusitada violencia en la ordenación y puesta en limpio de los centenares de acciones que sopló en el espíritu de sus personajes. El tuvo esa fuente de la acción —la vitalidad heredada de que nos habla— y la empleó siempre que quiso y como quiso: vertiéndola en las cuartillas por las que pululan sus tumultuarias criaturas. Para un observador medianamente atento, Baroja, pese a su amor personal por los ámbitos mínimos, pese a sus aparentes hábitos misóginos y a su claustrofilia, no fue un sedentario sino un aventurero de lo que es más difícil mantener enhiesto que la carne: el espíritu. El cauteloso Montaigne sostiene que no puede decirse lo que no se siente, y Baroja, a lo largo de toda su obra ingente, hace buenas sus palabras. Elizabide, el vagabundo, puede entenderse —sin apurar demasiado el proceso— como la contrafigura del Baroja hombre de acción callada, hombre espejo filosófico de la acción de los demás.

Baroja gozó siempre plantándole fuego al tiempo, como buen nihilista. El tiempo, ¿para qué? ¿Para qué nos sirven las horas más que para lastimarnos? Sabido es que sobre la esfera del reloj de Baroja campeaba la leyenda que, aludiendo al incesante y monótono caer de las horas, reza: Todas hieren, la última mata.

Los héroes de Baroja —Silvestre Paradox, el arbitrista; Jaun de Alzate, el arrojado; Aviraneta, el conspirador— mueren incendiados en la acción, hacen y hacen sentir y son y se sienten extrovertidos, alborotadores y peleones; por eso tiene voz, por lo común tonante, y navegan por la vida, como por la mar, en amplias singladuras. Baroja arrastra a sus personajes por el torrente que viene de Nietzsche y de Sorel y en cuyas orillas no brota la florecilla ingenua de la resignación sino la zarza y el cardo siempre dispuestos a la defensa y al ataque. Tampoco descarto la posibilidad de que esta botánica agresiva sea un poco de coraza tras la que el escritor Baroja se parapeta.

Su estética —insisto— es trasunto de su persona, espejo de su sentimiento. Baroja no se mostró reacio a pronunciarse sobre los principios del arte literario, aunque jamás hipotecó la última instancia de su retirada a tiempo y con la cazurra sonrisa bailándole en la comisura de los labios.

En la antología *Novelistas españoles contemporáneos* publicada por Juan del Arco al poco tiempo de terminar la guerra civil, Baroja habla sobre el tema con ideas tan claras y certeras como elementales: «No es cosa de definir la novela; cualquier definición que inventara uno, después de calentarse la cabeza, sería incompleta, arbitraria y no vendría completamente justa. Que hay una necesidad para el hombre actual de leerla, no cabe duda. Para unos es como un abrigo necesario para preservarse de las inclemencias de la vida; para otros, es una puerta abierta al mundo de lo irreal; para otros, es un calmante.

Baroja —de lo transcrito se desprende— finge resistirse a definir el género y juega con el despropósito al suponer que la novela es, en todo caso, necesaria: a título de techo bajo en el que guarecerse, de portillo por el que huir o de droga que propicie la serenidad. Obsérvese que los tres supuestos de Baroja son defensivos.

El entendimiento de la novela —y del cuento y de la prosa narrativa en general— como un mar sin orillas en el que cabe todo, debe leerse como lo que es: una pedrada al dogmatismo con el que se ha querido encorsetarla y, a la postre, estrangularla. Baroja se opone a considerar la novela como un objeto mensurable, y antepone la invención a la técnica, que puede adquirirse —y no va errado en su camino— a fuerza de acopiar ciencia (o simplemente paciencia) y trabajo. Nuestro hombre declara, una vez más, su amor a lo verdadero y cierto, y antepone la ingenuidad, aún bárbara, a la habilidad, para poner fin a su teoría con una finta perogrullesca.

Pío Baroja —y valgan estas sus palabras de ahora de remate a este prologuillo bienintencionado y arbitrario— piensa que «el hombre debe tener la sensibilidad que necesita para su época y para su ambiente; si tiene menos, vivirá como un menor de edad: si tiene la necesaria, vivirá como un adulto; si tiene más, será un enfermo».

Pío Baroja, aquel prodigio de equilibrio literario y humano, se calla piadosamente, en esta ocasión, el diagnóstico de la insensible y enferma sociedad que le tocó vivir y que jamás llegó a entender del todo sus palabras.

1. Madrid, 1896. No *Estudio acerca del dolor*, como falsa y reiteradamente se cita en determinadas bibliografías.

Marañón, el hombre

Tal ejemplo recibí de don Gregorio Marañón y de su recta conducta, y tanto y tanto le debo y así proclamo que, desde que —a raíz de su muerte— pensé y articulé por primera vez estas breves ideas en torno a su figura, siempre he vuelto sobre ellas, como queriendo perfilar más y más su silueta. Ni aspiro a decir la última palabra sobre él ni creo, tampoco, que hubiera de conseguirlo por más vueltas que le diere. Ante ustedes voy a tener el honor de expresar algunos de mis puntos de vista, permanentemente reelaborados y en movimiento, sobre la figura de aquel espejo de liberales y paladín de tolerancias a quien los españoles nunca recordaremos bastante ni con bastante amor y gratitud.

Se trata de dibujar, someramente, la silueta de un hombre. Decían los viejos griegos que el hombre es la medida de todas las cosas. En el libro del Génesis se lee que Dios creó al hombre a su imagen. Goethe, a vueltas con la idea, la llevó hasta sus últimas consecuencias: cuanto más hombre te sientes —nos dejó dicho—, más te asemejas a los dioses.

Se trata —venía diciendo— de dibujar la silueta de un hombre que ha muerto. Es menester cruel para quienes tanto le quisimos, para quienes tanto —proclamadamente— le seguimos queriendo. Pero sucede que debemos sorbernos nuestro dolor y cumplir, como mejor podamos, el propósito que aquí nos convoca.

Sí. Se trata de dibujar la silueta de un hombre. La técnica ideal para hacerlo sería la del complejísimo —y elemental— claroscuro, manera hermosa de perfilar, de señalar y de fijar los delicados contornos.

En Madrid ha muerto un hombre. El 27 de marzo de 1960 —hace ya más de veinte años—, en Madrid murió un hombre que se llamaba Gregorio Marañón y Posadillo. Podría habérsele apodado el español. Hay una rara suerte de españoles —escasa, para nuestra desgracia— que late, bajo la histórica capa de los españoles, desde que lo español existe, que pudiera marcarse con la impronta del mesurado patriotismo, del patriotismo indeleble y siempre mantenido, sin altibajos, sin brincos en el vacío y sin abandono, pase lo que pasare, del deber. A esta gloriosa estirpe pertenecieron —elijamos, al azar, dos rosas— el Padre Feijoo y Jovellanos, dos figuras que tanto y tan inteligentemente quiso Marañón.

Gregorio Marañón se sentía, en cuerpo y alma, español: oficio tan glorioso como peligroso. Don Gregorio, en sus apellidos, arrastraba ya los sonoros topónimos españoles como si quisiera pregonar, para que duda alguna pudiera albergarse en su deseo, que se sabía y se sentía tierra de España. En el navarro valle de Aguilar y, doblando a España por su cintura, allá en la Mancha de Don Quijote, Marañón es bautismo que bautiza los caseríos. En la Montaña, en las santanderinas tierras de su origen familiar, Posadillo es nombre que nombra a una aldea perdida por las quebradas trochas de Polanco.

Gregorio Marañón, el español, fue uno de los últimos hombres a quienes cabría, con holgura, la señal de *homo humanus* que Cicerón antepuso —sigamos a Pedro Laín— al estrecho *homo romanus* de Catón. A la esencia del *homo humanus* (del hombre que, por sentirse hombre, cobraba la consideración de humano y, por saberlo y saber decirlo, alcanzaba la senda —jamás meta— del humanismo) corresponden los tres elementos que concurrían, dándole forma y densidad, en Marañón: el puro saber, el abnegado amor al hombre y el íntimo sentido de la sociabilidad. El *zoon politikon* de Aristóteles, el hombre hecho para vivir en sociedad, se hermanaba en Marañón con la sabiduría que fluye de la serenidad (recuérdese a Montaigne: el signo más cierto de la sabiduría es la serenidad constante) y con el cristiano y —repitámoslo— abnegado amor al hombre.

Se nos plantea ahora —y no hemos hecho más que empezar— el problema de que la complejidad de la figura que tratamos rebasa, con mucho, todos los límites —de espacio, de profundidad y de tiempo— de que pudiéramos disponer. Marañón era un hombre del Renacimiento y el Renacimiento fue un fenómeno escasamente comprendido por los españoles quienes, orientando sus ímpetus hacia otros derroteros, recogieron, muy fragmentariamente, su saludable siembra. El maestro Ortega, al fijar las lindes del Renacimiento, puntualiza que el hecho de que su caracterización no valga para la misma época en España —nuestro arte era ya fantasía y ardor, es decir, alma— confirma la independencia cronológica de la evolución española.

Marañón era un hombre del Renacimiento, sí, pero era también un hombre de la Ilustración, lo que viene a añadir mayor riqueza —y sin duda, mayor dificultad— al diáfano entendimiento de su, por otra parte, tan diáfana figura. Marañón era un hombre atento a todos los aconteceres del saber, un hombre que conocía los riesgos de la especialización —ese grave pecado de la sociedad moderna que tan próximo pariente resulta de la fosilización— y, para combatirlos, mostraba el pecho de par en par abierto a todas las nobles curiosidades del espíritu.

Se suele hablar, al referirse al hombre sabio en varias disciplinas, de la extrahumana y casi angélica capacidad de desdoblamiento que presenta. Creo que los previos supuestos del problema están mal planteados. Difiero de quienes piensan en la existencia de un Marañón médico, al lado de un Marañón historiador, a la vera de un Marañón moralista y por encima o por debajo de equis Marañones más. Quisiera dejar bien sentada mi idea de que el saber de Marañón (no ya su contextura humana, su temple, que era recio y de cuerpo entero), no fue, contra todas las apariencias, diverso sino unitario. El saber de Marañón —y la paralela impronta que su saber dejó en la cultura— no fue un saber múltiple, producto de la suma de tantos y tantos otros saberes parciales más, sino un saber poliédrico y que ha de ser visto en su conjunto, ya que cualquier fragmentación que de él osáramos hacer sería tanto como traicionar su más íntimo espíritu. El Marañón médico no puede escindirse del Marañón ensayista, ni el Marañón historiador puede considerarse aparte del Marañón moralista, ni el Marañón escritor puede verse aislado del Marañón biólogo. En Marañón, todo está en función de todo y todo, también, es Marañón. Es más, si alguna de sus facetas hubiese dejado de adornar su figura, Marañón no hubiera sido Marañón, sino, simplemente, el sabio biólogo, o el insigne médico, o el ilustre escritor, conceptos, todos, que no lo delimitan, puesto que Marañón los sobrepasa al tiempo de conformarlos, de amoldarlos a su más íntimo ser. El poliedrismo de Marañón es hermano de la sangre del humanismo clásico, aquel saber que, mirándose en el espejo griego, medía al mundo por el rasero del hombre e hizo posible la aristocrática cosecha del *homo humanus* a que antes aludí.

Pero si el saber de Marañón lo consideramos poliédrico, debemos percatarnos de que poliédrica también es su figura humana, su hombredad, su hombría, su humanidad. ¡Qué igual —y qué varia y rica, según la cara que el poliedro Marañón presentase— resultaba la silueta de Marañón en la cátedra o en el hospital, en el sosegado y cortés seno de la Academia o ante su mesa de escribir, en la tertulia de las tres de la tarde en su casa, ante la humeante taza de café, o en su bien ganado descanso de los domingos en su cigarral Los Dolores, de Toledo!

La rara carne de la que el complejísimo espíritu de Marañón estaba hecho, era producto de la providencial concurrencia de unos elementos de sencilla sustancia que, afortunadamente medidos y pesados y mezclados, pudieron producirlo.

No se trata —entiéndase así— de disecar a Marañón sino, mucho más respetuosamente, de acercarnos a su figura —o de intentar hacerlo— para ver, desde cerca, qué reflejos nos brinda y cuáles son los límpidos cristales que los producen.

Lleguémonos, con toda cautela, hasta él. Marañón, en sus últimos tiempos ya recio y pesado de cuerpo, mantiene el espíritu ágil y alerta, atento a todo lo que acontece, curioso de todo lo que escucha, sagaz en todo lo que dice. Es un jueves cualquiera y a lo mejor ese jueves tuve la fortuna de haber sido invitado a almorzar en su casa. A la mesa y a la derecha de Lola Moya —la antigüedad es un grado— se sienta José María de Cossío; a su izquierda solían colocarme a mí. Imaginémonos que ese jueves también concurren Juan Belmonte, Domingo Ortega y el escultor Sebastián Miranda. Y mi mujer, si está en Madrid. Y su hija Belén, que consagró su vida, con nobilísima y alegre conciencia, a su amoroso servicio: como su madre. La conversación vuela, saltarina, de un lado a otro. Se habla de toros o de las elecciones francesas o americanas; de literatura y de vida académica; de la universidad —ese gran amor y esa gran preocupación de don Gregorio— y de los últimos acontecimientos mundiales; de la bomba atómica o de la concesión del Premio Nobel a Severo Ochoa. Marañón habla pausadamente, equilibradamente. Sus opiniones son lógicas, sensatas, mesuradas. Al oírle, se añora que no sean, efectivamente, la expresión del pensamiento de un padre de familia con sentido común. Al pensamiento de Marañón le ocurre lo que a la prosa de Azorín: que parece fácil y, sobre fácil, de vulgar temática sabiamente desarrollada y expresada. Obsérvese que la temática vulgar —la materia de conversación corriente y moliente— trabajada y contada con sabiduría, la sapientización, es todo lo contrario de la vulgarización, esa lacra del saber que consiste, inversamente, en acercarse con ánimo vulgar a los temas sabios. Ortega analiza, en un breve y luminoso ensayo, la primorosa vulgaridad de Azorín. En Azorín —nos dice— no hay nada solemne, majestuoso, altisonante. En Marañón, pudiéramos parafrasear nosotros, tampoco. Las más hondas aportaciones de Marañón a las ciencias biológicas, médica o histórica, están expresadas con una claridad meridiana, con una sencillez diáfana. En la utópica República de Platón, los padres de familia hablaban según la doble y varia pauta de don Gregorio y de Azorín.

El aplomo del pensamiento de Marañón brota, como la fuente que mana y corre del poeta medieval, de la íntima y bien ensamblada adecuación de causa y efecto de su espíritu y su cabeza. A esta figura, en castellano, se le nombra fidelidad: fidelidad consigo mismo. Raimundo Lulio quiso ver siempre rectos los caminos de la fidelidad, aquella virtud que, para Shakespeare, tiene el corazón tranquilo. Ortega, sagazmente, llama cultura a ese camino recto y de sosegado corazón por el que marcha el hombre que es fiel a sí mismo. Uno de los múltiples ejemplos que don Gregorio nos brindó fue el de férreo dominio que siempre tuvo sobre sí mismo; de él pudiera decirse, sin conceder margen alguno al error, que fue el módulo del hombre culto tal como quería Ortega; aquel que ha tomado posesión de todo sí mismo. Marañón, dueño de todo sí mismo, administró su caudal exigentemente consigo mismo y dadivosamente con los demás. Nadie, como él, con el sí más pronto a la amistad y nadie como él, tampoco, con mano más dura para la propia exigencia. Hombre, Marañón, que sacaba tiempo de donde no lo había, logró, multiplicando los minutos por los deberes, dar a su tiempo una elasticidad y un rendimiento desusados. A quien le preguntó por el secreto de su fértil horario, Marañón dio la honesta respuesta de quien, pudorosamente, viste de sencillez a su excepcionalidad.

—Soy un trapero del tiempo; eso es todo.

Marañón estuvo vivo y alerta todas las horas que Dios le dio de vida. Sin su férrea salud —dolorosamente quebrada un par de años antes de su muerte. cuando su primer ataque cerebral— no hubiera podido explicarse la luminosa cosecha que Marañón nos legó.

Imaginemos que el almuerzo de que hablaba —y, que para desgracia de todos, ya no podrá volver a repetirse— va tocando a su fin. La charla —decía— se generaliza, ya está generalizada desde que nos sentamos a la mesa. Cossío habla de sus poetas antiguos. Juan Belmonte narra anécdotas de Larita, torero pintoresco y bravucón. Domingo Ortega comenta la marcha de la fiesta. Sebastián Miranda, que tiene una memoria sin fondo, cuenta los viejos y eternos cuentos de París. Don Gregorio, sonriente, escucha y sólo interviene para centrar la conversación —esa bella arte tan olvidada por incumplimiento de sus corteses reglas—, para precisar una idea dudosa o balbuciente, para hacer el quite al amigo que se pierde. A veces, don Gregorio, entorna los ojos, diríase que ausente. ¿En qué piensa don Gregorio, con los ojos entornados, durante dos, tres segundos? No lo sé; mis compañeros de mesa tampoco lo saben: don Gregorio no nos dice en qué pensaba. Cuando abre los ojos, don Gregorio sonríe, como pidiendo que le disculpemos, y se suma a la conversación por donde la conversación vaya. Don Gregorio no ha perdido una sola palabra, un solo matiz. Don Gregorio había pensado, ¡quién sabe!, quizá en una pincelada del Greco, o en un papel de Antonio Pérez, o en un síntoma del anónimo enfermo del hospital. La cabeza de don Gregorio, como la de los directores de orquesta, es una cabeza plural, apta para abarcar todo lo que le rodea, para escuchar y decantar todo lo que acontece.

Don Gregorio y su mujer y su hija y sus invitados —a veces también algún nieto, algún hijo de Carmen y de Alejandro Araoz—, hemos comido en la biblioteca, entre las mismas paredes que le sirvieron de capilla ardiente. ¡Quién nos lo había de decir! Durante el café, en un pequeño saloncito contiguo, José María de Cossío enciende su enésimo puro descomunal. Don Gregorio no fuma; don Gregorio piensa que el tabaco hace daño, pero respeta las aficiones, los hábitos de los amigos. Don Gregorio es un hombre liberal. El diccionario dice que liberal es, en su primera acepción, quien obra con liberalidad. La liberalidad, en castellano, es la virtud moral que consiste en distribuir uno generosamente sus bienes sin esperar recompensa. Uno de los bienes más cuantiosos de Marañón, también uno de sus bienes más valiosos, fue el de la tolerancia. Marañón fue un hombre naturalmente tolerante, un hombre que rezumaba tolerancia por todos sus poros, que repartía tolerancia a manos llenas y sin cansarse jamás de hacer la caridad.

El Marañón tolerante, el Marañón liberal, el Marañón patriota y el Marañón tantas y tantas otras cosas más, no era maestro que se dejara ver, como la cara de la luna —ese astro hermoso y egoísta—, por fases, sino que se nos presentaba entero y verdadero, tal como era, sobrecogiéndonos con su aleccionadora —y siempre próvidamente derramada— humanidad. Del Marañón hombre, pudiera decirse, como del Marañón sabio, que no puede ser visto pedazo a pedazo sino en conjunto aunque, evidentemente, nos costare trabajo el solo intento de abarcarlo en toda su dimensión.

Si hablando, poco atrás, de su saber, dimos en adjetivarlo de poliédrico, como única precisión que pudiera ponernos en el camino de su entendimiento, ahora, al iniciar este primer contacto con el hombre, se nos ocurre que, para descifrarlo, deberíamos, antes, prestar atento oído a su armónico rumor. Los hombres suenan con muy dispar sonido, pero suenan siempre. Al Cid lo escucho como el golpe del hierro sobre el yunque; también como el galopar de la caballería sobre la parda cáscara de la tierra; San Juan de la Cruz era un caramillo de pastor en el que soplaba un ángel; los toreros antiguos sonaban igual que duros de plata; fray Luis era un laúd de notas delicadas y enamoradas; Góngora, una culta guitarra mora, y Bécquer, un violín que se sabía enfermo. El sonido de Marañón no es tan áspero como el del Cid ni tan dulce como el de San Juan; sin embargo, también es áspero y dulce. El sonido de Marañón no es marchoso como el de los toreros antiguos ni bucólico como el de fray Luis; no obstante, también es marchoso y bucólico.

El sonido de Marañón no es aristocrático y esotérico, como el de Góngora, ni elegíaco y artístico, como el de Bécquer; a pesar de ello, también es artístico y aristocrático, elegíaco y esotérico. Marañón, que tiene tantos sonidos y todos acordados, suena como una orquesta de buena e inteligente disciplina interpretando una sinfonía modelo de orquestación. En ella, la aspereza y la dulzura existen —coexisten—; y la descarada marcialidad y el recóndito bucolismo; y el arte aristocrático y difícil y el son de la elegía. Lo que acontece es que su sonar está dispuesto, diríase que mágicamente, de forma que, pasmados ante el conjunto, no nos atrevamos a perseguir el virtuosismo a riesgo de perder la inteligente emoción. La naturaleza, con frecuencia, también se nos presenta abrumadoramente orquestada.

El poliedro Marañón suena —estamos intentando verlo y decidirlo— con un sonar de orquesta, con un sonar poliédrico. Tampoco podemos separar, en este tímido ensayo de aproximación a don Gregorio, el poliedro, de la orquesta. Probablemente, allá en el más remoto trasfondo de los conceptos, poliedro y orquesta sean lo mismo pese a su tan dispar cuna etimológica.

Lo único que nos atreveríamos a hacer, ante este laberinto claro como la luz del sol que es la señera figura que nos ocupa, sería estudiar, pulgada a pulgada, su conjunto para llegar a verlo, siempre en conjunto, como una feliz suma de detalles y circunstancias. Probemos a hacerlo.

El *homo humanus* Gregorio Marañón abarca los cien Marañones públicos que conocemos y que, ensamblándose y complementándose —también apoyándose en él y nutriéndose de su substancia—, lo producen.

Podemos pensar que, terminado el almuerzo, también dio fin la deleitosa y amena sobremesa. Los invitados nos vamos y Marañón, derramándose en infinitos chorros de misericordia, atiende a sus enfermos. No soy yo el llamado a hablar del médico Marañón, aunque sí creo que me será permitido hacerlo, siquiera brevemente, desde el ángulo —amargo y doloroso ángulo— de los enfermos, de quienes corrimos —y formamos legión— a su consulta en busca de la salud perdida. El médico debe ser dueño —y hábil y honesto administrador— de un cierto poder taumatúrgico que produzca la confianza y avive la fe del enfermo en la curación. Si ese poder taumatúrgico no se apoya en un sólido sedimento científico, el médico, claro es, se despeña por los barrancos del curanderismo, esa rara situación de hecho que cabalga a lomos de los dos jacos dispares del milagro y del delito, y que tanta materia de pensamiento dio a Marañón. La medicina es un arte —el arte de curar— que, como todas las artes, se apoya en un andamiaje científico: la técnica peculiar de cada una de ellas. De la aportación científica de Marañón a la medicina nada he de decir ya que es norma de discreción no meterse en camisas de once varas, pero del reflejo, en el ánimo del enfermo, del arte de sanar enfermos que se desprendía de la sola presencia de don Gregorio —reflejo diríase que mágicamente brotado del ejercicio del buen sentido—, podría traer a colación un nutrido anecdotario sobre el que, claro es, ni voy a pasar siquiera. No es ésta la coyuntura de la anécdota, esa historia sin historia en la que se guarecen todos los gatos pardos de la noche que no merece la pena historiar, porque la verdadera historia de Marañón —la que a nosotros nos interesa— ha de ser vista a la pura, a la violenta luz de la inteligencia. El poder taumatúrgico de algunos médicos ilustres —tal Marañón— se apoya en muchas horas de estudio y en muchas onzas de talento, tanto como en la evidencia, por parte del enfermo, de que ese talento y ese estudio son verdaderos y reales. La apariencia de la salud conseguida por procedimientos mágicos y milagrosos —y sólo por procedimientos mágicos y milagrosos— es tan fácil como engañosa y falaz. Ya no lo es tanto la devolución cierta de la salud por medios científicos y solventes, a los que, ¡quién lo duda!, puede y debe el médico apoyar en su poder de persuasión y de encantamiento, que es tanto como apoyarlo en su prestigio.

Pero este poder de persuasión y de encantamiento, que indudablemente —y no sólo en el cjercicio de la medicina— tenía Marañón, se apoya también en otras varias determinantes que conviene no olvidar.

Me refiero, por ejemplo, a su voluntad de no mentir, pase lo que pasare. Nada expresa la hermosura del alma —decía Marañón— como el ser veraz. Marañón se planteó, muy joven todavía, la necesidad de ser veraz a ultranza y ese culto a la verdad le acompañó hasta el sepulcro.

También podría aludir a su generoso y amoroso entregarse a todo lo que le requería. Marañón era incapaz de decir que no a nada que no fuera disparatado o injusto, y esa incapacidad lo llevó a derramarse —modesto en lo cotidiano, moderado en el triunfo, templado en el trabajo, como quiso verlo José María de Cossío— en tantos chorros de amor y de generosidad como fuimos sus amigos. Sólo la virtud inflamada de amor —nos dijo— tiene la eficacia del ejemplo. Son éstas, palabras que pudieran darnos fecundo tema de pensamiento ante su figura ejemplar.

Marañón —decíamos que era la tarde de un jueves— a eso de las siete o siete y cuarto, caía, indefectiblemente, por la Academia. Marañón, en la Academia, era abierto, y moderado, trabajador y puntual; sus papeletas eran siempre exactas; sus observaciones atinadas; su conversación, una aleccionadora y provechosa delicia. La Academia perdió, con él, uno de sus mayores encantos —el de poder verle y escucharle— y también el árbitro sosegado y ecuánime de todas las situaciones. Quienes lo veíamos llegar, jueves tras jueves, rebosando equilibrio e inteligencia y repartiendo, a manos llenas, su bondad, aquella bondad que no conoce límites, nos hubimos de encontrar —durante mucho tiempo— demasiado a solas con nosotros mismos. Y lo peor es que no es éste el único problema, aunque sí el más íntimo y doloroso, que planteó a la Academia la desaparición de don Gregorio.

El día 26 de marzo, veinticuatro horas antes de morir, escribió a nuestro director de entonces, al venerable don Ramón Menéndez Pidal, también dolorosamente desaparecido, una carta, quizá su última carta. La carta de Marañón, con la muerte llamando ya a la puerta de su alcoba, no era una carta de despedida sino todo lo contrario: una carta de esperanza. «Mi ausencia de la Academia —decía don Gregorio a don Ramón— es quizás el sacrificio que más me cuesta, pero confío en que poco a poco me iré restableciendo y podré volverme a sentir entre ustedes.» Don Gregorio, con la espina de la muerte clavada ya en su corazón, soñaba con la salud tan sólo para poder seguir trabajando.

En España existen ocho academias nacionales: la Academia por antonomasia, que es la Española; la de la Historia; la de Bellas Artes de San Fernando; la de Ciencias Exactas, Físicas y Naturales; la de Ciencias Morales y Políticas; la Nacional de Medicina; la de Jurisprudencia y Legislación, y la de Farmacia. He citado por el orden del protocolo, que es el de la antigüedad, y las he nombrado con su denominación oficial. Marañón pertenecía a cinco y la nómina de su concurso a cada una de ellas podría darnos materia sobrada para centenares y más centenares de páginas. No es éste, pues, tema que haya de tratar, aunque sí, como es lógico, de aludir.

Pero antes quisiera expresar, en muy breves palabras y sin comentarios, mi extrañeza —que es la de todos los españoles— al no ver al moralista don Gregorio (que no en vano llevó el nombre de uno de los papas más sabios y santos de la Iglesia) en el escalafón, que hubiera honrado, de la Academia de Ciencias Morales y Políticas. De fuera tuvo que venirnos la enseñanza y la satisfacción, cuando, desde París, la Academia de Ciencias Morales y Políticas de Francia lo llamó a su seno. Vaya nuestra mejor gratitud hacia M. Marcel Bataillon, Presidente del Colegio de Francia, y hacia M. Paul Bastid, Presidente de la Academia de Ciencias Morales y Políticas de París, desfacedores de entuertos.

Don Gregorio tampoco tuvo asiento —lo que todos, en este caso, entendemos lógico— en las dos más jóvenes academias; quizá también, con la de Medicina, las más profesionalmente limitadas: la de Judisprudencia y Legislación y la de Farmacia. De todas las demás, Marañón era Académico de número y a todas ellas aportó, en mayor o menor grado, pero siempre con lucidez y buen sentido, su grano o su montón de granos de arena.

Marañón estudió la historia de la cultura, la historia política y la historia del arte con un agudo sentido, que no sabría si calificar de clínico o de crítico, tras el que se adivinaba siempre su inmenso amor a todo lo creado. El diagnóstico del Marañón historiador fue siempre certero y, sobre certero, sólida y artísticamente argumentado. La timidez de Amiel, la impotencia de Enrique IV de Castilla, los cultos afanes del Padre Feijóo, el resentimiento de Tiberio, la pasión de mando del conde duque de Olivares, la ambición de Antonio Pérez, los reveses de fortuna y las ansias populares del Greco y, ya en el terreno del mito, la figura del burlador Don Juan, han cobrado presencia ante nosotros merced a la disección que de ellos hizo don Gregorio.

Los fines de semana en su cigarral de Los Dolores, el antiguo Colegio de Ordenes Menores, con la imperial Toledo enfrente y a la otra orilla del nunca suficientemente alabado Tajo, de Tirso de Molina, el río siempre rico y de oro que cantó Cervantes, han prestado a la cultura española el premio de su sosiego, el regalo de la paz que permitió a Marañón descansar trabajando.

Don Gregorio —ya no sé por qué cara del poliedro vamos, cuál es el sonido de la orquesta que ahora nos toca escuchar— no fue sólo grande por lo que hizo, sino también por cómo lo hizo, y este cómo, claro es, no se proyecta en modo alguno sobre las excelentes calidades de aquello que hizo, supuesto que está en el ánimo de todos. No; el cómo hizo don Gregorio todo lo mucho que hizo, lo refiero a su espíritu, al temple y al humor con que lo hizo. Es tan cierto como bien sabido que en la obra de creación —ya fuere ésta creación literaria, artística o científica— nada cuentan las circunstancias en que se haya podido producir y sí sólo el resultado que al final podamos brindar, casi abnegadamente, a la contemplación de los demás. Sin embargo, sí pudiera interesarnos contemplar —ni indiferentes ni atónitos: objetivos— la circunstancia si, como ahora lo estamos intentando, lo que se trata de perseguir no es la obra del literato, o del artista, o del científico, sino —mucho más complejamente— la huella del hombre. El *Quijote* o *Crimen y Castigo* no son mejores ni peores porque se hayan escrito con el santo de espaldas, pero Cervantes y Dostoievski —el hombre Cervantes y el hombre Dostoievski— cobran perfiles desusados, contornos heroicos, cuando nos enteramos de la situación en que escribieron *El Quijote* y *Crimen y Castigo*.

La circunstancia de don Gregorio vino siempre condicionada por su tenaz lucha con el reloj. Don Gregorio derrotó al tiempo con el arma que más ama el tiempo: la constancia. Por regla general, el hombre y su menester se rinden al tiempo que, esgrimiendo su constante arma, su arma que no conoce la fatiga, les empuja. La victoria de don Gregorio sobre el tiempo no es producto de su inteligencia, sino de un cúmulo de factores entre los que, claro es, la inteligencia no es el único ni quizá, tampoco, el más importante. Don Gregorio pudo llevar a buen fin su lucha contra el tiempo aliándose con el tiempo y apoyando sus eficaces dotes naturales —su inteligencia, su capacidad de trabajo, su bondad, su afabilidad, su rectitud— en un sistema nervioso de insospechados temples y resistencias. De no haber sido esto así su fecundidad no hubiera podido ser tan múltiple ni, probablemente, su multiplicidad tan fecunda.

Para explicar la amplia victoria de Marañón sobre el tiempo, no basta como han querido ver algunos comentaristas más anecdóticos y superficiales que sagaces y aplicados, con apuntar que don Gregorio dormía tan sólo cinco horas, por ejemplo; o que tenía su trabajo organizado de ésta o de la otra eficaz manera; o que encontraba en la colaboración de su mujer el apoyo, moral y material, que le permitía laborar con buen orden y óptimo aprovechamiento. No; el secreto de la victoria de Marañón fue otro y su caudal debe buscarse en más hondos veneros. En la vida de Marañón, según pienso, más importante que el tiempo que se aprovechó, fue el tiempo que no se dilapidó, el tiempo que no se dejó perder. El perder el tiempo no supone tan sólo una pérdida de tiempo —que bien mirado sería lo de menos— sino también una alteración de la conciencia, un derroche de la paz más íntima y, lo que es peor, una dejación de la fe en uno mismo. Don Gregorio —hombre que no perdió el tiempo— tuvo siempre la conciencia en orden y la paz a mano; por añadidura, trabajó y vivió siempre con fe en lo que le ocupaba. De ahí la confianza, que repartía a espuertas, que su figura irradió sobre todo lo que le rodeaba. Francis Bacon decía que saber escoger el tiempo es ahorrar tiempo, ese raro acaecer al que Marco Aurelio comparó con una impetuosa corriente y al que el delicado Schiller llamó ángel del hombre. Marañón, más cerca de Schiller que de Marco Aurelio —al menos en este trance— supo, como Francis Bacon quería, escoger el tiempo. Escoger es voz derivada del latín *colligere*, recoger; en este sentido, Marañón fue un cosechador de tiempo.

Obsérvese que el tiempo —ese concepto esencialmente huidizo cuyo fluir no se detiene nunca— es noción abstracta, pero también —y de ahí su paradójica conducta— concretísima manera de señalar. Al tiempo se le considera como un ente absoluto y al margen de la huella del hombre sobre la tierra. Pero el tiempo, además, suele asignarse, con luminosa irresponsabilidad y como si fuera un bien que pudiera cogerse con la mano, al particular acervo de cada cual. Aquel tiempo es la imagen móvil de la eternidad, de que nos habló Platón; este otro es el pequeño ahorro —o el gran ahorro— que el hombre hace con el propósito, no importa que inconsciente, de sosegar uno de sus más tiránicos impulsos: el de su propia perpetuación.

Don Gregorio fue todo lo contrario de un hombre abdicado; don Gregorio fue un hombre militante. A aquél, al abdicado, le sobra el tiempo porque no sabe, a ciencia cierta, lo que hacer con él; por eso se entretiene, como los personajes de Azorín, en pasarlo: en pasar el tiempo. A aquel otro, en cambio, al militante, le falta siempre; por eso se afana, como Marañón, en no dilapidarlo.

Don Gregorio, a fuerza de lavarse el alma, cada

mañana, en los claros chorros del tiempo que, por usarlo con alegría, se ve pasar sin congoja, fue un domador del tiempo, un árbitro de su propio tiempo. En su cigarral de Los Dolores, Marañón tenía un reloj de sol, un reloj que no daba las horas, pero sí las contaba. ¡Me emociona el recuerdo de aquel rústico reloj en el que el sol, los días de sol, jugaba a perseguir el tiempo que don Gregorio iba sujetando, dulce y firme a la vez, sobre las páginas que incansablemente se cubrían, luminosas, con su apretada y enrevesada letra!

Se trata de dibujar la silueta de un hombre; éste fue, al menos, mi inicial propósito. Sucede, sin embargo, que la figura que estoy probando a esbozar, excede y sobrepasa, por arriba y por abajo y a un lado y a otro, mi propia voluntad. Pero con la voluntad —aun inmensa y ofrecida— no basta y de ahí mi dolor. Podría preguntárseme: pero ¿es ahí donde duele? Sería una cruel pregunta porque no dudo que me vería obligado a responder que lo ignoro. El poeta Heine nos explica que, con frecuencia, no sabemos qué es lo que nos duele. Nos quejamos de un lado y es el otro el que sufre. El poeta Heine tenía dolor de muelas en el corazón. A los españoles, ante la muerte de don Gregorio, también nos duele algo. Es muy posible que los españoles ante la muerte de don Gregorio, tengamos dolor de oídos en el alma.

Don Gregorio, aquella enorme hoguera de vocación, vivió para su vocación e, inversamente, apoyó su vocación, como los sabios de los tiempos antiguos, en la vida. Recuérdese que el mantener la vida fue uno de sus oficios. Don Gregorio atendió a su vocación —la voz que le llamaba— con los sentidos prestos a la obediencia. Por eso fue tan auténtico su quehacer, tan armonioso el conjunto de su labor.

Sólo los elegidos, al enfrentarse con un quehacer vario y multiplicado, pueden atenderlo sin ser invadidos por la confusión. Se lee en los libros orientales que, donde el hombre pisa, pisa siempre cien senderos. Los cien senderos que don Gregorio pisó con su paso rítmico y maestro no confundieron jamás su caminar. Cuando la vocación es auténtica, se presenta siempre lastrada por el instinto, esa brújula que jamás se desorienta. Don Gregorio, llevado de su vocación de conocimiento, empujado por el instinto que el conducía a la serena y originaria consideración de todo lo que le rodeaba, estudió la vocación y el instinto como fuentes de vida, como directrices de la vida.

Esta vocación de don Gregorio le condujo, serenamente, al doble ejercicio de la virtud y el bien. La virtud —nos dice— no se toma ni se deja voluntariamente porque tiene una raíz original —en unos, recia; en otros, frágil— en las conciencias de la propia naturaleza. En la naturaleza propia de don Gregorio, crecía, lozana y firme, la raíz de la virtud.

El hondo Antonio Machado escribió, en hermoso verso alejandrino, su filosofía de la virtud:

Virtud es fortaleza, ser bueno es ser valiente.

Antonio Machado no llama virtuoso al fuerte ni bondadoso al valiente sino al contrario: fuerte al virtuoso y valeroso al bueno. Así era don Gregorio, el hombre que cosechaba fortaleza de la virtud, como los mártires de Roma, y valor de la bondad, igual que los venerables patriarcas del Viejo Testamento.

Marañón fue un espíritu de corte clásico, pero su clásica forma de entender la vida y la muerte —y todo lo que entre la vida y la muerte acaecía— vino siempre oreada por la poética y fresca brisa del más desinteresado de los romanticismos. Pasemos con muy prudente precaución sobre este vagaroso concepto del romanticismo, que tan difuso, a veces, pudiera presentársenos. Una de las características del romanticismo —dejó escrito Marañón— era el desinterés por lo material, hasta el punto de que el vulgo equipara ambas voces. En este vulgar sentido —y no en ningún otro— es en el que queremos ver a Marañón romántico. En la culta y rigurosa acepción, en el significado exacto de lo que aquella idea quiere expresar y decir, el pensamiento de don Gregorio, que estaba hecho de muy precisa lucidez, voló siempre por cielos distantes al de las enfermizas nubes románticas. Los mismos pontífices del romanticismo —nos aclara para que no podamos confundirnos— lo apellidaron el mal del siglo, le dieron nombre de enfermedad, como el mal del mar o el mal de la ausencia. Y no otra cosa que enfermedad —concluye— es el arrebato del sentimiento y el eclipse de la razón en que se gestó la obra de los románticos. Marañón no tuvo el sentimiento arrebatado sino ecuánime; tampoco la razón eclipsada, sino luminosa como el sol del mediodía.

Don Gregorio tuvo siempre fría —y amorosa— la cabeza; caliente —y generoso— el corazón; larga —y caritativa y dadivosa— la mano. Para don Gregorio parecen escritos aquellos dos gentiles versos de buen propósito de Unamuno, claros y prometedores como un mote heráldico:

> Dios te conserve fría la cabeza,
> caliente el corazón, la mano larga.

Así fue don Gregorio.

Sí; el domingo, 27 de marzo de 1960, murió don Gregorio, el hombre que siempre tuvo de par en par abiertas las galerías del corazón. Ante don Gregorio muerto me reconforta —quizá ni me reconforte siquiera— el verso del poeta Marcial, que canta, en sus *Epigramas*, a quien ni temió ni deseó la muerte. La lección de don Gregorio —mejor dicho, la guirnalda con la que quiso coronar el rosario de lecciones que nos brindó— fue la del mantenido valor dando la mano a la evidente y liberal y cristiana conformidad, esa virtud que cuando se presenta con el ánima rebosante de nobles sentimientos es más poderosa y recia que cualquier otra.

Sí; don Gregorio, el español, ya no podrá mostrarnos —a la manera como Goethe quería al hombre feliz— el ilusionado fruto de su bondad, el paisaje abundante de su talento.

Don Gregorio, el español, ha muerto hace ya más de veinte años. ¡Qué cruel evidencia! Pero la muerte —y no es chico consuelo el saberlo— no le quitó sino la vida. Ya no volveremos a verlo más, es cierto, pero siempre seguirá entre nosotros predicándonos, mesuradamente, mesura: ese difícil arte en el que fue maestro. Tenemos la obligación de respetar el ejemplo de don Gregorio. Tenemos el deber de no desmesurarnos. Séneca pedía mesura hasta para el dolor. Nuestro dolor ante don Gregorio muerto, es tan hondo como mesurado lo procuramos.

Don Francisco de Quevedo —zurrado cónsul de tantos dolores españoles— decía: dichoso serás y sabio habrás sido si cuando la muerte venga no te quitare sino la vida solamente. Don Francisco de Quevedo —amargo zahorí de tantas quiebras españolas— estaba adivinando a don Gregorio, el español, el hombre que, ya muerto, jamás morirá en nuestro recuerdo ni en nuestra gratitud.

La vida no es sólo el corazón que late. Es también el pensamiento flotando sobre el corazón que ha dejado de latir.

La obra literaria del pintor Solana

Al pintor José Gutiérrez-Solana, en sus escritos, le cabrían como anillo al dedo unas palabras de Pío Baroja hablando del estilo: «Yo creo que aquí [en la literatura, en el estilo] debe pasar como en un retrato, que es mejor como retrato (no como obra artística) cuanto más se parezca al retratado, no cuanto más bonito sea. Así, el hombre sencillo, humilde y descuidado tendrá su perfección en el estilo sencillo, humilde y descuidado, y el hombre retórico, altisonante y gongorino, en el estilo retórico, altisonante y gongorino. El hombre alto, que parezca alto; el flaco, flaco, y el jorobado, jorobado. Así debe ser. Las transformaciones de chatos en narigudos están bien para los institutos de belleza y otros lugares de farsa estética y popular, pero no para el estilo»[1].

Solana fue un clásico en cuanto no admitió desmelenamientos de ninguna suerte de romanticismos, en cuanto procuró reflejar lo que veía con la mayor precisión y la más exacta objetividad posibles. Esta actitud de Solana no fue antigua ni moderna, sino —recordemos a Ortega— matemática, dialéctica y, desde luego, jamás caminadora por la senda florida e incierta de lo bello. Lo bello, como lo cómodo, fueron dos posturas ante la vida que Solana, más preocupado por lo cierto —aunque lo cierto fuera, como de hecho suele venir a ser, doloroso e inhóspito—, rechazó. En el sentido estricto que tendría la palabra de no haberse desgastado, y desvirtuado, de Solana pudiera decirse que era un escritor académico: quizá el más académico —con Unamuno, con Baroja y con Azorín, cada cual por su camino— de todos nuestros últimos grandes escritores. Solana no admite las idealizaciones y piensa que los ojos sirven para ver y no para adornar la imagen que se mira; los oídos, para oír tanto la melodía como el trueno; la nariz, para oler el ámbar y la tibia cuadra del ganado; la boca, para gustar la miel y la guindilla, y la piel, para percibir el áspero o suave tacto de las cosas: para sentir la delicada caricia, para padecer la llaga amarga y para aguantar el desabrido bofetón de la injuria. Y esto que en Solana apuntamos, Solana lo pensó —y lo realizó— tanto en su obra pictórica como en su curiosa y sintomática labor literaria.

Me interesa recalcar el hecho de que Solana fue, al tiempo, tan gran pintor como escritor. Díez-Canedo, en la nota que publicó en *Revista de Occidente* sobre sus cuatro primeros libros, nos dice: «El caso de que un pintor escriba no es raro ni nuevo. Menos frecuente, sin embargo, que las cualidades que muestra en una de las artes logren equivalencia cabal en la otra»[2]. Azorín afirma: «La pintura, en José Gutiérrez-Solana tiene su correlación lógica en el arte literario del pintor»[3]. La literatura, para Solana, no fue un violín de Ingres, sino una necesidad de expresarse, hondamente sentida. Solana tenía su verdad, o por tosca menos verdadera, y la decía por los medios que más dócilmente se domeñaban a su nervuda mano. Me decía, en cierta ocasión, un amigo, que España es un país tan pobre que no da para que puedan tenerse dos ideas de una misma persona. Aun sin encontrar muy sólidas razones, intuyo que el deber de todos es luchar contra el supuesto de mi amigo.

Solana, cuando —el 24 de junio de 1945— bajó al sepulcro, nos había dado, envueltos en prolija anécdota y arropados en su negra nube fabulosa, seis ejemplares y breves libros: los dos volúmenes de *Madrid. Escenas y costumbres*, *La España negra*,

Madrid callejero, Dos pueblos de Castilla y *Florencio Cornejo*[4]. Sobre ellos vamos a ensayar algunas calas que nos permitan acercarnos, hasta donde podamos, a su insobornable corazón, a su más auténtico meollo.

La invención del mundo o un mundo de primera mano

Observemos, tras una lectura casi ni atenta de Solana, que la constante más clara de su labor literaria fue la de la consecuencia consigo mismo, la de la lealtad a su propio mundo. Solana se fabricó, a su imagen y semejanza, un mundo en el que vivir, otro en el que agonizar y aun otro, trágico y burlón, en el que morir. Los personajes, los temas y los escenarios de Solana hacen eclosión[5], como la flor que se abre, en sus primeras páginas y ya no le abandonarán hasta su muerte.

Sus chulos, sus criadas, sus mendigos, sus sacamuelas, sus charlatanes, sus boticarios, sus carreteros, sus pellejeros, sus modistillas, sus horteras, sus soldados, sus organilleros, sus criminales, sus cajistas, sus monstruos, sus enfermos, sus encuadernadores, sus verdugos —aquellos verdugos que, ¡vaya por Dios!, iban perdiendo la afición—, sus chalequeras, sus peinadoras, sus tullidos, sus traperos, sus curas, sus zapateros y sus cigarreras, toda la abigarrada fauna ibérica de la que quiso rodearse, formó, en apretadas filas, en compacto y bullidor batallón, tras Solana, que gozaba, como un niño que descubre y que se inventa el mundo, sabiéndose escoltado por tan fiel —y saltarín y entrañable— guiñol de «cristobitas» de carne y hueso.

El temario de Solana se abre, de golpe y como en abanico, igual que sus personajes se nos presentan, para mostrarse, de buenas a primeras, en viva y proteica panorámica. La muerte y la enfermedad, los toros y las procesiones, las riñas de gallos y los bailes de la gente del bronce, las barracas de feria y los cementerios, el carnaval y las tabernas del morapio y los pajaritos fritos, las romerías y los viajes en tercera, todo y aún más, cuece y borbotea en la olla literaria de Solana, empujándose y haciéndose sitio a codazos, como en las fotografías de las bodas de pueblo, para no quedar fuera. Aquí no se engaña a nadie, pudiera haber sido el lema literario de Solana, quizás por aquello de «Hoy a mí y mañana a ti» que hace figurar, a modo de mote heráldico, en el dibujo del tabernario esqueleto que coloca, a guisa de colofón, en su *Florencio Cornejo* [6]. Solana, en su primera página, se enfrenta descaradamente con el descarado mundo: «Me apeo del tranvía eléctrico en las Ventas; es domingo, y presenta aquel sitio la animación propia de esos días en Madrid» [7]. La animación propia de los madrileños domingos de las Ventas es la misma que, en cada esquina y en cada párrafo, brota, como una caudalosa fuente, de la pluma de Solana; no deja de ser curioso el hecho de que Solana estrene su pluma de escritor con un baile dominical y jaranero.

El escenario de Solana se acorda, en todo momento, con sus personajes y con sus temas. Madrid y la España árida, la carpetovetónica España de la barbechera y el rebaño merino, deben a Solana una atención excluyente de toda otra, una amorosa y puntual dedicación, una entrega sin reserva alguna y sin compensación posible.

El mundo de Solana, el triple mundo de sus *dramatis personae*, su temario y su decoración, no es un cosmos cerrado, sino un mar abierto. En este mar tumultuoso, el viento no sopla siempre en la misma dirección, ni procede jamás del mismo cuadrante. La rosa de los vientos de la literatura de Solana podría trazarse contraponiendo, en tres círculos concéntricos, los tres aludidos cielos de su mundo. El primer cielo, aquel que más próximo queda al aire que todos respiramos, representa su geografía; el segundo, su temática, y el tercero —el que más cerca está de su corazón—, sus criaturas. Imaginemos la trayectoria de Solana —como realmente fue— caminando a contrapelo, *sinestrorsum*, en inverso sentido al de las agujas del reloj. Partamos del norte. En el Mediterráneo —el mar al que, siendo atlántico como soy, me fui a pensar en el mesetario y cántabro Solana—, al cierzo o viento del N., según fray Antonio de Guevara en su *Libro de los inuentores del arte de marear y de los muchos trabajos que se passan en las galeras* [8], le llaman tramontana. La tramontana es viento que seca la atmósfera y limpia el aire. Cuando sopla la tramontana —me decía Josep Pla en Palafrugell— el Ampurdán es como un diamante.

En la rosa de Solana el rumbo N., llegando al primer cielo, corresponde —andamos por el 1913— a Madrid [4,1]; cortando el segundo cielo, a los bailes [9], los toros [10], las romerías [11], el carnaval [12], algunas festividades religiosas [13], los animales [14], los monstruos [15], los carros [16], la mujer [17], y el callejero de Madrid [18], y cruzando el tercero, al *Rana* y Paca *la Roja*, a Rafael *el Gallo* y a Vicente Pastor, al maestro Dimas Topete, alias *Sacatripas*, a la Trini, a la Patro, a la Encarna, a Lola *la Peinadora* y al carretero Salustino Pantorrillas, que sale para Cuenca, en su galera, del Parador del Dragón, Caya Baja, 14. Volvemos la última página de *Madrid. Escenas y costumbres* (1.ª serie), publicado mientras su autor vivía en la histórica, destartalada y entrañable Posada del Peine [19]. Solana tiene entonces veintisiete años.

Del rumbo NW. sopla el mistral, viento alborotador que cesa a boca de noche y que crece cuando sube el sol. En nuestra rosa, el rumbo NW., en el punto que corta al primer cielo, también toca a Madrid. Han pasado cinco años y vamos por el 1918: *Madrid. Escenas y costumbres* (2.ª serie) [4,11]. En el segundo cielo bullen de nuevo los toros [20], el callejero [21], el carnaval [22], y la mujer [23]; desaparecen los bailes, las romerías, las festividades religiosas, los animales y los monstruos —al menos como tema central y dominante—; pasa la alegre rueda de la trajinería a chirriar en la rueda amarga del carro de Vistas [24] e irrumpen, con arrestos violentos y casi inexplicables, los oficios honestos y pintorescos [25], el circo y sus parientes [26], y las cien duras aristas del dolor [27]. En el tercer cielo se agolpan —riñendo o paseando en amistoso son, amándose o haciéndose la pascua; viviendo, que es de lo que se trata, y luchando a brazo partido por vivir— José Redondo *el Chiclanero* y Julián Casas, alias *Salamanquino*; Antonio López, el inventor y fabricante de la pierna articulada más práctica que se conoce; Tadeo Fariñas, panadero muerto; Adila, la adivinadora; Modesto Escribano, el ciego que hablaba en verso —«No tengas coraje, que tienes que comer potaje»; «Si Dios no lo remedia, darán las doce y media»— y que dictó a su hija los famosos romances del crimen de la Cecilia y del de la Higinia Balaguer, dama ésta cuya muerte en garrote contempló Pío Baroja —en la Moncloa y sobre la tapia de la cárcel Modelo— cuando era alumno del último curso del bachillerato en el Instituto de San Isidro [28]; el trapero *el Perro*; el ventrílocuo Sr. León; *La Garbancera*, *La Frescachona* y Benita Cazalla, *Chata de Jaén*, mozas toreras; los taberneros *el Tuerto* y *el Sepulvedano*, y el chaval Becerro, a quien el señor maestro, por torpe y cabezón, encerró en un cuarto oscuro en compañía de un esqueleto.

Del rumbo SW. Silba el lebeche —el *libeccio* de los italianos y el *llebetx* [29] o *llebeig* [30]—, viento que levanta dolor de cabeza en los marineros —que lo escriben con *v* y allá cada cual— y en algunos diccionarios, que lo hacen venir del SE. En la isla de Cabrera, que se ve, en las mañanas claras, desde mi casa de Palma de Mallorca, hay un morro Lebeche, cortado a pico sobre la mar, a cuyo pie se abre la Cova Blava, en cuyas aguas marinas, un pañuelo blanco se torna azul como la piedra que dicen aguamarina. En esta rosa que hoy pintamos, el lebeche, volando el primer cielo, nace en Santander y va a morir a Zamora después de haberse pateado Santoña y Medina del Campo, Valladolid y Segovia, Avila y Oropesa, Tembleque y Plasencia, Calatayud y Terrer. Es ya *La España negra* [4, III] y vivimos en el 1920. En este libro, el segundo cielo —el cielo de los temas— se nos presenta pegado, como la venda a la llaga, al primer cielo, el cielo de la geografía. Sería dolorosa —y también inútil— operación tratar de despegarlos. Solana se echa a andar —tras salir del sueño en el que se soñó muerto y en un ataúd con sus iniciales, J. G.-S., «en tachuelas tiradas a cordel» [31]— y en cada ciudad y en cada pueblo vuelve, aplicadamente, sobre cada gajo de la enorme y sangrante granada de su temario. En *La España negra* aparece —si bien de pasada— su primera alusión a la Academia de la Lengua, novedad en su naipe literario: «...oía continuamente una voz escalofriante —nos dice de sí mismo en la página inicial—, una voz que me producía calambres y que me repetía a todas horas: tú no verás publicado tu libro; si lo llevas a un editor, te lo rechazará; tienes que tener en cuenta que todos los editores y libreros son muy brutos, y que la mayoría, antes de serlo, han sido prestamistas o mulos de varas, y si lo llegaras a dar a la estampa por tu cuenta, no dejaría de ser un atentado a la Academia de la Lengua; esto no te debe preocupar, porque todos los académicos no son más que idiotas, mal intencionados» [32]. En *El día de difuntos* —en su primer libro— pinta una monda en el Panteón de Hombres Ilustres, monda —¡cómo no!— en la que canta las momias de los académicos «en las actitudes más retorcidas» [33], con la misma ejemplarizadora intención con que Ferrant Sánchez Calavera [34], Comendador de Villarrubia, se preguntaba, en noble y sonoro verso;

¿Qué se fizieron los emperadores,
papas e reyes, grandes perlados,
duques e condes, cavalleros famados,
los ricos, los fuertes e los sabidores,
e cuantos servieron lealmente amores
faziendo sus armas en todas las partes,
en los que fallaron ciencias e artes,
doctores, poetas e los trobadores?

Es sintomático anotar —siquiera tan prendido con alfileres como lo hacemos— esta concomitancia, que tampoco es la única, del temario de Solana con los temarios en boga en la Edad Media. Solana, al arremeter contra la Academia y los académicos —también en *La España negra* habla de unas «mujeres que no había día que no riñeran y discutieran con una riqueza de palabras que para sí quisiera la Academia de la Lengua» [35]; en el *Florencio Cornejo* nos llama «zotes» [36], etc.—, no hace más cosa que prestar oídos al vetusto mito de la macabra igualadora Danza de la Muerte, canto anarquista —y profundamente católico— de los siglos XIV y XV. Ramón Gómez de la Serna, quizás el hombre que más hondo caló en su secreto, nos lo presenta como academicista invernal y estival antiacademicista: «Así como en invierno no compra más que libros —nos dice— en que ponga: "De la Real Academia Española", en verano grita: "¡Los incurables, a la Academia!", y sostiene que los discursos de recepción "se los escriben", porque ellos son incapaces de hacerlo» [37]. Baroja, en sus *Memorias*, al relatarnos las andanzas de ambos por París, nos cuenta que Solana decía «que tenía que ser académico de la Academia Española» [38].

Esta curiosa alternancia de los sentimientos de Solana (que no es más que una alternancia aparente porque a Solana, que no era un lógico, sino un iluminado, un poseso, no se le podía exigir consecuencias fuera de su arte, que fue precisamente donde la tuvo) no es otra cosa que la confirmación de que jamás osó pararse en barras adjetivas, yendo derecho, como siempre fue, a los pocos puertos substantivos que le interesaron. Gómez de la Serna le achaca —y nada infundadamente— el lema de: «Acierta lo principal, que lo mismo de errar lo secundario» [39].

En el segundo cielo de *La España negra* —estábamos contemplando sus constelaciones— se borra el carnaval y desaparecen —claro es, puesto que el escritor andaba por otras trochas— los paseos por Madrid. El mundo de Solana en este libro —no olvidemos su título— es aún más sombrío que en los anteriores y su musa parece como gozarse en bucear la España más amarga, más estática, más seca y monstruosa. Incluso cuando, al pasar por Valladolid, vuelve la espalda al vivo mundo latidor que tanto ama y hace crítica de arte en torno a «la escuela española y estupenda» [40] de escultura, habla de los Cristos y de los santos de palo de Berruguete y de Juan de Juní y de Gregorio Hernández, con la misma proximidad e idéntico calor con que pudiera hacerlo de su amigo el barbero, de su amigo el librero de viejo, de su amigo el santero que marcha por el polvoriento camino: «...parece que se sienten los gritos y lamentaciones de estas figuras —nos dice—, que dan a este Museo un ambiente trágico» [41]. Cámbiese la voz «figuras» por la voz «hombre», póngase «calle» o «plaza de toros» donde se dice «Museo», y sáquense las inmediatas consecuencias.

Los curas y las monjas —monjas de Avila con sus «tocas negras, encuadradas por el blanco tieso como el papel de barba con un crucifijo de bronce al pecho o de cruz de madera negra con cantoneras y Cristo de bronce» [42]; curas pobres de Zamora, que «llevan sombrero con el felpudo caído; sotanas de color verde, pardusca, color de ala de mosca, que ha sido negro en algún tiempo, zurcidas, con muchos hilachos en las bocamangas» [43]— se nos presentan, en las páginas del libro que ahora leemos, atónitos como pájaros sorprendidos, graves y resignados igual que mártires de las iglesias antiguas. Es este de los clérigos y de la religión, punto sobre el que hemos de volver.

La feria, con sus figuras de cera y su pim-pam-pum de la risa, vuelve a mostrársenos [44]; el dolor —y también la caridad— se refugia en las procesiones [45], los cementerios [46], el presidio [47], el hospital [48] y la ramería [49], aunque flota, como un *fatum* amargo, por todo el libro; los carreteros, los carros y los animales encuentran en Tembleque la loa de sus artesanías [50], y la mujer —la garrida y bien aplomada mujer de todas su páginas— se nos presenta, una vez más, a cada amanecida y a cada puesta de sol. Quisiéramos anotar un curioso elemento que quizá pudiera ayudarnos a entender mejor la extraña y casi heroica idea que tenía Solana de la mujer. En Terrer [51], poblacho del partido judicial de Calatayud [52], en el que ejerce de barbero el practicante Lorenzo Camuesco [52], al describirnos el monumento de la degollación de los inocentes —que está en la iglesia de Santa María y «es muy bárbaro y tiene mucha tragedia y crueldad» [53]— nos habla de un judío «con barba cuadrada [que] tiene unas faldas blancas como un valenciano y el pecho con vergonzosos pelos rizados como las mujeres» [54]. Nos limitamos a dejar constancia del término de comparación empleado por Solana.

En el tercer cielo —el cielo de sus criaturas— Solana rehúye, en este libro, los nombres propios. Solana, que va de camino, no ha tenido tiempo de aprenderlos y no quiere colgar, a sus personajes reales, nombres ficticios. No es, en todo caso, su actitud sino muestra de su honradez y de aquella lealtad consigo mismo que más arriba señalábamos. Los nombres que más pesan en el ánimo del lector de *La España negra* son los de los reclusos del penal de Santoña, nombres ciertos y verdaderos, nombres que tuvieron muy triste actualidad en las páginas de la prensa sensacionalista de su tiempo: «...Planas, que está condenado en este penal a cadena perpetua. Porque un juez de su pueblo pegó una bofetada a su anciana madre, Planas le mandó al día siguiente un regalo en una caja, y al abrirla el juez estalló la dinamita que contenía y quedó ciego y manco de las dos manos»[55]. «¿Ve usted ese preso que está apoyado en esa puerta? —le dijo el guardián a Solana—. Es un anarquista que atentó contra Alfonso XIII en una jura de bandera. Es Sancho Alegre»[56]. «En esto se acercó un viejo burlón —nos dice poco más abajo—, con gorro de lana y gruesas zapatillas y levitón de presidiario, riendo y tirándonos de la americana; abrió una boca desdentada y nos dijo que él mató a siete moros con un fusil. Luego supe que era el tío Lobo, que andaba mal de la cabeza, pero que era ya inofensivo; lo de los moros, que se empeñaba él en creerlo, no era sino cinco soldados españoles que mató él estando de centinela, cuando era mozo, en un ataque de locura»[57]. Pocos más nombres actúan en *La España negra* y no a muchos más se alude: citemos, entre los primeros, al ya mencionado barbero Lorenzo Camuesco y a Pedro Conejo, alias *Oso*, mendigo de Oropesa que vive en un carro tumbado y sin ruedas, padece de ataques y tiene una úlcera en una pierna[58]. Apuntemos, entre los segundos, aparte de los reyes, príncipes, condes, maestrantes, inquisidores, guerreros, santos y figuras de cera que pululan por el itinerario de Solana, y aparte también de los escultores del

Museo de Valladolid y de los donadores de ex votos
—la niña María del Rosario Cornejo [59], Julia Rodríguez Rojo [60], la joven Felisa Barbero Stévez [61]— y expulsadores de tenias —el señor gobernador de Avila;
el señor obispo; el canónigo don Pedro Carrasco; el
maestro de escuela don Juan España; el jefe de la
Adoración Nocturna, don Peláez; doña María del
Olvido, dama noble comendadora y provisora del
ropero de los pobres [62]—, apuntemos, íbamos diciendo, al pintor Sorolla y al escultor Benlliure, que
«los dos son dos zapateros» [63], según Solana; a los
toreros el Guerra y Mazzantini, «a cual más malo» [63];
a la Chuchi, que «está en el hospital» [64], y a la *Manca
de Tetuán*, recién suicidada [65], amarga carne de burdel zamorano; a Zuloaga, «el gran pintor vascongado» [66], a quien dedica un capítulo, y a los amigos de
la tertulia de Ramón Gómez de la Serna en Pombo,
de cuyo histórico cuadro hace una cumplida descripción en el epílogo del libro que nos ocupa.

Del rumbo S. chifla el viento ábrigo, al que en
galeras dicen mediojorno [*]; el mediojorno es viento
que moja el suelo, alborota la atmósfera y pica la
mar; el mediojorno es viento moro —ábrego o ábrigo viene del latín *africus*—, viento poco cristiano
y de no mucha confianza. En la rosa con la que navegamos, Madrid vuelve al primer cielo del viento mediojorno. Han pasado tres años —suena en el reloj
de la Puerta del Sol el año 1923— y Solana publica
su cuarto libro: *Madrid, callejero* [4, IV], cuyo título,
ciertamente, a nadie puede desorientar. *Madrid callejero* forma un volumen de la misma extensión
poco más o menos, que cada una de los dos series
de *Escenas y costumbres* y es algo más breve que
La España negra. En *Madrid callejero* —vayamos
a su segundo cielo—, los temas ya puestos en juego
se clarifican y, sin perder su espontaneidad, se adensan y aprietan. Algunos desaparecen: las festividades
religiosas —*La fiesta de San Antón* [67] no lo es, propiamente— y los monstruos de las barracas de feria,
por ejemplo. Otro tema presente en sus tres libros
anteriores —los toros— huye aquí de la plaza donde se nos mostrara inmediato y actor, para refugiarse —evocación amarga, venenosilla droga para

pasto de pobres— en el Museo Granero [68], gran barracón de la verbena del Carmen donde se quintaesencia todo el horror que, cuando la tarde pinta en bastos, puede darse en la fiesta. Dos elementos por estrenar, o casi por estrenar, saca Solana a colación en este libro: los cementerios abandonados y los tipos populares, la fauna del asfalto madrileño. En *Los cementerios abandonados* [69], Solana nos habla, con artesano sosiego y macabro acento, del de San Martín, «una maravilla de severidad y buen gusto» [70], y del de la Patriarcal, en el que «todo está abandonado; el verdín se ha extendido por los campos de sepulturas, como una huerta, para plantar coles y patatas; quedan muy pocos cipreses, pues han sido arrancados muchos para aprovechar su madera; las cruces de mármol, rotas y tiradas por el suelo; las cornisas de piedra de las galerías, metidas en la tierra y casi enterradas por las lluvias, y muchos ángeles de mármol y de piedra, tirados por el suelo y maltrechos, descabezados y con las alas rotas» [71].

En *El ciego Fidel* [72] y en *Garibaldi y su mujer* [73] —y rozamos ya el cielo tercero—, el escritor nos fija la menuda y viva historia del arroyo, la crónica sin gloria —aunque con pena— de la plaza pública, esa bendición de Dios que es del primero que la pisa. El ciego Fidel, «con su gran tipo de tenor italiano…, sus melenas románticas y la nobleza de la figura…, es hombre ingenioso y frecuenta los cafés más concurridos de Madrid vendiendo botonaduras de dublé fino, pipas, corbatas y piezas de paño, acompañado de su criado, con el metro en la mano, y de cuyas piezas él cortaba, por tanteo, con una gran tijera sin equivocarse ni un centímetro más ni menos (pues dándole con el codo a su criado le preguntaba por lo bajo: "¿Por dónde corto?"), y el parroquiano se quedaba sorprendido del buen tacto del ciego Fidel; y como ganaba bastante, se daba buena vida y pudo conservar la tripa comiendo en los cafés buenos bistefs [74] con patatas» [72]. El ciego Fidel es un tipo clásico de la resignada picaresca española y su figura estrafalaria —con «la americana llena de brillo y de grasilla» [75] y con su cara «con un ojo abultado de huevo que se clava en el techo»[76] parece espigada de una página de Quevedo o de Alonso Jerónimo de Salas Barbadillo. A diferencia de lo que sucede en el *Lazarillo de Tormes*, aquí el amo ciego es el eje del cuento y el criado mozo se queda en un discreto segundo término y sin bautizar. El ciego Fidel, que mira —él, que no ve— «a lo alto, como un San Francisco de Asís»[76], es un golfo doliente que vive a salto de mata y que subsiste y va comiendo porque «tiene una gran experiencia del corazón humano»[77].

Garibaldi —Baldomero *El Cubero* cuando, sano aún, ejercía su oficio— fue un loco (aunque Bernaldo de Quirós y Llanas Aguilaniedo, como ahora veremos, no lo creían así) con veleidades políticas, de «enérgica y diminuta figura... recubierto por un levitón negro y un viejo sombrero de picos galoneado, con unas plumas negras, parecido al que llevan los ministros en los días de recepción, o al de los porteros del Banco de España y Ministerios»[73], con el pecho «lleno de condecoraciones y arrollado a la cintura un fajín de mando»[73], que se paseaba por Madrid bebiendo vino —y no más que vino— y arengando a los estudiantes y a los desocupados con pintorescas soflamas que remataba siempre con el cuádruple grito de: ¡Viva la República! ¡Arriba, caballo moro! ¡Mueran los carcas! ¡Viva *Garibaldi*! Cuando Solana publica su *Madrid callejero*, el pobre títere ya ha muerto. Poco antes le había precedido su mujer: «Se murió de una borrachera por beber aguardiente. Ya se lo dije yo. Si hubiera bebido vino, no se hubiera muerto nunca»[78]. Por el tiempo en que Solana nos habla de *Garibaldi* éste ya no era un niño. Bernaldo de Quirós y Llanas Aguilaniedo lo mencionan en 1901, en su libro *La mala vida en Madrid*[79], con cincuenta y ocho años. He aquí un extracto de la ficha que de él nos ofrecen: «Hay gran diferencia entre verle en la calle..., dando vivas a la República, tuteando a Prim..., tratando de *Excelencia* a todo aquel que le invita a una copa..., y verle en la cárcel..., perdidos sus bélicos arreos, mustio el semblante, la actitud humilde, substituido el tricornio por un gran gorro verde con arabescos. *Garibaldi...*, está bastante bien conservado, es bajo de cuerpo, y marcialmente plantado. Su madre fue cantinera en el penal de Tarragona; su padre, portero de una Casa de Socorro, murió de un ataque de alcoholismo... Ya el abuelo había sido aficionado al vino, como lo es uno de los hijos de *Garibaldi*, adolescente todavía ligeramente giboso..., dado a todo género de vicios... [Garilbaldi] fue cubero de oficio hasta que pudo convencerse de las ventajas que ofrecía hacerse el loco popular, y convertirse en parásito... *Garibaldi* es microcéfalo; fisonomía simpática, ojos empequeñecidos por la ligera elevación del párpado inferior..., acné rosácea marcada, surcos naso-nabiales hundidos inferiormente, temblor de la lengua..., sed y hambre crónicas. Odia el aguardiente, por el cual se perece su mujer, más adelantada que él en la intoxicación. Bebe sólo vino, y actualmente delira de veras. Se embriaga a diario, y según le da el vino, va desde la calle a la cárcel o a su casa»[80].

Solana no nos da el nombre de la mujer de *Garibaldi*; Bernaldo de Quirós y Llanas Aguilaniedo tampoco lo hacen. Aunque *Garibaldi* paseó, a veces, en compañía de *La tonta de la Pandereta* —también distinguido eslabón de la «golfemia» del Madrid de entonces—, circunstancia que hizo que algunos la creyeran su esposa, la verdadera mujer de nuestro héroe se llamó María Díaz[81]. Solana nos dice que *Garibaldi* la respeta y la admira porque bebe más que él»[82] y que el matrimonio vive «en el barrio de las Cambroneras, cerca del puente de Toledo y en las márgenes del río Manzanares»[83] ¡Pobre *Garibaldi*, y qué vuelta de vino se pegó en vida!

Sigamos el camino de nuestra rosa. Del SE viene el viento jaloque, el ardiente y africano siroco que cambia las arenas de sitio y despierta malas inclinaciones en el corazón. *Dos pueblos de Castilla*[*],[v] —año 1924— es un breve librillo de setenta y cinco páginas en octavo, que cuenta la excursión de Solana a Colmenar Viejo y a Buitrago del Lozoya, pueblos ambos de la provincia de Madrid. El temario se mantiene, vuelto a emparentar, quizá con menos tintas negras, con el de *La España negra*, y un hálito artesano y campesino se respira en él, del cabo al rabo. Si en este libro los dos primeros cielos —el de la geografía y el de los temas— son sencillos de ver y señalar, más aún lo es el tercero, el de las criaturas, que aparece vacío de nombres propios de actores. En Colmenar «sobre [los] tres extraños peñascos llamados las "Tres Mantecas" y el cerro Castillejo [que] contribuye a servirle de fondo» [84], Solana no se topa más que con cuatro nombres propios, ninguno de los cuales toma parte en la acción: Pedro Pérez, propietario de la corrida que se echó al campo [85], y los niños Eduardo y Gonzalo Ortega [86] y la familia Amores [87], cuyos nombres se leen en sus sepulturas. En Buitrago, Solana vuelve a darnos otros cuatro nombres que, como los cuatro nombres de Colmenar, tampoco actúan: el herrero Santiago Alonso, cuyo taller, que está al lado de la zapatería del botero Cayetano Díaz, hace de chiquero para el toro de la función [88], y el pastelero y confitero Narciso y el sastre Valentín Sanz que ofician sus oficios en la plaza [89]; el botero Díaz, según parece, sobre zapatero es también tabernero [90]. El oficio de botero limita, por fuera, con el de zapatero y, por dentro, con el de tabernero.

Solana, en *Dos pueblos de Castilla*, quizá el más sabio —en ningún caso el más emocionado— de sus libros, hace (no dudo que sin proponérselo) un alarde de virtuosismo de la sencillez y de la eficacia narrativas. Es posible —y lo expreso con todas sus consecuencias— que la literatura quiebre y se enmohezca a manos de los literatos, y crezca, lozana y llena de frescor, a manos de los hombres sencillos que cuentan las cosas que pasan tal como las ven. Es también posible —y no intentamos decir nada nuevo, aunque sí de otra manera— que la literatura se pudra en sí misma, igual que una bella flor a la que la falta de aire intoxicara con su propio veneno, y se vivifique y oree cuando se le abren las puertas de su esotérico claustro. Este cuaderno de Solana, tan corto de cuerpo como modesto de intención, tan largo y trascedente de enseñanzas, mucho me ha dado que pensar. Dejemos la cuestión enunciada, para que venga sobre ella quien se encuentre con fuerzas de abordarla en toda su peligrosa amplitud. *Dos pueblos de Castilla* es una filigrana áspera y cerrera, una cuidadosa y siempre bien trazada miniatura, en la que todo está pensado y medido —o adivinado, que tanto monta— con primor. Por Colmenar Viejo y por Buitrago del Lozoya se paseó, a sus treinta y seis o treinta y ocho años, el más maduro Solana escritor.

En galeras —volvamos a invocar a Fray Antonio de Guevara [8]— al viento solano le dicen levante. El levante, en el Mediterráneo, es viento marero, temeroso y agónico, viento racheado y casi siempre frescachón, que impide orientar las velas como Dios manda. Estamos en el rumbo E. de la rosa, en el año 1926 y en el libro *Florencio Cornejo* [4, VI], al que Solana llama novela. *Florencio Cornejo* es quizá aún de más escasas carnes que *Dos pueblos de Castilla*. *Florencio Cornejo* —novela o no novela, ¿qué más nos da?— es la crónica de la agonía, muerte, velatorio y entierro del pariente del narrador que da título al libro y del viaje que el cronista hace desde Arredondo, donde vive, hasta Ogarrio, donde Florencio muere. En la diligencia que los conduce —llueve y «a través de los cristales y en las sombras de la noche, el paisaje no tenía interés ninguno»—, el autor del relato se queda dormido y, en sueños, rememora los ya lejanos y divertidos veinte días [2] pasados con Florencio en Madrid; la posada del *Barbas*, en la calle de Toledo; los carreteros que traían pellejos de vino desde El Tiemblo, Móstoles, Barajas y Valdemoro; los elefantes que alborotaban las gallinas, las vacas, los burros, las mulas y las yeguas del patio del parador; el hartazgo que se dio el elefante *Pizarro* en una tahona; las compras de Florencio en las tiendas de los toneleros, los albarderos, los cuchilleros, los relojeros y los fabricantes de guitarras y de acordeones; la Puerta del Sol, con su fuente de pilón y su surtidor, y la Plaza Mayor, con su estatua ecuestre del Rey Felipe; las niñeras y los soldados, los titirimundis, los sombrereros, los pañeros y los ferreteros; los *ripes,* los tranvías de mulas y los carromatos; los hoteles: Hotel París, Hotel de la Paix, Hotel Universo; las filas de simones y los carros de bueyes cargados con piedra berroqueña de El Escorial; las sopas de ajo y el cocido; los ciegos de los romances; los mieleros alcarreños y los queseros manchegos; los periódicos: *El Progreso, La Iberia, El Globo, El Resumen;* los muñecos autómatas, el amaestrador de pulgas, las figuras de cera, el hombre-esqueleto, el gigante chino y la ascensión de un globo; la proclamación de la República; un discurso de Castelar; la muerte en garrote del viejo matrimonio dueño de la taberna *La Miseria;* las burras de leche; el Paseo del Prado y el Jardín Botánico; el cerrillo de San Blas, la fábrica de tabacos, el Rastro y el café cantante *La bella criolla;* la parada de la Plaza de Oriente; el Teatro Real, el Teatro de Apolo, etc., etc. [13]. De la fecha de algunos de los sucesos enumerados y, sobre todo y para que no haya lugar a dudas, de la declaración del narrador de que el viaje a Madrid lo hicieron «allá por el año 73» [14], o sea, trece años antes de que Solana naciera, se colige que quien cuenta lo que pasa y el verdadero autor de *Florencio Cornejo* no son el mismo personaje. Es éste, el único libro de Solana en que la primera persona usada por el relator se traslada —aun sin decirlo, si bien dándolo a entender— a un ente de ficción.

Arredondo y Ogarrio son dos pueblos del interior de la provincia de Santander. A Ogarrio fue a donde al padre de Solana, niño aún de ocho años —el padre, que no Solana—, envió su padrastro desde Méjico. En Arredondo vivían otros Gutiérrez-Solana: los hermanos Manuela y Segunda, señoritas, al parecer, de gran belleza, y Florencio, medio tonto y medio paralítico. Solana, padre, don José Tereso Gutiérrez-Solana y Gómez de la Puente, casó con su prima doña Manuela, que le dio, entre otros hijos, al autor del *Florencio Cornejo.* La vida y las costumbres de Ogarrio y de Arredondo no eran, pues, extrañas a Solana, sino familiares y conocidas.

La narración está llevada en primera persona, como decíamos, y un poco con la sencilla técnica lineal de los cuentos al amor de la lumbre. Solana, en este libro, acusa, a veces, cierta preocupación literaria, y sólo cuando la olvida y torno a su decir llano y directo, lo vemos volviendo, con los arrestos de siempre, por su fuero. Las páginas de la agonía y muerte de Florencio tienen la firme impronta de la mano maestra, y la descripción del velatorio —con su mundo alborotador y gruñón, sus frailes, su coronel retirado, su pastelero, su veterinario, su secretario del Ayuntamiento y sus viejas gordas, asmáticas, reumáticas y rezadoras— es un «apunte carpetovetónico» de la mejor ley. Y con todas la de la ley.

No me resisto a traer aquí dos breves párrafos, descarados y violentos, que pintan, en dos amargos brochazos de humor negro, dos tipos y dos caracteres. Habla, el primero, del «veterinario, hombre flaco y largo, que padecía del hígado, de carácter dulce y sentimental [que] tenía afición a la poesía y [a quien] le gustaban las flores y los pájaros; se levantaba muy temprano, para oírlos cantar, y cuando podía, los cazaba con liga, para comérselos fritos»[95]. Reproduce, el segundo, la parrafada que suelta una señora del acompañamiento: «Pues a mí lo que más me dolió fue la primera muela que me sacaron después de parida; ahora me ha salido un cáncer en el estómago, y el otro día, mi hermana, que es mujer de buenas carnes, se subió a un árbol a coger nidos, y se quedó enganchada por la falda; al caer, se desgarró una nalga con una quima, y la tuvieron que dar más de veinte puntos»[96].

De los treinta y dos rumbos principales de la rosa de los vientos, nos hemos detenido, sin hacer tampoco demasiado hincapié, en seis de ellos: tantos como libros publicó Solana. Antes, nos permitimos sugerir que en cada una de sus páginas —y también en su conjunto— no salta, como un pez vivo, la constante de la consecuencia y de la lealtad consigo mismo y con su mundo. Quisiéramos ahora añadir que este viejísimo mundo en que Solana se movía y hacía moverse a sus criaturas, fue, en él, un mundo inventado, un mundo creado y vuelto a crear, desde el principio al fin y una vez y otra, para su mejor y más emocionado reflejo: un mundo estrenado —en su tiempo— por él; un mundo de primera mano, no obstante su aspecto de trasnochado bazar de chamarilero o de abigarrado y sangrante escaparate de casquero.

Pudiera decirse que la España de Solana —o, mejor, la sola España de Solana— no es España o, dejémoslo aún más claro, no es toda España. Probablemente, no se encontrarían razones lo bastante sólidas para contradecir o, al menos, desvirtuar tal aseveración. Y, sin embargo, tampoco podría negarse quien este argumento esgrimiera, a admitir que la España de Solana sí fue, en su macabra violencia, en su doliente desnudez, un poco el alcaloide de la España eterna, de la España que duerme —a veces con el hambre saltándole en la panza— con la cabeza debajo del ala sin plumas y, en la cabeza, las más estrafalarias y descomunales figuraciones.

Abordemos ahora, para intentar seguir situando a nuestro autor en la breve panorámica que de él quisiéramos dibujar, algunos cabos sueltos con los que quizá pudiéramos tejer el cañamazo que nos ayudara a enmarcar su figura.

Un sentimiento religioso «a la española»

Solana —y no sólo en sus cuadros— trata el tema religioso *a la española*. Cuando, al hablar de *La España negra*, pasamos por Avila, anunciamos que habíamos de volver sobre el tema de la religión o, mejor, sobre el tema del sentimiento religioso. Pensamos que éste es el momento. Solana —decíamos— trata *a la española* el tema religioso. Todo, en él, está siempre visto *a la española* y costaría trabajo imaginárnoslo nacido en otras latitudes. Con Ribera, con Valdés Leal, con Goya —en la pintura—; con Quevedo, con Torres de Villarroel, con Unamuno —en la literatura—, se nos presenta idéntico fenómeno. Diríase que bajo el ser español late un entendimiento *a la española*, que aflora, como un raro Guadiana, de vez en vez. Las etapas de este firme e intermitente enseñarse no habrían de ser difíciles de marcar. Su constante es el cariz sobrehumano —y con frecuencia insensato— del empeño, que cobra mayores y más acusadas proporciones con el paso del tiempo: de ahí el aire legendario que nimba a no pocas figuras históricas españolas. Sus determinantes pudieran señalarse por tres desprecios: el desprecio de la vida en torno y de las formas que marca la costumbre, el desprecio de la lógica y el desprecio del posible premio terrenal.

El héroe y el santo desprecian su propia vida: aquello que no suele ser costumbre despreciar. Pero obsérvese que ese desprecio de la vida propia tampoco llega a constituir costumbre en ellos, que lo practican siempre esforzadamente o, lo que es lo mismo, saliéndose de la costumbre. De ellos —y por ese ánimo esforzado al que aludo— no pudiera decirse que su falta de costumbres (ni aun que su falta de respeto, su desprecio a la costumbre) llegue a ser, también, una costumbre.

Preguntado Solana sobre la lógica, responde: «Eso no me importa» [97]. Esta pudiera ser la respuesta universal de un héroe o de un santo. Esta pudiera ser también la respuesta española de un picador de toros. Ortega —tan europeo, él— nos aclara: «...cuando se ha querido en serio construir lógicamente la Lógica —en la logística, la lógica simbólica y la lógica matemática— se ha visto que era imposible, se ha descubierto, con espanto, que no hay concepto última y rigurosamente idéntico, que no hay juicio del que se pueda asegurar que no implica contradicción, que hay juicios los cuales no son ni verdaderos ni falsos, que hay verdades de las cuales se puede demostrar que son indemostrables, por tanto, que hay verdades ilógicas» [98].

Aunque vestido, a veces, con el ropaje del pragmatismo, el entendimiento *a la española* del mundo —de este y del otro mundo— es, antes que nada y por delante de ninguna otra cosa, ascético y sobrecogedor. El Cid y el Arcipreste —polvo de tan análogos caminos sobre el mismo sudor en frentes tan distintas—, Núñez de Balboa y Cabeza de Vaca —el ánimo pesando sobre los lomos históricos y alucinados—, San Ignacio y Miguel Servet —fiebre de la verdad que se mantiene y se proclama porque, oculta, perdería su eficaz y abnegada razón de ser— y la pléyade de los iluminados y claros varones de las tamañas empresas sin sentido común —que es un sentido que no precisan los hombres no comunes, que es un sentido, por cierto nada despreciable, pero no más que comercial y artesano— son quienes han movido, a firme pulso, el pesado carro de España, esa galera que jamás premia a quienes se afanan en empujarla hacia adelante.

Solana ve el universo mundo *a la española*. Para Solana, «la Patria es España» [97]. Para Solana «a España se le debe dar todo, lo primero la vida» [97]. Solana piensa que «hay que ser patriota ante todo. Hay gentes que les da igual una cosa que otra. Esta es gente de conveniencia. Uno sólo puede vivir en España; fuera le falta a uno algo. Hay que ser ante todo español —termina en su emocionado e ingenuo patriotismo—, porque eso es lo mejor» [99]. Solana ve lo religioso *a la española* porque lo religioso, en su ánimo, en su cabeza y en su mirar, no podía hacer excepción a la involuntaria e inexorable regla a que obedecía. Marañón, hablando sobre este punto de la religiosidad de Solana, ha pronunciado unas palabras que entendemos como un muy certero diagnóstico: «Siempre me ha parecido, con escándalo de casi todos los que me han oído esta opinión, que la vena profunda de la pintura de Solana es la religiosidad. (La misma sangre —recordamos nosotros aquí— corre por la misma vena profunda de su literatura.) Porque nada tiene —sigue diciéndonos Marañón— un sentido religioso y, sobre todo, un sentido religioso español, como el sentimiento de la fugacidad de la belleza, de la alegría, de la gloria; y esto es, precisamente, lo que sobrecoge en la obra de Solana» [100]. ¿No es ésta la misma trágica y católica conciencia que nimba los Cristos de Montañés? ¿No es éste el mismo trágico y católico espíritu que anima los piadosos y estremecidos versos de El Cristo de Velázquez de Unamuno? «Los hombres quisieran —continúa Marañón— que esta verdad terrible, la terrible verdad de la fugacidad de los bienes terrenales se les olvidara. Y los artistas han hecho lo posible por neutralizar el atroz *morir habemus* con su antídoto de alegorías magníficas, de paisajes románticos o luminosos de retratos ungidos de hermosuras y de noblezas. De los museos se suele salir con la impresión de que la tierra está poblada de héroes y de hadas y de santos gloriosos, con algún que otro demonio, que acaba siempre por ser encadenado y vencido. La otra verdad terrible, que quisiéramos olvidar, surge sólo de cuando en cuando. Casi todos los que se atreven a recordarla, acaso sin darse cuenta de lo que hacen, son españoles. Solana es uno de esos pintores —y escritores, añadimos aquí— del tremendo y saludable *Memento Homo*» [101]. ¡Sabias y ciertas palabras, elementales y diáfanas palabras que algunas gentes se empecinan en no querer entender!

Nada me extrañaría que en el próvido subconsciente de Eugenio d'Ors latiera un pensamiento paralero al nuestro de hoy cuando, al hablar de Solana, nos asevera: «Hay quien nace con vocación de estafado: las consecuencias de un tal nacer pueden acompañarle toda la vida. Más: llegan a sobrevivirle. Como se conocen éxitos póstumos, se conocen póstumas defraudaciones de gloria. El Cid ganaba batallas después de muerto; hubiera podido, a presencia igual, a méritos igual, perderlas» [101]

Bajando muchos escalones, muchos, todos los que llevan desde la alta gloria de la religión como concepto trascendente —como revelación— hasta el bajo mundo del religioso como carne mortal —como efímera gusanera—, seguimos encontrándonos con el sentimiento religioso *a la española* de Solana, ahora vestido con el tierno y doloroso amor que nuestro hombre sintió hacia las criaturas. El brevísimo —y bellísimo— capitulillo en que nos habla del cura de Buitrago podrá ser nuestro botón de muestra: «Es un cura montado a la antigua, modesto en el vestir. Su sotana, muy remendada, verdea por algunos sitios y ha tomado un color pardo de miseria. Luce grandes hebillas de hierro en los zapatos, es muy madrugador, usa un gran sombrero pasado ya de moda, pero que sienta bien con su hábitos, y en verano se quita el sudor de la calva con su gran pañuelo de hierbas. Cuando fuma lo hace siempre a horas determinadas, sacando los cigarrillos —que él hace— de una vieja petaca de cuero ya aculatada por el tiempo, que enciende en un mechero con la piedra pedernal. Es tan metódico, que aunque no usa reloj siempre sabe la hora. Después de comer se asoma al balcón, y en el periódico del día reparte migas de pan a los pájaros, que son muy amigos suyos, se posan en sus hombros y se montan encima de su cabeza. Buen labrador, cava la tierra y cuida de sus coles. Después de decir misa, recorre el pueblo y habla con los vecinos de la labranza; se interesa por la salud de los chicos pequeños, por el bienestar de todos, y a los más necesitados los socorre de su bolsillo» [102]. Aquí termina Solana el dibujo del cura de Buitrago. Pocas veces, en la literatura española, se habrá hablado de un cura con más amor, con más respeto, con más delicada piedad.

Aquel espejo caminante

Cierto es, también, que Solana, en no pocas ocasiones, pinta los curas —cuando no peor— como patanes curtidos por el sol, como labradores, como carreteros que vociferan, como banderilleros de plaza de carros. Entendemos que Solana, al hacerlo así, no se propuso describirlos sino como españoles, como hombres del pueblo español: ese hervidero en el que todos, con ser tan diferentes, tenemos cara de españoles.

Solana —bien claro nos lo dice su labor— pinta, con el pincel o con la pluma, lo que ve delante de sus ojos, sino tamizadamente, analíticamente, lo que ve con sus ojos. «La pintura es un arte magnífico —nos dice—, pero no tomado así, como un reflejo del natural, sino llegando al realismo» ". ¿Qué entiende Solana por *realismo?* ¿En qué matiz estriba la diferencia que establece entre *realismo* y *reflejo del natural?* Antes de seguir adelante podemos observar que de la simple consideración de estas palabras de Solana se colige que el realismo está más allá del reflejo del natural o, dicho de otra manera, que el realismo es algo a lo que hay que llegar tras haber pasado las aduanas del reflejo del natural. Esta idea está un tanto en contraposición con las sustentadas por los pontífices de las estéticas literarias del siglo XIX, que inscribían al realismo en el más amplio círculo del naturalismo, partiendo del supuesto, hoy ya superado, de que la realidad no existía fuera de la percepción sensoria, al paso que la naturaleza abarcaba todo lo creado, fuera o no percibido por los sentidos. Solana, en sus mismas declaraciones, hace intervenir a los nuevos elementos en juego: el realismo *inquietante* y el realismo *misterioso* o culminación de los propósitos artísticos. Y literarios. Solana no define estas dos nuevas actitudes (tampoco lo hace con las dos precedentes), pero, por lo que dejó dicho y, sobre todo, por los ejemplos que buscó para ilustrar su pensamiento, puede adivinarse la meta que se propuso alcanzar. «Velázquez —nos dice Solana— es el mejor pintor en la primera época: *Los borrachos, La adoración de los reyes,* y la parte inquietante, el realismo ese (el realismo *ese* significa el realismo inquietante, basta leer el párrafo con el mínimo detenimiento necesario para no encontrarlo tan confuso como al principio pudiera parecernos) de *La vieja friendo huevos;* sin el realismo ese tan inquietante no podía hacerse luego *Las meninas...* En ese lienzo se adivina... No podía hacerse esto sin lo otro. Se pone a la realidad un velo y se pierden los contornos. (Obsérvese que ha nacido el realismo misterioso. Sin hacer lo que se palpa no se puede hacer lo otro. El retrato de Velázquez del Papa Inocencio se va a levantar, y eso es lo inquietante» ".

Solana, según hemos podido ver a través de su no muy diáfana, pero tampoco hermética declaración de principios, centra sus ideales pictóricos en las superaciones del naturalismo, del realismo y del realismo inquietante, y en la culminación —«la escuela española es la mejor del mundo»[99]— del realismo misterioso. Es la misma órbita prevista por Goethe cuando nos dijo que la naturaleza y el arte, aunque parecen rehuirse, se encuentran antes de lo que se suele suponer. En su obra literaria, Solana comulga con el mismo ideario. Más arriba dijimos —y no una vez, sino dos— que su más clara constante fue la de su consecuencia y la de su lealtad consigo mismo. Solana no dio nunca una excesiva importancia a sus libros. «Siendo torpe de mollera como es uno —nos dice—, si alguna vez he escrito ha sido por entretenerme»[103]. Esta actitud no profesional de Solana es uno de los elementos que mayores encantos presta a su literatura. Aquella quiebra y aquel enmohecimiento, aquel pudrirse y aquel intoxicarse en sí mismo que, para la literatura, temíamos en los literatos, no hay riesgo de que en Solana se produzca. Solana, bien al contrario —y repetimos anteriores palabras—, es el hombre sencillo que cuenta las cosas que pasan tal como las ve y, a sus manos, la literatura crece, en premio, lozana y llena de frescor como la libre hierba de los prados. Cuando Solana es más auténtico, esto es, cuando con mayor desenfado pasea su espejo por el camino, es precisamente cuando más hondos aciertos consigue. Recuérdense las objeciones —bien leves, por cierto— que ha poco pusimos a su *Florencio Cornejo*. En el inverso sentido, cuando quiere hacer literatura —que por fortuna es bien pocas veces— cae en el tópico sin remisión. Repasemos, a título de ejemplario del Solana metido *a hacer literatura*, unas líneas de *La vista de Buitrago*: «Las estrellas brillan, como luciérnagas en el cielo, y la torre del castillo se ilumina bañada por la luna»[104]. Solana ha olvidado su espejo —o ha olvidado, al menos, mirarse en su espejo con la cara limpia de preocupaciones estéticas— y cae en la negra y artificiosa sima del lugar común. Pero el espejo de Solana —acabamos de citar lo excepcional en él— ni le traiciona ni suele presentársele empañado. Solana pasea su espejo a lo largo del camino —como es de ley—, pero; quizá sin proponérselo, refleja en él un mundo tamizado —le aludíamos pocas líneas atrás— que analiza, o que diseca, mejor, con una rigurosa destreza, con un eficacísimo esmero. Sin este análisis y sin aquel tamiz, Solana, escritor, no hubiera pasado de las lindes del naturalismo —y usamos esta voz en el mismo sentido que venimos dándole desde el principio—, o, todo lo más, de las fronteras del realismo. No nos atreveríamos a encasillar a Solana ni en el realismo inquietante ni en el realismo misterioso probablemente, de ambos gozan sus páginas— y lamentamos que la expresión realismo mágico, tan certeramente aplicada a otras parcelas del quehacer literario, no podamos convocarla, por aquello de que conviene jugar siempre claro, en nuestra ayuda. No más que a título de información espigamos, entre cien que se pudieran buscar, dos breves muestras, una —la primera— de realismo inquietante y la otra de realismo misterioso. Hallamos un ejemplo en el final del capítulo *El cementerio de Colmenar Viejo*: «Al dar la vuelta al muro trasero del cementerio, tropieza nuestra vista con un espectáculo macabro: unas cuantas carroñas y esqueletos de los caballos muertos en las corridas, hermanos de los esqueletos del cementerio, de los difuntos vecinos de Colmenar. Se componen estos restos de muchas patas sueltas, contraídas; cascos sueltos, negros, como un zapato viejo, con los clavos de las herraduras, remachados. Algún trozo de pierna con su correspondiente casco ha quedado, al secarse, amojamado, de un tamaño inverosímil. Hay muchas cabezas sueltas, algunas en esqueleto, con los huecos agujeros del cerebro: la cavidad de los ojos muy negra, con muchos colmillos y dientes amarillos y de gran tamaño; las quijadas, muy abiertas, tienen una mueca de risa o de gran tristeza, de difunto que se queda con la cara muy larga y adormilada, de perpetuo holgazán. Tirados aparecen los huesos que aún conservan algo de carne negruzca en tiras, trozos de espinazo y costillas. Son estos huesos muy blancos, como si fueran de yeso, los que están secos, y rojizos por la sangre los que todavía están frescos, en los que hierve y bulle la gusanera. También aparecen los restos enteros de un caballo; todo el esqueleto, que ha quedado suelto al faltarle los ligamentos de la carne, está como empotrado en la tierra; por los huesos blancos corren las hormigas y por los ojos andan enroscados, como si estuviesen luchando, dos grandes y largos gusanos, que después de separarse dan grandes saltos y botes con el cuerpo, como dos volatineros»[105]. Titúlase, el trozo que ahora va, *La ermita de Jesús el pobre:* «Encima de unas parihuelas para llevar en la procesión, se ve un Cristo metido entre las sábanas; está hasta medio cuerpo desnudo, como hecho de un tronco de árbol, con las manazas abiertas para arriba, como para abrazar y apretar entre sus brazos a todos los pobres y enfermos que le fueran a contar sus penas. Cerca de él, desde el púlpito, un cura pronuncia un sermón patético; habla de pestes, inundaciones y plagas que han de caer sobre el mundo; en el altar, vacío, donde colocarán otra vez la urna después de la procesión, está rodeado de ex votos, muletas, cabestrillos, escapularios y rosarios y una larga vitrina; tras el cristal se ven muchas trenzas con flores de trapo y cintas de desmayado color y trozos de flequillos de niñas; al verlos, adivinamos sus frentes descoloridas y sus caras del color de la cera; en una trenza, rubia y empolvada por los años, cuelga, atado de su punta, un papel que dice: *Recuerdo al Santísimo Cristo, en los últimos días de vida de la joven Felisa Barbero Stévez, a los diez y ocho años de edad. Zamora, marzo de 1890»*[106]. En ambos casos —y toda la obra de Solana podría adscribirse a uno u otro realismo: el inquietante o el misterioso— es evidente que nuestro autor deja muy atrás lo que se venía entendiendo por reflejo de lo natural o por reflejo de lo real. Hay todo un mundo por encima y por debajo de lo natural y de lo real que es también natural —puesto que en él no hay artificio— y real —ya que existe—. Puestos a afinar declararíamos, sin reserva alguna, que identificamos lo real con lo natural, es más: que llamamos natural —o real— a todo lo que desde lo subreal llega hasta lo sobrenatural. Inmerso en esta realidad —inquietante y misteriosa realidad— está el mundo literario de Solana, ese mundo que se posa ante sus ojos para que, con sus ojos, lo taladre y lo adivine.

La ternura del hombre apasionado

Hablábamos, pocos minutos atrás, del tierno amor de Solana hacia las criaturas. En no remota ocasión [107] sacamos a relucir a Joubert, cuando decía que la ternura es la pasión en calma. El corolario de Joubert —escribimos entonces y repetimos ahora— podría expresarse diciendo que no es tierno quien no es capaz de ser apasionado. Solana era apasionado; entre nosotros hay muchas gentes que lo conocieron, lo trataron y lo quisieron, y que saben que es verdad lo que digo. Solana era hombre con el que no contaban las aguadas conveniencias, las tibias mediastintas, los templados equilibrios. Solana encuentra las cosas buenas o malas, definidamente, diáfanamente, rematadamente buenas o malas: el amor es una cosa muy buena [108]; las mujeres son la cosa más sufrida que hay [108]; la escuela española de pintura —pido perdón por repetir la cita, que tampoco será la única vez que esto suceda— es la mejor del mundo [97]; el impresionismo es una engañifa [97]; hay que ser patriota ante todo; la literatura se apodera de uno como una garra [103]; el mejor libro es *El Quijote* [103]; Calderón es muy bueno [103]; la ópera me gusta una barbaridad [103] la lógica no me importa [97]; la muerte es un mal trago [109]; el que no piensa es un animal... [109], ¡pues no es nada lo del ojo! [110] Ramón Gómez de la Serna es el más raro y original escritor de esta nueva generación... Honoré Daumier es el Balzac del lápiz... Hogart es algo desconcertante y genial... Francisco de Goya y Lucientes, el mejor pintor del mundo y el último aldabón de la pintura antigua y moderna... Regoyos es un gran artista que ha de tener una trascendencia única y definitiva en el paisaje español [111]; Alonso Berruguete es el Greco de la escultura [112], etc., etc. Este hombre de actitudes inmediatas, de ideas elementales y clarísimas, de violentas reacciones ante la estupidez o la injusticia y de también violentas y sanísimas alegrías ante el talento y la honradez, albergaba, en su inmenso corazón, una crecida dosis de ternura. Las criadas de servir, los mendigos, los curas pobres, los niños, los enfermos de los hospitales, los heridos caballos de los toros, los perros sin amo, todo el doliente mundo que padece, a veces sin explicárselo demasiado, y que sufre la permanente injuria de la vida —aquello que para otros es como una sonriente bendición— y el latigazo cruento de la adversidad, encuentra en la pluma de Solana un chorro, jamás agotado, de comprensión, de simpatía y de solidaridad. Solana, delicadísimo poeta que gozaba escuchándose tras la espantable máscara de su humor (pronto vendremos sobre su humor), alcanza, con la pluma en la mano, cimas de una pureza franciscana, instantes de una difícil y noble y ejemplar blandura. Recordemos El ran-cataplán, el baile de las criadas manchegas, alcarreñas, extremeñas, gallegas en Tetuán de las Victorias: «Cae la tarde; hay un campestre ambiente de aldea; la gaita suena jovial y otras veces melancólica, como en las bodas de los pueblos. Algunas criadas, que les ha dicho el amo que tienen que estar pronto en casa, se despiden de sus amigas dándose un beso en cada carrillo y diciendo: "hasta el domingo que viene"; otras se van cogidas de la mano... El mérito de estas mujeres es que, aunque se sienten tronchadas en el banco de la cocina junto al vasar, al llegar a sus casas, sueñan al acostarse con que siguen bailando en el ran-cataplán; en el sueño, el estrecho cuartucho donde está su catre se pone en movimiento, y las paredes empiezan a bailar al son del organillo o de la murga callejera; cuando se inaugura una tienda de comestibles, oyen el arrastre de pies de los bailarines sobre la acera, y cuando piensan en tirarse de la cama para bajar a la calle, las sorprende un sueño muy pesado y se quedan dormidas, sordas como una tapia»[113]. Recordemos también al obediente pobre de Buitrago, el resignado y hacendoso y sedentario pobre de Buitrago: «Siempre se le encuentra en el mismo sitio junto a los muros de la fortaleza, donde juegan a la pelota los señores principales del pueblo; en sus harapos y tumbado en el suelo está este pobre espectador, tiene la barba y el pelo muy largos y se lava en el río; me contó que tuvo unas fiebres palúdicas y le dijeron que se tirase al río; él se tiró y curó. Va algunas veces a los pueblos cercanos a pedir limosna y piensa establecerse definitivamente en Buitrago y morir aquí»[114]. Pasemos, estremecidamente, sobre el entierro del niño de Lagartera: «En Lagartera hay una calle muy estrecha y de pocas casas —"Calle del Cementerio"— que da salida al cementerio de Lagartera. Aquí, en esta calle, vi llevar a un niño muerto en brazos, con el delantal y las botas puestas, que le iban a enterrar sin caja. ¡Cómo caería la tierra en su delantal, llenando sus bolsillos, los bolsillos que tanto estiman los chicos, cegando sus botas y tapando su cara!»[115] Y cerramos este breve ejemplario de la ternura de Solana con el recuerdo, emocionado recuerdo, de los caballos en desgracia: «Cuando salimos de la plaza están cargando en unos carros los caballos muertos, y al dejar el circo taurino, ya a lo lejos, vemos su belleza en aquella llanura. Encima se agolpan las nubes. Pensamos en los caballos, peludos y pequeños como borricos, que comen su pienso esperando su sacrificio en la última corrida de la feria»[116].

Con una mayor economía de elementos es difícil conseguir una mayor sensación de lo que se quiere expresar: ternura, en este caso. Del *Baile de criadas* hemos citado algo más de centenar y medio de palabras. La adjetivación no puede ser menos brillante y, sin embargo, el baile de «estas criadas, cerriles y rústicas, que vienen con el pelo de la dehesa a a Madrid»[117], el ran-cataplán de estas mozas, «las rubias, llena de pecas la cara, la nariz colorada, la boca de espuerta, las cejas muy blancas y las manos como morcillas, llenas de sabañones; las morenas, de espalda bronceada, y nariz chata y cejas unidas»[118], se adentra en nuestro ánimo y nos sitúa, jóvenes aún y vestidos de cabo de infantería, de artillería, de caballería, en medio del amoroso y oloroso tumulto, bailando el pasodoble de costadillo y escuchando sobre el corazón el acelerado latir del otro corazón.

En *El pobre de Buitrago*, Solana escatima aún más la adjetivación. En las cien palabras escasas que emplea para pintárnoslo, Solana no nos dice si el pobre de Buitrago es joven o viejo, listo o tonto, alto o bajo, errabundo o estático, alegre o triste, flaco o gordo. Solana sólo nos dice que «tiene la barba y el pelo muy largos». Nosotros, lectores, hemos de deducir que es viejo, puesto que «piensa establecerse definitivamente en Buitrago y morir aquí»; que es tonto o, quizá mejor, ingenuo, ya que cuando le dijeron que se tirase al río para sanarse del paludismo, «él se tiró»; que es de media estatura, desde el momento en que a su biógrafo no le llamó la atención ni por enano ni por gigante; que no es nómada ni vagabundo porque sólo «va algunas veces a los pueblos cercanos a pedir limosna». Solana tampoco nos aclara si el pobre de Buitrago —ese pobre sin nombre que se entretiene en ver cómo los señores le pegan a la pelota— es de ánimo jovial o entristecido y de abundosas o magras y escasas carnes. En estos dos últimos puntos es donde el lector ha de afinar más sus agudezas. Solana, anticipándose a la ulterior evolución de la técnica narrativa, exige una inmediata colaboración del lector; pero la exige después de haberle lado, con sabia y bien dosificada cautela, los suficientes elementos de juicio —y ni uno más— para que el lector pueda seguir, por su cuenta, la buena marcha de la fabulación. Siempre se le encuentra en el mismo sitio... Entre harapos y tumbado en el suelo, este pobre mira cómo los ricos juegan a la pelota... Entendemos que este par de pinceladas es bastante para que adivinemos que el pobre de Buitrago es un hombre triste, sosegada y resignadamente triste, tímido en su tristeza que, a veces, quizá adorne con una sonrisa imploradora de perdón. Pero ¿por qué pide perdón el pobre de Buitrago? El triste pobre de Bui-

trago pide perdón, sin duda, porque teme herir con
su flaca y mísera presencia la alegría y la lozanía
de los demás. El pobre de Buitrago, sobre triste, es
flaco y mísero: vive a los muros de la fortaleza,
tuvo unas fiebres palúdicas que se curó —¿será posible que se llegase a curar?— bañándose en el río.

En el entierro del niño de Lagartera, Solana tiem-
bla al rememorar los hondos bolsillos del delantal
infantil —la fabulosa y mágica arca de los tesoros
de todos los niños del mundo— a los que, horros
ya de misteriosa ilusión, la tierra del camposanto
acabará llenando inexorablemente.

En su adiós a los caballos muertos y, sobre todo,
en su adiós a los caballos que van a morir, Solana
toca, con suaves dedos, la cítara de la más pura y
simple poesía. Y lo hace —como en los tres casos
que atrás dejamos— con un heroico ahorro de medios expresivos. Solana se despide de los caballos
muertos llamándoles no más que «muertos». Solana se despide de los caballos que van a morir llamándoles, mínimamente, «peludos y pequeños como
borricos». Por el cielo de Buitrago, aquella tarde,
voló el alma de Platero: «Platero es pequeño, pelu-
do, suave...» [117]

La paleta del escritor Solana

Los caballos que van a morir, los caballos de
Buitrago, «peludos y pequeños como borricos», no
sabemos —cosa rara en las criaturas de Solana— de
qué color son. Solana, al escribir, no suele olvidarse
de la paleta de los tintes: el tubo que pinta, de negro, blanco o colorado, al mundo

Solana escribe como un pintor; Salvador Rueda
y Juan Ramón Jiménez, cada uno a su manera, que
tampoco fue tan distinta, también lo hicieron. Solana pinta como un escritor; Goya también lo hizo.
Los cuadros de Solana tienen, como sus páginas,
aventura; las páginas de Solana tienen, como sus
cuadros, color. La aventura y el color de los cuadros
y de las páginas de Solana, son fáciles de señalar.

Solana no tuvo una visión del mundo, como pintor, y otra visión del mundo, como escritor. Solana tuvo una visión del mundo propia y peculiar que interpretó, con el pincel y con la pluma, sin permitirse una sola escapatoria ni un solo instante de desfallecimiento, de reblandecimiento de deslealtad. Ya hemos considerado el temario de la literatura de Solana. El de su pintura es hermano gemelo: bastaría repasar los títulos de sus lienzos —coincidentes, muchos, con los títulos de sus páginas— para ver hasta qué punto esto que de él decimos es, sobre verdad, una evidencia repetida una y otra vez. Si algún día cobrara cuerpo y realidad esa edición que sus amigos esperamos de la *opera omnia* literaria de Solana *, se vería, a las primeras de cambio y no más que posada la atención sobre el problema, que el ilustrador ideal del escritor Solana sería, justamente, el pintor Solana. Es más: creo difícil que se pueda encontrar una sola página de Solana que no tenga, en la lista de los cuadros y de los dibujos de nuestro autor, su propia y destinada ilustración: aun prescindiendo —por demasiado evidentes— de los temas de los toros, las procesiones y las máscaras, que se reiteran, ocasión tras ocasión, todo a lo largo del catálogo de su obra pictórica, vemos que la labor literaria de Solana —incluso aquella que más alejada pudiera parecernos a su temática de pintor— tiene, página a página, punto por punto, su concreto y orientador paraledo en la huella de su pincel o de su lápiz. No quisiera hacer demasiado larga la lista de mis ejemplos y pienso que tan sólo con alguno de ellos quedará patente esta identidad de sus dos caminos que intento hacer resaltar. Detengámonos no más que ante las dos series de *Madrid. Escenas y costumbres: Baile chulo en las Ventas, Lola la peinadora, Exposición de figuras de cera, El Rastro, El desolladero, Las chozas de la Alhóndiga, Las mujeres toreras, Esperando la sopa, Las coristas*, son los nombres de algunos de sus ca-

* (Nota a esta ed.) Fue publicada, con posterioridad a la fecha en que estas palabras fueron escritas, por Taurus, Madrid, 1961. Es lástima que el texto aparezca, con harta frecuencia, mutilado.

pítulos. Repasemos ahora la nómina de sus cuadros: *Baile de chulos* está en la colección Valero;
La peinadora, en París, en la colección Garaño; *Las
vitrinas* y *El Visitante del Museo*, en el Museo de
Arte Moderno, de Madrid y en la colección Marañón, respectivamente: *El desolladero* se quedó en
su casa de Madrid [120], el día de su muerte; *Chozas de
la Alhóndiga* luce en la colección Sevillier, de Buenos Aires; *Las señoritas toreras* está en París y *Esperando la sopa*, en Oslo; *Coristas de pueblo* figura
en la colección León y *La coristas* pasó a propiedad
de Manuel Gutiérrez-Solana, a la desaparición de
su hermano José. Nadie habría de perder la paciencia completando este muestrario de semejanzas
—y aun de identidades— que tan someramente aquí
dejamos esbozado. El estudioso de la obra de Solana, al llegar a este punto, debe partir de un axioma: todas las ideas y las figuraciones todas de Solana, tuvieron, al menos, dos versiones: una, plástica
y, la otra, literaria; si alguna de las dos no aparece,
debe seguirse buscando ya que en algún lado estará.

En la paleta del pintor Solana domina el negro
sobre ningún otro color; es ésta una característica
que han acusado todos sus glosadores y algo, por
otra parte, que salta a los ojos del espectador más
lego o menos iniciado. En la paleta del escritor Solana se produce análogo fenómeno. Solana es un escritor colorista, un hombre que necesita teñir y co-
lorear las personas y las cosas, los animales y los
paisajes, para poder describirlos con la pluma, para
poder narrarlos y contarlos. La paleta del escritor
Solana tiene una gama extensa y pintoresca. Limitamos nuestra información —lo contrario sería el
cuento de nunca acabar— al primero y al último de
sus libros; trece años median entre la edición de
ambos y diecisiete han transcurrido desde la redacción del uno a la del otro: tiempo suficiente —y,
en último caso, todo el tiempo de cuya contemplación disponemos— para poder abarcar la cruz y la
fecha de la literatura de nuestro amigo. En la paleta
del escritor Solana, faltan, casi por completo, dos
colores del arco iris: el añil o azul turquí y el vio-

leta que, en sus páginas, suele vestirse de morado:
«Las paredes están forradas de un morado sombrío
y profundo» [121]; «Sobre el fondo morado, casi negro,
se destaca el cuerpo en forma de un enorme corazón...» [122]; «A través del empañado escaparate se veía
una gran bola de cristal que hacía tonos lívidos y
morados sobre frascos y paquetes...» [123]; «Chisco... re-
cibía unos cuantos pellejos de vino, y en seguida los
hacía parir a fuerza de unos misteriosos polvos morados que los echaba...» [124]

Quizá como compensación, el escritor incorpora a
su técnica literaria dos nuevos elementos: la lista de
los colores de las cosas —color café—: «El picador
Cacheta trae pelliza color café con guarniciones de
astracán...» [125]; color avellana: «Una de ellas... enseña... un pie enano, calzado con botas..., color avellana...» [121]; color canela: «Félix, *el Rana,* cajista de
oficio, lleva su gorra canela de visera...» [126]; color de
correa: «En la última burra va un mozo de cara
de color de correa, con la boina echada por la
cara...» [127]; color asalmonado, color azafranado:
«...*Chisco* es hombre adinerado, de cerca de sesenta años de edad, de color asalmonado, pelo azafranado...» [128] —y el censo de los colores a los que abje-
tiva, pero no pinta— color triste: «En los merende-
ros, desvencijados, de colores tristes, se ven grupos
que comen y beben» [129]; brillante: «...coches derrengados, pintados de un barniz brillante con cenefa
de un amarillo chillón...» [130]; vivo: «Pasan con unas
mantas de rayas de vivos colores, guarnecidas de
trencillas...» [127]; fuerte: «... llevan blusa de trabajo
debajo de las capas y pañuelos de fuertes colores
al cuello...» [131]; luminoso: «...se ve la ráfaga del aparato que proyecta sobre la sábana un círculo luminoso...» [132]; descolorido: «...viste un traje de seda de
ramos y flores estampadas, pareciendo antiguo por
los descolorido y empolvado» [133]; desteñido: «Baja
el señor tieso, de perilla, con su *makferland* dente-
ñido por el tiempo...» [133]; claro, diáfano: «En el cielo,
claro y diáfano, se recorta la cúpula de San Francisco el Grande» [135].

Con el blanco y el negro y con los cinco colores

del arco iris que con más frecuencia maneja —rojo, anaranjado, amarillo, verde, azul— y, claro es, con todas las gamas intermedias y posibles, el escritor Solana se enfrenta con el mundo en torno sin otra preocupación que la de irnos describiendo, pluma en ristre, todo lo que ve. Vendría bien recordar aquí que el pintor Solana gustaba de trabajar a todas luces menos a la luz del sol que, según decía, es opaca [136]. El escritor Solana no padecía, de manera tan aguda, al menos, esta aversión al sol. Sin embargo, sería muy arriesgado suponer que pudiera sentir por el sol suerte alguna de simpatía. Cuando el escritor sale, en el tren de Cuatro Caminos, rumbo a Colmenar, se tropieza tres veces con el sol —no es darse con él, describir a unos «patanes curtidos por el sol» [137]— y en ninguna de ellas tiene para el sol una sola palabra amable; Solana se limita a decir que el sol existe —«Antes, en la llanura, el cielo estaba muy alto y entraba mucho sol en el coche» [137]; «...grandes zonas de sombra en los campos iluminados de sol...» [84]— y, cuando opina, lo encuentra desagradable: «Por un arco como un túnel negro vemos en su agujero la luz muy fuerte del sol, que ciega la vista...» [138] Esta heliofobia de Solana y también su manifiesta claustrofilia —en su labor literaria, los escenarios a puerta cerrada o a horas de la noche aparecen, con relación a los decorados al aire libre y a la luz del sol, en proporción muy superiormente notoria—. No es sólo su temática —quisiéramos recalcar— lo que ennegrece su ámbito literario, sino también la luz a la que esa temática está vista. Quizá suceda que los temas y la luz a la que están considerados, vivan y se presenten todos en función de todos.

En la paleta del escritor Solana —decíamos— domina el negro sobre ningún otro color. En la paleta del pintor Solana sucede otro tanto. Eugenio d'Ors escribe: «Solana da ya por concluso el ciclo del impresionismo, y vuelve a recoger la tradición de la que un día se llamó despectivamente pintura negra» [139]. Entendemos que determinada pintura se llama negra no sólo por el espíritu que la anima sino, antes que por eso, por el negro color con que ese espíritu, para que resulte realmente negro, se pinta. Manuel Sánchez Camargo, biógrafo y comentarista de Solana, nos dice: «El negro, como color importante, distingue a Solana. Es casi su secreto...» [140]

A continuación del negro, el rojo y el blanco son los colores más reiterados en las páginas de Solana; tras ellos —igual que en el escalafón del torero— no viene «nadie» y, allá a lo lejos y como en tropel, se presentan todos los demás. Tratemos de fijar un poco estas proporciones. Para ello preparemos, con los dos libros —el primero y el último— que, según avisamos, estamos considerando, dos paletas. La paleta de *Madrid. Escenas y costumbres (1.ª serie)*, está formada por noventa y siete partes de negro que, si le añadimos los dos azabaches y el ahumado que encontramos, llega al centenar; cuarenta y cinco de blanco, a los que convendría sumar dos de blanquísimo y una de blanco hueso; veinticinco de rojo, más once encarnados, ocho colorados, tres rosas, dos rojizos y un azafranado, un rubio rojizo azafranado, un carmesí, un rosado y un sonrosado, total cincuenta y cuatro; veinticuatro amarillos, más un dorado y un purpurina; veintitrés azules, más un azul claro y cuatro azulados; dieciocho verdes, más un verde claro y un verdoso, etc. Debo advertir que este recuento no lo he hecho sino una sola vez y que, por tanto, en ningún caso garantizo su exactitud; pienso, sin embargo, que al menos para marcarnos las tendencias de su paleta —que es de lo que aquí se trata— podrá servirnos. En el *Florencio Cornejo*, libro mucho más breve, una de las proporciones se conserva y otra —que pronto veremos cuál es— se altera. La paleta del *Florencio Cornejo* está compuesta por diez partes de negro; cuatro de rojo y una de carmín y otra de colorado; tres de blanco y una del «camino [que] blanquea por la luz de la luna» [141]; dos de amarillo, una de azul y otra de azulalo, y otras dos de verde. El primer volumen de *Madrid. Escenas y costumbres* tiene, aproximadamente, unas 37.000 palabras; el *Florencio Cornejo* anda por las 10.500. El primero es, por tanto, algo más de tres veces y media más extenso que el segundo. Tenemos ya datos suficientes para poder estudiar la evolución de la paleta del escritor Solana desde su más viejo hasta su más joven libro. Sobre la base 100, que nos dio el color más repetido en *Madrid. Escenas y costumbres (1.ª serie)*, y sobre la base 10, que nos dio el mismo color en el *Florencio Cornejo*, multiplicada ahora por diez para que en ambos libros manejemos el mismo denominador, podremos establecer la siguiente tabla:

Madrid. Escenas y costumbres (1.ª serie)		Florencio Cornejo
Negro	100	100
Rojo	54	60
Blanco	48	40
Amarillo	26	20
Azul	25	20
Verde	20	20

Como vemos, el escritor Solana mantiene las relaciones de los colores de su paleta con un rigor punto menos que matemáticamente exacto. No obstante, en un nuevo cuadro nos será fácil ver que la exuberancia del colorismo de Solana decrece considerablemente del primero al último de sus libros. Antes dejamos dicho que el primer volumen de *Madrid. Escenas y costumbres* era tres y media veces más extenso que el *Florencio Cornejo*. Según este dato, si la intensidad del colorismo se hubiera mantenido en Solana, en el *Florencio Cornejo*, en vez de diez negros, que son los que aparecen —y los que, a igual de colorismo, corresponderían a un libro diez veces menor que el primer tomo de *Madrid. Escenas y costumbres*, esto es, a un libro de 3.700 palabras—, debiera haber habido veintiocho (100/3,5 = 28 p. d.). Las proporciones entre las cifras y los colores que

hay y las que debiera haber —de haberse mantenido
la misma intensidad del colorismo— en el *Florencio
Cornejo*, serían las siguientes:

	Cifras reales	Cifras teóricas
Negro	10	28,57
Rojo	6	15,42
Blanco	4	13,71
Amarillo	2	7,42
Azul	2	7,14
Verde	2	5,71

La paleta del escritor Solana, según vemos, mantiene sus proporciones, pero se debilita considerablemente. A la densidad de color de *Madrid. Escenas
y costumbres (1.ª serie)* no responde la densidad de
color del *Florencio Cornejo*. Si en aquel libro damos
al factor «densidad de color» un 10, en este otro
tendríamos que conformarnos con un 3 o un 3,5.
No se me oculta que muchas pueden ser las causas
originadoras de este decrecimiento de la intensidad
del colorismo. Aun admitiéndola como evidente, no
deja de ser curioso observar cómo, al margen de su
desnutrición, mantiene constantes sus proporciones
y sus distancias. Que un crítico de arte, si encuentra el tema sugestivo, trate de establecer los posibles contactos o divergencias que la paleta del escritor Solana pueda tener con su paleta de pintor.

Final

Y poco más me queda por decir, aunque el escritor Solana se merezca más cuidada y sagaz atención de la que le brindo. Hemos apuntado, no más
que esbozadamente, algunas características de su
obra y de su estética literaria, y ahora, al hacer el

recuento, nos encontramos con que más que otro tanto de lo dicho se nos queda —quizá ya para siempre— en el tintero.

El olfato de Solana —la nariz con la que percibía el olor de los pescados, el de la carne, el de los churros, el de las mozas que bailan en el ran-cataplán— debería ser tema de unos de estos capítulos no nacidos. El oído de Solana —tranvías que chirrían por la cuesta abajo; cencerros que suenan alegres o broncos y sordos; campanas de los pueblos, que voltean sin cesar; cascada charla de los viejos; agrio vozarrón del chulo— espera la glosa que nosotros ni siquiera ensayamos. El paladar de Solana —¡hay, el chorizo sano, el pan crujiente, el vino de gusto recio y popular!— ahí queda, vivo y tentador, para quien lo quiera coger. El tacto de Solana —bailarines de las Ventas y de Tetuán, elementales y sabios como los amadores de los tiempos antiguos— se nos escapa también de nuestro índice.

Tampoco hemos atendido a su peculiar técnica de adjetivación, por ejemplo, ni al eficaz uso literario que hace el refranero y de los popularismos madrileños. Hemos dado un recorte —sin duda, gratuito— al limbo solanesco de la enfermedad, las taras físicas y la muerte, y hemos olvidado la consideración de una esquina humana —la del hampa, la «golfemia», la prostitución, la chulería y la delincuencia— que en nuestro escritor encuentra su más piadoso y comprensivo cronista. Nos hemos detenido —aún sobre los dedos, cierto es— en la ternura, pero no lo hemos hecho con otros sentimientos —la angustia, la lástima de los demás, la crueldad en los demás— también patentes en su obra.

Y una última cuerda, no más que ligeramente trazada, nos resta por pulsar: la del amor de Solana por las cosas, la de su entendimiento por las cosas, como si en el corazón de las cosas latiera el pulso hermano de la sangre. No vamos a tratarlo aquí. Quede —con todo lo mucho que queda— para quien, con más ánimo y más ciencia que nosotros, vuelva sobre la entrañable figura que hoy nos ocupa. Pero sí quiero, al menos, dedicar un recuerdo a la «gran belleza de los desconchados de [las] fachadas, las grietas de... [las] paredes..., las rejas de los conventos»[142]; a la «belleza... de la destrucción (una alta voz poética habló, en versos impares, de *La destrucción o el amor*)... [a] las horas románticas pasadas entre los escombros...»[143]; «al croar de las ranas» que tanto «contribuye... —según nuestro autor— a la poesía...»[70]. Por los amargos desconchados de las paredes; por las grietas de las viejas casas; por las deleitosas horas pasadas saltando entre los polvorientos escombros; por la rana humilde y verde que canta con su mejor voz; por todas las dolientes y mínimas criaturas de Solana, quisiera haber sabido brindar.

Solana fue, en su reflejo literario, lo que más honda y auténticamente fuera en su más recóndito sentir humano. Y a Solana pudiera caberle, como epitafio, una sencilla leyenda que advirtiera que el hombre que allí yace usó, como honesto lema, aquel hermoso verso de la Epístola moral a Fabio:

Iguala con la vida el pensamiento.

1. Pío Baroja, *La caverna del humorismo*, en *Obras completas*, t. V, Biblioteca Nueva, Madrid, 1948, p. 439.
2. E. Díez-Canedo] *José Gutiérrez-Solana, pintor de Madrid y sus calles*, en *Revista de Occidente*, año II, n.º X, Madrid, abril, 1924, p. 114.
3. Azorín, *El Madrid de Solana*, en *ABC*, Madrid, 28 de enero de 1945.
4. I. *Madrid. Escenas y costumbres*, Madrid, Imprenta Artística Española, San Roque, núm. 7, 1913, 164 p. en 4.º. Manejamos la 2.ª ed. Lo nombraremos, en las sucesivas notas, *Esc. cost. I*.
II. *Madrid. Escenas y costumbres. Segunda serie*, Madrid, Imprenta Mesón de Paños, 8, bajos, 1918, 183 pp. en 4.º. Lo nombraremos *Esc. cost. II*.
III. *La España negra*, Madrid [Imp. de G. Hernández y Galo Sáez, Mesón de Paños, 8], 1920, 254 pp. en 4.º. Lo nombraremos *Esp. n.* (En la edición que manejamos de *Esc. cost. I* aparece anunciado este libro con el título *La España negra o el fanatismo español*.)
IV. *Madrid callejero*, Madrid [Imp. G. Hernández y Galo Sáez, Mesón de Paños, 8], 1923, 189 pp. en 4.º. Lo mencionaremos *Mad. call.*

V. *Dos pueblos de Castilla*, Madrid [*Cuadernos literarios*, n.º 10, Imp. Ciudad Lineal), 1924, 76 pp. en 8.º. Lo nombraremos *Dos pueb*.

VI. *Florencio Cornejo (Novela)*, Madrid [Imp. G. Hernández y Galo Sáez, Mesón de los Paños, 8], 1926, 66 pp. en 8.º. Lo nombraremos *FC*. (En *Mad. call*. aparece anunciado con el título de *Remigio Cornejo*.)

En *Mad. call*., además de *Remigio Cornejo*, aparecen anunciadas como "próximas a publicarse" las siguientes obras que no llegaron a aparecer: *Viajes por España, Cuentos del abuelo, Osario* (que repite su anuncio en *FC*) y *Las brujas de Ogarrio*. También en *Mad. call*., y con la nota de "en preparación", se cita *Los pueblos de Madrid*, del que ya se da noticia en *Esp. n.* con el título de *Madrid y sus pueblos* y que acabó reduciéndose a *Dos pueblos de Castilla*.

Manuel Sánchez Camargo, en su libro *Solana (Biografía)*, Madrid [Aldus, S. A. de Artes Gráficas], 1945, al que nombraremos *Biogr.*, publica *París (Tres capítulos inéditos de una obra de J. Gutiérrez Solana)*. Estos capítulos son: I, *El barrio judío*; II, *El Museo de las figuras de cera*, y III, *La feria*. A ellos no vamos a referirnos aquí porque, lejos de proponernos inventariar su producción literaria, preferimos limitarnos a la glosa de las páginas que el pintor publicó en vida.

5. Voz no admitida en el diccionario. No encuentro otra, sin embargo, que me sirva para expresar en español lo que quiero decir y que sí podría explicar en francés: acción y efecto de salir el polluelo del cascarón, de brotar los árboles, de abrir la flor; en sentido figurado, salir a la luz, manifestarse, mostrarse.

6. Aparece reproducido en la contraportada de la 1.ª edición de este texto: *Los papeles de Son Armadans*, Palma de Mallorca, 1957.

7. *Esc. cost. I*, p. 7.

8. Antonio de Guevara, *Libro de los inuentores del arte de marear y de los muchos trabajos que se passan en las galeras*, Valladolid, 1539, cap. viii.

9. *Baile chulo en las Ventas*, en *Esc. cost. I*, p. 7. *Una academia de baile*, ídem, p. 41.

10. *Una corrida de toros en las ventas*, ídem, p. 17. *Primera de abono*, ídem, p. 131. *La capilla de la Plaza de Toros*, ídem, p. 139. *La media luna, perros de presa y banderillas de fuego*, ídem, p. 143. *El desolladero*, ídem, p. 149.

11. *Romería de San Antonio de la Florida*, ídem, p. 57. *Exposición de figuras de cera*, ídem, pág. 75. *Romería de San Isidro*, ídem, p. 111. *Visita a los fenómenos de la Pradera*, p. 117.

12. *El entierro de la sardina*, ídem, p. 63. *Máscaras humildes*, ídem, p. 73.

13. *Nochebuena*, ídem, pág. 89. *El día de difuntos*, ídem, p. 93. *Semana Santa*, ídem, p. 99.

14. *Los pájaros fritos*, ídem, p. 51. *Riña de gallos*, ídem, p. 83. *Los pájaros sabios de la Plaza de la Cebada*, ídem, p. 107.

15. *La mujer araña*, ídem, p. 23.

16. *Diligencias, galeras y carros*, ídem, p. 153.

17. *Lola la peinadora*, ídem, p. 31.

18. *El Rastro*, ídem, pág. 121. *La casa del Pobre, del Retiro*, ídem, p. 157. *El Retiro*, ídem, p. 161.

19. *Esc. cost. II*, nota a la p. 79.

20. *Las mujeres toreras*, ídem, p. 149. *Corrida de toros en Tetuán*, ídem, p. 155.

21. *La Puerta del Sol*, ídem, p. 7. *En la Estación de la Pros-
peridad*, ídem, p. 31. *El bazar de las Américas*, ídem, p. 89. *Las
chozas de la Alhóndiga*, ídem, p. 99. *La feria de libros*, ídem,
p. 107. *Tetuán*, ídem, p. 165.

22. *Las últimas máscaras*, ídem, p. 67.

23. *La adivinadora*, ídem, p. 63. *Las mujeres toreras*, ídem,
p. 149. *Las coristas*, ídem, p. 181.

24. *El carro de vistas*, ídem, p. 57.

25. *El ortopédico*, ídem, p. 25. *El curandero*, ídem, p. 38. *El
entierro del panadero*, ídem, p. 43 (no figura en el índice). *El sacamuelas*, ídem, p. 51. *El ciego de los romances*, ídem, p. 77. *Los
peluqueros de la Ronda de Toledo*, ídem, p. 103.

26. *El gran cóndor de los Andes*, ídem, p. 115. *El circo*, ídem,
p. 121. *El ventrílocuo*, p. 127.

27. *La sala de disección*, ídem, p. 135. *La cola de la sopa*,
ídem, p. 177.

28. Pío Baroja, *Discursos leídos ante la Academia Española en
la recepción pública del Sr. D....*, p. 47.

29. J. Corominas, *Diccionario crítico etimológico de la lengua
castellana*, Editorial Gredos, Madrid, 1954, vol. III, L-RE, p. 59.

30. Manuel Sanchís Guarner, *El léxico marinero mediterráneo*,
en *Revista Valenciana de Filología*, t. IV, fasc. I, p. 12.

31. *Esp. n.*, p. 12.

32. *Esp. n.*, p. 11.

33. *El día de difuntos*, en *Esc. cost. I*, p. 95.

34. Dámaso Alonso, *Antología. Poesía de la Edad Media y
Poesía de tipo tradicional*, Signo, Madrid, 1935. En la nota 27,
p. 536, dice: "Menendez y Pelayo llama a este poeta Sánchez Talavera y afirma que bastan elementales conocimientos paleográficos
para leer 'Talavera' en el códice del *Cancionero de Baena*. He visto
éste (en el facsímil publicado por la Hispanic Society) y allí se lee
'Calavera' repetidas veces y con absoluta claridad. (*Cancionero de
Baena*, núm. 530.)"

35. *Esp. n.*, p. 25.

36. *FC*, p. 46.

37. Ramón Gómez de la Serna, *José Gutiérrez-Solana*, en *Obras
Selectas*, Editorial Plenitud, Madrid, 1947, p. 866.

38. Pío Baroja, *Desde la última vuelta del camino. Memorias
IV, Galerías de tipos de la época*, en *Obras completas*, t. VII, Biblioteca Nueva, Madrid, 1949, p. 911.

39. Ramón Gómez de la Serna, *ob. cit.*, p. 841.

40. *Esp. n.*, p. 114.

41. *Idem*, p. 115.

42. *Esp. n.*, p. 137.

43. *Idem*, p. 238.

44. *La feria* ídem, pp. 39-53.

45. *La procesión*, ídem, p. 59. *La procesión*, ídem, p. 213.

46. *Un entierro en Santander*, ídem, p. 31. *El osario de Zamora*,
ídem, p. 237.

47. *El presidio*, ídem, p. 67. *Las demás salas del penal*, ídem,
p. 70. *Los locos*, ídem, p. 73.

48. *El hospital de San Lázaro, ídem,* p. 229.

49. *Las mancebías, ídem,* p. 232.

50. *Los carreteros de Tembleque, ídem,* p. 182. *Los carros, ídem,* p. 183. *Las mulas, ídem,* p. 184.

51. Solana escribe Terrier con manifiesto error. (*Esp. n.,* pp. 201-219, 220 y 250).

52. Terrier, en *Esp. n.,* p. 219.

53. *La degollación de los inocentes, ídem,* p. 220.

54. *Idem, íd.,* p. 221.

55. *Las demás salas del penal, ídem,* p. 70-71.

56. *Idem, íd.,* p. 71.

57. *Las demás salas del penal,* pp. 71-72.

58. *Las calles, ídem,* pp. 163-164.

59. *Romería de la Aparecida, ídem,* p. 86.

60. *Idem, íd.,* p. 87.

61. *La ermita de Jesús el pobre, ídem,* p. 235. (Aunque Solana escribe Stevez, pensamos que debe ser Stévez o Estévez.)

62. *Las Solitarias de Avila, ídem,* p. 189.

63. *Museo de cerámica de Oropesa, ídem,* p. 157.

64. *Las mancebías, ídem,* p. 232.

65. *Idem, íd.,* p. 233.

66. *Zuloaga, ídem,* pp. 241-244.

67. *La fiesta de San Antón,* en *Mad. call.,* p. 63.

68. *El Museo Granero, ídem,* pp. 175 y ss.

69. *Los cementerios abandonados, ídem,* p. 45.

70. *Idem, íd,* p. 46.

71. *Idem, íd.,* p. 59.

72. *El ciego Fidel, ídem,* p. 155.

73. *Garibaldi y su mujer, ídem,* p. 183.

74. En *FC,* p. 49, escribe *bistek.*

75. *El ciego Fidel,* en *Mad. call.,* p. 156.

76. *Idem, íd.,* pág. 157.

77. *El ciego Fidel,* en *Mad. call.,* p. 159.

78. *Garibaldi y su mujer, ídem,* pág. 189.

79. C. Bernaldo de Quirós y J. M.ª Llanas Aguilaniedo, *La mala vida en Madrid, Estudio psico-sociológico con dibujos y fotografías del natural,* Madrid, B. Rodríguez Serra, Editor, Flor Baja, núm. 9, 1901.

80. C. Bernaldo de Quirós y J. M.ª Llanas Aguilaniedo, *ob. cit.,* pp. 104-105.

81. Dato que debo a la amabilidad de don Antonio Velasco Zazo, decano de los Cronistas Oficiales de la Villa de Madrid.

82. *Garibaldi y su mujer,* en *Mad. call.,* p. 188.

83. *Idem, íd.,* p. 186.

84. *Dos pueb.,* p. 13.

85. *Idem,* p. 26.

86. *Idem,* p. 29.

87. *Idem,* p. 31.

88. *Idem,* p. 47.

89. *Idem,* p. 48.

90. *Idem,* p. 52.

91. *FC,* p. 34.

92. *Idem*, p. 44.
93. *FC*, pp. 37-48.
94. *Idem*, p. 35.
95. *FC*, p. 57.
96. *Idem*, p. 58.
97. *Biogr.*, p. 232.
98. José Ortega y Gasset, *Las ocultaciones del pensamiento*, en *Obras Completas*, t. V, p. 524.
99. *Biogr.*, p. 230.
100. *Idem*, p. 242.
101. Eugenio d'Ors, *Solana*, en *Novísimo glosario*, M. Aguilar, Editor, Madrid, 1946, p. 754.
102. *El cura de Buitrago*, en *Dos pueb.*, pp. 73-74.
103. *Biogr.*, p. 231.
104. *Dos pueb.*, p. 59.
105. *Dos pueb.*, pp. 32-33.
106. *Esp. n.*, pp. 234-235.
107. *C. J. C. de la Real Academia Española*, en *Papeles de Son Armadans*, Madrid-Palma de Mallorca, año II, t. IV, n.º XII, marzo MCMLVII, pág. 267.
108. *Biogr.*, p. 220.
109. *Idem*, p. 233.
110. Locución adverbial empleada con mucha frecuencia por Solana.
111. *Esp. n.*, pp. 247 y ss.
112. *Idem*, p. 115.
113. *Un baile de criadas en Tetuán. El ran-cataplán*, en *Mad. call.*, p. 44.
114. *El pobre de Buitrago*, en *Dos pueb.*, p. 49.
115. *Esp. n.*, p. 170.
116. *La corrida*, en *Dos pueb.*, pág. 41.
117. *Mad. call.*, p. 41.
118. *Idem*, pp. 41-42.
119. Juan Ramón Jiménez, *Platero y yo*, I, Platero.
120. Manuel Sánchez Camargo, *Inventario de los cuadros, dibujos, grabados, litografías y objetos de arte depositados en el piso del finado don José Gutiérrez-Solana, sito en Madrid en el Paseo de María Cristina, n.º 16, que formulan los albaceas testamentarios, don... y don Juan Valero González*, en *Solana, pintura y dibujos*, Afrodisio Aguado, S. A., Madrid, 1953.
121. *Esp. cost. I*, p. 26.
122. *Idem*, p. 28.
123. *FC*, p. 22.
124. *Idem*, p. 29.
125. *Esc. cos. I*, p. 47.
126. *Idem*, p. 10.
127. *Idem*, p. 35.
128. *FC*, p. 28.
129. *Esc. cost. I*, p. 8.
130. *Idem*, p. 51-52.
131. *Idem*, p. 14.
132. *Esc. cost. I*, p. 27.

133. *Idem*, p. 25.
134. *Idem*, p. 32.
135. *Idem*, p. 68.
136. *Biogr.*, p. 219.
137. *Colmenar Viejo*, en *Dos pueb.*, p. 12.
138. *Colmenar Viejo*, en *Dos pueb.*, p. 14.
139. *Biogr.*, p. 243.
140. *Idem*, p. 218.
141. *FC*, p. 48.
142. *Mad. call.*, p. 22.
143. *Idem*, p. 20.

Dos zurras a "La España negra" de Solana

La ingenunidad de la censura, que finge ignorar que es más permanente el pensamiento que el reglamento, y la mala fe editorial, que respeta más los cuartos que las palabras y que no duda en dar salserón [1] de gato por civet de liebre, se han ensañado con la obra literaria de mi amigo don Pepe Solana. Para aviso de pardillos y redactores de tesis doctorales —y porque pienso que es no poco arriesgado citar textos cojos o mancos—, tuve la cachaza de comparar páginas y más páginas y ahora, y a petición de nadie, doy noticia de las mutilaciones con que se han publicado las dos ediciones de *La España negra* posteriores a la guerra civil. He aquí las fichas de ambas:

José Gutiérrez-Solana, *Obra literaria. Madrid. Escenas y costumbres, La España negra, Madrid callejero, Dos pueblos de Castilla, Florencio Cornejo, París, Fragmentos*, Taurus, Madrid 1961.

Maribel Artes Gráficas, M. 700 ptas. + 1 p. de colofón + 3 ps. en blanco, en 4.°; contiene numerosas ilustraciones del autor; encuadernación editorial; el título que nos ocupa va de la p. 291 a la 458. El texto va precedido de *Retrato lírico*, por Juan Ramón Jiménez (ps. 7-10); *Palabras sobre Solana*, por Ramón Gómez de la Serna (ps. 11-22), e *Introducción*

[*La obra literaria del pintor Solana*], por Camilo José Cela (ps. 23-64).

En la p. 65 se dice: «Podría haberse titulado este libro *Obras literarias completas*, de José Gutiérrez-Solana, ya que se han recogido los cinco libros publicados por él en vida, y los fragmentos que dieron a conocer Manuel Sánchez Camargo y Ramón Gómez de la Serna. Sin embargo, existe la posibilidad de que algunos de los manuscritos de Solana, de cuya existencia tenemos noticia, pero que no ha sido posible hallar, surjan algún día a la luz.» Pienso que es muy otra la razón que impide llamar *Obras completas* a este libro.

José Gutiérrez-Solana, *La España negra*, Barral Editores, Barcelona 1972.

Gráficas Diamante, B., 197 ps. + 1 p. en blanco + 1 p. de índice + 1 p. en blanco + 3 hs. de propaganda editorial + 1 h. en blanco, en 8º; contiene diversas ilustraciones del autor y numerosas erratas; encuadernación editorial; cubierta de Julio Vivas sobre motivos de Solana. Es el n.º 235 de la col. *Ediciones de bolsillo.*

Encabezando la 1.ª p. de propaganda se dice: «Ediciones de bolsillo. Ocho de los editores más atentos a los aspectos vivos de la cultura...» Pienso que es una aseveración, al menos en este caso, harto optimista.

Designo T a la primera de las ediciones consideradas y B a la segunda, que es copia de la anterior y omite las mismas palabras; también señalo con sus cifras, separadas por pleca inclinada, las páginas y líneas correspondientes a cada una. Los trozos que se llevó el viento de la frivolidad o de la incuria —y que ofrezco en cursiva— son los siguientes:

I. T 345/11, B 68/14. ...de la Virgen milagrosa. *Los frailes que las vendían tenían una risa muy maliciosa e hipócrita y se deshacían con las señoras y se-*

ñoritas elegantes, haciéndoles guiños y zalamerías y dándoles las medallas y cruces de su correa para que las besasen.

II. T 346/31, B 69/35. ...hay un cartel. (Debe desaparecer el punto) *que dice:*

Prohibido ser impío
en este lugar.

En aquel sitio hay un boquete, una especie de nicho, donde los fieles esperan vez para meter la cabeza con gran devoción. Algunos oyen ruidos misteriosos. Hay quien oye hablar a la Virgen, sienten sus pisadas y su aliento.

III. T. 351/35, B 74/40. ...pues era como su pelleja. *Esta Audiencia queda en el centro de una plazuela, de la que arrancan cuatro de las calles más típicas de Medina del Campo, donde hay conventos de frailes descalzos. Estos son tan holgazanes, que se levantan de la cama por la tarde; todo el día se lo pasan durmiendo y comiendo; tras la ventana abierta se los ve, con el pecho desnudo y en calzoncillos, lavándose en grandes pilones; sus barbas son tan largas que les llegan hasta la cintura. Enfrente están las mujeres de mala vida, que les llaman mucho desde la calle; pero ellos no les hacen caso, porque para estos menesteres tiene la comunidad mejores mujeres entre las monjas. Anochecido, los cagones del pueblo, que salen de las casas de lenocinio, se ponen en fila, y bajándose las bragas, con las posaderas al aire, hacen del cuerpo bajo las rejas del convento; los frailes, que a estas horas suelen estar borrachos, se asoman por las ventanas y vomitan en las espaldas de los cagones y vuelcan sus pestilentes bacines.*

IV. T 351/37, B 75/2. ...altares barrocos. (Debe desaparecer el punto) *que los curas venden para llevar a Madrid.*

V. T 354/31, B 78/3. ...lleno de criados. (Debe desaparecer el punto) *y los frailes de todos los con-*

ventos de Medina se llenarían la panza al comer con los católicos reyes.

VI. T 359/3, B 82/34. ...las corridas de toros. (Debe cambiarse el punto por una coma), *los curas tienen también en esta tierra mucho de chulo.*

VII y VIII. T 359/14 y 15, B 83/10 y 11. ...parte religiosa, (debe desaparecer la coma) y *jesuítica,* pues hay varios colegios aquí y allí. (Debe desaparecer el punto) *de esta casta y plaga nefasta.*

IX. T 359/17, B 83/13. ...hay un relieve, en piedra; (debe cambiarse el punto y coma por una coma), *del canalla cardenal Torquemada, primer inquisidor de Castilla; está este pájaro rezando de rodillas para ganarse la gloria, después de haber mandado quemar a tantos infelices dementes por la Inquisición.*

X. T 359/25, B 883/25. ...bautizado en San Pablo. (Debe cambiarse el punto por punto y coma); *a su recuerdo están unidos todos los horrores de la Inquisición; este hombre fanático y cruel, bajo* (en el texto mutilado se lee Bajo, ya que viene tras un punto seguido).

XI. T 371/15, B 96/19. ...pantalones de señora. (Debe cambiarse el punto por punto y coma); *éstos se pasan todo el día comiendo y por la tarde se van a la Catedral a sentarse en sus buenos sillones y a dar berridos.*

XII. T 375/12, B 101/10. ...el espíritu de Teresa de Jesús. (Debe cambiarse el punto por una coma), *esa docta mujer histérica y farsante que habla con Dios como yo hablo con cualquiera de estos patanes,* (la censura y los editores enmiendan el texto de Solana y donde éste dice lo que dejo transcrito, escriben: «A cualquiera de estos patanes.»)

XIII. T 375/16, B 101/15. ...más sanos aires del mundo *y que no necesita de ningún espíritu puro.*

XIV. T 379/28, B 106/30. (Falta todo el capitulillo que copio.)

Las monjas

Avila está infestada de monjas que vemos en todas las calles y a todas horas con las tocas negras, encuadradas por el blanco tieso como el papel de barba, con un crucifijo de bronce en el pecho o cruz de madera negra con cantoneras y cristo de bronce; al lado de la cintura llevan cosidos al hábito unos rosarios de cuentas de colores con muchas medallas; estas monjas se parecen a los frailes en lo holgazanas y gastan mucho en el lavado y planchado; van siempre por la calle acompañadas de alguna chica hospiciana, que aunque pasa de los treinta años, va vestida de corto con la trenza colgando y un flequillo separado con una goma por detrás de las orejas que la cruza su cráneo.

También llevan de compañía, otras veces, a una vieja gorda, con el pelo blanco y de aspecto muy clerical, que es la recadera del convento y que se mete mucho en las casas ricas para sacar ropas y alfombras para el convento; estas monjas son muy murmuradoras y ruines y no piensan más que en el dinero; siempre están hablando de cosas desagradables: que si murió al dar a luz una asidua visitante del convento y su marido se metió fraile en las Huelgas de Burgos; si se salió un cáncer en el estómago a la madre superiora, y un ántrax en el cuello al tendero de la tienda de comestibles donde compran ellas las lentejas, garbanzos y alubias; las vemos pasar por las calles con la cara siempre rabiosa, fruncido el entrecejo, narigudas y con algo de bigote; algunas se han afeitado con la tijera de tantos pelos que las salen; casi todas son tripudas y ajamonadas, con la cara muy blanca y pocas pestañas, y no tienen cejas; pero muy culonas; tienen poca correa para el trabajo y siempre están en el convento comiendo y durmiendo.

Las jóvenes, y que hace poco tiempo que han profesado, parecen una manzana podrida; tienen los labios crispados y una rabia contenida que quieren disimular haciendo guiños con los ojos y zalamerías.

Las madres abadesas, éstas son las más ahorrado-
ras, llevan alpargatas y faltriqueras, por dentro de los
hábitos, llenas de llaves; escriben las cartas volviendo
los sobres que reciben al revés y remiendan mucho
las medias en el convento; cuando mueren dejan
todo su dinero para edificar una iglesia para que las
entierren debajo del altar y que se diga todos los días
del año una misa por su alma.

XV. T 382/21, B 109/33. ...sello de poesía *a todas*
estas porquerías y piltrafas de ultratumba.

XVI. T 383/2, B 110/14. ...el recuerdo del San Ignacio que vi en Manresa. (Debe desaparecer el punto) *de este santo desagradable y cojo, que trastornó*
el mundo con sus viajes y peregrinaciones, y creando
la secta más miserable que han visto los siglos.

XVII. T 389/21, B 117/19. ...el gesto burlón y la
risa. *Unos frailes guarros, con barbas hasta la mitad*
del pecho y los brazos en alto, con unas manos desco-
munales, con los pescuezos peludos, como tienen los
cerdos sus partes genitales, se bajaban las bragas por
entre las piedras y escogían los sitios más hondos;
pero los cabrones no se caían a los precipicios.

XVIII. T 389/30, B 117/29. ...correajes de un
amarillo duro y *asesino y* los tricornios charolados
y desagradables.

XIX. T 405/10, B 137/9. ...gordo; (debe desaparecer el punto y coma) *como un cerdo;*

XX. T 405/31, B 137/30. ...pecho.

Estos frailes y monjas son los que ocupan los
mejores edificios de España y viven mejor, en me-
dio del mayor silencio y tranquilidad de espíritu, y
no piensan más que en comer y dormir y en sacar
dinero.

XXI. T 406/38, B 138/40. ...nada hablaron *al*
bárbaro cura.

XXII. T 413/35, B 146/34. ...Seminario Conciliar.
(Debe cambiarse el punto por una coma), *donde no*
hacen más todo el día que ir y venir monjas y curas
sucios, con las sotanas llenas de lamparones. El

*obispo, en estos sitios, es como un rey; se aburre
mucho en esta solemne ciudad y casi siempre se
pasa el año en Madrid, y deja encargados de su palacio a intrigantes secretarios de sotana nueva y zapatos charolados.*

*Cuando está en el pueblo no hace más que dar
comidas y pronunciar discursos llenos de lugares
comunes, y cuando muere, como casi siempre suele
estar fuera, lo llevan a Plasencia, con gran acompañamiento de curas y militares, y aquí tiene el alto
honor de ser enterrado en la Catedral, bajo una losa,
con sus títulos y dignidades, con inscripciones lati-
nas. Después de hincharse bien de corromperse por
los cuatro costados, espera el momento propicio de
que sus admiradores pidan a Roma que se le ca-
nonice.*

XXIII. T 431/36, B 166/20. ...como los visillos.
(Debe cambiarse el punto por una coma), *y llevan
con aire algo chulo una banda negra por encima
de los lomos.*

XXIV. T 447/15, B 184/31. ...sus manos temblo-
rosas. (Debe cambiarse el punto por una coma), *y se
asustan del lujo y se avergüenzan. Ellos no tienen
nada que ver con estos cardenales que llevan enca-
jes y faldas, como las señoras, llenas de puntillas.*

*Si alguna vez van a Roma, vuelven con la fe más
perdida, escandalizados y más cohibidos del lujo que
gasta el Papa y sus cardenales, para enterrarse más
y más en su pueblo,* (la censura y los editores en-
mienda el texto de Solana y donde éste dice lo que
dejo transcrito, escriben: «Acaban por enterrarse
más y más en su pueblo»).

XXV. T 447/33, B 185/13. ...San Vito.

*Alguna vez, estos curas, por desgracia, cuando
son jóvenes, tienen un hijo con una criada o el ama
de llaves; éste suele ser un bárbaro que juega a los
bolos, pero tiene la misma forma de nariz y le sale
muy parecido; entonces le señalan con el dedo en
el pueblo.*

Y esto es todo. Creo que para muestra de tres

insolvencias, basta con los veinticinco botones ofrecidos. Si alguna vez vuelve a atentarse de tan irreverente manera contra la obra de algún escritor amigo y muerto, quizá vuelva a coger la pluma para decirlo; no renuncio a hacerme la ilusión de que a alguien le interesará saberlo.

1. No es voz que registre, en la acep. que aquí conviene, el diccionario de la Academia, no obstante haber sido escrita por hombre tan sabio en salserones como maese Ruperto de Nola; lo siento.

Más sobre la obra literaria del pintor Solana, la censura y los editores

En el n.º CCVIII de los *Papeles de Son Armadans*, julio de 1973 [1], denuncié los desmanes de la censura sobre *La España negra* de José Gutiérrez-Solana, con el cauteloso y comercial beneplácito de sus dos últimos editores: Taurus y Barral. Me toca ahora cumplir tan amarga función con el resto de sus libros en la edición de su *Obra literaria* (v. ref. bibliográfica, sigla y notación en mi artículo «Dos zurras a la *España Negra* de Solana»); el hecho de que hayan empezado a publicarse estudios partiendo de tan venenosa e irresponsable fuente [2], me obliga a terciar en defensa de las páginas del amigo muerto.

Digo como entonces: los trozos que se llevó el viento de la frivolidad o de la incuria —y que ofrezco en cursiva— son los siguientes:

MADRID. ESCENAS Y COSTUMBRES
(Primera serie)

Se respeta el texto original.

MADRID. ESCENAS Y COSTUMBRES
(Segunda serie)

Se respeta el texto original.

V. artículo citado.

MADRID CALLEJERO

XXVI. T. 506/26. ...donde domina el color negro y gris.

El sacerdote que da la comunión al santo es como un patán barbudo y con cara de bandido; le mete la hostia en la boca como le pudiera dar cualquier cosa, algo de comer y mascar; el santo tiene una cara desagradable, de hombre santurrón e hipócrita, que se pasa todo el día de rodillas y se tira al suelo cuan largo es, azotándose el cuerpo con un zurriago; sus manos juntas, membrudas y de arriero, no tienen nada que ver con la humildad de su cuerpo, hincado de rodillas sobre un almohadón rojo; a sus espaldas, los alumnos de San Antón cantando; cabezas de niños, pintadas con tal expresión que parecen vivas, y algunos santurrones hipócritas, con cara de presidiarios, con las manos cruzadas en oración.

La gente religiosa, sin reparar en el magnífico cuadro, se estruja para ir a besar a los que están arrodillados, mientras que otro sacristán, con cara de bruto, recoge con una bandeja las limosnas de los besucones.

XXVII. T 513/17. ...y el pelo lleno de caspa. *Tan distintos de esos que van a los funerales de gente rica y berrean el latín en las calles, con voz de caldero, detrás del coche fúnebre, con la barriga llena de buena pitanza y de bordados, que la cubre cayendo en forma de enaguas hasta los pies, muy ahuecados y planchados con muchos cañones y con un cordón de seda atado a la panza, marcándosele las nalgas, muy abultadas, como si fueran jamones; vuelven estos pedazos de bárbaro en automóvil, eructando sus latinajos, y, luego en los confesionarios se deshacen como mazapán para agradar a las* damas en las parroquias más aristocráticas de Madrid.

XXVIII. T 519/31. ...estas máscaras blasfeman. (Debe cambiarse el punto por una coma), *cagándose en él y en todos los santos.*

XXIX. T 583/33. ...todos estos barbudos *cabrones* salen en fila...

DOS PUEBLOS DE CASTILLA

XXX. T 602/5. ...estábamos esperando al cura. *Este cruza las manos en su panza y se pone a hablar con mucha calma con la moza de la cantina.*

XXXI. T 602/7. ...al tío cogulla?» *El cura viene muy indignado, le amenaza con el puño cerrado y le llama cabrón.*

XXXII. T 602/12. ...la corrida de toros de Colmenar. *Son patanes curtidos por el sol, como labradores; todos tienen cara de bruto, sueltan palabrotas de las más gordas y se bajan en todas las estaciones a beber vino pardillo y de la tierra. Algunos llevan bota de vino; con unas cinchas se la atan a la cintura en el tren; ponen los pies calzados con gruesos zapatones en el asiento de enfrente, y luego, a pesar de ser la hora tan temprana, se ponen a comer las tortillas y los chorizos como si trajesen un hambre atrasada de quince días, poniendo el tren como una pocilga.*

FLORENCIO CORNEJO

Se respeta el texto original.

Que nadie se llame a engaño tras lo que dejé dicho en julio del año que se nos fue y digo ahora; la bibliografía es ciencia a la que suele faltársele al respeto, y después pasa lo que pasa. Uno, hasta donde alcanza, cumple con avisar los dislates y, al menos, tranquiliza su conciencia.

1. "Dos zurras a *La España negra* de Solana", recogido en esta edición (pp. 321-328).

2. Angeles Prado, *La literatura del casticismo*, Editorial Moneda y Crédito, Madrid, 1973, por ejemplo, y quizá entre otros.

Contestación al discurso de don Antonio Rodríguez-Moñino sobre "Poesía y Cancioneros" (siglo XVI) [1]

Permitidme que empiece a hablaros por boca ajena —y no de ganso—. Quienes estamos aquí reunidos esta tarde, somos españoles; podemos, por tanto, hablar de nosotros mismos sin miedo al mal ejemplo y con cierta saludable —y cautelosa— libertad, aunque, claro es, sin descabalgarnos de la inicial compostura que aconsejara la prudencia. Debo advertir, sin embargo y a fuer de leal a quienes me prestáis vuestra atención, que mis palabras de ahora, si mesuradas en su amargor, no son propias a los oídos tímidos, ni a los ánimos desmazalados, ni a las voluntades en flojedad. Hay razones para ruborizarse a su tiempo: que más vale vergüenza en cara —nos decía Cervantes— que mancilla en el corazón. Veamos de seguir a nuestro paso, tras haber declarado este breve aviso que dicta el buen sentido.

Kant nos pinta a los españoles serios, taciturnos y veraces, en pincelada más generosa que cierta; no deja de tener su gracia este escape a la frivolidad y al ingenio del nada ingenioso y aún menos frívolo Kant. No; Kant no estuvo, a lo que pienso, demasiado sagaz en su retrato. Quizá yerre, pero para mí tengo que Kant no precisó debidamente su diagnóstico: la seriedad del español es, con harta frecuencia, no más que su máscara defensiva, litúrgica y escalafonaria; el grave talante del español no suele ser, por desgracia, sino el antifaz de su hastío, de su infinito aburrimiento histórico, y el amor a la verdad —¡y bien siento tener que reconocerlo así!— casi nunca alcanza, entre españoles, a ser expresado en cueros y con desprecio del compromiso. Los respetos humanos suelen confundirse con el pudor y, de otra parte, el esconder la cabeza debajo del ala es subterfugio tan usual como en demasía ingenuo: de ahí la abigarrada clientela de tal actitud.

Ortega, que nos conocía mejor que Kant (cada día que pasa me convenzo más de que a los españoles no puede conocérsenos, a fondo y en toda nuestra revuelta dimensión, sino desde dentro), piensa que los españoles ofrecemos a la vida un corazón blindado de rencor, sobre el que las cosas, rebotando en él, son despedidas cruelmente; pudiéramos perfilar ahora que también con regodeo e insania.

Pero preguntémonos: ¿por qué es tan duro ese blindaje de rencor del corazón de los españoles? Lo ignoro y, de otra parte, la búsqueda de sus causas —suponiendo que acertara a encontrarlas— habría de llevarnos muy lejos de estas trochas que hoy corresponde caminar.

Vayamos poco a poco. La holganza, ¿da dureza? Más bien parece, por el contrario, que la holganza sea vicio ablandador. ¿No será que Ortega llama dureza a la ruindad, esa blandura? El español que, por lo común, hace poco, realiza poco —vamos, quiere decirse que haraganea mucho—, propende a discurrir demasiado y por libre y sin licencia de Dios y, para colmo de males, se muestra amigo de marcar a la lengua el picado y, como tartamundo ritmo de su pensamiento trotador. Y aquí, otra duda que se nos plantea: la murmuración, dicha u oída, que tan murmurador es quien habla como quien escucha, ¿da dureza? Vuelvo a pensar que no, que la murmuración precisa de las conciencias —y de los corazones— de pasta flora para producirse. ¿Y entonces? Allá cada uno de vosotros, señores académicos, con el entendimiento de los alcances que quiso dar Ortega a su adjetivo.

Cervantes, otra vez Cervantes, nos dice que es tan ligera la lengua como el pensamiento, y si son malas las preñeces de los pensamientos, las empeoran los partos de la lengua. Cervantes se sabía de memoria a los españoles y de él no me canso de aprender ciencia y virtud. Cervantes, el incansable Cervantes, me enseñó también que la verdad bien puede enfermar, pero no morir del todo. ¡Qué bella y reconfortadora verdad el saber a la verdad, aunque moribunda a veces, inmortal! San Agustín, haciéndole el contrapunto a Cervantes, afirma que la verdad dulce, perdona, y que la amarga, cura, y advierte, con lucidez rayana en la crueldad, que quienes se resisten a ser vencidos por la verdad, acaban siendo sojuzgados por el error.

Proclamo en voz alta mi amor a la verdad sobre todas las cosas, pero, desoyendo por una vez el sabio mandato de Cicerón, no voy a confesar ahora, ante vosotros, toda la verdad: la conocéis tan bien como yo la conozco y, de otra parte, no quiero hurgar en las llagas del alma de nadie. Que Dios haya perdonado a quienes, aguardándonos en el sepulcro, han menester de su perdón, y que Dios quiera perdonar a quienes todavía —y que sea por largo tiempo—, precisando de su infinita misericordia, pueden escucharnos desde su escaño, su mecedora o su poltrona. Amén.

Recibimos hoy en nuestra casa, señores académicos, a don Antonio Rodríguez-Moñino, a quien en la jerga del hampa se le diría, paradójicamente, *El Perjuro*, quizá porque es uno de los pocos españoles que jamás juró en falso. La corporación tiene ya cierta pericia en el lance, puesto que no es la primera vez que tal acontece. Varios, casi numerosos, han sido los «delincuentes», entre comillas, que se han sentado en estos sillones —según nos recuerde don Antonio Rodríguez-Moñino en el magnífico discurso que acabamos de escucharle— hasta que la Administración, con su fluctuante y pintoresco entendimiento del delito, los encerró bajo llave o los lanzó a caminar por el mundo adelante.

Las historia es monótona y poco variada y se repite siempre. El hombre y sus andanzas por la vida, esto es, el sujeto de la historia y su huella narrable, tampoco encierran novedad mayor desde que el mundo es mundo. Los sucesos se repiten una vez y otra y a los historiadores, ¡tate, tate, folloncicos!, no les queda sino cambiar los nombres propios, adecuar las fechas y arrimar el ascua a su sardina jamás del todo asada y apetitosa. El proceso es aburrido porque el hombre que pasa a las historias —el político, el militar, el funcionario— también suele serlo y, lo que es peor, deliberadamente: con la seriedad del asno y el mínimo talento que, según Franklin, jamás falta a los tontos para ser malvados. La historia es una convención cuajada de bulas, distingos e indulgencias, para la que Isabel II es más importante que Ramón y Cajal o el general Narváez más meritorio que Pérez Galdós. Esto sería lo de menos —porque la historia no se hace por los historiadores ni en las historias— si no acarrease tanto hastío e indiferencia. Cuando se dice que la historia se repite se acierta, sin duda, pero tan sólo en parte. La historia no es lo que se repite: que es la historia al uso o, volviendo el argumento como un calcetín, los usos historiables o, mejor aún, historiados por la costumbre. Sobre la cenefilla siniestra de uno de estos usos al menudeo historiable —la calumnia como arma política— se dicen, ahora y ante vosotros, estas palabras de hoy; quisiera aclarar que no en abstracto sino en concreto y no en plural teoría sino en singular —y nada ejemplar— historia. También quisiera decir que, por tres razones, a nadie señalo: porque olvidé los nombres de los instigadores (sospecho que, quizá por fallos técnicos, también serán olvidados por la historia); porque, aunque lo recordase, no los diría, que no es mi fuerte la delación, y porque, hace ya muchos años, leí *Fuenteovejuna.*

Bartolomé el manchego y la castellana Luisa —se escribe en las postreras líneas del *Persiles*— se fueron a Nápoles, donde se dice que acabaron mal porque no vivieron bien. Los refranes son tan variados que hasta los hay ciertos, y el que augura que quien mal anda, mal acaba, es verdadero hasta la crueldad. Sin embargo —por lo dicho y porque ésta es la hora gozosa del voltear campanas y el disparar cohetes por el triunfo, tan duramente conseguido, de la decencia— a nadie he de revelar ahora la clave, asaz diáfana, de quienes sean las fantasmales contrafiguras de Bartolomé y Luisa en esta última actualización de aquel pasaje cervantino, ni tampoco hacia dónde caen Nápoles y sus pecados. Echemos tierra sobre la ignominia y compadezcamos al ignominioso y sus hueras apariencias pensando, con Juvenal, que nadie se vuelve infame de repente.

Lope de Vega, en *La Arcadia*, llamó a España: madrastra de sus hijos verdaderos. Las madrastras, salvo excepciones nobilísimas, suelen arrojar de la casa del padre a los hijos del padre con su amor pretérito; es casi una costumbre admitida y, en todo caso, un uso que a nadie sorprende demasiado. Más infrecuente es, a no dudarlo, que las madres se vistan de madrastras y traten al propio fruto de su vientre con la saña que suele brindarse —en cierto modo como un homenaje— al fruto del muerto vientre de la muda muerta. Corramos un velo de clemencia sobre los yerros históricos de nuestra madre España, a la que no por tenerlos dejamos de querer y compadecer.

Don Antonio Rodríguez-Moñino anda ahora por los cincuenta y siete años, el tiempo que tendría el alto poeta Miguel Hernández sin la muerte por medio; la cuenta no me resulta difícil conociendo que me gana de un lustro, en la edad, aunque de muy largos y fecundos siglos en ciencia y en saber. En sus cincuenta y siete años dedicados, hora tras hora, al ejercicio de las virtudes intelectuales (repasemos:

337

prudencia, justicia, fortaleza y templanza) don Antonio Rodríguez-Moñino ha logrado lo que, para Montaigne, era el signo más cierto de la sabiduría, esto es, la serenidad constante.

No es sino relativamente cierto que el mortal soporte del hombre sea débil y esté hecho de fragilísima y amarga carne que se ha de comer la tierra. Tampoco lo es, pese a Sófocles, que el hombre no finja mayores aplomos que los del soplo y la sombra. Quienes pudimos ver a Rodríguez-Moñino con los viles garfios de la infamia clavándosele en el corazón, también de él aprendimos las eternas e ibéricas artes de sacar fuerza de la flaqueza y del poner buena cara —faz seria y digna— al mal tiempo cuando Rodríguez-Moñino se vio desasistido de la prudencia, su espíritu dio paso al heroísmo; cuando olvidó la justicia —y la injusticia— para consigo mismo, no cerró los ojos y recordó al San Agustín de *La ciudad de Dios*: sin la justicia, ¿qué son los reinos sino una partida de bandoleros?; cuando se le rompió, entre dolores físicos y morales, la fortaleza, sintió aflorar la paz íntima, la paz del alma y de sus tres potencias —la memoria para el trabajo, el entendimiento para el estudio, la voluntad para la vida—; cuando se le quebró, al igual que una copa nítida, la templanza, no hizo almoneda de las convicciones ni saldo de los sentimientos. A don Antonio Rodríguez-Moñino le debo muchas enseñanzas (y otros socorros; algún día contaré —que no hoy— que, en trance de muerte por calamidad, la de Moñino fue la única mano amiga que se me tendió), pero, entre todas, quizá ninguna más ejemplarizadora que la de su entereza ante la sañuda insidia, la sañuda crueldad, la sañuda persecución —científica hasta el despropósito.

Pero las aguas, como siempre acontece (aunque, a veces, acontezca tarde), volvieron a sus cauces y el tiempo —dulce salida a muchas amargas dificultades, al decir de Cervantes en *La Gitanilla*— permitió que sonara la actual y gozosa hora del triunfo y de los homenajes, de las guirnaldas y de los amigos de las acrisoladas lealtades. Distingamos el oropel del tuétano —o al revés: el cuesco de la molla—, pero tampoco con excesivo rigor: bien venido sea todo, si viene para traer la paz.

Quien ante vosotros tiene el honor de hablar es un escritor periférico —quién sabe si más periférico que escritor— y un español voluntariamente recluido en una isla que tampoco es su tierra. En ella (en la bienaventurada Mallorca, hospital de dolientes y desengañados) todo es alegre, fino, sano y sonoro, canta Rubén Darío en su *Epístola a Madame Lugones*. Y en su romance *A Rémy de Gourmont*, el arcángel disfrazado de indio, remacha:

> Aquí hay luz, vida. Hay un mar
> de cobalto aquí, y un sol
> que estimula entre las venas
> sangre de pagano amor.

Desde aquella sosegada distancia, la perspectiva es generosa y nítida y clemente, y las pompas y vanidades de la ciudad cobran unos matices grotescos no exentos de tristeza. Sé bien que a casi nadie ha de importar lo que piense y sienta un hombre que, en busca de la paz, renunció a casi todo (no es egoísmo, señores académicos: es asco), pero esta certidumbre no priva, sino que fortalece, las intuidas razones de su corazón.

Sí; celebremos el triunfo con alegría, según es mandado. Pero tampoco callemos lo que debe decirse aquí, que no en lado otro alguno: el don Antonio Rodríguez-Moñino de hoy, 1968, es el mismo don Antonio Rodríguez-Moñino de ayer, 1959, calenda de triste memoria. Hace años llamé a la memoria «esa fuente de dolor»; es doloroso recordar el pasado —cierto pasado—, pero también lo fuera, sin duda, el no saber guardar memoria de la memoria. Pese a todo.

Fray Luis de León, cuando la estulticia de su tiempo lo puso a caldo, compareció ante el mundo con las palabras de la serenidad: «Dicebamos hesterna die...» Don Antonio Rodríguez-Moñino, a la vuelta de todos los dolores, también puede exclamar como fray Luis y sin temblarle la voz: decíamos ayer...

Sí; ya se sienta entre nosotros don Antonio Rodríguez-Moñino y ni se han conmovido los cimientos, ni se han agrietado los muros de este edificio —y aquí me adueño de las palabras que, bajo estos mismos techos, hubo de pronunciar mi admirado Dámaso Alonso en trance de recibir a mi también admirado Vicente Aleixandre.

Nuestro nuevo colega acaba de hablarnos, con muy docto rigor, cual corresponde a su sólida formación académica, sobre poesía y cancioneros del siglo XVI. Pero, antes de seguir escuchándome, reparad en mi pregunta, señores académicos: ¿quién soy yo para poner los puntos sobre las íes y glosar debidamente las ideas expuestas por nuestro recipiendario? Nadie, de cierto, ya que la amistad —único título que puedo exhibir— no añade sabiduría al entendimiento, aunque sí aplomo a las carnes y paz al alma. ¿Y entonces? Entonces acontece lo inaudito: que yo haya podido levantarme ante vosotros para empezar hablando de lo que sé —Rodríguez-Moñino— y terminar hablando de lo que ignoro —aquello que tan bien sabe Rodríguez-Moñino.

Enfrentándose con la revuelta maraña de los versos de los cien poetas de entonces, Rodríguez-Moñino, con paciencia de monje y buen olfato crítico y erudito, va dando a Dios lo que es de Dios y a cada cual lo suyo: a don Diego Hurtado de Mendoza y a Luis Barahona de Soto, a Alonso Gerónimo de Salas Barbadillo y a Hernando de Acuña, a Francisco de Figueroa, a Pedro Liñán de Riaza, a Gutierre de Cetina y a toda la pléyade de los inspirados y ágiles poetas de aquel tiempo.

Hace falta estudiar con seriedad la bibliografía de cada momento histórico, para poder llegar a entender con provecho el acotado sentido y la última intención del instante que se considera. La lengua, nos dice el maestro Américo Castro, es expresión de situaciones de vida, no sólo de estructuras lingüísticas, y éstas y aquéllas no pueden ser consideradas si se aspira a entenderlas en su última y única verdad, a espaldas del calendario.

La poesía es tanto una de las bellas artes —quizá la más desnuda y menos contaminada de todas ellas— como una fuente histórica rigurosa, puntual e inflexible. El planteamiento del problema por Antonio Rodríguez-Moñino, fluye de un substrato estético y teórico para alcanzar la meta de lo que es verdad y culminar en el corolario de lo que, necesariamente, debe seguir siendo verdad: la atribución de cada esquina lírica de nuestra historia, cuna misteriosa y remota de más de dos nudos gordianos españoles. En el feliz éxito de la interpretación histórica coadyuva, con eficacia evidente, la finura instrumental aplicada, y estorba, con notoriedad aún mayor, la tosquedad de la herramienta que se maneja.

Rodríguez-Moñino entiende la bibliografía como un algo al servicio de algo y arranca, en su pesquisa, desde muy atrás —desde la pura esencia de la poesía— para llegar hasta mucho más adelante de lo que a nadie pudiera pedírsele: el entendimiento cuasi matemático de las motivaciones de la misma poesía.

Veamos de decorar, ya que no de cimentar ni de robustecer, con nuestro grano de arena, la sólida pirámide levantada ante ustedes por Rodríguez-Moñino.

Primero es la poesía; después, el poeta; luego, el poema. La poesía existe o no existe, eso es todo —nos dice Pedro Salinas. Si existe, no es mostrable sino por boca del poeta que habla (el que permanece mudo no es poeta: la poesía no se siente en silencio sino a voces, a mágicas y muy ordenadas voces de poeta). Poeta, para Unamuno, es el que desnuda su alma con el lenguaje, y el alma del poeta —quizá no sea obvio recordarlo— se supone habitada por la poesía. Lo que habla el poeta, con expresa (jamás sonámbula) intención de fijar o de liberar, que tanto monta la poesía, es el poema. Piensa Jorge Guillén que no hay más poesía que la realizada en el poema.

Este orden de causa a efecto no es suficiente para llevarnos a conocer qué cosa es la poesía, el poeta, el poema. Sin poesía no hay poeta y sin poeta no hay poema; también es cierto que sin poema no hay poeta y sin poeta no hay poesía, y que sin poesía no hay poema y sin poema no hay poeta. Si supiéramos por dónde romper el círculo lo haríamos.

No es un problema de preceptiva literaria el que se nos plantea, sino algo que va mucho más lejos, que desborda en muchas leguas el doméstico campo de ese derecho administrativo de la literatura, sin demasiado interés ahora y para nosotros. Tampoco se trata de averiguar qué es lo que queremos que la poesía sea, sino de saber qué es lo que la poesía es en realidad. En los previos propósitos, como apuntó Unamuno con certeza, suele haber mucha más retórica que poética, y el poema (seguimos con Unamuno) es cosa de postcepto; al contrario del dogma, que es cosa de precepto. Los supuestos, los apriorismos, las declaraciones estéticas de principios, suelen conducirnos a una adivinación ideal (?) de la poesía, por completo ajena al inteligente entendimiento de su substancia real.

Es probable que no acertemos a definir la poesía, pero es excesivo afirmar que la poesía sea indefinible, como hacen Manuel Machado y tantos más; de la ignorancia de lo que fuere, no puede obtenerse el corolario de la no existencia de lo que fuese.

Podemos plantearnos, siempre individualmente y hablando en primera persona, la evidencia de nuestra ignorancia así, y de ninguna otra manera:

No sé, a ciencia cierta, qué cosa es la poesía. Con la novela me sucede lo mismo, no obstante las largas horas que llevo pensándolo. Es probable que cada día distinga menos las lindes con que se quiere parcelar el fenómeno literario, al paso que —como contrapartida, a resultas de ella y nada paradójicamente— cada día entienda más claro el fenómeno literario en su conjunto: que es aquello a lo que, en definitiva, aspiramos quienes hacemos oficio del pensamiento (en esta esquina del pensamiento donde se cría, con varia suerte, la literatura). Tampoco me importa demasiado mi confesada ignorancia y pienso que las definiciones que de la poesía puedan darse, corren siempre el peligro de no trasponer la frontera de lo meramente ingenioso (las nueve definiciones de Gerardo Diego, por horro ejemplo). Sigamos por donde íbamos.

Más dura aún de admitir es la premisa de que la poesía sea inefable (Manuel Machado), invertida imagen de espejo de la realidad. La poesía se explica, precisamente con palabras (es, por esencia, fable, decible), y no existe si no se fija en la palabra, con la palabra. No hay actitudes, ni paisajes, ni amores poéticos, sino prepoéticos, y la poesía —recuérdese— no nace sino en el poema.

La esencialidad de la palabra es la poesía y, en justa correlación, la poesía, como sagazmente apuntara Antonio Machado, es la palabra esencial en el tiempo; de ahí la necesidad de fechar los poemas —y aquí, Rodríguez-Moñino— y todo lo que el hombre hace: de implicar al poema —y a todo lo que el hombre hace— en un tiempo determinado al que, sobre todas las cosas, debemos lealtad.

Suponer que la poesía es la esencia misma del espíritu y de la inteligencia, como hace Juan Ramón Jiménez, no es sino muy ingenuo pecado de soberbia. La poesía tiene poco que ver con el espíritu (salvo que sea entendida como síntoma de algo que acontece al espíritu) y nada con la inteligencia; la poesía es un fenómeno tangencial del espíritu y ajeno a la inteligencia, pero no a la historia: que no se hace con inteligencia sino con sucesos, gloriosos o ahogados por el vilipendio, que poco ha de importarnos en este momento.

El poema es el receptáculo de la poesía, también su vehículo. El poema es el nexo entre el misterio del poeta y el del lector, supo decir Dámaso Alonso. Nada más cierto: el poema, esto es, el vivo objeto fabricado con la poesía por el poeta, se realiza y cobra entidad poética cuando anega el misterio del lector; en ningún caso antes. De esta actitud nace la condensada poética de Aleixandre: poesía = comunicación. Pero no, quizá, comunicación de poeta a lector sino, más ceñidamente, comunicación de poema a mundo circundante. El poema nace del poeta, pero se independiza de él, vuela con vida propia, con alas propias. El poema es el síntoma del poeta, pero no el de su poesía. El síntoma de la poesía es el poeta mismo —lo único temporal en el arriesgado juego— y el del poema, agotando posturas ideales, es la misma y desamparada poesía.

La poesía —lo decimos con todos los temores y sus consecuencias— es un gozoso y doloroso *pati* del alma que el poeta lleva a cuestas, con furia o con resignación, incluso contra la hirsuta marea de la voluntad, su único antídoto es el poema que, si aborta, infecta, y si se desproporciona, estrangula. Al heroísmo y a la santidad les acontece lo mismo que a la poesía. Por eso no es posible querer ser poeta —ni héroe, ni santo—, ni tampoco querer dejar de serlo. Cuando los médicos lleguen a demostrar lo que ya se intuye, esto es, que el huevo de las taras físicas se incuba en el alma, se entenderá con claridad mayor lo que aquí en este trance, señores académicos, me he permitido deciros.

La poesía española del siglo XVI queda mejor situada y más inteligible y cierta desde que Rodríguez-Moñino, con su sagacidad y su aplicación puestas al servicio de lo único que en la historia es inmutable —la verdad— ha buceado con penetración y limpio deseo en su revuelto meollo. La obra de fray Luis de León y de Francisco de la Torre, de Baltasar del Alcázar y de San Juan de la Cruz, de los Argensola y de Francisco de Medrano, de Gregorio Silvestre y de Francisco de Aldana, de Garcilaso y de Boscán, se entiende con mayor certidumbre desde que en ella puso su mano nuestro colega don Antonio Rodríguez-Moñino.

España entera le debe gratitud y respeto, y la Real Academia Española, guardiana, tanto por obligación como por voluntad, de nuestro lustre literario, cumple con su deber al recibirlo y al celebrar su aleccionador y espléndido discurso, que tanta luz proyecta sobre la poesía y los cancioneros de aquel tiempo glorioso de nuestra literatura.

1. Leído ante la Real Academia Española el día 20 de octubre de 1968, en su recepción pública.

Contestación al discurso de don Gonzalo Torrente Ballester "Acerca del novelista y de su arte" [1]

Nunca es tarde para bien hacer, nos dejó dicho, hace ya tres siglos y medio, el maestro Correas, tocayo de quien hoy se sienta entre nosotros y compañero suyo en docencias salmantinas. Tengo la impresión de que hemos estado no poco cicateros con el calendario del hombre a quien hoy, gozosamente, recibimos en esta casa, pero pienso —para consuelo de todos— que nunca es tarde si la dicha es buena. Y la dicha de hoy, para la cultura, para la literatura y para la Academia, más que buena es óptima y todos lo sabemos.

Gonzalo Torrente Ballester, a quien hoy saludo con emoción de viejo amigo y gratitud por muchas enseñanzas, es un hombre joven que se disfraza de maduro bajo sus gruesas y obscurecidas lentes para disimular su juventud ardorosa y, pese a los muchos palos que le dieron, también ilusionada. Esto de escribir libros es algo que rejuvenece tanto como desasnar mozos bachilleres, y a las ambas tareas se aplicó nuestro hombre durante toda su vida y con ahínco.

El llegar a la Academia no es una meta, pero sí es, sin duda, el colofón que marca la etapa que se deja a popa. Los escritores solemos tener muy parvas alegrías y demasiado domésticas compensaciones: una de ellas es acceder a esta corporación en la que, con buena voluntad, se suplen no pocos fallos ajenos y aun propios. En cierta ocasión dije a un amigo lo que ahora me permito repetir: que este suceso de arribar a la Academia es algo bastante análogo a aquel otro acaecer de ligar (como ahora se dice con una vecina, puesto que conduce a poder cejar en el propósito ya conseguido. Deseamos el higo que adorna la más alta rama, pero, cuando maduro cae y nos lo comemos, lo archivamos en la memoria incluso con evidente desprecio del milagro. Todos los escritores españoles, digamos lo que digamos y salvo las dos o tres excepciones de todos conocidas, queremos sentarnos en la Academia, al igual que todos los españoles, escritores y no escritores, nos pongamos como nos pongamos —y salvo los dos o tres píos ministros o ex ministros de los que también sabemos—, aspiramos a acostarnos con una vecina. Es más fácil conseguir lo segundo que lo primero, quizá porque en la Academia haya menos sillones que catres en el país. Felicito a Gonzalo Torrente Ballester por haber logrado lo difícil. Ahora y como sin darse cuenta, tendrá más tiempo para todo.

Gonzalo Torrente Ballester acaba de hablarnos, desde dentro y con muy docta palabra, de las figuras del novelista y su fruto, la novela. Poco podría ilustrarles, subsidiariamente, con mi escasa sabiduría repasando nuestras numerosas coincidencias y nuestras disparidades escasas, pero, puesto que mi deber de cumplir con el honroso encargo que me hace la Academia, aquí debo expresarlas para repaso propio, que no para lección de nadie.

En el novelista coinciden, en efecto, el propósito y la capacidad de novelar el mundo y trasladar su conocimiento a las páginas de lo que, para entendernos de algún modo, llamamos novela. El interrogatorio al ejercitante de la novela, por sagaz que fuere, no nos sirve porque —según nos dice Torrente con razón sobrada— se nos presenta lastrado de subjetividad y sobrecargado de valoraciones anheladoras de muy últimas revelaciones. Nada más cierto. Pero su segundo camino ensayado —el examen de lo que la capacidad y el propósito del novelista han conseguido: la novela— tampoco nos lleva a puerto alguno porque, como nuestro compañero apunta con claridad sobrada, la novela es un género que está por definir o, mejor dicho: que está por definir por su contenido, ya que de su continente sí pudiera hablarse, aunque ignoro con qué suerte de certeza y aun de aproximación. El novelista, hasta el *Conde Lucanor* y, unos años más tarde, Boccaccio, usaba del verso y de la epopeya para cantar algo en lo que creía. A partir de entonces cabría suponer que empieza a utilizar la prosa para narrar —que no ya para cantar— cuanto observa y se imagina y en lo que cree o no cree. El supuesto contrario nos llevaría a la falsa situación de dar por muerta a la epopeya, de cuyo cadáver se nutriría la novela, aproximación demasiado arriesgada y que la historia de la literatura derriba sin mayor esfuerzo.

No hay, no ha habido degeneración ni degradación, aunque sí contemos con novelistas tan entusiastas como poetas épicos, que cantan y no narran, y con novelistas históricos que narran —o cantan— lo que tampoco han visto y se inventan tras beber en fuentes no siempre de fiar. El cliente de la literatura exige que se le sirva, en cada instante de la historia, aquella que precisa para nutrir su curiosidad intelectual y su permanente afán de implicación o de evasión, que poco importa ahora señalamiento. El lector exige ser sorprendido, sí, pero no ser sorprendido de cualquier forma y sin más ni más, sino del modo que cada momento reclama. De ahí que, de un tiempo a esta parte, acepte colaborar con la fabulación que se le sirve (incluso continuándola en su cabeza y con el libro cerrado) y en actitud a la que se negaban, por ejemplo, los lectores de Valera, de la Pardo Bazán o de Galdós, e incluso de Baroja, que exigían una masticación total y una digestión previa y punto menos que completa de las páginas con las que se encaraban.

En la credibilidad, pasajera o permanente, de aquello que se narra para ser leído, incide un grado de madurez por parte de quien lee que condiciona

—lo quiera o no lo quiera y, si no lo quiere, es peor para él— a quien con la pluma en la mano fabula el mundo en torno o la catástrofe que acontece en su cabeza o donde los dioses dispongan. Pero esa credibilidad necesaria ha de lograrse por medios válidos, quiero decir, por medios actuales y que resistan, no ya la lectura, sino también aquella colaboración de que les hablaba y que, en el caso del lector inteligente, puede llegar a convertirse en una verdadera disección. No basta con relatar con arte, sino que ese arte debe marchar al compás preciso —y moroso o vertiginoso, que no es ahí hacia donde apunto.

En la novela no permanece lo que se descubre por el lector sino lo que se redescubre y vuelve a redescubrirse una y otra vez, porque la novela —situación que suele olvidarse— no fluye del manantial del drama sino del hondo pozo de la tragedia, en el que ya se sabe lo que va a pasar, pero nos importa saber cómo y de qué manera y con qué arte pasa. De ahí que el argumento haya ido perdiendo validez en aras al desarrollo del suceso y su forma de ser transmitido a los demás. En la fiesta de toros, por ejemplo, acontece lo mismo: todos sabemos en qué va a terminar la fiesta que, muera quien muera, siempre es tragedia, pero nos importa conocer, por sus pasos, la artística y violentísima forma en que la sangre se convierte en muerte.

Torrente Ballester nos ha hablado de la realidad suficiente: verdadera o verosímil, que poco importa, puesto que, al final y en cualquiera de ambas cunas, todo es cuestión de arte adecuado a propósito. Unos supuestos previos —y adivinados o inventados— se olvidan, otros cambian y otros nacen de nueva y próvida planta, pero el esqueleto, la armazón —esto es, el deseo de dar realidad al suceso que se narra— permanece inmutable. No así el surco sobre el que cae —y al que hice inmediata alusión— y que reclama mayores exigencias de día en día. De todo se exige más, de día en día, y cada día que pasa es más difícil el acierto y más duro el camino a recorrer en pos de la voz peculiar propia.

Nuestro recipiendario insiste en un dato clave y revelador: no se trata de la verosimilitud o inverosimilitud de lo que se cuenta —y aun de su cantidad y calidad— sino de su organización, de su oportuna estructura. Y esto que Torrente dice y yo repito, me lleva de la mano a mi exigencia de fechar con suma precisión la obra de arte, la novela de que ahora hablamos. Recuerdo que Picasso, un día que le pregunté por qué fechaba hasta sus más ligeros y volanderos dibujos, me respondió: «Porque si no lo hago, después me confundo; ni tú, ni yo, ni nadie, somos los mismos que ayer.» Nada hay más cierto y les declaro a ustedes que aquel día aprendí una saludable y elemental razón profunda; también una lección sencillísima y esclarecedora. El tiempo es un río de acontecimientos —nos dejó dicho Marco Aurelio en sus *Meditaciones*—, una impetuosa corriente. Y el tiempo nos barre si no acordamos a su compás nuestro propio y más íntimo ritmo del corazón y la cabeza. Nótese la larga nómina de hombres frustrados —artistas, escritores u oficiantes de cualquier oficio— por no haber sabido mirar a tiempo el calendario. Porque lo que es hoy valedero fue ayer discutido, por aventurado, y será defenestrado mañana, por caduco.

La realidad reclamada jamás puede ser huésped del museo de las figuras de cera ya que, por definición, es cambiante como lo era el río del tiempo, e incluso como lo son las huellas dactilares de cada cual, sin dejar por eso de ser una realidad real, verdadera, observable y narrable si fuéramos capaces de narrarla. Ni nuestra realidad es la de nuestros padres o nuestros hijos, ni tampoco es la misma la realidad de quienes estamos aquí reunidos esta tarde y haciendo, cada uno de nosotros, algo diferente: yo hablando y antes escuchando; Torrente, escuchando tras haber hablado; alguno de ustedes, señores académicos, prestándome la atención que agradezco; quizá otros, dormitando o pensando en sus cosas y, a lo peor, en el más hondo recoveco de cualquiera, una célula se muere y siembra el huevecillo del cáncer que acabaría dejándonos en el cementerio.

Aquí se han comparado, poco ha, dos realidades diferentes entre sí, pero ambas reales: la de *El Satiricón* y la de *Dafnis y Cloé*, las dos paridas por dos realidades tan distintas como válidas. Identifico la realidad que pide Gonzalo Torrente Ballester con la verdad de Cervantes, que bien puede enfermar, pero no morir del todo, sin importarme ahora que, como nos advertía Horacio, podamos ser engañados por su apariencia, puesto que, en última instancia, la apariencia también es una realidad. Sabemos que la luna es verdad aunque para nosotros, que no hemos pisado la luna, siga siendo no más que una apariencia buena para ser cantada por los poetas.

La literatura se hace con palabras que sirven para algo tan sutil que a veces llega a identificarse con la propia representación no significante. La palabra de la tragedia griega, por lo común declamada para estremecernos y aun asustarnos, no vale lo mismo, pero tampoco más ni menos, que la palabra del novelista de la picaresca, dicha para disfrazar intenciones y situaciones, o la palabra del poeta surrealista, pronunciada para liberar su inconcreto dolor. Pero, si la materia prima de la literatura es la palabra, esa realidad, con ella habremos de enfrentarnos para entender de qué va la cosa. Con palabras nos estamos entendiendo —o estoy procurando hacerme entender—, pero también con palabras y en estos mismos instantes, otros hablan de lo suyo, otros aman, otros odian, otros mueren y aun otros, por más palabras que salgan de sus bocas, no dicen absolutamente nada. No podemos, sin embargo, negar su calidad tal a esas palabras, aunque sí debamos pararnos a considerar el orden, su oportunidad y su eficacia. Las palabras con capacidad de representación de las que nos ha hablado Torrente, no son sólo las convenientes a la realidad de la novela, esquina del arte —o de la sabiduría— en la que también cabe lo no real o, al menos, lo no inmediatamente real.

La palabra, como el animal vivo, es siempre una

cambiante y huidiza sorpresa que jamás significa lo mismo, aunque a veces pudiera parecerlo. La palabra, en la boca del escritor —el hombre que no juega sino que se pelea con las palabras— es, además, misteriosa y llena de los mil matices diferentes y quizá incluso confundidores que frutan en el ánima de quien leyere. De no ser esto así, la literatura no se hubiera producido como fenómeno considerable al margen, aunque inserto, en el contexto general de la cultura. Soy muy respetuoso amante de la literatura popular, de la literatura transmitida —hasta que alguien la fija— por tradición oral, pero aquí estamos hablando ahora de otra cosa y esta literatura popular, que en ningún caso entiendo como subliteratura (yo llamo subliteratura a otros productos de nada difícil diagnóstico) no es el tema que nos ha convocado.

La contemplación de la literatura desde el ángulo que aquí nos interesa debe entenderse como obra del escritor, el hombre que —a decir de Jean-Paul Sastre— debe crear necesidades en las conciencias para después satisfacerlas; debe crear la necesidad de la justicia, de la solidaridad y de la libertad, para después esforzarse por presentarlas en su obra. De esta implicación que nos exige el pensador francés y que va más allá del mero compromiso, brota la impopularidad de que la literatura, en no pocas ocasiones, se ha visto rodeada e incluso culpada de males que son ajenos a su propia esencia. A la literatura debe situársela en su propio ámbito, pero no fuera ni a un lado de él, porque la literatura, considerada en sí misma, también es una realidad y no un fingimiento, una presencia y no una representación. Hay palabras con capacidad de representación, nos dice Torrente, pero no hay palabras sin presencia, ya que, por abstractas que pudieran parecernos, ahí están, poco importa si herméticas o aun misteriosas, que las fórmulas mágicas y cabalísticas también se disfrazan de palabras, aunque no se escriban.

Y aquí me asalta una duda: la palabra literaria, ¿basta con que sea palabra? O sintiéndonos exigentes, ¿es determinante que sea palabra conocida y escrita? No lo creo. La palabra literaria puede ser no significante, o de significado desconocido, o inventada y, sin duda, puede llegar hasta nosotros por tradición oral. Quiero decir que el lector muy bien puede quedarse en oidor, sin que por ello se resienta la esencia literaria. Lo que la palabra literaria requiere es ser eficaz, esto es, cumplir con justeza —y poco importa si con naturalidad o con artificio— la función que le ha sido asignada. Cuando César Vallejo, en *Trilce*, canta en el poema XXXII:

> 999 calorías.
> Rumbbb... Trrraprrr rrach...chaz
> Serpentínica u del bizcochero
> engirafada al tímpano,

¿qué quiere significar con onomatopeyas, que a lo mejor no pasan de alaridos, y voces que nada —y tanto— significan? Cuando Ezra Pound engarza, en sus poemas escritos en lengua inglesa, voces griegas clásicas, castellanas de los siglos de oro, persas o china, ¿adónde apunta si su significado es desconocido por quien se encara con su texto? Cuando Leandro Fernández de Moratín nos habla de fábulas futrosóficas, se está sacando de la manga una creación léxica, sin duda de intención festiva y a mi juicio hápax, que vale por perteneciente o relativo a la futrosofía, voz que —viniendo del latín *futuere* tras haber pasado por el francés— pudiera entenderse como ciencia que trata de la esencia, propiedades, causas, efectos y técnicas de la lascivia. Y aquí mi pregunta y mi respuesta. ¿Es válido el arbitrio de los tres autores mencionados al servirse de palabras que no significan, o que no sabemos lo que significan, o que nada significaban —puesto que no existían— hasta que fueron pronunciadas? A no dudarlo, sí. Marinetti preconizaba un lenguaje literario aglutinador de todo cuanto suena en el universo: el material lingüístico pretérito y presente, el aletear de los pájaros, los gritos de las fieras, el rumor del bosque, el silbar de los astros, el zumbar de los insectos, el ruido de los motores, etc. Marinetti, ya en 1910, nos habló de las palabras en libertad. La literatura se hace con palabras (ya hablé de esto) y las palabras no son más que signos, lingüísticos o no, compuestos de elementos fónicos, determinados o no, aptos para funcionar, formando sistema, en un contexto o en una situación o incluso fuera de ellos. Obsérvese que el ronquido o la tos no son lenguaje articulado, pero pueden suplirlo en su efecto, y el chasquido de los dedos o el agresivo o manso resoplido —feroz o misericordioso— al que Quevedo llamó el ruiseñor de los putos, ni siquiera se expresan con la boca y valen, no obstante, para desencadenar toda una situación inteligible. Quizá el mayor encanto de la palabra sea el misterio que la envuelve y que nos oculta su verdadero y hermético ser.

Nuestro recipiendario entiende al novelista como un ente poroso al que enriquece su sola presencia en el mundo, cuyo dictado y almacenado y próvido acervo se desencadena sobre las cuartillas cuando sopla el viento propicio al que poco ha de importarnos saber qué nombre le cabe. También llama montón de limaduras al hacecillo de los datos experimentales, e imán al germen que espolea —cuando le da la gana, que no antes— al hombre que, capaz de estructurar la obra literaria, se siente con fuerzas para atacar la empresa cuyo buen fin se ignora. Me parecen diáfanas las palabras de Torrente Ballester, producto —a no dudarlo— de lo diáfano de su pensamiento. En la novela importan la presencia y la permanencia del autor y su mundo, en mayor o menor grado ficticio o real, pero no la anécdota que narra ni la circunstancia en que se produjeron ni aquella novela ni esta anécdota. La novela es un arte cruel y que no perdona y, en seguimiento, el novelista no puede ser caritativo ni perdonar ni siquiera con él mismo. El escribir novelas es ocupación más zurradora de la conciencia que compensadora de la buena paz del espíritu y, sin embargo, los novelistas no podemos volver la espalda a la tentación de ir volcándonos, poco a poco y con una paciencia de monje medieval, sobre las mismas páginas que nos zarandean.

Procuraré no caer en el lugar común de suponer que la literatura es un veneno que anida, devorándolo de dentro a fuera, en el alma del escritor. No; las explicaciones literarias explican poco y quizá mi deber sea el de explicarme con claridad mayor. La literatura es posible que sea una venganza que quizá no ejercitemos ni nosotros mismos. Un vengador nacerá un día de mis cenizas, nos dice Virgilio en la *Eneida*. El libro es más permanente que quien lo escribe y a quien, tras su muerte, venga con la atroz venganza que no desfallece jamás. Entonces, ¿escribimos, quienes lo hacemos, para vengarnos, aunque no sepamos a ciencia cierta de qué? No descarto la posibilidad de que, aun inconscientemente, pudiera ser esto así. El escritor no escribe más que en agobiado trance de acoso, y poco ha de importarnos la duda o la certeza sobre el origen de esa situación que, en no pocas ocasiones, es posible que la cause él solo y sin ayuda de nadie. Al escritor quizá debieran quemársele los ojos, como al jilguero, para que cantase sin reconocer la faz de quien le ofende o le da ánimos para seguir viéndolo en la agonía, en la permanente lucha cuya única constante es la derrota entre las carcajadas de los demás. El mundo está poblado de verdugos lectores de novelas.

Difiero de Torrente Ballester en su supuesto de que las imágenes nuevas se producen según la pauta de las virtudes poéticas, y su ulterior ordenación funciona al dictado de las cualidades artísticas. El admitirlo así sería tentador, sin duda, pero quizá más tentador que cierto (naturalmente, en mi revisable sentir). La concatenación de sucesos es lineal e inmediata: primero es la vida, real o imaginada —poco importa—, porque la imaginación es también una realidad, novelesca o no, puesto que desde el momento en que hay novelas no novelescas, el adjetivo no nos sirve; después, el novelista que habla y no ningún otro, desnudando su alma —o purgando su corazón, dije cuando quise hablar claro— con la palabra y, al final, la novela. La novela existe o no existe, no hay vuelta de hoja. Si no existe, que es lo que acontece con casi todas las no bien ni oportunamente llamadas novelas que se publican, el problema ni se nos plantea siquiera. Si existe, no puede ser expresada sino con palabras, por confusas que pudieran parecernos a una primera escaramuza con ellas. Jorge Guillén piensa que no hay más poesía que la expresada, que la realizada en el poema. Es lástima —para mí y en esta ocasión— que *novelía* no funcione como concepto paralelo a poesía, ya que, de hacerlo, un pensamiento quedaba a punto de la más fácil explicación. Pido licencia para utilizar, por una sola vez y sin que sirva de precedente, la palabra *novelía* para designar al género y su arte, reservando la voz novela para nombrar al producto. Nótese que el diccionario llama poesía al arte (y a la obra) y poema a la obra, mientras que a la novela la deja en obra y llama novelística no al arte, sino, con vaguedad suma, a la literatura novelesca.

Con la venia —y caminando por los mismos relejes que hube de marcar cuando probé a coser mi poética con alfileres— quisiera decir que este orden de causa a efecto tampoco es suficiente para llevarnos a conocer qué cosa es la novelía, el novelista y la novela. Sin novelía no hay novelista y sin novelista no hay novela; también es cierto que sin novela no hay novelista y sin novelista no hay novelía, y que sin novelía no hay novela y sin novela no hay novelista. Les aseguro a ustedes, señores académicos, que si supiera por dónde romper el círculo, ya lo hubiera hecho.

No es un problema de perceptiva literaria el que se nos plantea, sino algo que va mucho más lejos y que desborda en leguas el aburrido campo de ese derecho administrativo de la literatura que tan poco me interesa. No se trata de averiguar qué es lo que queremos que la novelía sea, sino de conocer —a través de las palabras de Gonzalo Torrente— qué es lo que la novelía es en su propia realidad. Unamuno pensaba que en los previos propósitos suele haber mucha más retórica que poética. Parafraseando a

Unamuno, podríamos decir que la novela es cosa de postcepto; al contrario del dogma, que es cosa de precepto. Los supuestos, los apriorismos, las declaraciones estéticas de principios, los manifiestos, etcétera, podrían conducirnos a una adivinación ideal —en la que no creo— de la novelía, por complejo ajena al inteligente entendimiento de su verdadera substancia. Es probable que no acertemos a definir la novelía —y aun la novela—, pero es excesivo afirmar que la novelía y la novela sean indefinibles, ya que de la ignorancia de lo que fuere no puede obtenerse el corolario de la no existencia de lo que fuere.

Gonzalo Torrente Ballester nos ha planteado un grave problema en cuyas tinieblas ha sabido bucear con sagacidad profunda. Los libros proceden de los libros, nos dice, y aun de otras formas artísticas. Nada más cierto: la cultura es una tradición, una carrera de antorchas en la que cada atleta toma el testigo donde se lo dan y lo lleva hasta donde puede. Y el que pierde comba, se queda en el camino.

Y nada más, señores académicos. Pienso que debemos señalar con piedra blanca la llegada de Gonzalo Torrente Ballester a nuestro seno. A su cumplido centón de méritos, suma hoy el de haber discurrido, con muy clara cabeza, sobre un tema que a todos —dentro y fuera de esta casa— nos preocupa y nos da sobrada materia de pensamiento.

La Real Academia Española, celadora de cuanto pueda redundar en el mejor provecho de nuestra vieja lengua castellana, ha cumplido con su deber al abrir sus puertas a este hombre cabal y ejemplar, por su obra y su conducta, de los pies a la cabeza.

1. Leído ante la Real Academia Española el día 27 de marzo de 1977, en su recepción pública.

Alonso Zamora Vicente, hijo de Alonso y Asunción, natural de Madrid, etc.

El padrecito Baroja llamaba los jardines del Buen Retiro al parque del Retiro; quienes venimos después lo hacemos sólo por broma o por añoranza, que es una suerte de broma con la que disfrazar de resignada tristeza las ganas de vivir; algunos le llaman costumbrismo al apego a los arrestos mozos. Ahora esto del sentimiento cuenta poco y la gente toma la añoranza a cachondeo y se escuda en las estadísticas, la técnica y otras zarandajas de escasa monta. Allá cada cual porque, dentro de cien años, todos calvos y de los técnicos no quedará ni la memoria; de los escritores, en cambio, quizá sí; de los escritores siempre quedará alguna página, alguna ocurrencia, algún gesto resignado o rebelde, que en el fondo es lo mismo y a nadie le importa demasiado.

El Retiro está fresco a las primeras horas de la mañanita de San Juan, que este año cayó en domingo. La clientela infantil del parque todavía no rebulle por sus veredas y parterres, debe estar desayunando café con leche y galletas o mojicones; a lo mejor, a los niños los están peinando con agua de colonia; antes, cuando gastaban flequillo, algunos llevaban tupé, era más fácil, pero ahora, con esto de la melena, hay que desenmarañarles el pelo de la dehesa y se tarda mucho. Las parejas de novios tampoco asomaron aún sus hocicos dulcísimos y besucones; lo más probable es que se estén acicalando (por separado, claro es, que una cosa es el parcheo y otra cosa la pecaminosa convivencia), y a los guardas todavía no se les erizó el fiero mostacho de la autoridad; hace años, cuando se comía peor y había más reservas espirituales de occidente, los guardas del Retiro lucían mostachos de gato garduño, copiaban al káiser (a lo pobre) o a los generales de la guerra de Melilla (que al menor descuido ponían los huevos encima de la mesa y se quedaban tan anchos) y se comportaban con un aire y un gesto muy ecuánimes de mílite portugués; ahora van casi todos afeitados y los que usan bigote dan mucha risa, la gente los toma a coña y los turistas les sacan fotografías en color o les dan pitillos yanquis emboquillados, de esos que producen carraspera. En la actualidad hay guardas que hasta mascan chiclets y leen los discursos de los ministros; se conoce que la raza va para abajo. ¿Qué se hizo de aquellos guardas ternes y bravucones, ordenancistas e iracundos, que tundían a palos y sin previo aviso a los novios propensos al sobo del solomillo amado? ¡Ay, tiempos, tiempos, y qué poco dura la alegría en casa del menesteroso!

Sí, el Retiro está fresco y desierto a las primeras horas de la mañanita de San Juan, que es santo manso y caritativo, y la conversación discurre con serenidad y placidez.

Alonso Zamora Vicente, hijo de Alonso y Asunción, natural de Madrid, nacido el 1.º de febrero de 1916, catedrático de universidad y secretario perpetuo de la Real Academia Española, va sin corbata, lleva un jersey obscuro de cuello alto, parece un deportista o un cura europeo, de esos que en vez de purificar el alma del prójimo con la amenaza del fuego eterno, se lavan las propias carnes mortales bañándose de vez en cuando en la bañera. Alonso es hombre afable y sonriente, de conversación sabia y sosegada, palabra contenida y voz de temple civil.

Alonso y yo somos de la misma quinta, cuando él ingresó en la Academia —el día 28 de mayo de 1967— yo no perdí el puesto de benjamín de aquella casa porque soy tres meses más joven; eso es como ganar una carrera de caballos por corta cabeza, pero el triunfo, aunque apuradillo y por los pelos, vale lo mismo; el día 21 de mayo de 1972, Antonio Bueno —que también es de la quinta— me arrebató el juvenil lugar que ocupaba desde hacía quince años.

Alonso y yo somos de análoga estatura y de parejas aficiones; él es más culto que yo en algunas cosas —la filología, la lexicología, la dialectología—, pero yo, para compensar, soy más culto que él en otras varias —las coplas de pueblo, el billar, el tango— y así la cosa queda bastante equilibrada y podemos seguir siendo buenos amigos amén de serlo ya viejos, viejísimos: Alonso y yo —y lo digo para que pueda aprovechar de ejemplo a no pocos— somos amigos desde hace cuarenta años, más o menos, de los cincuenta y siete de vida que ya llevamos gastada, ¡qué horror! El arbitrio de quitarse los años es admisible sólo entre señoras de la clase media y poetas líricos: tal Luis Cernuda Bidón, valga por caso, que nació en 1902, pero que en la segunda antología de Gerardo se declara dos años más joven. Si llegó a creérselo, hizo bien.

Hablar con Alonso Zamora es fácil, su compostura da confianza y buen ánimo.

—Mis padres tuvieron cinco hijos, yo fui el menor.

—Se dice que no hay quinto malo.

—Bueno, se dicen muchas cosas.

—Sí, eso también es verdad.

Por la Rosaleda se pasea un gato fino, sentimental y orondo; el sitio no es propio de gatos, pero este de ahora, se conoce que satisfechas más perentorias necesidades, quizá padezca de *spleen* o de mal de amores.

—¡Qué gato más raro! Parece un académico.

—¡Hombre, Camilo!

Recojo velas y cuando paso al lado del gato, le tiro una patada con disimulo; tuvo suerte, porque no le di.

—Mi madre murió siendo yo un muy niño; tendría unos cinco o seis años, casi no me acuerdo.

Una brisa suave mece las más altas rosas mientras un jubilado pasea con lentitud, apoyado en su bastón de puño de plata.

—Las primeras letras las aprendí en el colegio Español-Francés, en la calle de Toledo. Del colegio Español-Francés también fue alumno Pedro Salinas, si viviera tendría ya más de ochenta años..., claro, nació el 92..., era mayor que Jorge Guillén y que Juan Larrea y siete años más joven que León Felipe... ¡Pedro Salinas con ochenta y un años!

—Sí. Y Lorca con setenta y cinco, si viviera, Alonso; eso del tiempo pasado sobre los muertos es muy difícil de explicar.

—¡Y tanto!

En el paseo de coches una señora riñe con un taxista, no debe ser nada grave porque no se insultan.

—Después vino el bachillerato en el Instituto de San Isidro. ¿Te acuerdas de don Enrique Barrigón González, el cura de latín?

—¿No voy a acordarme? ¡Qué burro era!

—¡Hombre, Camilo!

Como ya no tengo gato a mano para descargar la electricidad, le doy una patada a un banco de piedra y me hago daño en el pie.

—¡Ay!

—¿Qué te pasa?

—Nada, un tropezón.

—¿Te has hecho daño?

—No; no ha sido nada, gracias.

Un mocito silba el anciano bolero *Piel canela* con las manos en los bolsillos, se conoce que está enamorado de alguna vecina; hay vecinas muy aparentes que están buenas, ¡ya lo creo!, que están como trenes, pero que dan mala vida a sus pretendientes, les hacen concebir esperanzas y después, nada: se casan por interés con un funerario y le ponen los cuernos con un taxista que no sea del Opus Dei (esto no es obligatorio, claro, pero sí probable); entonces el mocito enamorado y desairado silba *Piel canela* y se reconforta.

—Lo de la Facultad de Filosofía y Letras ya lo sabes, allí estuve del 32 a 36; después, al acabar la guerra, en el año 1940, me licencié. En la facultad coincidía con María Josefa en las clases de Tomás Navarro; y trabajaba en el Centro de Estudios Históricos, con don Ramón, y ella en *Indice literario*, con Salinas. ¡Qué profesores, aquéllos! Don Américo es la imagen del entusiasmo, del afán de acercamiento a la juventud; don Américo era un verdadero maestro; de los hombres de entonces guardo un recuerdo imborrable, para mí siguen siendo un ejemplo permanente.

Alonso se ha quedado como pensativo; Alonso está siempre como pensativo, cuando camina despacio se le nota más.

—Me doctoré en filología románica el 41 o 42; mi tesis fue *El habla Mérida*, que tú conoces. Eran momentos duros, con toque de queda, con toros bravos en el campo y maquis en el monte, con gran pobreza de medios... Luego sale un señor y te dice que, en tal página, a la «o» breve le falta el signo de cantidad. ¡Vaya por Dios! Sí, eran momentos duros, momentos de mucha confusión; si no es por Dámaso, yo renuncio después de la guerra; a él le debo el haber seguido.

Alonso se recrea, cautelosamente, en la memoria y, mientras recuerda sonríe con dulce y diáfana añoranza.

—Mira, Alonso, lo que yo te digo es que los intelectuales, o tienen vocación, o no la tienen; cuando no la tienen, no son más que compañeros de viaje. Hoy, la universidad está llena de compañeros de viaje y de fingidores.

—¡Hombre, Camilo!

—¡Ni hombre, ni nada! Eso no eres tú quien lo dice: soy yo.

Alonso es una viva llama de vocación; para mí tengo que en su vida, no dio un solo paso que lo apartase de la vida culta; yo pienso que no hubiera podido hacerlo, aun de haber querido.

—Mi gran problema es mi real vocación universitaria.

Los escritores somos más zascandiles; ése es un lujo que los sabios no pueden permitirse. Alonso es escritor, magnífico escritor, para descansar de la ciencia; cuando se harta de sabiduría, toma la pluma y escribe un cuento para sosegarse, también para rememorar e inventar.

—La gente es como es y eso no hay quien lo arregle. Cuando escribí *Smith y Ramírez, S. A.*, hubo quien me preguntó: ¡Pero, hombre! ¿Qué te ha hecho Sepu?

Alonso, mientras camina con las manos a la espalda, vuelve a escarbar en el recuerdo.

—Después, las oposiciones. Y antes, también; antes de doctorarme. Catedrático de instituto en las primeras oposiciones de después de la guerra, el año 40: Mérida, Santiago... Más tarde, catedrático de universidad: el 43, Santiago, ¡hace ya treinta años!; el 46, Salamanca...

Treinta años pasan en un vuelo, Alonso; la gente cree que esto de que pasen los años tiene mucho mérito, pero no es así. Don Ramón no llegó a los cien años por tres o cuatro meses; don Manuel se murió después de cumplirlos.

Un niño que cumplirá cien años en el 2068 le da una torta despiadada, un lapso inmisericorde a un niño que cumplirá cien años en el 2070.

—Pero, hombre, ¿no te da vergüenza pegarle a un niño más chico?

—No, señor.

—¡Ah, bueno! Tú sigue, hijo, ¡no te prives, no te vaya a dar el trauma!

Hay criaturas muy respetuosas con el calendario, pero hay otras, por lo que se ve, que no le hacen ni caso; con las personas mayores pasa lo mismo y las consecuencias suelen ser más graves.

—Y los viajes; en la Argentina estuve cuatro años, del 48 al 52, de director del Instituto de Filología. Vuelvo a España y marcho a Alemania: Colonia, Heidelberg... Más Europa, más América, Méjico, los Estados Unidos..., y Madrid. Después de rodar por el mundo pienso que nos debemos a nuestro país, pese a todo: pese a la envidia, que es el mal hispánico.

—Eso lo dije yo hace años.

—Sí, y antes que tú lo dijo Lope de Vega; eso

lo decimos todos... La envidia tiene muchos matices, el arco iris se queda pálido a su lado. En España se procede por pasiones, no por ideas; la sociedad española tiene oxidados los goznes de pensar.

Un mirlo silba en la copa de un árbol para barrernos de la cabeza los malos pensamientos.

—Yo acabé en dialectólogo porque en la facultad había un catedrático que no podía levantarse antes de las doce. Entonces me buscaron a mí, yo fui siempre madrugador. En El Escorial, los fines de semana y siempre que puedo, trabajo la tierra; ése es un buen ejercicio. Yo tengo un poso rústico grande; la familia de mi padre tenía fincas en la ribera del Júcar albaceteño. Yo hago muy bien migas manchegas o ruleras, de rulo, lo que rueda... A mí el mar me impone, lo veo un poco como espectáculo; a mí me gusta más la tierra. Yo también he sido un gran andarín, creo que conozco el país muy bien. Me gustan los animales en el campo, un perro que cruza, el estupor de una gallina que incuba huevos de pato cuando los polluelos se le tiran al agua... La cerámica popular también me gusta; yo no colecciono nada, pero cerámica popular tengo bastante.

En El Escorial, María Josefa y Alonso son vecinos de Pilar y de Rafael Lapesa y de mis cuñadas; en Prado Tornero cabe todo, y que don Felipe II nos coja confesados, amén. María Josefa y Alonso tienen dos hijos que tocaban la música en la Agrupación Instrumental de Música Antigua, tocaban la flauta y el cromorno o cromornos; el diccionario de la Academia no define el cromorno; se conoce que, preocupados con esa sandez del güisqui, no son partidarios de la música antigua. El cromorno es una especie de flauta ronca, se parece a la bombarda; los italianos le llaman *cornamuno storto;* en mi casa tengo un disco interpretado por los dos mozos Zamora y sus compañeros, se titula *Música en la corte de Carlos V* y es muy melodiosa y delicada, es una música culta y de mucho misterio. El mayor de los hijos, Alonso, es arqueólogo y dejó la música; el menor, Juan, es físico, pero sigue tocando.

—Eso de la mujer no está mal, bueno, la verdad

es que no está nada mal. A mí me dieron calabazas muchísimas veces, pero, al final, acerté: lo único serio que hice en mi vida fue casarme con una mujer excepcional en todos los sentidos, con una mujer que está lo mismo a las duras que a las maduras.

En esto del matrimonio, unos aciertan y otros se equivocan; suelen hablar más quienes yerran que quienes dan en la diana, pero Alonso hace excepción a la norma al uso.

—En la Academia me elegisteis en mayo del 65, tú me votaste, y leí un año más tarde, en mayo del 66.

—Sí te voté, claro, pero fuiste elegido en mayo del 66 y leíste en mayo del 67.

—Sí, eso. Me tocó la silla D, que había ocupado Melchor Fernández Almagro y, antes, don Niceto.

Empieza a apretar el calor, lo que siempre ayuda a los malos pensamientos. Un recluta pasa chupando un helado y una niñera desahoga el rijo sacudiéndole estopa a un infante guapito y bien vestido.

—Sí, Melchor, don Niceto..., ¿tú no crees, Camilo, que esto es la vejez?

—Hombre, no sé lo que decirte. ¡Mientras el cuerpo aguante!

Alonso Zamora Vicente y yo somos del mismo reemplazo, la bien zurrada quinta del 37. Alonso Zamora Vicente y yo fuimos compañeros en la Facultad de Filosofía y Letras, antes de la guerra, y lo somos ahora en la Academia: él, con absoluta dedicación y muy ejemplar entusiasmo, y yo un poco a mi aire y a la que saltare; a nadie se puede pedir más de lo que da de sí y el que ignore este elemental supuesto, ya va listo. Alonso Zamora Vicente y yo tenemos una afición común, la literatura, y una servidumbre gozosamente aceptada: la amistad. Alonso Zamora Vicente y yo somos muy viejos amigos; de su amistad me nutro y con ella me reconforto. Cualquiera que me conozca sabe que es cierto y verdadero cuanto digo aquí. En el *Eclesiástico* se lee: no abandones al amigo antiguo porque el nuevo no valdrá lo que él. Alonso Zamora Vicente, en mi ánimo, hace buenas las palabras de la Biblia. Yo tengo muchos amigos, gracias sean dadas a Dios, y esta realidad es uno de mis orgullos. Baltasar Gracián pensaba que uno es definido por los amigos que tiene. En este supuesto, yo salgo ganador de muy ricos premios no merecidos (o sí merecidos, que esto es lo de menos). Alonso Zamora Vicente es buena prueba de mi verdad.

Alonso Zamora Vicente reúne ahora algunas narraciones en un volumen en cuya portada se lee: *Sin levantar cabeza* [1]. Yo creo que no hay títulos gratuitos y que, incluso tras la casualidad, reside siempre la verdad, esa criatura que jamás se muere de frío. Alonso Zamora Vicente, en su lengua literaria, en su castellano escrito, maneja la frase proverbial de mano maestra y con muy sutil eficacia. La frase fija entra en el raro juego de la lengua hablada, de la lengua coloquial que, cuando la literatura gana y se hace eficaz, se confunde con la lengua literaria, con la lengua escrita. Es grave que un hombre hable como un libro, pero es gozoso —aunque raro— que un hombre escriba con la llana lengua con la que habla. El caso de Alonso Zamora Vicente —filólogo, dialectólogo y sabio que, de repente, se siente escritor y acierta— no deja de ser ejemplar y curioso, quizá por insólito.

Los preceptivistas distinguen con muy prolijas razones no siempre razonables, entre poema en prosa, cuento, relato, narración, novela breve y novela, quizá entre otras especies todavía cuyos nombres no me vienen ahora a los puntos de la pluma. A mí me parece que esto no son sino ganas de hablar y de quererle buscarle los tres pies al gato, y que la clarificación —que tampoco importa demasiado— no discurre por esos senderos no más que administrativos sino por otros, más huidizos y poéticos y menos dóciles y procesales. Alonso Zamora Vicente, que escribe en prosa y además lo sabe, nos ofrece ahora unas páginas rebosantes de hermosura y reunidas bajo un título poco agobiador por las que discurren, sin levantar cabeza, sus criaturas literarias que muy bien pudieran haber sido entes reales y dolientes títeres —o marcados héroes anónimos—

del padrón de vecinos. Si la literatura tiene un único encanto, ése es el de fundir, confundiéndolas, las fronteras de lo soñado y lo vivido, de lo imaginado y lo real. Contar —en literatura— es desnudar la verdad y la mentira para que nadie pueda reconocerlas por su ropaje. Se cuenta lo creíble, al margen de que sea o no sea cierto, y no se admite el subterfugio de querer dar gato por liebre o de intentar el cuento de la mentira mojando los pinceles en la confusa paleta de la verdad que no lo es del todo y sin lugar a dudas.

Alonso Zamora Vicente nos cuenta sus verdades y sus mentiras literarias con arte verdadero, que es la condición que se requiere para que el tingladillo funcione. El lector está siempre dispuesto a dejarse engañar aunque se niegue, tozudamente, a comulgar con ruedas de molino. Y en este juego de titanes en el que tantos jadean y tantos otros se descuernan, es donde reside el talento del escritor, que se tiene o no se tiene, pero que no se puede fingir porque la literatura es bastión inexpugnable y que jamás se deja sorprender ni corromper. La lengua, como el león, puede domarse y amaestrarse, y salta por el aro de fuego, sí, pero se niega a que no se la tome en serio.

Alonso Zamora Vicente, en su literatura, doma la lengua —y hasta domeña sus inclinaciones insurrectas— y nos ofrece un paisaje de equilibradas proporciones y horizontes abiertos más allá del balcón de la página. Quizá ahí estribe su eficacia, que es la primera condición a exigir.

Sin levantar cabeza es el acta notarial de un tiempo de desgracia habitado por corazones desgraciados. Ni la literatura ni el hombre se hacen de mármol solemne sino de barro humilde, y un botijo de pueblo está más cerca de la vida —y de la literatura— que el más lujoso y pulido panteón, esa orgullosa y huera residencia de la muerte. Nadie olvide que la literatura, aunque narre la muerte, es el habitáculo y la imagen misma de la vida.

Son aleccionadoras las páginas que Alonso Zamora Vicente, sin levantar cabeza, nos pone ahora delante, ignoro si para espantarnos, para escarmentarnos o para deleitarnos; quizá cumplen las tres funciones al tiempo, poco importa si queriéndolo o sin quererlo, que el resultado —en esto de la literatura— no siempre marcha por el buen sendero del propósito.

Produce alegría poder decir, en voz alta, que el amigo acierta. El fenómeno no es inusual, aunque sí lo sea el proclamarlo a los cuatro vientos y disparando cohetes, para que se oiga mejor. El libro de Alonso Zamora Vicente nutre una celdilla del panal de la literatura en el que no son demasiados los que se atreven a entrar. La literatura es agradecida esquina del saber que jamás defrauda aunque, quizá por tímida, a veces se resista. A algunas mujeres les pasa lo mismo y no por eso desmerecen.

1. Editorial Magisterio Español, Madrid, 1977.

Mi amigo el escritor

Mi amigo el escritor prefiere sentarse en la mecedora; balanceándose atrás y adelante, con mimo cadencioso, atrás y adelante, a muy suave ritmo, atrás y adelante, a compás, atrás y adelante, se parece al Papa Juan XXIII, es como un primo del Papa Juan XXIII que tuviera una abuela maya y misteriosa, atrás y adelante, hierática y mágica.

—En el terremoto de Guatemala, el día de Navidad del año 1917, hacía una gran luna en la noche clara. Cuando se rompió la tierra y la ciudad se deshizo, me di cuenta de los seres que conviven con el hombre; los muros se movían como gatos, como si millones de gatos se movieran, y por las calles, entre la multitud despavorida, empezaron a deambular los gatos que ondulaban llenos de majestad... Los gatos de Guatemala, los gatos del terremoto de Guatemala... En Venecia también hay gatos, muchísimos gatos... Los gatos de Venecia dejaron de ser divinidades y se convirtieron en entes domésticos y vulgares, muy crueles.

—Vuelva a Guatemala.

—Sí, me había distraído con eso de los gatos de Venecia..., en Venecia también hay muchos gatos... En Guatemala, durante el terremoto, fijo el instante en que sentí que, para subsistir todo lo que se estaba cayendo, había que imaginar y crear un ordenamiento nuevo, pero no con letras sino valiéndose de las figurillas de barro que se multiplican al reflejarse en las aguas y que sólo después, al cabo de mucho tiempo, llegan a ser palabras, se van convirtiendo en palabras. En los contados segundos del seísmo, el hombre entra en relación con el cosmos, es sacudido por el cosmos y se funde con él; entonces fue cuando pienso que empezó mi creación literaria.

Mi amigo el escritor entorna los ojos y permanece unos instantes en silencio; en la carca del jardín cantan las ranas y sobre el murete de la terraza se posan las palomas blancas y de color chocolate claro, algunas con un ligero reflejo cobrizo en la garganta.

—La mujer es un elemento muy importante, muy raro. La tremenda y despótica dominación del matriarcado cayó tras la sublevación del hombre. El hombre no deja levantar cabeza a la mujer, por instinto de conservación. Hoy se ha llegado a una especie de *entente pacifique* porque tanto el hombre como la mujer saben que su ruptura acarrearía la destrucción de los dos sexos. La mujer... ¡ya lo creo, la mujer! Nunca fue el sexo débil, pero tuvo el talento de dejárselo llamar.

—Las ranas, ¿le parecen elegantes?

—Cuando saltan, sí.

—¿Y las palomas?

—Las palomas pasean mejor que vuelan, las palomas pasean con mucha elegancia... Para mí, el animal más elegante es el caballo; tiene una elegancia con la que el hombre puede enlazarse. El tigre también es elegante, pero su elegancia nos es ajena.

Mi amigo el escritor no fuma.

—¿Quiere un pitillo?

—Gracias, no fumo.

—Perdóneme; ya lo sabía. ¿Usted cree que no lo sabía? Esto debe ser cosa de la inercia, se dice: «¿Quiere usted un pitillo?», y el otro lo coge y lo enciende como si tal, y después se sigue hablando.

En el periódico viene un artículo sobre los microbios; no está muy claro, pero habla, sin duda, de los microbios.

—Hay un refrán guatemalteco que dice que no hay que creer ni dejar de creer; yo, en los microbios, no creo, pero tampoco dejo de creer. El tercer mundo vive envuelto en suciedad y tiene enfermedades, sí, pero los países desarrollados y limpios también las tienen..., son otras, pero también las tienen. Los *hippies* son pestilentes y no pasan el tifus..., a lo mejor cualquier día se mueren todos de tifus... El microbio es menos peligroso de lo que dicen; también es menos antipático que el virus, que es como un microbio clandestino y más traidor.

—Los virus son unos puercos, dejemos esto.

El palomo hace la rueda a la paloma y la paloma finge timidez caminando a pasitos cortos.

El amor es una gran fuerza de la naturaleza, que no puede aislarse del fenómeno del amor... El amor es la misma naturaleza... También hay una biología que determina el amor del mozo, el amor del joven, el amor del hombre maduro, el amor del viejo... No hay nada más conmovedor que los campesinos que se acercan, en las ferias, al pajarito enjaulado que saca el papelito de la buenaventura... Es lo mismo que los horóscopos de los diarios, los anuncios de nuevos amores, los remedios contra el olvido..., toda la parte ingenua del amor es muy conmovedora.

—¿Y el odio?

—Me resulta más difícil hablar del odio porque nunca he odiado a nadie. Yo creo que el odio es algo que ciega. El castigo del odio es la soledad; nunca me he sentido solo porque, en mis setenta años de vida, tuve la enorme suerte de tener siempre amigos, muchos amigos, a los que quiero mucho y me quieren mucho; también estoy muy poblado de cosas, afortunadamente... La incomunicación, se habla mucho de la incomunicación..., no es mi caso; yo soy como los vasos comunicantes, me entrego y recibo.

El paisaje del mar y de la tierra se recorta por los cuatro maderos de la ventana; al paisaje se le pone un marco y sale un cuadro: un Paisaje de Patinir, una marina de Turner, una figura de Goya o de Picasso, un trozo de muro de Joan Miró, de muro herido de Tapies.

—Alguna vez leí que la pintura debe uno juzgarla por la emoción inmediata que causa. Para mí no es un arte intelectual; la siento no con la cabeza sino a través de la piel.

—¿Y la música?

—Yo escribo siempre con un fondo de música muy suave. Me gusta mucho Vivaldi, es muy suave. También es buena la compañía de Beethoven; la música de Beethoven es muy profunda.

—Siga.

—Muy temprano; me levanto muy temprano para escribir, a las cinco o las seis de la mañana. El fenómeno de la novela no es exterior sino interior; no cabe, por tanto, el propósito de querer hacer esto o lo otro. Al principio escribo, a mano y a máquina, un mamotreto de ochenta o cien páginas, lo guardo durante dos o tres meses y después lo leo. Aquella primera versión fue casi automática; con tijeras y goma voy cortando y pegando lo que me parece que está bien y relleno los huecos y lo que me parece que está mal. La segunda etapa de cada trabajo es más consciente, más intelectual y elaborada; a veces, los materiales abandonados al principio los utilizo al final; son más espontáneos...

—Siga.

—Mi preocupación ha sido expresar el sentimiento americano —indígena o criollo— usando el más hermoso de todos los idiomas: el español. Menéndez y Pelayo se sorprendió mucho al leer a Bernal Díaz del Castillo porque se encontró con que el soldado no escribía ya con la prosodia española; el hecho era explicable: Bernal Díaz del Castillo tenía ochenta años cuando se sentó a redactar su maravillosa historia y estaba ya poseído del habla popular.

—Siga.

—En el fondo, yo siempre he tenido un miedo horrible a la literatura. Quizá mi forma de defensa sea la de proponerme ver las cosas como son y no a través del vocablo. Me da miedo llegar al final y ver que todo queda deshumanizado, literaturizado. Las escuelas son una consecuencia de esa tara. En Europa quizá se puedan marcar escuelas, señalar escuelas; en Hisponoamérica, no. Rubén Darío, desde el modernismo, se preguntó: ¿Quién que es, no es romántico? Hay un romanticismo del que sufre de verdad, el desgraciado, y hay otro romanticismo del que se inventa el sufrimiento: el farsante, el masoquista.

—Siga.

—En Hispanoamérica, el xix es siglo de poetas: la etapa llega hasta 1920; son poetas cultos, que miran más a Europa —España, Grecia— que a América. Antes hubo una poesía popular americana muy consistente: el Martín Fierro, la obra del Viejo Pancho en el Uruguay. En 1920 empieza la búsqueda de la tradición indígena; se deja la poesía —yo mismo empecé escribiendo poesía— porque, si quería encontrar la expresión americana, había que comenzar por huir de la cárcel del ritmo y de la rima tradicionales españolas. Entonces empecé a escribir en prosa.

—¿No cabía la poesía libre?

—Sí; algunos fueron por ese camino; rompieron el verso-cárcel y se entregaron a la poesía libre. Pero pesa más la prosa y aparece la novela moderna hispanoamericana con el maestro Rómulo Gallegos.

Hace calor y por la ventana se cuela un pájaro que se da contra las paredes y la lámpara; está medio asfixiado y medio atontado y es fácil atraparlo. Le doy agua (al principio no quería beber), le soplo un poco entre las plumas (está plagadito de piojillos minúsculos) y lo echo a volar de nuevo. Los pájaros fritos están buenos, pero, en conciencia, no se puede freír un pájaro cazado a traición.

—A mí me parece que el escritor español más inteligente de todos los tiempos fue Cervantes.

—A mí, no.

—¿Usted quién dice? ¿Quevedo?

—Sí.

—Quizá... Pienso que le he sido un poco infiel a Quevedo, pero *El Quijote* destila inteligencia en todas sus páginas... También me interesa Gabriel Miró...

—¿Gabriel Miró?

—Sí.

—Bien, siga. ¿Y en la literatura italiana?

Mi amigo el escritor entorna los ojos y piensa; después los abre de repente.

—Yo soy más dantista que petrarquista. A mi novela *Señor Presidente* hubo un tiempo que pensé titularla *Malevolge*, el último círculo del infierno del Dante.

—Siga... ¿Y en la francesa?

—Flaubert. Yo creo que Flaubert es el maestro; aunque está Balzac..., no..., Flaubert; a mí me atrae más Flaubert. Y como poeta, Rimbau: quizá porque responde más a lo que de español pueda haber en mí. A Rimbau es más fácil traducirlo al español que a otros poetas... En Saint-John Perse se repite el fenómeno; a Saint-John Perse le viene de las islas del Caribe... También hay que acordarse de Víctor Hugo, de Stendhal, de Romain Rolland.

—Siga. ¿Y en la inglesa?

—Es muy fácil decir Shakespeare... De muchacho fui un enamorado de Lord Byron; ¡quisiera morir en Misolongui!, solía decir. Shelley..., ¡ya lo creo! Shelley, sin duda..., James Joyce...; Lawrence, el de *La serpiente emplumada*, que es representación muy certera de la realidad mejicana... Dylan Thomas...

—¿Y los rusos del xix?

—¡Claro! Por el tono, me gusta mucho Gogol; sé bien que los gigantes son Tolstoi y Dostoyevski, pero las motivaciones de Gogol tienen un tono medio que me va mucho..., sus personajes no llegan al heroísmo o a la locura, pero me van más.

Mi amigo el escritor continúa hablando sin que le empuje.

—En Alemania, Goethe, claro, Heine... Heine fue un adelantado a de lo que después se llamó la poesía comprometida...

—¿Y en Norteamérica?

—Ahí no hay dudas: Poe y Faulkner..., eso: Poe y Faulkner, sí.

—¿Y en Hispanoamérica?

—Siempre he sostenido que la más importante literatura hispanoamericana ha sido la combativa: Sarmiento, Martí... Aquello fue una etapa de la actual novela y su trasfondo: la denuncia, el testimonio, la protesta. Esta fue, quizá, la razón por la que los europeos nos han tomado en cuenta.

Por la calle se oye pasar a un afilador chiflando en su chiflo; ya quedan pocos, se conoce que los barrió la sociedad de consumo; debe ser uno de los últimos afiladores orensanos, bucólicos y errabundos. Mi amigo el escritor, quizá para que no me escape tras el silbo del afilador (que no suena igual del todo que el del capador, otro oficio que muere) me sujeta con la palabra.

—En las *Leyendas de Guatemala* traté de unir lo popular a la expresión más elevada de ciertos mitos y leyendas tradicionales. Por ejemplo, en la leyenda de *El sombrerón;* se trata de un chiquillo que estaba al servicio de una ramera y, en una de tantas, se dio con el demonio que quería tener relaciones con la mujer. Satán usaba un sombrero muy grande y lo dejó caer sobre la cabeza del chiquillo, para taparlo. Mi idea fue ligar la imagen del sombrero muy grande con el mito del juego de pelota, que es también un juego de palabras. El cabo español del relato, el fraile, juega con el cuerpecito elástico de la pelota hasta que, de pronto, descubre que es el demonio que le ha sorbido el seso.

—Siga; no se pare.

—En *Señor Presidente,* ya lo he dicho. Esta clase de dictadores corresponde a los países nuestros, en los que hay un gran porcentaje indígena. El dictador es casi un mito; no se deja ver, vive oculto y rodeado de barreras solemnes, pintorescas y crueles, subvierte los valores morales... Lo más importante en mi libro es el estudio de la degradación de los valores morales de todas las capas de la sociedad, de arriba abajo. El elemento característico es el miedo; no es un producto literario sino humano, real. Lo único que hice en *Señor Presidente* fue traducir el sentimiento que mamé, que viví de infante: el miedo. Literariamente, allá por los años 23 al 29, proliferaban en París las preocupaciones verbales; lo que más trabajé fueron las palabras, hasta hacerles cobrar un sonido diferente: en la tortura, en la placidez, en la lucha interior...

—Siga; no se pare.

—En *Mulata de Tal*, al plantear la lucha entre los demonios católicos y las fuerzas de mal indígenas, puse en movimiento toda una serie de creencias locales muy acentuadas y poco conocidas, y una veta de cierta picaresca española y autóctona, una mezcla de viejas creencias cristianas y paganas, tratando de evidenciar cómo pervive la idolatría, cómo manda en las iglesias en lucha con los curas ladinos. Ladino quiere decir mestizo.

—Siga.

—*Hombres de maíz*..., no sé: es difícil catalogarlo según el concepto usual que se tiene de la novela. En *Hombres de maíz* seguí la forma del quehacer de Cervantes: agregar arroyos a un relato central, llevar subterráneamente las vidas de los actores por debajo de los acontecimientos. Para mí, en *Hombres de maíz* se alcanza un clima muy especial..., no hay una sola concesión al lector y el habla popular se impone. La palabra parece girar, a veces, en distintas órbitas, transformando el sentido de las frases. En este libro intenté una recreación del lenguaje apoyándome en las resonancias de las lenguas indígenas.

—¿Bajamos al jardín?

—Bueno.

En el jardín también hay una mecedora. Mi amigo se sienta en la mecedora del jardín, se balancea (atrás y adelante, ya se sabe, con mimo, atrás y adelante, con ritmo, atrás y adelante, a compás) y continúa:

—Mis tres últimos libros me han llevado a aventuras verbales y también de conceptos que fui almacenando a lo largo de mi vida sobre ciertas o in-

ciertas vivencias indohispánicas... El término indo-
hispánico era el que más gustaba a Vasconcelos,
pero no lo logró imponer.

—¿La primera aventura?

—Fue *Clarivigilia primaveral*. Es un larguísimo
poema en el que canto la estrecha relación de la
mitología maya con las artes. En la biblia maya-
quiché se dice que la primera preocupación de los
dioses fue la creación de los artistas: los bailarines,
los flautistas, los acróbatas y los poetas. Lancé la
teoría de que los dioses mayas, como seres todopoderosos, se aburrían de todo, se hastiaban, y para
salir del hastío y del aburrimiento inventaron una
materia mágica: la palabra. Por eso ocupaban un
lugar preponderante los poetas y los músicos, y
otro más secundario, por ser una magia que fija las
cosas, los pintores y los escultores. Los artistas ha-
bitaban en cuatro grandes centros, uno por cada
uno de los puntos cardinales: al norte, los poetas;
al sur, los músicos; al este, los pintores, y al oeste,
los escultores. Pero como siempre pasa, surgió la
envida y los artesanos y los amanuenses empezaron
a quejarse de los artistas, que eran los únicos auto-
rizados a presentar sus creaciones. Algunas fuerzas
celestes les dieron la razón y persiguieron a los artistas oficiales, los atraparon, los ataron y con sae-
tas que no mataban, que tan sólo herían, lograron
dominarlos y reducirlos. De aquellas cuatro artes
heridas nació el arte humanizado, que permitió a
todos sacar su obra a la plaza pública.

—Bien. ¿Y la segunda?

—Fue mi novela *Maladrón*, el mal ladrón que no
creía en el cielo. En ella intento el análisis del mestizaje, pero no el mestizaje humano sino del de las
culturas. La gran cultura española de los siglos XVI
y XVII, al penetrar al ambiente, al clima, a la atmósfera de América, sufre cambios insospechados. Va
a surgir una cultura mestiza que está ahora en proceso de evolución; es la que nos da las cumbres
más eminentes de nuestra historia; observe que los
países de indios y de españoles son los que producen
estas mentalidades, basta citar el caso de Rubén

Darío. En mi novela presento el momento del choque, de la mezcla de indígenas y españoles: un pequeño grupo de españoles preocupados por la búsqueda, en el istmo centroamericano, del lugar en que
se unían los dos océanos, el mar de España y el mar
de la China, el océano Atlántico y el Pacífico. Narro
la vida de cinco españoles perdidos en la selva; entre ellos hay algunos judaizantes que pertenecen a
una secta que no cree en el cielo ni en la inmortalidad del alma, y que sostiene que el Maladrón cru-
cificado al lado de Cristo era un político saduceo
muy importante, al que rinden culto. De uno de
aquellos españoles y de una india nace el primer
mestizo, y en la lucha de ambas fuerzas se ve al indígena defenderse del español con el engaño, que es
el arma de los vencidos. La novela es un antecedente de algo muy importante que acaeció en la
Universidad de San Carlos Borromeo, en Guatemala;
en esta Universidad Teológica se explican matemá-
ticas y física y, al mismo tiempo, empiezan a reso-
nar las quejas por estas enseñanzas..., es lo de
siempre... En esta novela me preocupé, más que en
ninguno de mis otros libros, por el uso de toda la
amplia gama del español, arcaizándolo no con palabras sino con giros y modismos populares.

—Bien. ¿Y la tercera aventura?

—Se titula *Tres de cuatro soles* y es un ensayo-
relato-poema-sueño en el que explico lo que se me
pidió: cómo habría procedido para crear mi obra.
Los mayas consideraban cinco edades de la Tierra,
correspondientes cada una de ellas a un sol; ahora
estamos en el quinto sol, el Sol del Movimiento. En
mi libro aludo a los tres primeros y trato de explicar el problema de la creación literaria desde un
ángulo muy personal, antes le aludí a ello; el del
seísmo, el de la Tierra que tiempla y actúa sobre
dos sistemas: uno, nervioso, y el otro mental...

Mi amigo el escritor, en su mecedora, ha ido bajando la voz, se ha ido callando poco a poco. En el
jardín, a orillas del Mediterráneo, brota la tropical
flor del izote.

—En Guatemala hubo una votación para decidir

cuál debiera ser nuestra flor nacional. Salió elegida la flor del izote, pero el dictador de turno, general Jorge Ubico, resolvió que la votación no era válida y determinó que la flor nacional fuera la orquídea a la que llaman monja blanca. El izote es la planta más completa de la botánica de Guatemala. Su raíz se transforma en un gran rizoma que se extrae de la tierra y es un alimento muy nutritivo que se cocina como la yuca, hervido o asado; este rizoma del izote o izotal se llama ichintal. Las hojas y el tronco del izote están constituidos por fibras casi irrompibles, y con ellas teje el indígena sus redes, sus lazos y cordeles, sus camisas y toda su ropa. La flor del izote, en forma de altas palmatorias como de cera blanca, sirve para hacer ensalada. El izote es una planta útil al hombre desde la raíz hasta la flor... La ensalada del izote se prepara limpiando y separando los pétalos de los estambres y los pistilos; los pétalos se cuecen en poca agua, con sal y un dadito de mantequilla; se le puede agregar tomate o pimiento...

A mi amigo el escritor se le vuelven añorantes el mirar y la memoria. Mi mujer es vasca —raza que tiene instinto para la cocina— y la ensalada de izote le salió bastante bien y apetitosa. A mi amigo el escritor, ante el plato de ensalada de izote, se le tornó dulcísimo el mirar y niña la memoria.

El viejo Picador (Acta de nuestro primer encuentro)

Hablo de Picasso vivo, claro es. Y de hace veinticinco años, quizá más.

Pablo Picasso tiene planta de viejo picador de toros retirado.

—No. A los ideales de la tabacalera no les cambio el papel, se pierden las vitaminas. Los ideales de la tabacalera son de mucho alimento, ¡ya lo creo!

La cabra no tenía nombre y se murió; las cabras sin bautizar, aguantan poco. Picasso es dueño de dos perros: *Yan*, un boxer viejo, con el hocico cano y el aire triste y atribuladamente pensativo, y *Lump*, un basset gracioso y larguirucho que camina moviendo el bullarengue. Picasso es padre de una nube de hijos; después esta nube se fue clareando y le pasó como a sus cuadros, que unos fueron reconocidos —o legitimados— y los otros, no.

—Esta es mi hija Paloma.

Paloma lleva una cinta amarilla en el pelo.

—Es muy bonita.

—Sí... ¡Paloma, saluda! ¿Es que no sabes saludar? A mí, a veces, me recuerda a don Ramón Pérez Costales, ministro de Fomento de la primera república. ¡Vaya tío! Le conocí en La Coruña, allá por el año 95.

Un americano de aspecto deportivo que se llama David Douglas Duncan, que tiene un automóvil de carreras y que no habla francés, que no habla más que inglés y castellano, le lleva hechas diez o doce mil fotografías a Picasso.

—Este otro es mi hijo Octavio... ¿Por qué le llamaré Octavio? ¡Qué cosas más raras pasan! Yo no tengo ningún hijo que se llame Octavio. Este se llama Claudio. En Barcelona había un señor Canals que tenía un hijo Octavio... ¡Debe ser por eso!

Cannes está de tope en tope, abarrotado de gente, rebosante, incómodo, agobiador, turbio, también cachondo y pegajoso. Parece el Metro. La gente no va vestida de verano, va disfrazada: de pirata, de veraneante, de Adán y Eva, de destrozona. Hay señoritas inverosímiles —¡Dios la bendiga, hermosa!— con el bamboleante y erguido mostrador forrado de seda de colores, y aparatosos maricas, grandilocuentes como criaturas de Walt Whitman, con mariposas y flores en la barba —¡Dios le ampare, hermano!

En el *hall* del hotel Mont-Fleury, la Victoria de Samotracia y el Apolo de Belvedere, los dos en escayola, saludan a los huéspedes con un reverencioso «Ruego a usted que acepte el testimonio de mi consideración más distinguida.» ¡Así da gusto! Hace ya cerca de cincuenta años, Picasso le dijo a Tériade que, en arte, una de las cosas más feas es el «Ruego a usted que acepte el testimonio, etc.» En Cannes hace calor, tanto calor como en Maracaibo o en Orense, y la gente suda con un violento descaro, con un descaro lleno de resignación. El cuarto de baño tiene la historiada bañera al aire, se conoce que es un cuarto de baño antiguo, y con las patas en forma de garras de león. En el cuarto de baño hay un espejo con marco dorado, una cómoda de caoba, una mesa, dos sillas, una chimenea de mármol blanco, muy elegante, y un bidet hondo, bucólico y floreal, un bidet con vegetaciones verdes y color de rosa pintadas en la blanca loza sanitaria. La taza del retrete (una taza de retrete marca Satellus) disimula su triste y desairada presencia en un rincón. Es muy cómoda y acogedora, muy amplia y capaz. Es también lo único vivo y latidor del cuarto de baño.

—Los cuadros se hacen siempre como hacen los príncipes a sus hijos: con pastoras. Nunca se pinta el retrato del Partenón, ni un sillón Luis XV. Se hacen cuadros con una casucha del *midi*, con un paquete de tabaco, con una silla vieja. El tabaco no importa que sea malo; el tabaco es la costumbre.

—Y con un retrete, ¿también se hacen cuadros?

—Sí; con un retrete también. ¡Quién lo duda!

Picasso tiene mejor aspecto al natural que en las fotos.

—Yo no trabajo del natural sino ante la naturaleza, con ella misma.

Picasso es hombre de una naturaleza de hierro. A las doce del día, Picasso, en cueros vivos y con el balcón abierto a la dura luz de Cannes, duerme a pierna suelta, tumbado sobre la cama, mientras las palomas entran y salen en la habitación.

—Paloma baila muy bien flamenco, a mí me gustaría que se aficionase a la guitarra.

Picasso vive en La Californie, en una casa destartalada y solemne de la avenida Costa Bella, que sube, trazando curvas, a la izquierda de la avenida d'Antibes, más allá de las avenidas Roi Albert y de la Californie. La avenida Costa Bella —nombre que se escribe igual, suena distinto y significa lo mismo en el italiano que se habló en el país, hasta hace más o menos un siglo, que en español— está bordeada de villas de hace cincuenta o sesenta años, dejan caer su agradecida sombra sobre el camino. La Californie está cercada de verja de hierro, de una alta verja tupida y negra —quizás verde oscuro— que oculta la vista del jardín. Y que defiende la rara soledad de Picasso.

—Nada puede hacerse sin soledad. Yo me he creado una soledad que nadie sospecha. Hoy es difícil estar solo porque tenemos relojes. Es difícil, pero también es necesario. ¿Ha visto usted algún santo con reloj? Yo, no. Y lo he buscado por todas partes, incluso entre los santos patronos de los relojeros.

Sobre la puerta del jardín de Picasso se abre una mirilla discreta y misteriosa, conventual, chirriante y oxidada. El timbre suena en la portería, donde la portera se está cogiendo bigudís. Esto de que le interrumpan a una cuando se está cogiendo, primorosamente, bigudís, es algo que suele dar mucha rabia.

—¿Es usted inglés?

—No, señora: nicaragüense.

—¡Ah! Espere un momento que voy a buscar a un fotógrafo americano.

Entonces salió Duncan, que estaba lavando su automóvil. Duncan es hombre amable y servicial, joven y bien portado; parece un jugador de tenis. Duncan vive en Roma y habla bastante bien el español. Duncan es amigo de dar sabio consejo a quien lo ha menester.

—Gracias.

—De nada; el caso es que haya suerte.

El jardín de La Californie tiene un aire gastado de noble y bien llevada decadencia. En el jardín de La Californie —la mar enfrente, allá abajo— crecen la palmera africana y el boj griego, el eucaliptus australiano y la nórdica araucaria, el tulipán flamenco y la rosa de Jericó, el clavel andaluz y la pagana trepadora, la margarita, la petunia, el áspero geranio. En el jardín de La Californie también brotan, entre el mirto de la sabiduría, las esculturas de bronce de Picasso.

—A la pata de esta cabra de bronce, ataba la cabra de carne y hueso. Pero se murió...

Picasso va de pantalón corto y lleva una camisa de color salmón, abierta, que le deja la panza al aire. Jacqueline, su mujer, va muy abrigada; se conoce que no tiene mucha salud. Jacqueline, a Picasso, le llama Pablito. Jacqueline es morena y dulce, mansa y gentil. Jacqueline gasta el sedoso pelo largo. Jacqueline luce el aire suave y mimador de las jóvenes judías enamoradas. Picasso calza sandalias viejas, escotadas, descoloridas.

—¿Y usted viene de España?

—Sí; ayer estaba en Palma de Mallorca.

—¡Hombre! ¿Y habla usted mallorquín?

—No; lo entiendo algo, pero no lo hablo. ¿Usted se acuerda del catalán?

Picasso se ríe.

—Sí. Jo parlo català com un municipal que fa molts anys que falta.

Picasso, ahora, sonríe, quién sabe si más triste que alegre o al revés.

—Oiga, usted, Picasso, de Palma le traigo estos siurells, para que sople.

Picasso sopla en los siurells.

—Son muy bonitos, yo ya los conocía; son muy emocionantes. Los siurells no se han movido desde los fenicios.

—Estos, no; pero ahora también hacen bicicletas y motos.

Picasso se queda pensativo. (En arte, todo el interés se encuentra en el comienzo; después del comienzo, ya viene el fin.)

—¡Qué animales!

Picasso es un tradicionalista estético, un hombre que se afana en buscar los primeros orígenes de las cosas, delicado y viejo oficio de zahorí para el que todos los caminos son buenos.

—También le traigo recuerdos de don Américo Castro.

—¿De quién?

—De don Américo Castro, que está conmigo en Palma.

Picasso se revuelve en el asiento.

—Sí..., claro... ¿Quién es ese señor?

—¡Pero, hombre, Picasso!

—Sí..., usted perdone. El caso es que a mí me suena, pero ahora no caigo. ¿Quién es?

—Pues un sabio, todo el mundo lo conoce.

—¡Ah, un sabio! ¡Ya decía yo! ¡Claro! Lo que pasa, ¿sabe usted?, es que yo, en esto de los sabios, me quedé en Edison.

Picasso se levanta y acaricia a un niño, le da unas palmaditas en la cara a Jacqueline, llama a un perro, mueve unas telas de sitio, desdobla un periódico y vuelve a sentarse.

—¡Claro! ¡Ya decía yo!

Según *Nice-Matin* de 1.º de agosto de 1958 —el día de autos— la pintora y *pin-up* italiana Novella Parigini, *ravissante brune,* de veintisiete años, vendrá a casa de Picasso, para retratarse mutuamente.

—En esto de los sabios es muy difícil estar al día; hay que ser muy culto... ¡Claro! Yo estoy todo el día pintando, yo no hago más que pintar.

En el jardín, un niño se cae aparatosamente, estruendosamente, del columpio. La criatura se pega una costalada tremenda, pero no dice ni pío: se levanta, se pasa la mano por las rodillas y vuelve a subirse y a columpiarse con entusiasmo. Se conoce que es una criatura muy dura y resistente.

—También le traigo una botella de anís. A mí me gusta mucho el anís.

—Y a mí.

Picasso pone los ojillos agudos, como los niños a los que invade, de golpe, la curiosidad.

—¿Cómo pasó la botella por la aduana?

—Si ninguna dificultad; dije que era para usted.

Picasso se queda pensativo.

—Esto de que le conozcan a uno, es bueno. También es malo... La gente es muy pesada... Yo no me baño porque la gente no me deja... Yo me explico que la gente se eche encima de las artistas de cine, claro, eso siempre es agradable. ¡Pero que se echen encima de mí, que soy un viejo!

Picasso, con el gesto de ahuyentar los malos pensamientos, vuelve al tema del anís.

—El anís es una maravilla. Lo más clásico es el chinchón, ¡coño, el chinchón!, y el ojén. ¡Ya lo creo! ¡Coño, el ojén! Dan ganas de empezar a dar vivas a España. Pero el anís es una maravilla; el gusto del anís es de lo más civilizado que hay. Ha hecho usted muy bien en traerme una botella de anís.

—Vaya, me alegro...

—Sí; yo también. ¡Y las botellas! ¡Qué botellas, todas de colores! ¡Qué colores tan finos, los de las etiquetas de las botellas de anís! ¿A ver, a ver?

Picasso acaricia, igual que acariciaba al niño, la botella y se la pasa, casi voluptuosamente, por la cara.

—¡Estos toreros los tenían muy bien puestos! ¿No cree usted?

—Hombre, sí.

—¡Vaya, sí, sí! ¡Estos toreros tenían más valor que nadie! ¡Qué tíos!

Picasso va a por un sacacorchos y dos copas. Cuando vuelve, viene radiante; al entrar, inicia un paso de flamenco; parece que va a arrancarse por bulerías. Después se ríe a carcajadas, da un salto con los pies por el aire y se sienta. A poco más se cae de la mecedora.

—¡Cuidado que no se rompa la banderita! Jacqueline, trae un cuchillo.

—Sí, Pablito.

Picasso se pone serio de repente.

—Las cosas hay que tomarlas en serio. Y con amor; eso, con mucho amor. Todo lo demás es trampa.

Picasso, con el cuchillo de cocina que le trajo Jacqueline, corta la caperuza de la botella sin que sufra la banderita.

—Eh, ¿qué tal?

—Muy bien.

(En el fondo de todo —¿verdad usted?— no existe más que el amor, cualquiera que sea; habría que cegar los ojos a los pintores, como se hace con los jilgueros para que canten.)

Picasso escancia el anís y brinda, solemne como los toreros antiguos (¡pero qué bien puestos los tenían!), de pie y mirando al mirar de frente.

—¡Salud!

—¡Salud!

Picasso se bebe su copita de un trago.

—¡Brrrr! ¡Esto es vida!

Cuando de la botella faltaban ya cuatro o seis copas, quien se la había regalado quiso llevársela.

—Oiga, usted; yo colecciono botellas bebidas con los amigos. ¿Quiere firmármela?

—Hombre, sí, con mucho gusto. Pero ¿y lo de dentro?

—No se preocupe, lo de dentro se lo dejo; si trae usted un vaso grande, le dejo lo de dentro.

Picasso trajo un vaso bastante grande; el anís que sobró se lo bebieron.

—Ahora le voy a invitar a usted a una cosa que va a gustarle: aguardiente chino.

El aguardiente chino es rico, pero los hay mejores; el aguardiente del Ribeiro es mejor.

—¿Le gusta?

—¡Psché!

A la caída de la tarde, La Californie empieza a llenarse de gente. La tertulia de Picasso es un tanto extraña y variopinta. Algunas señoras son guapas y elegantes; otras, en cambio, son sabihondas, aparatosas y tetonas. Picasso las lleva con resignación y buen sentido.

—La cabeza es una cosa muy rara. A veces me digo: estoy arreglando esto o lo otro, y después veo que no, que todo sigue revuelto.

—Bueno, eso siempre pasa.

—Sí...

A Picasso, el domingo —hoy es viernes—, le dan una corrida de toros en Vallauris, pueblo alfarero, a la izquierda de Golfe Juan y algo apartado de la costa.

—¿Por qué no se viene conmigo? Todos los años me dan esta corrida, es ya casi una tradición; la placita de Vallauris es muy graciosa.

—No, Picasso; yo venía a conocerle a usted. Ahora me voy. En los toros de Vallauris es posible que no me encontrase a gusto... La cabeza es algo muy raro, tiene usted razón; a veces pasan cosas muy raras.

Mi vecino Joan Miró

I

Hay un algarrobo que se llama Joan, se ve desde mi casa, la firme raíz en tierra, nutriéndose de la
tierra y dando asilo en sus ramas a una abubilla que
se llama Joan: el aire se llama Joan y no lo sabe.

Hay una salamanquesa que se llama Joan, trepa
por las paredes de mi casa y es de color de tierra
puesta a secar al sol y se confunde, igual que un
astro se confunde con el otro astro, con la misma
tierra virgen —y también cocida, como la losa del
santo suelo— que se llama Joan: la mar se llama
Joan y no lo sabe.

Hay un perro vagabundo que se llama Joan, no
caza conejos sino mariposas (siempre pensé: ¿las
mariposas sonríen?, pero jamás pude averiguarlo)
y por las mañanas, mientras el sol amanece, viene
a buscarme para dar un paseo hasta los pinos; es
norma de lobos solitarios no entrar en los pinares,
detrás de cada tronco de color barro anciano puede
agazaparse un cazador con la escopeta cargada con
postas loberas, que son mortales: la vida se llama
Joan y no lo sabe.

· Mi vecino Joan Miró parte el pan con el herrero
y con el arriero (ya no quedan arrieros), con el hornero y con el cantero (ya no quedan más que tres

canteros), con el minero y con el alfarero, mientras escuchan el canto de la cadernera que habita el algarrobo (hay un algarrobo que se llama Joan) y puebla, con sus siete colores, el algarrobo, y hablan con señas y miradas y, a veces, hasta sonidos monocordes: la muerte no se llama de ninguna manera.

II

Mi vecino Joan Miró pinta con los pies pegados a la tierra, la vida de la tierra le entra por las plantas de los pies como el amor y el calor y el frío, la vida de la pintura, que es arte en movimiento cadencioso y estremecido: aquella mujer que camina por el sendero con la mente atascada de ideaciones y fantasías, la estrella que se fuga de sí misma y a la que el cielo le viene corto igual que la encogida ropa del pobre, el escarabajo al que el niño malvado (andando el tiempo será respetado y muy rico) puso panza arriba y lucha y lucha.

Entonces mi vecino Joan Miró (se ve desde mi casa y parece un matorral del campo, respira como un matorral del campo) pule y raspa y acaricia y maltrata y mima y zahiere la costra de la tierra, y la pintura nace poco a poco y, poco a poco, crece y madura como un animal (el gorrión y el bisonte), como un vegetal (la manzanilla y la higuera) que todo lo ignora, porque no se plantea la sabiduría a través del conocimiento sino como una inercia bellísima e inexorable: un gallo canta, la paloma vuela, la niña de doce años se deja mirar por el vagabundo de barba fluvial y ojos azules que no tiene los papeles en regla, la lombriz sale a respirar cuando llueve, el gato sin amo hoza en los cubos de la basura y, al final, el cuadro latiendo.

Sí; mi vecino Joan es la adivinación en forma y sentimiento de algarrobo, el árbol de las mil formas y de los innúmeros sentimientos. Ahora, según me dicen, va a hacer una exposición. Declaro mi ignorancia; yo no sabía que la tierra y el corazón sobre la tierra pudieran ser expuestos.

III

Mi vecino Joan Miró y yo no nos vemos jamás porque los dos trabajamos; él trabaja la tierra, con la tierra, sobre la tierra, por y para la tierra. El planeta se llama tierra porque está hecho de tierra, esa eternidad permanentemente transformada en sí misma. Parménides, seis siglos antes de Cristo (a lo mejor fue Empédocles), hablo de una redonda esfera que gira sin cesar. Mi vecino Joan Miró sabe que la pintura gira al tiempo que la tierra y con la tierra, también sin cesar. La tierra es la vida misma, es más que la vida misma. Para García Lorca, el poeta que se fundió —con plomo en las alas del alma— con la misma tierra, la tierra es el probable paraíso perdido.

Joan Miró, o la llamada de la tierra

—Aquí he sembrado guisantes. En Montroig, mi padre tenía guisantes que salían de la tierra. Dan unas flores blancas, delicadas... Los guisantes se pueden comer... Mi nieto se llama David, ya lo verá usted.

Son Abrines se alza a media loma entre Cala-mayor, con sus transparentes aguas verdiazules, y Génova, con su transparente y verdinegro pinar.

—Y cebollas. Aquí he sembrado cebollas. Son como objetos... En Montroig, mi padre tenía cebollas. Las cebollas se pueden comer, son de mucho alimento... Las cebollas salen de la tierra... Hay que pintar pisando la tierra, para que entre la fuerza por los pies. Cuando tengo frío me pongo sobre la estera; es como la tierra, la estera también sale de la tierra misma... En un estudio que tenga el suelo de linóleum no se puede pintar, hay que pintar pisando la tierra.

Joan Miró tiene los ojos azules y transparentes y la tez saludable, rosada y transparente también.

—Y aquí voy a sembrar algarrobos. En Montroig, mi padre tenía algarrobos. Cuando están llenos de hojas tienen una fuerza extraña, de choque. Cuando se les caen las hojas, también. Son como animales vivos que surgen de la tierra. Con el sol del atardecer, que es el mejor sol, las masas de los algarrobos parecen fantasmas... Y a la luz de la luna. ¡Ah, la luna! La luna en cuarto menguante es cuando me fascina más. Y en cuarto creciente... La luz de la luna llena es como un terciopelo, cuando vuela en el cielo color naranja, sobre los montes de Génova, con una estrellita al lado. Son sólo cinco minutos o diez, pero es como un terciopelo, como una seda. Después, se marcha.

Joan Miró va de pantalón claro, suéter oscuro y zapatos de ante color corinto, sin calcetines.

—¿No tiene frío en los pies?

—No.

Por aguas de Calamayor navega el misterioso velero.

—¿Le gusta?

—Sí; es muy misterioso, muy impresionante. Es como los pies: magnífico. Cuando ando por la playa y veo las huellas de los pies en la arena, en la tierra... En el otoño, por la playa de Montroig, a donde no va nadie, las pisadas de los hombres y de las ovejas son como constelaciones.

Joan Miró aún no pinta en su estudio de Son Abrines, sabiamente armonioso, equilibradamente luminoso, en el estudio que para él —a su medida y hechura— diseñó el catalán José Luis Sert, decano de la Facultad de Arquitectura de la Universidad de Harvard, en la que sucedió a Walter Gropius.

—Empezaré a trabajar de duro cuando acabe los murales de la Unesco. Noto que será una nueva etapa. Tengo que tocar mucho la obra comenzada aquí, en Palma, hace veinte años. Es el ciclo, todo tiene su ciclo: las estrellas, los insectos, la obra de arte. Es la llamada de la tierra. Ya lo verá: Tarragona-Mallorca. Tengo que depurar el dibujo. Y borrar, borrar. Lo que se borra cobra unas calidades misteriosas; sobre lo que se borra se puede trabajar muy bien... En menos de un año he destruido quizá un centenar de bocetos... Para la Unesco hago dos grandes murales de cerámica; uno tiene quince metros y el otro, siete metros y medio por tres. Irán a pleno aire, con lo que las dificultades quedan multiplicadas. Es una cosa de locos, el único ceramista del mundo que puede hacerlo es Llorens Artigas... ¡Qué misteriosa es la cerámica! Es más apasionante que la pintura. Me atrae la lucha del hombre con la tierra y el fuego. Cuanto más lucha hay, más fuerza tiene la pieza. Eso es muy español: el fuego o yo, ¿quién manda aquí?

Joan Miró se anima y echa las manos a volar, como dos pájaros.

—Las manos están muy bien inventadas. Las rayas de la mano, el dibujo de la palma de la mano es como una extraña ramita caída en la tierra, está lleno de poesía. La cabeza por dentro, ¡caray!, está muy a menudo llena de cosas sin importancia. Eso de la memoria es un elemento peligrosísimo. La cabeza, por fuera está así: tiene fuerza plástica, es una cosa bella. Pero las manos son casi como un alma... El entendimiento tiene el riesgo de deformar la gran fuerza inicial. Sí, eso es... El sexo es también como una constelación; tiene un poder de poesía como un cometa o como un astro, es fosforescente... Las estrellas son fosforescentes... La voluntad es más importante que la memoria, que es fatal, y que el entendimiento. ¡El instinto, el instinto! ¡Eso sí! Cuando el instinto se debilita, juega la memoria. Con la memoria se hacen cosas muertas. En la pintura se ve. La pintura tuvo su importancia cuando tenía una aplicación directa. Después se hizo individualista, fue como una evasión del individuo. Ahora vuelve a hacerse de cara a la gente, es mejor así.

—¿Y los pintores?

—¡Ah! Esos me parecen gente inferior, gente que sólo se preocupa del oficio. No, no. A mí me parecen gente inferior, ya lo digo. Yo he frecuentado más a los poetas. Esos, sí. Entre los pintores hay excepciones: El Greco y Goya, que van más allá de la cosa plástica. Actualmente, Zurbarán es el que me impresiona más. También los flamencos. Solana era muy auténtico. Y Picasso. Por Picasso tengo una admiración sin límite: es ya un mundo aparte. Es como España, sí, eso es, como España, que tiene cosas incomprensibles que ya no se pueden ni criticar... Y como los minerales, eso es, como los minerales: un mundo siempre nuevo. Es como la tierra misma. Y viejísimo. Para mí, un museo de mineralogía es muy impresionante... Todo lo que sale de la tierra, vale. Todo lo que es directo y se ve sin ninguna transformación. Eso no lo tendrán nunca los Estados Unidos, la transparencia del aire... El arco iris es maravilloso de dibujo y no digamos de color. Todo lo que está a su alrededor se transforma... El fuego es cosa impresionante. Las constelaciones... Hace veinte años pintaba constelaciones. Ahora he vuelto sobre aquellas telas, sobre aquellos cartones. Al poco tiempo empezó eso de los satélites artificiales... El fuego es algo misterioso, fascinante. Las lucecitas en pleno campo... Y el agua. Es maravillosa. Los dibujos que hace, los arabescos, la trayectoria de un insecto o de un pez que nada, la estela de los barcos, una piedrecita que cae... Es un mundo infinito... Es como la materia, no tiene fin, es como la tierra. La materia es noble, es un torrente de emociones, un elemento de choque. ¡Chas, chas! ¡La materia! Y por dentro, el espíritu. Sin espíritu nada se puede hacer: es el secreto, la chispa, la única razón..., el espíritu es la naturaleza: la escultura en pleno aire. En Mallorca quiero hacer esculturas monumentales, para poner entre los árboles y en las rocas de la costa.

Por la ventana de Joan Miró se ve la tierra de Mallorca, los árboles de Mallorca —el almendro, el naranjo, el laurel, el pino, el algarrobo—, las piedras de la costa de Mallorca.

—Aquello es Ses Illetes. Los obreros que iban a sacar piedras para la catedral se entretuvieron en labrar dos grandes altares en la roca viva. Son muy bellos y muy impresionantes, pero nadie los conoce. Eso no es para turistas norteamericanos.

Por la ventana de Joan Miró se asoma, no más que un instante, una sombra preocupadora y silenciosa que ahuyenta el zumbador insecto en su volar.

—Son como signos, los insectos son como signos de la tierra. El misterio de las antenas, todo eso tan raro que de ellos se desprende... Y los pájaros. Los animales son de una belleza extraordinaria. Y los caballos...

A veces, a quien escucha le brotan, de repente, unas incontenibles ganas de tomar café.

—Oiga, Miró, ¿me da un café? Yo me tomaría un café muy a gusto.

—Sí, sí; yo también. Espere que lo pida. La familia...

Joan Miró, escaleras abajo, corre como un adolescente. Cuando vuelve sonríe, casi con timidez.

—Ahora nos lo preparan. La familia, ¡qué cosa difícil esto de la familia!, ¿no le parece? Nunca se sabe. La familia tanto puede fastidiarle a uno como ser una cosa que equilibre. Ahora nos llamarán para tomar café, ya lo verá. A mí también me gusta tomarme un café, de vez en cuando. ¿Usted come mucho?

—Pues. sí, más bien, sí. ¿Y usted?

—No; yo me disciplino. Me gusta mucho comer, pero me disciplino... La cocina es como un arte... Yo llevo una vida austera porque si no, me siento mal... La cocina es un refinamiento, es como las superposiciones para las transparencias de color, como las capas de la tierra, una, otra, otra... La bodega es lo mismo, es el mismo caso. Yo bebo normalmente, no me emborraché jamás... Bueno, yo no tengo nada que decir contra el borracho. Está en su perfecto derecho. Cuando se es un hombre de categoría, me parece muy bien. Lo malo es cuando no se es un hombre de categoría. Entonces es lo malo... El hombre es muy burro, eso es, muy burro. Y torpe, torpe, ¡qué torpeza! ¡Hay que ver lo que están haciendo los hombres! Los hombres son unos burros llenos de ambición y de vanidad.

—¿Y la mujer?

—¡Ah, eso es otra cosa! En la primera etapa del hombre, la mujer es el choque, la fascinación. Después es el equilibrio. La mujer es muy equilibrada... La mujer es un magnífico animal. Sí, la mujer es un magnífico objeto: como un animal, como una escultura, como una piedra, como una flor, como un árbol. Las flores son maravillosas, pero a mí me impresiona mucho más un árbol; un algarrobo me impresiona mucho más que todas las flores juntas. En Montroig, mi padre tenía algarrobos que salían de la tierra... La mujer tiene mucho ritmo, es como el paisaje visto desde el avión: puro ritmo. ¡Qué bien se ve el ritmo del paisaje desde el avión, el ritmo de la tierra! Andando a pie se ve un campesino, una piedra, una mancha..., eso también tiene mucho ritmo. Desde el tren o desde el automóvil no se ve nada, todo se escapa... Un cazador, un pescador... ¿Usted es cazador?

—No, no.

—Me alegro. Yo no tengo nada que decir contra el cazador, que cada cual haga lo que quiera. La caza mayor es noble, es lucha, ¡chas, chas!, un jabalí, un león. Pero matar conejos es de mal gusto, no hay nada más ridículo. El otro día vi un extranjero que andaba por ahí con una escopeta matando pájaros: ¡Qué ridículo! La pesca es distinto. Pescar con caña es de verdaderos poetas, el pescador de caña puede entretenerse mirando para las rayas del agua. Eso está bien porque no es deporte. El deporte sirve para embrutecer al hombre. Socialmente me parece como una droga, como una rosa falsa. ¡Hay que ver lo idiotas que son los grandes jugadores de fútbol!

El comedor de Joan Miró es luminoso y abierto. De un ángulo del techo cuelga una escultura móvil de Calder, misteriosa como un árbol lleno de hojas. El café de Joan Miró está bueno y caliente. En las paredes hay cuadros de Léger, de Braque y de Kandinsky. El café de Joan Miró es aromático y reconfortante.

—¿No toma usted una ensaimada?

—No, gracias, está bien así.

—Mi nieto, ya lo verá usted, se come todas las ensaimadas que le dan. Tiene dos años y se llama David, ya lo verá usted... Yo tengo una gran simpatía por los niños; una sonrisa, una carcajada, un grito, una palabra que no se sabe lo que es, que sólo él sabe lo que es...

El comedor de Joan Miró es claro y alegre. En una vitrina lucen unas tierras de Llorens Artigas, al lado de unas cerámicas populares.

—Todo es auténtico, todo sale de la tierra misma. Es como los toros, los toros son muy impresionantes y auténticos. A medida que avanzo en la vida, más me interesan...

A veces, a quien escucha le brotan, de repente, malos pensamientos en la cabeza, raras picardías de niño sin ocupación mejor.

—Oiga, Miró, ¿qué le parecen los criminales?

—¡Oh! Hay criminales que merecen un gran respeto, un asesinato bien hecho es muy meritorio. ¡Ya lo creo!

—¿Y los héroes?

—No, eso no; de cerca suelen resultar unos pobres individuos.

—¿Y los santos?

—¡Ah, es un problema muy serio ése!

El terreno en el que se levanta Son Abrines, a media altura entre Calamayor, con sus transparentes aguas verdegay, y Génova, con su pinar verdoyo y transparente, se muestra en terrazas mansas y bien pensadas, en civiles terrazas tradicionales, centenarias y suaves. El estudio de Joan Miró está al lado de la casa y más bajo. Al estudio de Joan Miró se llega por unas escaleritas a las que han puesto una cancela para que David no ruede. La casa de Miró, acogedora y amable, es obra del arquitecto mallorquín Enrique Juncosa. En el estudio de Son Abrines, de muy cumplidas proporciones, se amontona la obra por terminar, los lienzos y los cartones y los papeles —y las piedras y las telas de saco y los trozos de caldero viejo— sobre los que aún habrá de pasar y repasar la mano y la paciencia y la sabiduría de Joan Miró.

—Sí, es mucho lo que hay que trabajar. Estoy poniendo en orden todo esto; en menos de un año, ya le dije, he destruido alrededor del centenar de bocetos. Hay que ser valiente y no encapricharse con las cosas... Hay que pegarse a la tierra... París está muy bien, fatalmente hay que pasar por París... Madrid, el Museo del Prado, todo eso de la sobriedad española, Zurbarán, sí, eso está muy bien, todo eso está muy bien. Pero hay que pegarse a la tierra... Yo nací en Barcelona. Bueno, pues en Barcelona me siento un extranjero. Las ciudades grandes no son para vivir... Esta luz de Mallorca, mírela por ahí... Esta luz de Mallorca es una maravilla. El paisaje, no; el paisaje de Mallorca no es pictórico. La luz de Mallorca está impregnada de purísima poesía; a mí me recuerda la luz de esas cosas orientales que se presentan como vistas a través de un velo, la luz de esas cosas minuciosas que se dibujan... No es nada casual, nada gratuito el que yo me haya venido a vivir y a trabajar aquí... Es la llamada de la tierra: Tarragona-Mallorca. O al revés, es igual: Mallorca-Tarragona. Montroig-Palma. La siento desde que tenía dos o tres años y me mandaban a pasar las Navidades con mis abuelos Josefa y Juan Ferrá. El Mediterráneo. Yo no podría vivir en un país desde el que no se viera el mar. Quiero decir el mar Mediterráneo. Usted es del Atlántico. Eso está muy bien. El Atlántico y todos esos mares están muy bien, pero son otra cosa... Y Cataluña... Eso es la fuerza mental, ¡caray!, la fuerza plástica. En mí pesó mucho Montroig. Mallorca es la poesía, es la luz... Hasta que equilibré Montroig y Mallorca, cosa que no conseguí hasta ahora, no entré en la madurez...

Joan Miró dijo sus últimas palabras con la voz opaca y un si es no es preocupada.

—Vamos a casa de mi hija, ¿quiere usted? Mi hija vive ahí arriba. Le enseñaré un viejo cuadro mío. También le presentaré a mi nieto; tiene ya dos años.

El viejo cuadro de Miró es una detallada, una delicada estampa de Montroig, es casi una radiografía de Montroig. Va fechado en 1919.

—Eso es Montroig.

—Sí.

David es un insensato que acaba de mearse por encima y que, en vez de mostrarse avergonzado y contrito, sonríe como un triunfador.

—Este es mi nieto.

—Sí.

Joan Miró se ha quedado callado de repente.

La llamada de la tierra (Nueva versión veintitantos años después)

Joan Miró se queda mirando para un punto de luz que nadie ve; él sí lo ve y lo descifra: es el tuétano del mundo, el cuesco en el que habita la luminosa última esencia de la vida.

—Hace veinte o veinticinco años hablamos de esto: en la hoja del algarrobo gime el latido de cada cosa, zas-zas, zas-zas, como un corazón latiendo, como un corazón gimiendo, como un corazón riendo, como si cada cosa se sublevase fieramente, bellísimamente, hasta granar en el complejo orden·de las estrellas, ese caos del que tan sólo Dios conoce la cifra.

—¿Tú ves todas las estrellas?

—No; pero me caben todas en la palma de la mano.

Sí: Son Abrines, a media loma entre Calamayor y Génova, sigue donde estaba. Y Joan Miró, con sus siglos a cuestas, escapando inútilmente de sus siglos a cuestas, también sigue, ajeno al tiempo, domador del tiempo, donde estaba ayer, y anteayer, y hace veinte o veinticinco años, cuando me dijo que las cebollas salían de la tierra, que hay que pintar pisando la tierra para que entre la fuerza por los pies.

—¿Te acuerdas, Joan, de los guisantes que tu padre sembraba en ·Montroig? Los guisantes dan unas flores suaves, mansas, delicadísimas, civiles, misteriosas. Casi nadie sabe entender el poético aullido de la flor de los guisantes.

—¿Que aúlla como el lobo?

—Quizá. O como las niñas que han de ser degolladas antes de que el día amanezca.

—Dentro de poco brotará el primer botón de la más alta rama de la higuera y entonces ya estaremos salvados. La muerte es como una distracción, es igual que un descuido que se paga con moneda falsa. La muerte se agazapa mientras verdea el primer botón de la higuera y canta la primera rana.

—¿En el charco de las ranas?

—Sí. Y en el corazón de los más exquisitos y fantasmales vagabundos.

Joan Miró guarda silencio mientras por detrás de sus ojos, entre los ojos azules y los sesos blancos surcados por caminitos de sangre, navegan los barcos veleros de las constelaciones dibujando guiños y garabatos. Joan Miró pinta el garabato del aire. Joan Miró pinta el garabato del cielo. Joan Miró pinta el garabato del fuego. Joan Miró pinta el garabato del amor y la muerte, el garabato. Es como una letanía que nadie recuerda dónde empieza ni sabe dónde ha de terminar.

Los fantasmales algarrobos despliegan su guerrilla por la ladera; los turistas hollan —para eso pagan— el santuario de los algarrobos, los árboles que sirvieron de decorado para las tragedias de Eurípides o de Sófocles.

—Tú tienes muy buena salud. ¿Te gusta la tragedia griega?

—Sí; cuando el lápiz de colores va dejando su estela sobre el papel y los pájaros dibujan sus órbitas más confusas alrededor del humo de las chimeneas, el escarabajo de alas doradas me recuerda que éste es el decorado de la tragedia. Nadie quiere cerrar los ojos ni un instante, a pesar de que con los ojos cerrados se ven las rayas de la mano de Dios guiando el pulso de los muertos.

—Ese es el secreto de la estética; se disuelve en un vaso de agua y sale el mar Mediterráneo, con sus islas. Y por debajo de las más hondas raíces de los tres algarrobos del camino fluye, con su color naranja y aterciopelado, la luz de la luna llena que baja rodando.

—A veces me da miedo pensar que el nombre de la cosa puede tener más fuerza que la cosa misma.

—Tampoco es grave. Recuerda que toda definición es peligrosa.

—¿Quién dijo eso?

—No lo sé. Yo no sé casi nada. A mí me basta con abrir los oídos y el corazón.

—¿Y los ojos?

—También. Nadie quiere cerrar los ojos ni un instante y en eso se equivocan.

Joan Miró se sube los calcetines y sigue hablando; como ahora es invierno, Joan Miró usa calcetines.

—La vida crece, los niños crecen y se hacen hombres, y las viejas, allá en las lindes del mundo, salen volando por los aires, a caballo de su escoba, camino de ningún lado.

—Y eso también es la pintura, el garabato de los espíritus volando como mariposas velocísimas. ¿Te da miedo ver un barco de vela navegando?

—No. Aunque a veces pienso que debería darme miedo, porque un barco de vela navegando puede arrastrar a quien lo mira, puede arrastrarlo hasta otro país o continente o astro...

—Quizá no.

Joan Miró se me queda mirando con mucha curiosidad.

—¿Tengo mala cara?

—No.

Joan Miró sonríe, como pesaroso de haberme atemorizado.

—La cerámica es misteriosa porque el barro y el fuego son misteriosos. El agua y el aire también son misteriosos, y las rayas y los colores.

—Y la forma de los pies, con cinco dedos. Y su huella.

—Sí; la cerámica se confunde con la pasión, a lo

mejor es la misma pasión. La cerámica arrastra más que la pintura, es como la lucha del hombre con la tierra y el fuego. ¿Te acuerdas de hace veinte o veinticinco años? Es algo muy español: o el fuego o yo, ¿quién manda aquí? Fíjate en las arrugas de la cara, alrededor de los ojos y de la boca, fíjate en la silueta de las manos en reposo, de las manos accionando, de las rayas de la mano, todo lo refleja el barro y a todo le da fuerza el fuego, mucha fuerza. Es como un algarrobo empujando, peleando. La voluntad y el instinto, por ese orden, no el entendimiento ni la memoria; es como un algarrobo verdecido, algo que no se puede detener. ¿Quieres una copa de vino?

—Sí.

—También sale de la tierra, como todo; el vino es la tierra misma, es la savia de la tierra. Hay que ser muy humilde y muy generoso; la tierra puede ser soberbia, pero el hombre, no. El hombre es menos que la tierra, no tiene pujanza, acaba siendo derrotado por la tierra. El hombre pisa la tierra y la tierra devora al hombre, es la regla general, es la ley. ¿Ves ese insecto que no se explica por qué el cristal de la ventana no es también aire, como el que hay antes y después? Su silueta es como una constelación que se fuera moviendo fugazmente, apresuradamente, pero su esqueleto, en cambio, es blandísimo, parece de leche. Un cuadro no tiene ni principio ni fin, se sale del bastidor y del marco y sigue por el aire y chocando contra el cristal de la ventana, como los insectos. Un cuadro es como la artesanía, la vida es como la artesanía, como un arco iris que va de monte en monte..., todo viene del agua, del aire, de la tierra, del juego; ni tú ni yo tenemos la culpa de que los ciegos no quieran verlo así..., a lo mejor sí quieren, pero no saben..., el que nace ciego tarda muchos años en saber que es ciego..., algunos se mueren de viejos sin saberlo entender...

Joan Miró se levanta y me trae una copa y una botella de vino.

—Póntelo tú..., el vino es como la tierra, ni empieza ni acaba..., un cuadro no tiene ni principio ni fin..., está antes y después..., algunos pintores supieron verlo a tiempo..., Zurbarán, sí, Zurbarán es muy impresionante, en Zurbarán todo es verdad, hasta los espacios vacíos... Tú sabes que hace veinte o veinticinco años volví sobre las constelaciones que tenían ya veinte o veinticinco años... La pintura es estudiar la huella de una piedrecita que cae sobre la superficie del agua, el pájaro que vuela, el sol escapándose por la mar abajo o entre los pinos y los laureles del monte... Ahora hay demasiados tejados, demasiados muros, más que antes..., la pintura también es el mundo...

—¿Quieres que te diga un verso de Terencio que tengo apuntado en un papel?

—Sí.

—Hombre soy y nada de lo que al hombre se refiere me es indiferente.

—Eso está muy bien. Yo podría decir lo mismo.

—Ya lo sé, por eso te lo recuerdo.

—Yo no lo sabía.

—Bueno; pues entonces, por eso te lo digo. Hay cosas adivinadas que valen tanto como las cosas sabidas.

Joan Miró cruza las piernas y adopta un aire distraído y como medio soñador.

—El espíritu es la naturaleza; sí, de eso no hay duda. A mí me hubiera gustado sembrar la isla de esculturas monumentales..., yo no sé si la gente es atrevida o tiene miedo..., ésa es la lástima... Sí; esculturas inmensas, para poner entre las rocas y los árboles, con el mar en el fondo... Tú sabes que siempre quise sentirme enraizado, sentir que todo tiene sus raíces y acaba confundiéndose con ellas... La vida y la muerte entran por la raíz..., ése es el misterio... Pero a veces, el rayo que mata entra por la hoja más alta, más tierna, más joven..., eso no es justo.

—No.

Por la ventana se cuela el sordo rumor de la gente.

—Es curioso esto de la gente, cada día hay más gente yendo de un lado para otro sin rumbo fijo,

se conoce que están de vacaciones y no saben lo
que hacer ni adónde ir..., a lo mejor no van a ninguna parte... La mujer es más entera que el hombre, más poderosa, más equilibrada, la mujer sabe
hacer hombres, pero el hombre ni sabe hacer ni
mujeres ni hombres, es gracioso..., en esto se pierde
el ritmo que la mujer encuentra siempre, yo no sé
por qué será... La mujer es como un paisaje, es el
paisaje; el hombre es un animal doméstico y de costumbres aburridas, el hombre inventa instituciones
y después las derriba con estrépito y entre carcajadas nerviosas. Todo lo que perdura es sencillísimo y acaba flotando en el aire. Una mujer es como
un pájaro y tiene la fuerza de los pájaros que no
se cansan de volar; el hombre, no; el hombre es
más débil y tiene muy poca fuerza, por eso es derrotado por la soberbia, por la avaricia y por la necedad, tú ya me entiendes...

Joan Miró se queda quieto como un niño y
sonríe.

—Yo me pasé la vida mirando, la luz de Mallorca está hecha para mirar... Tú has hecho bien en
venirte a vivir a Mallorca. Y yo...; Mallorca sirve
para escribir y para pintar... Mallorca es la poesía,
es esa luz que ves por la ventana y que va cayendo
poco a poco... Es lástima que la tarde muera, pero
el crepúsculo es hermoso: es como una mujer a los
cuarenta años, que empieza a encontrarse vieja y
está bellísima... Mallorca es el equilibrio..., es una
lástima que el equilibrio no pueda guardarse, no
pueda almacenarse. En los tiempos de locura podría
abrirse la bodega del equilibrio y chapuzarse en el
equilibrio..., el arte es el equilibrio, la ciencia puede
serlo y puede no serlo, la vida también es el equilibrio, y un avión que vuela..., ese cuadro es de
Montroig, ya lo conoces, lo pinté en 1919.

Joan Miró se queda mirando para el último punto de luz de la tarde, para un suspiro de luz que
nadie ve; él sí lo ve y lo cuenta y lo clava en el lienzo: es la yema del mundo, el silbido en el que duerme el primer soplo de la vida.

—Tú sabes que hace veinte o veinticinco años

volví sobre las constelaciones que ahora tienen cerca de cincuenta años o más. Un cuadro no se acaba nunca, tampoco empieza nunca, un cuadro es como el viento: algo que camina siempre y sin descanso. Yo no tengo prisa, en el arte no caben las prisas... Yo tardo mucho tiempo porque pinto para mucho tiempo..., a la poesía le pasa igual, creemos que es un instante y es toda una vida y otra y otra... Yo fui siempre muy amigo de los poetas, la poesía es como una pintura..., a mí me parece que la poesía está en todas partes, es como el aire, como la luz, y vive dentro de nosotros.

Joan Miró se va callando poco a poco y yo pienso que he sido muy afortunado con su amistad.

—Joan.

—Qué.

—¿Tú sabes que Lope de Vega decía que la amistad es el alma de las almas?

—No; no lo sabía... Es muy bonito, sí, ¡claro, Lope de Vega! El alma de las almas..., es verdad... ¿Por qué me lo dices?

—No, por nada; se me ocurrió de repente...

En su casa de Son Abrines, encerrado con su misterio y su sabiduría, Joan Miró, ese gigante, me trae a la memoria las verdaderas palabras de Voltaire: la amistad de un gran hombre es una bendición de los dioses.

—Joan.

—Qué.

—Muchas gracias.

—¿Por qué?

—Yo sé por qué lo digo.

Sobre la mar de Illetas se pone el sol de la última tarde mientras el silencio va pintando su claroscuro por encima de los hombres y de los árboles.

. Los algarrobos son muy misteriosos, y las higueras... En las noches de agosto, las estrellas dibujan constelaciones y las estrellas fugaces pintan órbitas .mágicas y delicadas..., dentro de poco ya será otra vez el mes de agosto...

Con Pepito en "El Racó"

A Llorens Artigas los amigos le decimos Pepito, en castellano, y Papitu, en catalán. Pepito es bajo de estatura, bastante bajo, y quema desconsideradamente leña en su horno, que es casi como la caldera de Pedro Botero, sólo que dedicada a cocer el barro en vez de hacer la pascua a los condenados preconciliares (zascandiles, botarates, luteranos, liberales, falderos y demás herejes); después, a estos efectos de la salvación eterna, las cosas se arreglaron algo y con mayor clemencia para todos, y ahora, a lo que dicen, se van menos contribuyentes a arder en el infierno, o sea, a tostarse en los dominios de Belcebú que, a lo mejor, el día menos pensado se cierran por reforma y dejan de ser eternos, que cosas más raras se han visto, y aquí, mal que bien, seguimos todos.

Pepito tiene una mujer suiza, Violette, dos hijos catalanes, Joanet y Mariette, y una nuera japonesa, Maku. ¡Jo, qué mezcla! El hijo de Pepito hace cerámica y la hija, esmaltes. En aquella casa todos viven del fuego; hace años hablé del horno de Violette, que asa capones y piernas de cordero muy recomendables para la salud y el paladar. Mariette, cuando se sube a un avión, cierra los ojos; a lo mejor es para ver los colores más brillantes. Los nietos de Pepito parecen chinos y ver a un pelotón de chinos pequeñitos descolgándose por las tapias del Principado y hablando en catalán es un espectáculo no poco surrealista y preocupador.

Pepito vive en El Racó, en su rincón y lejos del mundanal ruido; El Racó está en el municipio de Gallifa, provincia de Barcelona, comarca del Vallés, partido judicial de Sant Feliu de Codinas, obispado de Vic, sede en la que los filósofos, los garañones y los salchichones tuvieron, en tiempos ya idos para siempre, muy justa fama; la casa de Pepito está, según se va, a la izquierda, bajando entre dos filas de cipreses en los que silba el mirlo y anidan el verderol y el jilguero, aves canoras y sentimentales las tres y que ninguna sirve para frita.

Pepito, hace algunos años, fue alcalde de Gallifa (o teniente alcalde, que de eso no estoy muy seguro). Después lo echaron porque se conoce que no es tecnócrata; le hubiera bastado con parecerlo, pero no, ni lo parece siquiera. A Pepito se le ve en la cara que no es tecnócrata sino artista-artesano, que es un escalón más que artista (en cueros) o que artesano (a secas). A fin de que se me entienda mejor aclaro que, para mí, artesano-artista es Benvenutto Cellini, pongamos por caso, o Berruguete, el de los santos con trastornos neurovegetativos; artistas fueron Mozart, o Patinir, o la Mistinguette, que también tenían su mérito y nadie se lo niega; los artistas no suelen ser muy saludables, pero, a pesar de todo, está bien que existan y no debe perseguírseles a patadas ni a latigazos.

En Pepito Llorens Artigas se da un poco —salvadas sean las distancias y omnipotencias— el misterio de la Santísima Trinidad que, excepción hecha de un cura que hubo en Bastabales, aguas arriba del Sar, no lo entienden ni aún los presbíteros más cultos y teológicos (la verdad es que ya no queda casi ninguno). Llorens es ordenancista y cuidadoso, amante de la naturaleza y la contemplación, doméstico y defensor de las instituciones y el vernaculismo; parece un cabo del somatén. Artigas es golfante y bohemio, partidario del adoquinado del Barrio Chino y del humo de los cafés cantantes, sublevado permanente y paladín del contrapelo a ultranza; parece un anarquista que fabrica petardos en la cocina de su casa y lee a Bakunin en las ediciones de La Aurora. Pepito es el común denominador y chulea, a partes iguales y bien medidas, a sus otras dos personas. No creo que se entienda mucho esto que digo, pero lo cierto es que es así. Pepito Llorens Artigas es un prodigio de equilibrio inestable que de repente se queda pensativo y dice:

—Si es diu Basili, què farem?

Nada; cuando uno se llama Basilio, lo mejor es no hacer nada. ¿Para qué?

Pepito tiene un perro que interviene en la conversación; es muy dialéctico y exquisito y tiene siempre una palabra amable, un ladrido amable, para quien va de visita. Cerca de Pepito vive (o vivía) mossen Dalmau, clérigo intelectual y progresista; los clérigos, cuando aprenden a leer y escribir, suelen hacerse progresistas: se conoce que la falta de costumbre los desnivela. Pepito habla con manso e irónico respeto de mossen Dalmau, y piensa, casi en refrán que: Dalmau, el menos. A lo mejor tiene razón y, debajo del juego de palabras, se esconde la verdad.

En casa de Pepito se come bien, ¡ya lo creo!, la mar de bien, se comen productos naturales y alimenticios que se sabe que lo son; el otro día, cuando fui a visitarlo, nos pusieron espárragos con salsa mahonesa y vinagreta, a elegir, y lomo de cerdo con monchetas, chanfaina y ensalada, todo muy grato al sentido del gusto, y todo como Dios manda, muy propiciador al regüeldo. De postre, tomamos crema catalana para rellenar huecos, y después nos dieron café y anís del Mono dulce o seco, según la voluntad de los comensales. El mono que viene pintado en las botellas de anís del Mono señala un letrerito que dice: es el mejor, la ciencia lo dice y yo no miento. Yo llevaba unos puros, regalo de una señora rubia y caritativa, y nos fumamos uno cada uno.

Pepito duerme la siesta en una cama solemne, llena de letreros. El suegro de Pepito, que era un

banquero suizo, tenía propensión a la epigrafía ca-
mera. He aquí algunos de esos letreros:

Comme on fait son lit on se couche.

La nuit porte conseil.

Qui dort grasse matinée trotte toute la journée.

Qui bien dort pulce ne sent.

A veces, el francés de los suizos no es idéntico
al de los franceses.

Pepito Llorens Artigas cumple ochenta años, y
ahora, después de pasarse la vida moldeando el barro y cebando el horno, habla en verso; se conoce
que está cansado, pero no lo quiere decir. A mí me
parece oportuno que, en estas páginas, sus amigos
le dediquemos un homenaje; puede ser que alguien
encuentre sensata mi idea. La cerámica es un arte
que nació poco después que el hombre, casi al tiempo que el hombre, y que ahora se nos está escapando de las manos, se nos está muriendo, a lo
mejor poco antes que el hombre y a golpes de su
orgullosa y propia verdad.

Cuando, a la media tarde, salí de El Racó, no iba
alegre y me metí en un balneario, a hacer peniten-
cia. Después seguí a Barcelona a cenar *rovellons*,
que es yerba antigua y misteriosa que barre los malos pensamientos de la cabeza.

Recuerdo de Rafael Zabaleta

Suele llamarse memorialista al que escribe memoriales, no exactamente al que los discurre. La memoria es fuente del dolor —se me ocurrió cavilar hace ya bastantes años— y, sin embargo, me gustaría tener ahora muy feliz memoria para recordar al amigo ido, al hombre al que, parafraseando a Rubén Darío, podríamos adjetivar de mínimo y dulce: al mínimo y dulce Rafael Zabaleta, alma de querube, corazón de lis, como el tierno. santo Francisco de Asís.

Me gustaría poder representar el papel de memorialista de Rafael Zabaleta, el puntual oficio de cronista de tantas horas comunes y compartidas sin sospechar, ninguna de los dos, que pudieran llegar a tener futuro alcance, póstumo interés humano, proyección histórica merced a su figura que, a cada instante que transcurre, crece y se agiganta.

Hagamos un poco de memoria. Son los años 40 y el café Gijón es todavía —y por fortuna— un apeadero provinciano, el refugio en el que nos guarecíamos los pocos pintores y los escasos escritores que soñábamos con que el país, algún día, llegase a enterarse de que pintábamos y escribíamos. Corren tiempos duros y difíciles y, quien más, quien menos, todos dejamos a deber el café con no poca frecuencia. Madrid es aún una ciudad a escala humana —pobre, pero humana, o más humana todavía por pobre— y el hampa que rodea al arte y a la literatura, ¡bien flacos cuerpos sobre los que parasitar!, bulle con sus mejores y más vocingleros arrestos. El sablazo está a la orden del día, pero al sablista le cuesta no poco trabajo encontrar el bolsillo propicio, la mano dadivosa, el corazón clemente, la peseta oportuna. Cuando el hambre y el miedo y el desconcierto se adueña de los países, la gente se enconcha o se agazapa y la vida se hace doméstica y minúsculamente aventurera. Los pintores Pancho Cossío, ya muerto, y Eduardo Vicente, ya muerto, y el escultor Angel Ferrant, ya muerto, hablan de sus cosas en un rincón; en el rincón de enfrente, hablan de las suyas, el novelista Ramón Ledesma Miranda, ya muerto, el escritor César González Ruano, ya muerto, y el crítico Melchor Fernández Almagro, ya muerto. A este zaguán del osario llega a veces, desde su lejana provincia y envuelto en un halo misterioso, nuestro amigo el pintor Rafael Zabaleta, ya muerto. Zabaleta paga el café y no pide dinero, dicen que es rico por su casa. Zabaleta es amigo de Eugenio d'Ors, ya muerto; a Zabaleta le prepara una exposición Eduardo Llosent, ya muerto; Zabaleta merece la atención crítica de Manolo Sánchez Camargo, ya muerto. Un día de San José, Zabaleta me pide que le acompañe a casa de don Pepe Solana, ya muerto; don Pepe Gutiérrez-Solana solía invitarnos a pan y chorizo; un día de Inocentes, Zabaleta se llega conmigo a felicitar el cumpleaños a don Pío Baroja, ya muerto; don Pío solía regalarnos con pasteles y vino generoso. De aquel precementerio no quedamos sino los epígonos a los que el tiempo, por ahora, se va olvidando de barrer. Todo se andará.

Zabaleta era un hombre pequeñito, tímido, de ojos atónitos. Zabaleta vestía siempre trajes de paño grueso y gastaba chaleco y reloj de bolsillo con leontina. Zabaleta miraba a hurtadillas para las piernas de las señoritas (que por entonces enseñaban las piernas) y, cuando descubría alguna zona habitualmente vedada, sonreía con una gratitud infinita. Zabaleta hablaba poco y miraba mucho. Zabaleta tomaba café con leche y medicinas con agua. Zabaleta hablaba con un acento muy remotamente andaluz, el propio de sus tierras en la serrana y fría Quesada. Zabaleta vivía en su pueblo y viajaba a Madrid y a París, casi en secreto. A Zabaleta le preocupaba el «problema sexual», entre comillas, y preguntaba a Eduardo Vicente si había leído a Freud.

—No. ¿Para qué?

—Hombre, no sé... Freud habla del problema sexual.

—Bueno, pero eso no se resuelve con Freud; eso se arregla con una moza.

—Sí; eso, sí...

La razón la tenía Eduardo Vicente, pero la preocupación era de Rafael Zabaleta. Zabaleta era respetuoso y tímido con las mujeres y en vez de tutearlas y achucharlas, que siempre se agradece, las trataba de usted y las invitaba a zarzaparrilla, que era la coca-cola de los tiempos de la autarquía y el gasógeno, la coca-cola de la época (pobre, pero honrada) en que todavía no habíamos sido colonizados —cocacolonizados— por los yanquis. Zabaleta era muy fino y comedido en la expresión y, salvo entre amigos de mucha confianza, hablaba siempre con sometimiento a norma y sin permitirse mayores licencias léxicas. Zabaleta llenaba la conversación de pausas y puntos suspensivos y para contarnos que al conserje del casino de Quesada le sonaban los huevos al andar, daba cien vueltas y circunloquios, como pidiendo perdón por la noticia de tan sonoro y plausible pelotamen. (El sufijo madrileño «-men», según ha estudiado el profesor Francisco Ynduráin, denota conjunto: tetamen, caderamen, pelotamen.) Zabaleta sacaba los pitillos con disimulo y no ofrecía tabaco, aunque tampoco lo negaba si se le pedía. Se ha hablado demasiado de la avaricia de Rafael Zabaleta, sin reparar en que no era más cosa que la máscara de su timidez. ¿Cómo llamar avaro a un hombre que, si regatea un pitillo, regala un dibujo? No; Zabaleta no fue un avaro, aunque lo pareciese. Zabaleta era un introvertido, un contenido, un hombre inmerso en su propia vida interior, y ante esta clase de seres no es raro caer en el engañador espejismo que nos lleva a tomar el rábano por las hojas y a atribuirles, tanto para el vicio como para la virtud, una actitud negativa, pasiva, inhibitoria; para el espectador poco atento, el tímido actúa por omisión, como los hieráticos personajes de Azorín, y no por comisión, como los aventureros personajes de Baroja, y el espectador poco atento paga sus culpas errando el diagnóstico y atribuyendo al personaje observado actitudes bien ajenas a su manera de ser: porque toda omisión tiene su paralelo reflejo en una comisión, aunque la dificultad estribe en dar con ella. No; Zabaleta no fue avaro, repito, aunque su permanente actitud vital pudiera llevarnos a suponerlo así. Zabaleta fue un tímido fisiológico, como también lo fuera Baroja, escondido permanentemente tras el antifaz de su propia e íntima e inabdicable manera de ser. Zabaleta admiraba al hombre de éxito con las mujeres, por ejemplo, porque él jamás se planteó la posibilidad de poder tomarlo. El problema sexual, que tanto le preocupaba, porque Zabaleta era un cachondo no realizado, lo resolvía de muy peculiares formas, ninguna reclutoria y todas barrocas, que tampoco son para explicar aquí.

No me corresponde ahora el enjuiciar a Rafael Zabaleta como pintor, sino como hombre, y hacia su figura amiga debo acercarme lleno de precauciones y cautelas, para no desvirtuarla en su quebradizo contorno. El nos ha dejado el retrato formal de sí mismo —por ahí anda— y a alguien habrá de tocar la fijación de su retrato psicológico y hasta funcional, que todo ayuda a conformar y a delimitar al hombre. Zabaleta fue un solitario, sí, pero no un huérfano. Zabaleta fue un solitario permanentemente poblado de sueños, asistido por sus propios sueños, los sueños de Quesada. De Zabaleta pudiera decirse que fue un solitario que jamás se sintió solo ni a solas consigo mismo: sus criaturas le daban compañía y escolta y evitaron siempre su orfandad y la secuela de desesperación que la orfandad comporta. Y sus criaturas aquí están ante nosotros, con su gesto de pájaros atónitos, su saludable aire campesino, su rara preocupación científica y punto menos que blasfema.

La ilusión que Rafael Zabaleta y yo tuvimos de publicar un libro mío con ilustraciones suyas no pudo realizarse, con él aún vivo, sino de muy modesta forma que pasó casi inadvertida: en la edición en lengua gallega de mi primera novela, *La familia de Pascual Duarte*, que salió con tantos dibujos suyos como capítulos y quizá alguno más.

El gran libro que le debía a Zabaleta, el libro cantor —del cabo al rabo— de su soledad, nació con Zabaleta ya muerto, lo que no deja de ser una paradoja cruel. Lo escribí ante la colección de dibujos que tituló *Los sueños de Quesada*, partiendo de ellos y en ellos inspirándome y apoyándome. Y publiqué, con mi mejor y más emocionado respeto, los capitulillos que él ni leyó ni escuchó jamás en *El solitario y los sueños de Quesada de Rafael Zabaleta*. Las ediciones de Los papeles de Son Armadans, Palma de Mallorca, 1963.

Glosa a unas viejas palabras propias y ajenas sobre Will Faber

Hace años vaticiné que Will Faber (Saarbrucken 1901 - Cap Martinet, Ibiza 2021) moriría de viejo sin haber dejado la adolescencia; en los campos de la vida —nos dice Lope de Vega en su *Egloga piscatoria*— no hay más que una primavera. El tiempo ha venido (está viniendo) a darme la razón y a Will Faber, que lleva recorridos ya setenta y dos años camino de setenta y tres, le faltan todavía cuarenta y seis o cuarenta y siete más de andadura para rendir viaje. Estos herreros alemanes son muy duros y, cuando aprenden a reparar locomotoras, son más duros aún. ¡Jo, macho, qué tíos, con el corazón de fragua y los pelendengues bien puestos!

En el primer año de este siglo muere la reina Victoria de Inglaterra y el astrónomo Wolf, en Heidelberg, descubre que se convierte en cuatro planetas; uno de ellos se llamaba Laura, que es nombre de mucha poesía. A veces cruzan por el aire experimentos muy raros; los cometas no se sujetan a norma (aunque los astrónomos digan que sí, no es verdad) y adoptan actitudes estrafalarias y licenciosas. Por aquel tiempo también muere el poeta catalán Víctor Balaguer. Will Faber tiene dos hijos catalanes casados con catalanas. A veces, se conoce que para desorientar a los astros, pasan cosas muy dramáticamente lógicas y domésticas, muy tiernamente líricas y habituales.

Will Faber siente miedo y gratitud por los cometas; cuando pasó el cometa Halley, en 1910, el niño Will Faber, enfermo de garrotillo, sangró por la boca y la nariz y se curó. Ahora, hace no más que semanas, pasó el cometa Kohoutek sin pena ni gloria; el cometa Kohoutek no estuvo a la altura de las circunstancias y, claro es, no sucedió nada (esto es un decir).

Will Faber, como el otro rey godo, Ataúlfo, se quedó en España porque no pudo llegar al Africa. Esto sucedió un año después del derrumbamiento de la dominación romana en la península; aquello otro acaeció un año antes de la subida de Hitler al poder. La historia hubiera sido diferente de no haber llevado, la revista *D'ací i d'allà*, portadas de Will Faber. También se puede decir al revés: la revista *D'ací i d'allà*, de haber marchado la historia por otros caminos, no hubiera llevado portadas de Will Faber (aunque este segundo supuesto es más incierto).

Antes de la guerra civil, en la playa de Talamanca, en Ibiza, la pensión completa costaba tres duros. Adolf Schulten, el arqueólogo que descubrió Numancia, y Raoul Hausmann, uno de los pioneros del dadaísmo, se bañaban en la playa de Talamanca y se hicieron amigos de Will Faber.

Will Faber sigue siendo un niño grandullón, vergonzoso y tímido; Will Faber fuma Celtas, bebe vino porque el agua es peligrosa (incluso muy peligrosa), trabaja todo el día y siempre con luz artificial y está lleno de ilusiones juveniles; Will Faber es celoso (lo cual no es tara ni virtud, sino característica) y no cree en más orden que en el de la pintura sobre el lienzo.

Will Faber, pintor español que, como El Greco, nació donde pudo, es el abanderado de nuestra pura y angustiosa pintura contemporánea; la cronología es ciencia acorazada contra la que no vale querer rebelarse.

Se pinta gozando y se pinta sufriendo; se pinta

como el ave vuela en el aire claro y también como la lombriz que hoza la turbia tierra; se pinta en equilibrio sobre el vacío y se pinta sin respiración, conteniendo el fuellecico de fragua en el horizonte y da la vuelta al mundo y se pinta una esferita, un espiral, un ojo, una mujer con tres senos, una moza moribunda y el humo que sale de la chimenea de la fábrica.

Quizá es Will Faber —en el pensamiento de Cirici-Pellicer— el pintor del mundo que de un modo más limpio realiza la discriminación perfecta, articulada, entre estos tres términos inevitables de la creación plástica: el foco energético, la trayectoria dinámica y la gran pasividad de los planos inertes.

Plinio el Joven es el mentor de Will Faber, cosa que él no sabe ni falta que le hace: *Non multa, sed multum*: no mucho, sino profundamente.

Todos los surcos del universo se dibujan en la palma de la mano y el oficio del pintor no es más cosa que tener buena mano, mano sabia y afortunada, para ordenarlos e inteligente concepto. Will Faber es amo y señor dulcísimo de un mundo fiero y hermético, doliente y enclaustrado, por el que el pincel corre sin detenerse, igual que el ciervo que galopa dibujando combas y suspiros sobre la yerba verde. Will Faber, como todos los artistas adolescentes (W. F. se morirá de viejo a principios del siglo XXI, cuando vaya a cumplir sus plazos el primer cuarto del siglo XXI, sin haber dejado la adolescencia: esa infinita edad de la más pura creación), es generoso y caprichoso y se baña en cueros en la mar del arte sin ocuparse de guardar la ropa: de ahí el aroma de autenticidad y de frescura que emanan sus papeles y sus lienzos, sus rayas de tinta china y sus pinceladas de sabiduría, una y otra y otra; ésta, azul; ésta, verde; ésta, roja; con los siete colores en cueros y los siete mil colores que se visten de mendigos, de elefantes sagrados y de doncellas muertas de amor.

Eduardo Westerdahl piensa que Will Faber pertenece a este movimiento en el que ya figuran enrolados muchos pintores españoles: Tàpies, Tharrats,

Cuixart, Pons, Millares, Canogar, Saura, Feito, Manrique y tantos otros de estas líneas generales, entre los cuales Will Faber viene a ser de los más acendrados y de los que establecen una fe en la vida, un estado positivo a nuestro tiempo sobrecargado de angustia y de amenazas de destrucción. (Nadie olvide que el alto poeta Vicente Aleixandre cantó la destrucción llamándole amor.)

Will Faber, obediente al mandato de Huxley, es un artista que pinta ángeles contaminados (ángeles locos, ángeles bellísimos, ángeles leprosos, ángeles gimnásticos, ángeles contribuyentes, ángeles que ignoran que lo son), sin pasarse al bando de los ángeles. En la pintura de Will Faber no hay traiciones sino declaraciones, no hay trampa ni cartón sino verdad y amor; por eso su pintura es permanente y carece de anécdota. Por eso su pintura no tiene explicación —ni falta que le hace— y sí temblor y éxtasis.

Si Will Faber no fuera pintor, sería pintor. Quiere decirse: si Will Faber no fuera pintor de caballete, sería pintor de pared de las cavernas. Cada cual se debe a su glorioso o ruin destino y Will Faber no tiene por qué substraerse a la regla: Will Faber está hecho de fiera carne de pintor y domeña los colores, los volúmenes y los vacíos como el encantador de serpientes consigue que baile valses la cobra venenosa. Todo es abstruso y sencillísimo como el sucederse de los días y de las noches. Para quienes están en el intuido secreto del arte no hay dificultades. Y Will Faber, que convierte en pintura todo lo que toca, está en posesión de los secretos que se adivinan y no se aprenden.

Entre el candor y el estupor, a caballo de la piedad y de la amargura, Will Faber pinta el misterio del mundo y desvela los cotidianos mil misterios del mundo que se ve, del mundo que tenemos ante los ojos aunque a veces no lo veamos. Para eso está la pintura: para explicar lo inefable y permitirnos ver el arte que se agazapa tras los objetos que hasta entonces no eran arte todavía. No es norma inteligente querer hallar la última explicación del milagro. Will Faber, como el hambriento y el sediento, es el mismo milagro en marcha por ese camino que, como el blanco entre los colores, es la suma de todos los colores.

Desde su vieja casa barcelonesa de la calle de Homero, Will Faber, pintor homérico, pinta la derrota de Héctor ante Aquiles, sin darse un punto de descanso ni permitir que por su mente vuele el murciélago del desánimo ni la dudosa avutarda de la soberbia.

No hay renta que valga más que la salud del cuerpo, se lee en el *Eclesiástico*. Will Faber esconde un alma sana e incontaminada dentro de su saludable —y sapientísimo— corpachón.

Antonio Tàpies, o la imagen de la seriedad

Se trata de un hombre joven, sereno y taciturno, que mira, desde muy lejos, con un mirar del que no se sabría decir si es triste o estupefacto. A veces, los poetas miran como jóvenes bestias dulcísimas en cuyo corazón hizo su nido la montaraz avispa de la soledad. A los pintores les acontece menos; los pintores, con frecuencia, miran como las agrias celadoras de los orfelinatos: incluso sin caridad. El pintor Tàpies mira igual que un poeta, mira como debieran mirar —sin olvidarse jamás de mirar así— los poetas más hondos, más juveniles y derrotados. El pintor Tàpies tiene treinta y seis o treinta y siete años, y remolca, sin alegría alguna, pero con un inmenso aplomo, treinta y seis o treinta y siete siglos de ajeno dolor, de ajena desesperanza.

—Cada edad ha de responder a cada edad. Lo importante es estar en cada edad como se deba. Parece que todo está confabulado para evitarlo.

El pintor Tàpies habla despacio, pensando lo que dice.

—Me siento joven y a punto de entrar en la madurez. Yo creo mucho en las edades de los hombres. No sé si crezco o mermo, pero me preocupa más que ser un buen pintor, llegar a ser un hombre... El viejo sano es lo más perfecto: Don Ramón Menéndez Pidal, Azorín, Picasso...

—¿Y el niño?

El pintor Tàpies sonríe mientras guarda silencio.

—Sí, el niño.

El pintor Tàpies tiene el profundo mirar de los niños geniales y desgraciados. El pintor Tàpies, como los niños geniales y desdichados, empieza y termina en sus ojos y, alrededor, en una cara y un pelo y un cuerpo que ni se sienten. El alma tampoco se siente, de holgada como late en sus ojos.

—Los niños son extraordinarios, pero atemorizadores. Los niños me atormentan mucho..., no pertenecen a la especie humana.

—¿Y la mujer?

El pintor Tàpies ya no sonríe. El pintor Tàpies mira, por encima de la cabeza de su interlocutor, para las nubecillas que se dibujan sobre los altos tejados de la ciudad, en el blancuzco-negruzco cielo de la ciudad.

—¿La mujer?

—Sí, la mujer.

El pintor Tàpies tiene la voz pausada y sosegada. La voz del pintor Tàpies es el freno —quizá, también, el senado— de su cabeza y de su corazón.

—¿La mujer, decías?

—Sí; decía la mujer.

El pintor Tàpies baja la cabeza y, sin sonreír, deja caer las palabras —una a una y cada una agarrándose al clavo ardiendo de la anterior— contra el suelo.

—A la mujer la considero más humana que al hombre. La mujer está siempre con los pies en la tierra, pisando firme sobre el cielo... A los pueblos primitivos les pasa lo mismo: son más humanos..., son una lección para nosotros.

El pintor Tàpies pinta lo que ve (como algunos pintores), lo que se imagina (igual que los pintores capaces de imaginar), y lo que oye, lo que huele, lo que gusta y lo que toca. Probablemente, el pintor Tàpies tiene razón y la pintura, como todas las artes, es algo que no basta apoyar en uno solo de los sentidos sino —¡ay, el huevo de Colón!— en los cinco, y más avisados y ágiles, al mismo tiempo. El didáctico orden de los sentidos no implica una prelación ni siquiera lógica y, mucho menos, una lógica evidente y humana. El pintor Tàpies cree en la simbiosis de los sentidos y, paralelamente, duda de la síntesis de las artes.

—Me considero un pintor de caballete y entiendo que mi pintura es figurativa; un trozo de muro, la corteza de un árbol, una playa... La realidad no es sólo su reflejo, el reflejo de esa realidad, sino también su alusión. La realidad de un objeto, incluso la realidad visual de ese objeto, no tiene por qué ser, forzosamente, su dibujo: también puede serlo un mero símbolo, un color, una calidad determinada. El hombre, por ejemplo, no es sólo su silueta, sino, antes que su silueta, otras muchas cosas más: físicas y metafísicas; que se ven, sí o que no se ven, pero que también se palpan y se adivinan. La pintura necesita un substrato moral que es lo que la hace útil: útil para los demás. Su utilidad es de índole espiritual, entendida en su más alto sentido. Hay otra utilidad inmediata: la de una institución de derecho público, la de un cepillo de los dientes... El secreto de la pintura es fácil, la verdad es que no cuesta nada pintar bien: quitas todo lo malo y, lo que queda, es lo bueno...

El pintor Tàpies —que habló seguido y de prisa, contra su costumbre— se detiene y ensaya un gesto humilde, casi suplicador.

—¡Perdóname!

El pintor Tàpies piensa que el romanticismo —«esa cosa desbordada»— es la dispersión y que su secuela es el surrealismo.

—¿Y la música romántica?

—También es la dispersión, ya lo sé, pero me gusta. En esto de la música caben más licencias. Lo que me impresiona es un árbol, un bosque..., ahora me he comprado una masía en el Montseny... Lo que me impresiona menos es una gallina...

El 28 de octubre de 1960 —hablo de hace casi

tres lustros— cae, sobre Barcelona, la pertinaz y mansa lluvia del otoño. El pintor Tàpies, caminando bajo la lluvia, envuelto en su gabardina, es la puntual imagen de la seriedad, de la serena y sabia seriedad que se adivina enraizada, como un viejo algarrobo, en el corazón.

Palabras para el pintor Carlos Mensa [1]

Quizá haya argumentado suficientemente —ignoro con qué fortuna— sobre el tema de la no realidad de los géneros literarios y sus movedizas y muy débiles fronteras, y estoy llegando al punto de rechazar, por inoperante, la ordenación de las artes según las musas y sus máscaras (sus apriorismos y sus apariencias). Pienso que esa fórmula pudo haber sido buena, un día, para los discursos didácticos y los aleccionamientos al uso, pero ya no lo es hoy para el planteamiento riguroso de la clasificación de las huellas del arte, concepto este que también pudiera estar al borde de la quiebra lógica y consecuencia inmediata: su reducción a astillas, es posible que luminosas (opacamente luminosas) y gloriosas (funerariamente gloriosas).

La crítica ortodoxa (?) con muy cicatera y superficial domesticidad, exige que la pintura sea pintura convencional; la música, música convencional; la literatura, literatura convencional, etc., pero no se plantea la cuestión de qué cosa es cada cosa, qué es lo que es cada arte y aun el arte, y dónde nace cada una de las artes y aun el arte. Ovidio caminó muy cerca de la verdad cuando supuso que el arte era ocultar el arte, axioma que nos aproxima más a su noción que todos los tanteos de las preceptivas y las historias.

Ante la pintura de los grandes maestros universales nadie se atrevería a medir y a pesar la dosis de literatura que encierra. Un cuadro del Bosco es (o puede ser) cinematográfico; un cuadro del Greco es (o puede ser) auto-sacramental; un cuadro de Velázquez es (o puede ser) novelesco; uno de Goya, teatral, y uno de Picasso, esperpéntico y (aun meramente, gimnásticamente bufo) sin que por ello sufra su esencia pictórica: eso que queda·más allá (o al margen) de la pura técnica narrable.

Digo cuanto antecede para expresar que no creo en los géneros ni en las parcelas y para confesar mi admiración por Mensa, el pintor que hoy nos recita sus venosas salmodias al oído.

En cada lienzo de Mensa vive —dormido o despierto, que de nada nos vale señalarlo— un poema confuso o una anécdota diáfana, un cuento agazapado como un gato garduño o una farsa estremecedora y sangrienta que nos llena la conciencia de remordimientos. Ante la obra de Mensa importa tanto el qué nos dice como el cómo nos lo dice y, para poder calar en su misterio, quizá fuese preciso sentirse en equilibrio inestable: a un lado, el crimen que reconforta, y al otro, la vacía gloria que también reconforta. El hombre no es más cosa —recuérdese— que un saltimbanqui al que empuja el viento del destino, el viento que nace de la suma de toda la humanidad soplando.

Los húsares y las vírgenes de Mensa, sus prestamistas, sus bizarros homosexuales, sus padres y sus madres, sus locos solitarios y sus cuerdos gregarios, sus amanuenses, sus viciosos frailes y sus niñas con las cabezas nubladas de sueños asesinos, todos tienen su nombre propio (no importa si confuso) y su huella dactilar (no importa si borrosa). La colaboración del espectador debe bautizar e identificar a todos y a cada uno. Atrás quedó ya el tiempo de pintar floreros usando los colores de las flores, esos armoniosos cadáveres.

La pintura es una poesía muda —se dijo— y la poesía una pintura ciega. Este aforismo de Leonardo sirvió para explicar el arte de su tiempo, pero no el del nuestro. Hoy todo es todo: y mudo y ciego, sí, pero también fable (ya no hay arte inefable, pese a los antojos de los poetas) y palpable (ya murió el arte etéreo, pese a las lucubraciones románticas) y audible (ya canta hasta la piedra en el monte, pese a las histerias melódicas).

El menester de Mensa (¿puede hablarse del arte de Mensa?), el arte de Mensa (¿puede hablarse de la pintura de Mensa?), la pintura de Mensa es como un pájaro volando tras el telón de fondo de los párpados, que de repente se siente solo y grita y nos golpea en las más recónditas y pudorosas vísceras, aquellas a las que siempre tiñe la sangre permanentemente sublevada, al igual que una hembra que no conoce el descanso y a la que hay que golpear para que se entregue.

El poeta Schiller confundía el amor con la desesperanza; ante los agazapados y crudelísimos dramas de Mensa, pienso que quizá pueda ser cierto que sólo conoce el amor quien ama sin esperanza. Los dioses no son sino hombres en cueros y de vuelta ya de la esperanza.

1. En el catálogo editado con motivo de su exposición en la Sala Pelaires de Palma de Mallorca en abril de 1975.

Minúscula historia de España contemporánea con Cristino Mallo transparentándose sobre el telón de fondo

Hace ya varios años, más de veinte, publiqué en una revista que se llamaba *Correo Literario* la conversación que entonces tuve con Cristino; más tarde la recogí en mi libro *La rueda de los ocios*, y ahora, al releerla, veo que nada ha cambiado ni envejecido, salvo los cuerpos: que todo sigue igual y lozano y misterioso y que hasta los cuerpos aguantan, que es todo lo que puede pedírseles. Después, harto ya de Madrid y de sus atroces pompas y hueras vanidades, me vine a vivir a provincias y a Cristino lo perdí de vista. No importa, porque Cristino sigue estando donde siempre estuvo, como siempre estuvo; en esto —y en tantas otras cosas y lecciones— Cristino es la flor de la maravilla. Cristino continúa flaco, infinitamente flaco; hierático; adolescente sin remisión posible —con veinte años más, ¿qué son veinte años para el alma de un pájaro joven y eterno?— y luminoso y tímido, resplandecedoramente luminoso y metafísicamente tímido. Cuando nos encontramos, al cabo de estos años pasados, Cristino me dijo «¡hola!», como si nos hubiéramos visto aún anteayer, y me miró con curiosidad; después guardó silencio durante un largo rato y, al final, sonrió como un ángel que se hubiera quedado en la pura espina aguda y transparente.

—¿Y el tío de la escalera?

—Acabó prendiéndolo la policía; eso de pegar carteles subversivos tiene sus quiebras, todos los oficios tienen sus gajes, unos más y otros menos, y al final te sientan delante del Tribunal de Orden Público y te brean, te meten en la cárcel y te descalifican para cargos públicos y otros oficios: guarda jurado, consumero, concejal, tutor de menores, etc.

—Ya. ¿Y aquel torero tan flamenco?

—Se llamaba Olegario Mondéjar, Niño de San Roque II, y fue siempre muy desgraciado; primero se le escapó la señora con un cura, después tuvo el tifus exantemático, se conoce que le picó el piojo verde, y al final —los aficionados dicen que se arrimó más de la cuenta y con los terrenos cambiados— lo mató un toro de Samuel Flores en una plaza de pueblo de la provincia de Ciudad Real, un toro resabiado y que sabía latín, ¡vaya si sabía latín!, ¡más que el cura que se largó con la parienta! El morlaco, que era un cabrón con pintas, vamos, un cabrón girón y cariavacado, le estuvo pegando cornadas más de un cuarto de hora contra las talanqueras y le dejó las tripas sobre el empedrado; algunos cachos tuvieron que despegarlos con manga de riego.

—Ya. ¿Y la mujer de la llave y la escoba?

—¿La portera?

—Sí.

—Esa está en el asilo, con su mala uva; era muy cotilla, ¡ya lo creo que era muy cotilla!, y poco de fiar. La verdad es que no se perdió demasiado retirándola de la circulación; yo creo que los vecinos hubieran preferido verla metida en la petaca de tabla, entre cuatro velas y camino del purgatorio. Ahora, como está en el asilo y no la dejan salir, marea menos; cuando apaña unas pesetas, se las gasta en anís, pero no ruge como antes. Allí no la dejan dar voces; si da voces, le quitan la comida o le sacuden un par de sopapos bien dados, ¡y santas pascuas! Las monjas de los asilos son muy bragadas y pegonas, muy flamencas y echadas para adelante, y no dejan que nadie se les desmande o se les suba a la parra. ¡Pues estaría bueno!

—Ya. ¿Y la niña que juega al diábolo?

—Esa se murió hace tiempo, yo creo que ya te lo dije; a la pobre se le veía en la cara que iba a durar poco, que iba para muerta; tenía cara de muerta en la flor de la edad, como las señoritas que salían antes en el *Blanco y Negro* y en *Mundo Gráfico*.

—¡Ah, sí! No lo recordaba. Ahora, a lo mejor, la niña que jugaba al diábolo, si no se hubiera muerto, estaría casada con un tecnócrata de segunda (antes se les llamaba jefes de negociado) y tendría muchos hijos y hasta nevera y televisión y automóvil utilitario, de esos que pagan pocos impuestos o ninguno, digamos un «600» o un «850; un «124» o un «1430», ya no.

—Sí, lo más probable; lo malo es que se murió y habrá que esperar al día del juicio.

—Ya. ¿Y la costurera que prueba el maniquí?

—Sigue sin novio, la pobre no va teniendo suerte, para mí que le huele el aliento, a lo mejor le huele a bacalao podrido o incluso a rayos, yo no lo sé. Ahora dicen que si se entiende con el pescadero, un maragato de colmillo retorcido que la chulea, pero que también le da gusto: yo creo que hace bien; eso de guardar el virgo para los gusanos, no tiene fundamento.

—Claro. Yo también creo que hace bien. Cada vez hay menos gente que piensa que el virgo es un precinto de garantía, algo así como un esparadrapo. ¿Que tiene el esparadrapo en su sitio? Bien, que pase. ¿Que el esparadrapo lo tiene en el cogote? Que la cambien por otra, por zorrón. ¡Pues estaría bueno!

—Antes, la costurera del maniquí tuvo un novio o medio novio que estaba de escribiente en las pompas fúnebres; era un cenizo muy ejecutivo y de derechas que andaba siempre con un cartapacio de un lado para otro y, como es lo suyo, acabó mandándolo al carajo. Yo creo que también hizo bien.

—Y yo. A los novios cenizos, lo mejor es espabilarlos y darles el canuto para que se vayan a pegar la pelma a otro lado; nunca falta un roto para un descosido, ya se dice, y a rey muerto, rey puesto, y el que venga detrás que arree, que al que no se espabila, ya se sabe: o lo empapelan o le hacen la autopsia.

El mundo de Cristino es manso y abigarrado y de mucha densidad de población, parece la provincia de Pontevedra, es humano y tierno y cachondillo como el de *Fortunata y Jacinta.*

—¿A ti te gusta Galdós?

—¡Coño, claro! Y Baroja. ¡Eso sí que eran novelistas! ¡Caray qué tíos!

—¡Y tú que lo digas!

Cuando menos se piensa, entre los personajes de Cristino sale un caballo que trota en libertad, o anda un caballo sin jinete, pero con silla que hace corvetas elegantes, o galopa un caballo inglés con un jockey pequeñito encima.

—¿Quién es éste?

—No sé el nombre, nadie me dijo cómo se llamaba; era francés y montaba la mar de bien a caballo, con mucho aseo, pero nunca supe cómo se llamaba; a lo mejor lo olvidé, no creo.

—Ya.

Las barrigas y las espaldas de las mujeres, también los culos y las nucas y el tetamen y el caderamen y el muslamen, son piezas muy resistentes y robustas, muy armoniosas y bien calculadas; da gusto pasarles la mano sin mala intención, tan sólo para comprobarlo y sentir alivio. ¿Te acuerdas de don Pablito, el celador de la plaza de los Mostenses, que echaba discursos en cuanto olía el valdepeñas? ¿Te acuerdas de aquello de: «el sentido del tacto, propio de dioses, que se perfecciona en el sentido del parcheo, alcanza muy altas cotas en el sentido del sobo y culmina en el sacrosanto y omnívoro sentido del magreo, peculiar de las civilizaciones más adelantadas»?

—¡Claro que me acuerdo! Hay cosas que no se olvidan nunca; esto de sobar así, a lo tonto, vamos, dejando la mano tonta, es muy emocionante y provechoso, ¿verdad?

—¡Ya lo creo! ¡De lo más emocionante y provechoso que se conoce!

—Al barro también hay que sobarlo; si no lo domas a fuerza de sobarlo, no consigues nada y se te acaba escapando. Las mujeres son muy raras y puñeteras, es mejor el barro, da más confianza; las mujeres no sabes nunca por dónde van a salir: le tocas el culo a una, y sonríe, y a las dos semanas te dice eso de que no hay ni tuyo ni mío; en cambio le tocas el culo a otra, mismo a la de al lado, y te da con el paraguas y empieza a pegar voces como si la capasen y a decirte que vayas a meter mano a tu difunta madre. ¡Qué bestias son algunas! ¡Para mí, que no hay dios que las entienda!

—Sí; muy de entender no son, pero, ¿qué quieres?, hay que conformarse; las cosas hay que tomarlas como vienen.

—Claro; eso es lo que yo me digo. Si no te conformas, es peor y te acaban echando a patadas de todas partes y tienes que acabar cascándotela como un mico. Algunas mujeres tienen mucha fuerza, son igual que los luchadores del pancrace sólo que con menos pelo en la barba. Otras, en cambio, parecen como medio tísicas o medio anémicas y se pasan el día suspirando y venga a suspirar; éstas son las peores, son muy meonas y se pasan la vida meando y exigiendo. Yo prefiro las fuertes, las otras son muy latosas y dicen demasiadas palabras en diminutivo.

—Bueno, la verdad es que latosas son todas, unas más y otras menos, pero todas. Lo que les salva es que están algo buenas, o sea, bastante buenas, y sirven para la cama y para planchar la ropa. Todas no, pero bastantes, sí; bueno, casi todas. Algunas hasta te dan de desayunar café con leche y pan del día anterior, pero tostado, que disimula más. Las hay de banqueta, de silla en la cabeza, de decúbito prono (éstas son muy infieles, pero muy cachondas, y eso compensa), de salto de trampolín (medio locas), de la piscina de El Lago o de Canoe, etc. En la variedad está el gusto.

Antes de la guerra —¡ya estamos con el Viejo Testamento!—, los domingos por la mañana, cuando empezaba a apretar el calor, Cristino y yo y otros amigos (Miguel Hernández, Arturo Serrano Plaja,

César Arconada, que era más viejo, Sánchez Barbudo, Eduardo Vicente, Enrique Azcoaga y algunos más, unos vivos y otros muertos) íbamos a bañarnos a La Poveda, debajo del puente de Arganda; salíamos de la estación del Niño Jesús y llevábamos tortilla de patatas y filetes empanados, de merienda; allí comprábamos cerveza y tomábamos café. El tren era asmático o medio asmático y al pasar por las viñas de Vicálvaro daba tiempo de apearse, mangar un par de racimos o tres y volver a cogerlo en marcha; las chicas aplaudían y uno llegaba con la lengua fuera, pero llegaba. En la otra orilla del Jarama, que traía el agua de color de barro y, a veces, con aroma a burro muerto, había una punta de toros bravos, negros y relucientes que pacían sin mirarnos siquiera. Cuando alguno tenía suerte y le salía un plan se lo llevaba a la dehesa a echarle un par de polvetes con disimulo, entre las retamas o detrás de un peñasco; los toros se portaban mejor que los excursionistas y no tiraban piedras ni boñigas a las parejas que se hacían el amor (así en francés queda más fino) sobre el aromático y santo suelo, pero a veces alguno se encampanaba y había que salir de naja y perdiendo el culo.

—¿Te acuerdas?

—¡Joder, si me acuerdo!

Como entonces aún no se había inventado la píldora, la dehesa quedaba sembrada de gomitas que en seguida se llenaban de hormigas; es eso del principio de Lavoisier, algo parecido al ciclo del nitrógeno.

—¡Aquéllos sí que eran tiempos, Cristino! ¿Te acuerdas?

—¡Joder, si me acuerdo!

La Luisita era bizca, pero tenía muy buen cuerpo y muchas ganas de tomate. La Amparito era todo lo contrario, también estaba buena, pero era romántica y espiritual; le echaba mucho sentimiento al asunto y, después del asunto, lloraba por lo bajo y se quedaba tumbada boca arriba, con el sol calentándole las tetas y la panza y el triangulito; un día dejó de venir porque se hizo novia de un escribiente y ya no le volvimos a ver el pelo. La Lupita funcionaba a lo bestia y después hacía gimnasia respiratoria y daba pasos de ballet muy armoniosos y aéreos; yo la vi la otra mañana en el supermercado, comprando gaseosa; está gorda como una vaca y tiene ya tres nietos, ¡cómo pasan los años! La Lupita leía los libros de la colección *Temas sexuales*, de Martín de Lucenay, que le robaba a su padre: *La virginidad, Deleites sensuales, El arte de hacerse amar*, etc. A mí me los prestaba, a veces, y yo después practicaba con mi prima Rosita, que salió suave, y con Encarna, la cocinera de mi tía Sonsoles, que también tenía mucha afición, muchas facultades.

Los toros de Cristino Mallo son toros jarameños; no hay más que verles el morrillo, que está hecho de la misma carne que la de aquellas mozas cuyo recuerdo Dios bendiga. A los toros jarameños los cantó Lope de Vega en *La gatomaquia*:

> *Cual suele acometer el jarameño*
> *toro feroz, de media luna armado.*

Los toros jarameños murieron triste y anónimamente en la guerra, que no alegre y públicamente en la plaza; a algunas de nuestras novias de entonces les pasó lo mismo, que las despenó un obús, que las dejó sequitas, mismamente lo que se dice sequitas, una granada sin darles tiempo ni a decir ni mu; otras libraron y ahora sacan a pasear a los nietos, cuando van a la compra; si se lo recuerdas, sonríen y te invitan a un vermú o a un helado.

—Ya nada más puedo ofrecerte...

—No, mujer; di que no quieres. Para mí sigues siendo la misma de entonces.

—No; ni tú ni yo, ni nadie, somos los mismos de entonces...

Lo mejor es cambiarles el tercio y beberse el vermú o chupar el helado con disimulo y en silencio; a lo mejor tienen razón, lo que pasa es que no queremos dársela porque somos unos orgullosos presumidos y giliflautas que nos resistimos a envejecer.

La Venus de Milo es manca; unos dicen que nació ya manca, y otro, que la mancó el tiempo; eso es lo mismo. Cristino Mallo modela Venus sin brazos y hasta sin cabeza, unas tumbadas y otras de pie; a mí me parece que las conozco a todas, de los idos y felices tiempos de los baños de La Poveda y los dominicales y emocionantes revolcones a salto de mata.

—Esta, ¿no es la Mari Pepa, la que hacía versos a lo Juan Ramón Jiménez y después se lió con aquel tío que podía ser su padre?

—Sí, ¡qué memoria!

—¡Bah, corriente! ¿Qué fue de la Mari Pepa?

—No lo sé. La perdí de vista y no he vuelto a saber de ella ni palabra; a lo mejor se murió.

—Sí, lo más probable; la gente se va muriendo poco a poco y sin avisar; eso es lo que más asusta, que ni la gente ni la muerte avisen; eso es muy desmoralizador.

Las madres amamantan a los hijos o les dan de comer la papilla que sacan de un vaso con la cuchara, les mudan los pañales cuando se ensucian por encima, los duermen si tienen sueño, les enseñan a andar cuando empiezan a saber echar el pie, juegan con ellos a correr o a dar saltos, y así, sucesivamente; eso es lo que llaman el instinto de maternidad, que es el mismo en las mujeres que en las perras. Por el contrario, los padres —el hombre, el elefante, el conejo— suelen ser más imperfectos y zascandiles y no tienen instinto de paternidad ni de nada: se ponen cachondos al menor descuido, montan a una hembra de su especie, la primera que no ponga muchas ni mayores dificultades y, ¡hala!, a otra cosa. A lo mejor es por esa razón por la que los escultores no los inmortalizan en cueros y con la cría al lado, sino de levita y chistera (al hombre, que a los demás ni eso). Es mal destino el de pasar a la posteridad en bronce y de levita y chistera: cuando hay orden público, los niños y los perros les orinan la pierna y llega la revolución, los revolucionarios los tiran de la peana abajo atándoles una soga a la garganta y también se quedan como si tal cosa, algo más roncos, pero como si tal cosa.

—Y ésta, ¿no es la Inesita, la novia de Tomás, que guardaba sellos para las misiones y tenía una tía ciega y otra tortillera?

—Sí, ¡qué tío!, ¡qué memoria!

—¡Hombre, algo hay que tener!

—La Inesita vive todavía; cuando Tomás se murió en el penal del Dueso, el año 41 ó 42, la Inesita, que estaba ya muy harta de tanto aguardar, se puso novia de un chico que era practicante y se casó con él. Ahora vive en un pueblo de Zamora y, según me dicen, no es más desgraciada de lo corriente. Antes de la guerra, cuando lo de los sellos para los chinos, estaba muy buena, ¿te acuerdas?, y tenía un retozar alegre y prolongado; a mí me parece que estas chicas así no deberían casarse nunca, no valen para casadas porque, o matan al marido, o se tienen que tragar las inclinaciones y hacer un nudo en el corazón y otro donde puedan. Eso de que la naturaleza es muy sabia, es una mentira que no se la salta un galgo; la naturaleza no es ni sabia ni tonta, hace lo que puede y va a remolque de las vidas de cada cual. Las personas tampoco hacen lo que quieren sino lo que los demás les dejan, y así marchan las cosas: a trancas y barrancas y sin que las entienda ni Dios. ¿Tú las entiendes?

—No; yo no. La verdad es que yo no las entendí nunca.

Cristino es un novelista que, en vez de tinta o máquina de escribir, usa barro, que es material más antiguo y también más noble; la tinta y no digamos la máquina de escribir, encierra mucha vileza y ruindad. Cristino es un adolescente sesentón que no cambia: madura. Por fuera es el que siempre fue; por dentro es el que también siempre fue, sólo que —cada día que pasa— más hondo y preocupado. En el arte, la perfección no es una meta sino una consecuencia, y Cristino lo sabe o lo adivina, eso importa poco. En el arte se procede por hallazgos, no por búsquedas, y Cristino también lo sabe. Amasando barro se descubren mundos sin límite, mundos bellísimos y misteriosos por el que vuelan pájaros delgados, espirituales y veloces, pájaros que se fingen agujas y pensamientos y que florecen en la yema de los dedos del alma. El barro se amasa como el pan, con entusiasmo; como la propicia carne de la mujer, con entusiasmo y con violencia y con una saludable congoja. Borramos con una esponja las sombras que pueblan los corazones y entonces nace el amor. El amor no es una ideación, un fantasma, sino una realidad que puede tocarse con la mano, una figura que tiene forma y peso y consecuencia; lo que no tiene, a veces es nombre propio.

—¿Te acuerdas de Soledad, aquella muchacha que escupía sangre en la Rosaleda del Retiro?

—Sí, pero no quiero acordarme.

Jamás es público el dolor verdadero, el dolor que se expresa a espaldas de los curiosos testigos impertinentes. Haces una cara de mujer en barro, le inventas un instante amoroso, te enamoras de ella, la increpas porque no estás seguro de ser correspondido, le escupes y la destruyes a martillazos: esto es el arte, algo bastante parecido al amor, algo que es hermano del amor —y del dolor, y del sabor, y del olor.

—¿Te acuerdas de Soledad, aquella muchacha a la que tanto amaste?

—Sí, pero no quiero acordarme.

Se ama el amor y se representa en barro efímero, no se ama el objeto de amor (la mujer que va por el aire, por ejemplo) que se finge en materia definitiva. Dios hizo al hombre de barro, no de bronce. Se ama por amar, no por causa otra alguna, porque el origen del amor es el amor, el fruto del amor es el amor, el fin perfecto del amor es el amor y después no queda ya más que la muerte: la negación del amor, que es bestia voraz que no se nutre de recuerdos.

—¿Te acuerdas de Soledad, de cómo sabía, de cómo olía?

—Sí, sabía a chocolate, olía a sudor fresco, pero no quiero acordarme.

Aquella mujer no era una rosa, pero, en el lecho de muerte más de uno y más de dos hombres estaríamos dispuestos a jurar que era una rosa. Por encima de los tejados vuela una golondrina solitaria, a lo mejor es el eje del paraíso y nadie lo sabe; los ángeles son seres casi todopoderosos que pueden disfrazarse de golondrina solitaria o de lo que quieran. Cristino modela el mundo que le rodea, el mundo que palpa y ve, sin desertar de su condición de hombre, sin caer en la trampa de la huida del hombre que huye, angélico y despavorido, del hombre; para Huxley la más vil traición que puede cometer el artista es la de pasarse al bando de los ángeles.

—¿Te acuerdas de que lloraste en el entierro de Soledad?

—Sí, pero no quiero acordame.

Cristino y yo nos metemos en un café a tomar una copa de coñac. Hace frío y el coñac entona el cuerpo y da calor a la naturaleza.

—¿Tienes frío?

—Sí.

—¿Estás triste?

—Sí.

—¿Te quieres morir?

—No; eso no.

Ahora resulta que no puedo evitar el recuerdo de Soledad: era graciosa y triste, amorosa, pero siempre con frío, y al final se murió.

—¿Verdad que sabía a chocolate?

—Relativamente.

—¿Verdad que olía a sudor fresco?

—Relativamente.

El Retiro está lleno de gatos bravos, de gatos sin amo, que por las noches caen sobre la ciudad a reventar cubos de basura; se conoce que el hambre les da muchos arrestos.

—Aquel día que Soledad escupió sangre en la Rosaleda, tú te asustaste mucho.

—¡No es cierto!

—Di lo que quieras, pero sí es cierto; ella fue

quien me lo dijo. También me dijo que la besaste en la boca, para que viese que no tenías aprensión, y que te quitaste la chaqueta, para abrigarla.

—Bueno, eso también lo hubieras hecho tú; eso es algo que se le ocurre a cualquiera, no tiene mayor mérito.

—El padre de Soledad jamás supo que la hiciste muy feliz, ¿te acuerdas?, en aquel pisito de la calle de Mendizábal. El padre de Soledad te hubiera agradecido que se lo dijeses, pero tú no quisiste decírselo.

La historia de España contemporánea es muy confusa y Cristino Mallo lucha por desvelarla; lo que pasa es que ninguno sabemos hacerlo: ni Cristino, ni yo, ni menos aún los historiadores, claro. Hasta en la locura hay un método con arreglo al cual se procede; lo difícil es dar con la clave; a lo mejor es un numerito muy sencillo, pero hay que conocerlo: el 3, el 7, el 107, nadie lo sabe. Sobre el cadáver de Soledad debemos correr un velo de olvido y de silencio; es mejor que la represente Cristino Mallo con barro; el barro es menos falaz y menos mentiroso que la tinta, ya lo dije. Esto de escribir es mal oficio, es menester que pueda llevar de la mano hasta la misma linde de la falacia y la mentira. Sobre el cadáver de Soledad debemos dejar caer la tierra del camposanto a paletadas. Descanse en paz. ¡Qué cómodo es desear descanso a lo que jamás puede fatigarse!

—¿Te acuerdas de Irene, que era vicetiple del Martín y después se fue monja?

—Sí que me acuerdo.

—¿Y de Begoña, la señorita raquetista del Chiki-Jai?

—También.

—¿Y de Clara, que tocaba el piano y padecía de juanetes?

—También.

—¿Y de Marujita, la manicura de la peluquería Jean?

—También.

—¿Y de Angelita, la que se escapó con aquel cajero del desfalco?

—También.

—No te olvidas de ninguna.

—No; a mí no me gusta ser ni olvidadizo ni silencioso.

La mano de Cristino es, como la boca de Racine, el intérprete de su corazón. La mano, la boca y el corazón son tres herramientas sublevadas, tres herramientas difíciles de sujetar y de domeñar. Cristino guarda silencio con la boca y dice con la mano lo que el corazón le dicta. La armonía de la figura que sale de la mano no es sino el reflejo, a veces pálido y en ocasiones refulgente, de la armonía que habita el corazón. Aquí sí que no hay clave misteriosa, aquí todo resulta fácil de explicar, o al menos, de ver.

—¿Te acuerdas de Matilde, que era tan buena hija?

—No, de ésa no me acuerdo.

—¿Y de Julita, la que vivía en la calle de la Morería?

—Tampoco.

—Pues no me lo explico, porque tú bien que te la trajinabas en la escalera de su casa.

—¡Ya ves!

—¿Y de María Antonia, que era medio virago y jugaba al billar?

—Tampoco.

—¿Y de la Chuchi, que te regalaba tabaco de pipa?

—Tampoco.

—¿Y de Asunción, la modelo del Círculo de Bellas Artes?

—Tampoco.

—¿Y de su hermana Marlén, que estaba de tanguista en La Cigale?

—Tampoco.

—No te acuerdas de ninguna.

—No; a mí no me gusta ser memorión ni bocazas.

Cristino y yo salimos a la calle, después de tomarnos la copa de coñac. Hace frío y pienso que las mozas de minifalda deben llevar la entrepierna como un témpano, ¡qué horror, qué grima! Un perrillo doméstico se cisca en el alcorque de una acacia mientras un criado con cara de oveja aficionada a los conciertos espera a que termine. ¡Así da gusto! Los automóviles ya no caben y los conductores se insultan unos a otros, sin entusiasmo: se llaman cabrón unos a otros, pero sin entusiasmo. Antes, la gente se pegaba más. La ira necesita ser compartida, precisa descargarse sobre alguien; la alegría no: la alegría puede llevarse a solas como el dolor de estómago, pero por otro camino. La gente de la cola del autobús, ni habla ni se mira; la gente de la cola del autobús no tiene prisa por llegar a su casa, a lo mejor teme llegar a su casa, pero lo está deseando: es la inercia, después vienen los hijos aburridamente y uno detrás de otro. Te calenté las zapatillas. Gracias. Nadie se atreve a decir: pues te las metes por el culo, calientes y todo, lo que yo quiero es partirte la boca, por pelma, que eres una cursi y una pelma, y devolverte a casa de tu madre, ¡estoy harto de que seas tan hacendosa mientras yo me descuerno! La inercia es mala consejera y, al final, cría granos, le llena a uno de granos y de forúnculos, de diviesos y hasta de golondrinos; lo malo de la inercia es que es inevitable, es una ley física inevitable. Te agradezco mucho que me hayas calentado las zapatillas, en la calle hace mucho frío. No tienes nada que agradecerme; es lo menos que puedo hacer por ti, con lo que te matas a trabajar para los nenes y para mí. ¡Coño, con la vida de hogar y de familia! (Eso no se dice, se piensa.) ¿Qué tenemos de cena? Sopa prisa y chicharros fritos. ¡Pues qué bien! Oye. Qué. ¿Sabes que la nena no ha hecho su caquita? No, no lo sabía; ponle un perejilito. ¡Anda, pues es verdad! Claro, mujer, claro que es verdad; ya se te podía haber ocurrido a ti sola. ¡Ay, hijo, eres un cardo! Bueno, pero con las zapatillas calientes. Sí; eso, sí. Séneca decía que no hay servidumbre más vergonzosa que la voluntaria.

—A mí me parece que Séneca lo dijo casi todo.

—Pues, sí; Séneca tiene fama de listo y, ya se sabe, cuando el río suena...

—Claro.

Cristino mecha (o trufa) el barro con alambritos para que no se le venga al suelo; debe ser muy difícil esto de representar la vida y el movimiento en barro que se tambalea al primer soplo o que se cae al menor calentón. En la Biblia se recomienda andar a bastonazos con los hijos; la Biblia da consejos muy prácticos para acabar con la familia, para que cada cual se vaya por su lado y, si te he visto, no me acuerdo. Cristino coloca ánimas de alambre a sus criaturas para que no se le desbaraten, ni se le desfiguren, ni se le echen a perder; cuesta mucho trabajo poblar el mundo y, con eso de leer la Biblia y seguir sus violentísimas enseñanzas, debe andarse con cuidado. Los escultores arropan al barro de sus figuras con paños húmedos, con trapitos mansamente flexibles, acogedores, amables; el barro que se cría en los barrancos y en las hondonadas de la tierra precisa un tratamiento de mucho mimo y caridad, de mucha y muy cautelosa misericordia; el barro es vengativo como una flor y, sin agua, el barro se cuartea, la flor se aja y, al final, los dos se mueren: abrazados y en silencio (o pegando gritos) como los jóvenes amantes suicidas. Cristino sabe tratar el barro con delicadeza, se le ve en la cara y en la sonrisa, cuando sonríe a solas y sin que nadie le vea. A lo mejor, la delicadeza no es un sentimiento sino una sabiduría. El sentimiento es manantial de la sabiduría, pero no su único manantial. El sentimiento es ciego, pero se orienta bien y sin ninguna cautela, con mucho valor; la sabiduría es siempre o coja o manca y, para colmo, cobarde. Cristino sabe tratar el barro con sentimiento y jamás se confunde: aquí, más humedad; aquí, una caricia con la espátula; aquí, con un dedo, y así sucesivamente. A Cristino le nace el mundo de sus criaturas en la palma de la mano, entre los dedos de la mano, en la esquina de cada uña de cada dedo de la mano, de cada mano: la derecha para manejar la herramienta, la izquierda para aguantar el pitillo. Los escultores, como los grandes amadores que pasaron a la historia por su conducta, deberían tener tantas manos como tentáculos tienen los pulpos: ocho, uno por cada uno de los siete pecados capitales, y el octavo, de pecado sobrero.

—¿Tienes frío?

—No; ya se me va quitando.

—¿Estás triste?

—No; la verdad es que no mucho.

—¿Te quieres morir?

—A veces pienso que sí, que me quiero morir, pero después me tomo un café caliente, digo que no, que no me quiero morir, y cobro fuerzas para seguir aguantando.

Soledad tenía una hermana, también tísica, que se llamaba Almudena; yo tampoco me acuerdo de Almudena, vamos, quiero decir que casi no me acuerdo. Hace ya muchos años, llamé a la memoria la fuente del dolor; desde entonces, cada vez que rebusco algún recuerdo en la memoria, me duele un pliaguecito del alma: los oídos, o el hígado, o una muela del alma.

—¿Te quieres morir?

—¿Por qué me lo preguntas?

—Por nada, simple curiosidad. ¿Nos tomamos un café?

—Bueno.

Cuando no se sabe cómo encontrar la mar, con sus tinieblas, lo mejor es dejarse ir con la corriente de un río, no importa de qué río. Cuando no se sabe cómo huir de la muerte, con sus brumas de flecos de purpurina, lo mejor es dormirse abrazado a una mujer, no importa qué mujer, basta con que no te ponga en la calle para que te mueras a solas y te quedes con los ojos abiertos como un lagarto. Hay mujeres que encierran mucha ignorancia y crueldad, pero también las hay que son clementes y habitables como el aliento del ganado, se les ve en la alegría y en la condescendencia.

—Yo creo que es mejor no morirse y seguir trabajando.

—Sí; quizá tengas razón. Lo malo de morirse es que la muerte no tiene marcha atrás y, claro, los demás se alegran.

—Eso digo. Lo mejor será que nos tomemos un café.

El padre de Soledad no supo que también hice muy feliz a Almudena en aquel pisito de la calle de Mendizábal; me hubiera agradecido que se lo dijese, pero se murió cuando yo estaba cobrando fuerzas para decírselo. Nadie tiene la culpa de que la gente se muera antes de tiempo.

—Este café es una mierda.

—Bueno, pero está caliente.

—Sí; eso, sí.

El frío por dentro es todavía peor que el frío por fuera; éste cría sabañones, pero aquél hace agujeros en el alma, rotos y descosidos que después no hay quien sepa zurcirlos, ni las monjas saben zurcirlos, ni las gitanas, ni las viudas, ni las chinas, ni nadie. Se recuerda con los cinco sentidos corporales y son cinco los chorros de la memoria, esa próvida fuente de dolor. Amparito, tumbada boca arriba, tomaba el sol desnuda, que yo la vi. Soledad, escupiendo sangre en la Rosaleda del Retiro, olía a sudor fresco y sabía a chocolate, que yo la olí y la gusté. Mari Pepa, recitando sus versos a lo Juan Ramón Jiménez, sacaba una voz opaca muy incitadora y amorosa, que yo la oí. Todas juntas tenían el palpar reconfortador y hospitalario, que yo las sobé a todas, gracias a Dios, con esta mano que se ha de comer la tierra; sus hijas, seguramente, también tienen el palpar restallante, esto se hereda, pero yo llegué tarde —¡hay que conformarse!— y no se dejan acariciar.

—¡Ande allá, tío camándula, vaya usted a meter mano a la otra generación!

Cuando la herramienta se oxida, la vista es la que trabaja; esto se puede decir de cada uno de los cinco sentidos corporales, lo malo es la renunciación y, para defenderme, no renuncio a nada, ya se encargarán los demás de irme haciendo renunciar, poco a poco, a todo: a mí y a cada hijo de vecino, que en este bajo mundo nadie se libra del choteo y de las exequias que los demás propician. Amén. Algunos dicen bacarrá, que viene a ser lo mismo: apaga y vámonos.

En el limbo, las niñas que juegan al diábolo peinan la mata de pelo ralo de las niñas que murieron de meningitis; es un espectáculo más aleccionador que conmovedor, algo que pertenece más a la historia del derecho administrativo que a la historia sagrada.

—Se parece un poco a la mujer de Lot.

—Sí, ya lo había notado; alguien me dijo que eran medio parientes.

En el limbo se practican costumbres muy desusadas y curiosas; los sabios se ocupan de desentrañarlas. El hombre de la escalera todavía no llegó al limbo, aún le falta algún camino por recorrer, algún cartel subversivo que pegar, alguna que otra paliza que recibir. Cuando llegue al limbo, al hombre de la escalera lo destinarán al negociado de recepción para que sea humilde y siente cabeza, que buena falta le hace.

—Sepa usted que aquí no está permitido pegar carteles, como no sean turísticos.

—No me coge de sorpresa, allá abajo pasa lo mismo.

—Bien, firme el enterado.

—Sí, señor.

El practicante del limbo se llama Palemón y es el primo pobre de los santos sanadores Cosme y Damián. Palemón no es un científico sino un empírico y suple con maña y experiencia la falta de estudios. El practicante del limbo reconstruyó bastante bien los despojos de Olegario Mondéjar, Niño de San Roque II, que no pudo volver a los ruedos (en el limbo no hay ruedos, están prohibidos), pero que vale para vender peladillas y almendras garapiñadas (en el limbo hay lo menos cien expendedurías de peladillas y almendras garapiñadas, que son productos estancos). Cristino lleva ya muy adelantado su censo de población del limbo.

—¿Vas a meter a muchos inocentes?

—Quizá sí, el limbo está más lleno de lo que la gente cree; lo que pasa es que abultan poco porque suelen estarse muy quietecitos.

Por el paseo de Recoletos cruza una señorita con andares de contrariedades amorosas.

—Es guapa.

—Sí; pero está escocida, no hay más que verla andar. A estas señoritas que andan cuneándose, tas, tas, de un lado para otro como las gacelas, no suelen irles bien los asuntos privados, todo el mundo lo sabe.

—Ya. ¿Tú crees que tiene cara de terminar en el limbo?

—Pues, sí; lo más probable.

—¿Y le falta mucho?

—Eso no puede saberse nunca, igual se enfría el mes que viene, de un hartazgo de salchichón, que dentro de treinta o cuarenta años, de soledad y de frío; esto de las fechas de cada uno es muy misterioso y confundidor, fíjate que el personal anda siempre muy desorientado y sin norte, por eso se muerden unos a otros y murmuran y se meten en los cines de sesión continua a darse achuchones por caridad. La gente está demasiado sola y tiene miedo. No es que unos tengan miedo a la soledad, y otros a la compañía. No; la gente tiene miedo a la soledad y a la compañía, todo al tiempo. La gente mete ruido, mucho ruido, para pintar la soledad de sepulcro blanqueado. Si nos ahogamos, que nos ahoguemos todos. Si estamos solos, que estemos solos todos.

En el limbo, el maragato de pistón y cuello vuelto que se beneficia a la costurera del maniquí, vende chirlas para la sopa y pescadillas a los ángeles guardianes. Los domingos y fiestas de precepto, los ángeles guardianes se visten de húsares de la princesa y comen sopa de chirlas y pescadilla frita, pescadilla que se muerde la cola; es muy gracioso verlos, con su seriedad y su circunspección, paseando de un lado para otro sin ningún disimulo.

—El maragato se parece un poco a San Cristóbal, ¿no crees?

—Sí; no es raro, porque los dos son judíos. Alguien me dijo que incluso eran medio parientes, yo no pude aclararlo.

Como en el limbo están desterrados los deleites carnales, en el limbo no hay ni mundo, ni demonio, ni carne, la costurera que prueba el maniquí alejadas ya de su mente las ideaciones pecaminosas, se entretiene en pegar botones en las braguetas de los húsares.

—Nunca peor.

—Eso es lo que yo me digo: nunca peor.

Una brigada de húsares encontró debajo de la cama de la portera un alijo de botellas de anís.

—¿Cómo se lo explica?

—De ninguna manera, señor brigada; esas botellas de anís no son mías, no las he visto jamás de los jamases. Para mí que fue un mal querer; para mí, que alguien las metió debajo de la cama para comprometerme. Le juro que no son mías.

El brigada de húsares se retorció el mostacho de los domingos y fiestas de guardar.

—¿Sabe usted que en el limbo está prohibido jurar en vano?

—Sí, señor, sí que lo sé.

—¿E insiste usted en su actitud?

—Sí, señor, insisto.

—Bien, ¡qué vamos a hacerle! Puede usted beberse el anís, lo único que le ruego es que evite el escándalo.

—Sí, señor, descuide; me lo beberé, a puerta cerrada y sin dejar ni gota, con el pescadero maragato, se lo juro.

—Destierre usted esa fea costumbre de jurar a cada paso y por un quítame allá esas pajas.

—Sí, señor.

—Oiga, otra cosa. El pescadero maragato, ¿no es propiedad de la costurera del maniquí?

—Sí, señor, pero me lo presta.

—¡Ah! Eso es cosa de ustedes.

Cristino Mallo no es partidario de encender la estufa cuando trabaja, con su infinita paciencia, con su infinita sabiduría, en el estudio. El frío, por fuera, es hasta saludable y no requiere mayores avisos ni precauciones; el malo es el otro, el que se cuela en la conciencia y la va secando, poco a poco y sin que nadie se dé cuenta, como un cardo o como un crisantemo.

—Yo me pongo a trabajar y, cuando no aguanto, lo dejo.

—Sí, igual que aquella vez, ¿te acuerdas?, hace ya más de veinte años.

Cristino vuelve a sonreír por lo bajo y disimula.

—Ahí las tienes a todas; míralas bien, tampoco tienen frío. La mujeres desnudas envejecen menos que las mujeres vestidas; las mujeres desnudas no envejecen, se quedan siempre como estaban y sobre ellas no pasa el tiempo. A los caballos les sucede lo mismo...

Un caballo al paso, una mujer, un recuerdo que nos golpea los párpados de los casi luminosos ojos del alma, un caballo al trote, otra mujer, un temblor que nos sobresalta el pulso de las casi latidoras venillas del alma, un caballo al galope, otra mujer más, un silbido suave que nos acaricia los casi deleitosos oídos del alma, y así hasta el final y sin parar jamás. ¿Para qué parar? Ya nos pararemos solos, cuando nos llegue la hora, o ya nos pararán los demás, cuando no sepan sujetar el antojo. La gente es muy antojadiza y, a veces, desea la muerte a quienes andamos por la calle.

Cristino Mallo, a contrapelo de Horacio, no cesa jamás en sus esfuerzos por ver dónde florece la última rosa, cómo florece la última rosa intensa y delicada.

—¿Te acuerdas de Isabel, la de la horchatería?

—Sí, era como una rosa.

—¿Te acuerdas de Nati, la de los ascensores?

—Sí, era como una rosa.

—¿Te acuerdas de Chelo, la que cantaba tangos en Satán?

—Sí, era como una rosa.

La rosa tampoco es una meta; la rosa no es más que un paso al frente con la cabeza levantada y el vientecillo fresco dibujando acariciadoras y despejadoras filigranas en la pelambrera. Algunas, aquellas que tropiezan con Cristino en su senda, nacen, y siguen y seguirán viviendo, por los siglos de los siglos, en el barro con el que Dios hizo al hombre y el hombre al cántaro y la albornía.

La escultura se hace quitándole al barro, a la piedra, al bronce, todo lo que habían robado al aire, devolviéndole al aire lo que era suyo. La forma y el espíritu que da vida a la forma están ahí, no hay más que desvelarlos a fuerza de sobar y sobar. Cristino, a medida que el aire va volviendo a lo suyo y la figura nace, sonríe igual que la lluvia, mansísimo e implacable, y después, con los ojos entornados y las manos en los bolsillos como un dios cesante, mira por la ventana para seguir viviendo el aire y sus dibujos. Aristófanes suspendió su espíritu del aire, confundió su pensamiento con el aire, y acabó poniendo en claro las cosas del cielo. Si se piensa, acaba por descubrirse que ésa y no otra es la función —y el premio— de la escultura. Cuando los dioses se marchan con el sol que cae, mueren las formas y no vuelven a cobrar nueva vida hasta que el sol nace a la mañana siguiente.

—¿Te acuerdas de lo jóvenes que éramos cuando tomábamos el sol en La Poveda?

—¡Ya lo creo que éramos jóvenes! Pero yo me conformo, ¡qué quieres!, con poder contarlo. Lo peor es cuando la muerte se cruza, te corta la cuenta, ¡zas!, con su cuchillo de monte, y te manda a criar malvas al pudridero.

—Sí, eso es bien verdad.

Cristino, mirando con el mirar perdido, parece un faquir que ni siquiera respira.

—Bueno; menos la muerte. Aquellas chicas eran maravillosas, tú también te acuerdas, unas por una razón y otras por otra, pero las que se fueron muriendo también se van olvidando; eso no hay quien lo evite. A veces pienso que es mejor que las cosas sean así y no de otra manera.

—Puede.

—A mí me estremece pensar en la cantidad de muertas que besé.

—Y a mí, no creas. Y quiero evitarlo, pero no puedo. Algunas noches sueño con ellas; las veo siempre vivas y las noto tibias y, cuando me despierto, me da mucha pena y también me remuerde la conciencia. No tengo la culpa, pero me remuerde la conciencia.

La escultura se hace quitándole al recuerdo, al sentimiento, a la conciencia, todo lo que le habían robado al aire, devolviéndole al aire lo que era suyo y estaba lleno de aire. La forma y el alma de la forma están ahí, no hay más que. descubrirlos a martillazos, igual que se ama.

Mari Pepa se murió (lo más probable, de eso no estoy seguro) y su sitio se rellenó de aire. Soledad se murió y en su sitio silba el aire que viene del Jarama. Almudena, la hermana de Soledad, se murió y su sitio lo fue barriendo el aire. Ahora hay más gente, eso lo sabe todo el mundo, pero el sitio de los muertos no lo ocupa nadie, se queda vacío para que el aire pueda correr como un lobezno.

—¿Nos tomamos otro café?

—Sí, será mejor.

El poeta Paul Valéry se dio cuenta, una mañana que se asomó a un alto balcón, de que los hombres de las ciudades se alimentan de humo. Con humo también pueden hacerse esculturas, pero sería triste pensar que el sitio que dejan los muertos se tupe de humo y no de aire. Aristófanes no hubiera suspendido su espíritu del humo, ni hubiera confundido su pensamiento con el humo. Abramos las ventanas de nuestro corazón, Cristino, de par en par al aire.

—Sí.

Desde aquellos tiempos y aquellos chapuzones en el Jarama, han pasado treinta y siete o treinta y ocho años, quizá cuarenta; Nuestro Señor Jesucristo y Garcilaso de la Vega, John Keats y Lord Byron, Shelley y Lermontov, Rimbaud y Puschkin, Larra y Gustavo Adolfo Bécquer, el conde de Lautreamont y Federico García Lorca y Miguel Hernández, duraron menos; también durante este calendario que se fue ya para siempre, cayeron sobre España y sobre los españoles chuzos de punta y borrascosas nubes de oprobio y de calamidad. Algunos nos salvamos porque tuvimos suerte, eso nunca se sabe, pero a otros se le volvió el santo al tumulto. Esto de la historia de España, de la mayúscula y de la minúscula, es algo muy confuso y mesiánico, algo muy enloquecedor y zurrador, y el cuerpo cuando aguanta, aguanta, mal que bien, pero el país se destruye, se vuelve horro y estéril y se va quedando, poco a poco, a la zaga del mundo.

—¿No te da pena?

—Sí; mucha pena porque éste es un hermoso país, muy variado y entretenido. Lo malo es que la gente se va porque no se gana lo bastante, eso tiene mal arreglo.

La escultura es la más pura de las artes, es la escueta forma en cueros que acaba devorando hasta la materia misma que la representa. Cristino, transparentándose sobre el telón de fondo de la minúscula historia de España contemporánea, lleva hasta su última maduración el pensamiento de Schiller.

—¡Anda! ¡Pues yo no lo sabía!

—Ni falta que te hace.

Las galernas pasan azotando la costra del mundo, la costra de la tierra y de la mar, y el arco iris, pálido y bien dibujado, vuelve a pintarse en el cielo con sus siete colores. Al cabo de los treinta y siete, de los treinta y ocho, de los quizá cuarenta años pasados desde aquellos tiempos ya idos para siempre y aquellas emocionantes aventuras que ya no volverán a ser, Cristo, por encima de las galernas y los arco iris, sigue donde estaba, donde siempre estuvo y como siempre estuvo: a solas con su sabiduría, con su barro perplejo, con su delgadez histórica, su propio hieratismo y su nube de personajes a los que se les pinta el azar en la expresión, el amor y el dolor en el mínimo gesto que implora la clemencia porque —a la vista está y, el que lo dude, que siga mirando— declaran que jamás ninguno rompió un plato.

No; no es con ira, que es con misericordia, como Cristino trabaja y sopla donaire en el corazón de sus criaturas. El barro de la ira se agrieta, la piedra de la ira vuela por los aires a impulsos de la honda, el bronce de la ira retumba en la granada que rompe las vidas y el paisaje. A pacientes singladuras de misericordia, Cristino ha levantado su mundo de hombres y de mujeres y de animales, cada uno de ellos con su novela resignadamente, gloriosamente, a cuestas.

Ahora, a los postres de este frugal banquete, brindo por mi viejo camarada Cristino Mallo y por lo que es suyo y de todos nosotros, los mirones de buena fe no nos cansamos de mirar el mundo nacido de su certero pulso. Sólo quisiera pedir a quien leyere, que hiciera buenas aquellas palabras del también misericordioso Miguel de Cervantes: A un brindis de un amigo, ¿qué corazón ha de haber tan de mármol que no haga la razón?

Libros de viajes

El libro de viajes, considerado como menester literario, no es sino el cuento a la pata llana, lo que se ve tras el andar de arriba para abajo y el deambular de un lado para otro. Nada hay más difícil de entender, por lo común, que aquello que, de puro diáfano, no se llega a saber de qué color se pinta.

Mejor que a la novela, correspondería al libro de viajes el lema stendhaliano (que tampoco era de Stendhal) del espejo que se pasea a lo largo del camino, pintando sus baches, sus vericuetos y sus bonanzas. No es así entendido, sin embargo, por todos sus relatores y lectores, con lo que la nitidez del cuento viene a quedar empañada, más frecuentemente de lo necesario, con nubes y barrillos de los órdenes más varios. En los libros de viajes sobre todo lo que «no está ahí», pregonando su vida, su estertor, o su muerte: que el mundo —nadie lo olvide— jamás calla.

El libro de viajes presenta una semejanza cierta con la vida misma y, como a ésta, le suele acontecer el mismo mal: su falta de pureza, que le añade tedio y aburrimiento.

Son pocos los escritores viajeros que se limitan, como debiera ser mandado, a dejar constancia de lo que ven y lo que oyen, lo que sienten y lo que huelen, lo que palpan y lo que saborean. Es éste un género notarial, un acta sigular de fe, en el que hay que obrar por exclusión, podando aquí y rozando allá, limando éste o el otro saliente, preocupándose tercamente, obstinadamente, por no salirse del campo acotado, sí, pero amplísimo e inmenso de que se dispone y por el que se puede trotar y agonizar.

Es frecuente en los libros de viajes el contaminador intrusismo, el fiero —e inútil— asalto a los ámbitos de otras literaturas y otros diversos saberes. La historia y la sociología suelen ser los dos cuerpos extraños que más frecuentemente se fijan, para desvirtuarlos, sobre los libros de viajes y sus páginas de caminar y decir. El viajero —una vez la pluma en la mano— olvida con frecuencia que sólo la geografía puede servirle, en determinadas y muy concretas ocasiones, de auxiliar y espolique, de lazarillo y aun de mentor.

Lo mismo que el corresponsal que, en vez de contar lo que pasa en el mundo o en su corazón, dogmatiza, y en lugar de dar versión de primera mano de los hechos y las noticias y los alientos de que puede ser testigo o actor, se obstina en escribir filosofías y políticas, así el escritor viajero suele caer en la tentación —y, ¡ay!, en el peligro— de hacer economía política, o ensayo metafísico, o títeres, con lo que sólo debe ser honesta y literaria exposición de aquello que pasa ante sus ojos (o ante su sentimiento) y que literariamente también se ha de interpretar y decir. Ignoran muchos escritores viajeros obstinados en dejar de serlo, como debe ser (esto es: en cueros y con la verdad por delante), que la interpretación histórica o sociológica, o económica, o política, del dato escueto que ellos deben aportar, si saben, es cosa, no suya, sino de los historiadores, los sociólogos, los economistas y los políticos, que no son mejores, pero sí son otros y distintos.

El fracaso de la pureza de los géneros literarios viene marcado, por lo común, no por impericia o falta de preparación en quienes a ellos se dedican, sino más bien por todo lo contrario: por el exceso de querer abarcar lo ajeno, por el prurito de intentar lo que no es posible, por la obstinación en olvidarse de que las literaturas, las artes y aun los oficios son, quizá afortunadamente, inmutables y suficientes al hombre y a sus anhelos.

Escribir un libro de viajes es empresa difícil y elemental, algo así como poner un par de banderillas, que a ningún banderillero asusta pero que a todos preocupa. Quien ahora pone en orden estas líneas preparó —ya el tiempo ido— no pocos libros de viajes por el mosaico de paisajes, de razas, de costumbres, de bendiciones de Dios y de improperios que llamamos España. Quien hoy escribe estas palabras viene pensando, desde hace bastantes años ya, que la dificultad mayor de esta clase de libros es su misma elemental evidencia. Al margen de las estadísticas y de los censos —y de sus científicas y falaces consecuencias—, y al otro lado de la historias locales y universales y de los índices de las bibliotecas de los conventos y los ayuntamientos, este honesto y errabundo divagador de los viajes —servidor de ustedes— sigue creyendo que lo que hay que reseñar no es lo que sobra sino lo que falta, aquello precisamente de lo que nadie suele querer ocuparse: el aroma del corazón de las gentes, el matiz de los ojos del cielo, el sabor de las fuentes de las montañas y de los manantiales de los valles, el suspiro de la moza amorosa y el hambre y sed de justicia del hombre que trabaja, de la mujer que pare, del niño que no se explica demasiado la causa de su última e infinita tristeza.

Con la mochila al hombro y una paz infinita en el corazón

> Nothing canbring you peace but yourself.
>
> EMERSON

Se camina con la mochila al hombro y —si se puede— también con una paz infinita en el corazón. Después se escribe descabalgando la mochila, pero no la paz: después se escribe descinchado y en cueros, para mejor sentir la tenue caricia de la paz. La fórmula es fácil y a veces (o a la larga) imposible; también es fácil vivir y a veces (y a la larga) la gente se muere y de ella no queda, incluso por encima del recuerdo, sino el propósito.

—Déle usted muchos recuerdos a su difunto marido, señora.

—Muchas gracias, caballero, pero de mi marido no resta ya sino el buen propósito, créame.

Sí; se camina, pian pianito, con la vida a los lomos y el mirlo de la paz silbando valses y polonesas en el eterno y frágil organillo de achulado manubrio del corazón. Los mundos giran y se gobiernan, y hasta tropiezan y se matan, empujados por leyes muy elementales, por leyes que sólo conocen las estrellas, los insectos y los niños menores de seis años, pero, en ocasiones, algún vagabundo, aún sin llegar a conocerlas del todo, las adivina y se aprovecha de ellas y de sus constantes.

Los andariegos debiéramos tener cuatro patas, como los lobos, para mejor pegarnos a las fragosidades del monte: la despeinada pelambrera del mundo donde habita la paz, esa caricia. La paz es un asustadizo ciempiés de miel que se cría en el monte, agazapado entre las sombras y los cautelosos donaires del monte. Por el camino abajo, el vagabundo contempla sus voluntades en la ilusión y en el sabio y antiguo resquicio de la renunciación, que es una ilusionada espita por la que huyen los vapores que aconsejan no ilusionarse jamás demasiado ni con aparatosas y desmedidas alharacas. Lo contrario de la paz no es la guerra, que es el desasosiego, como lo contrario del amor no es el odio sino el escepticismo.

—¿Me quieres mucho?

—Sí; te odio con mis cinco sentidos.

—Gracias, amor.

¡Qué bella fábula antigua y lastimera, tendenciosa y atroz!

El vagabundo —que ahora habla de él como de otro hombre, objetivándose en la distanciadora y persuasiva tercera persona— se lavó el odio, se desnudó el odio en la ciudad, y se echó al monte, igual que un bandolero, para ejercitarse en las solitarias mañas que estrangulan el odio como a un conejo. En el campo también vive el odio, vestido de impotencia (que es vicio humilde y franciscano, vicio que se confiesa con muy digno rubor). En la ciudad, en cambio, el odio se disfraza de envidia, se parapeta en la envidia (que es pecado orgulloso en el que anida siempre la sierpe de tres cabezas —la ira que desazona, la soberbia que confunde, la avaricia que entristece— que despega la camisa del vivir en paz, del azotado pellejo del hombre). En la blandengue torre de la envidia se cría el huevo del resentimiento, ese cilicio sin dignidad.

Sí; el camino se hizo para ser caminado, no para ir a lado alguno sino por el mero y angélico placer de caminarlo; el objeto del amor es su más próximo pariente: se ama al amor, no a la persona amada, y se ama no más que por amar, sin fin trascendente alguno (eso viene después, cuando los poetas quieren poner rima al amor y, claro es, lo desbaratan). Tampoco tenía razón Unamuno, quien pensó que se caminaba por topofobia, para huir de cada lugar. El vagabundo sabe por experiencia que el impulso que mueve los pies tiene más de instinto gratuito que de deliberada ideación; los primeros caminos no se trazaron para que el hombre los caminase sino que fueron trazados, poco a poco, por el hombre caminando. El amor —volvemos al amor— tampoco se busca: se encuentra.

El vagabundo —quiere decirse, ahora, el escritor— se anduvo ya las bastantes leguas españolas como para saber de qué pie cojea y como para adivinar, de paso, que la cojera es mala baldadura de caminantes. A trancas y barrancas —y aun embarrancado y cojitranco—, el vagabundo, volviendo la mirada atrás, se regodea en el pensamiento de la mucha paz que encontró en los caminos cuando las ciudades y los ciudadanos le negaron su paz, y se solaza —que es suerte vengativa, pero también clemente— en los recuerdos que le gotea la memoria, esa ubre de bienaventuranzas jamás muida del todo.

El vagabundo, que es medio lunático y un cuarto sabio de muy inútiles sabidurías, rellena de buen deseo el otro cuarto de su corazón que, como el bandujo de las reses en el agrio garfio de la casquería, ofrece en cuartos a quien quiera llevárselo (de recuerdo, de alimento, o para sembrar amapolas en su basura). Al vagabundo, a fuerza de rodar y rodar por los caminos de España, se le limaron hasta las asperezas de la voz. Desde aquel lejano *Viaje a la Alcarria* hasta este próximo *Viaje al Pirineo de Lérida*, fueron muchas las lluvias y las nieves y otras inclemencias caídas sobre el polvo del camino y sobre la paciente yesca de su corazón, al meditarlo, el vagabundo sonríe disimuladamente atónito: como el pájaro que, sobrevolando la mar, no se explica demasiado por qué vuela ni para qué el aire lo mantiene —igual que al pensamiento— en vilo.

La vejez no es una edad, que es una circunstancia: un hombre es viejo para torero al tiempo de ser joven para cardenal, por ejemplo, o para profesor ilustre. El vagabundo piensa que al llegar a ciertas edades, a edades relativas —claro es— y conscientes, conviene ir despojándose, con casi vergonzante desgaire y poco a poco, de múltiples adornos adjetivos y despiadados, de innúmeros oropeles distraidores y que no pueden cargarse a lomos —con lozanía e incluso fingiendo muy natural frescura— más que cuando se es muy joven (muy joven sin paliativos: muy joven para torero, no para cardenal). En «el calendario del corazón» o prólogo a su último libro de viajes —texto que escribió el día 13 de julio de 1963—, el vagabundo explica que fuma puros (también fuma en pipa) porque se quitó hace unos días de fumar en papel; su declaración no debe entenderse como demasiado solemne y rígida, ya que el pensamiento del hombre es cambiante, como el color de las nubes en el otoño, y frágil, igual que la silueta de la flor del lirio; tampoco debe tomarse como mero ejercicio de la voluntad, ya que sus alcances son más remotos y misteriosos. Durante el año 1963, que ahora termina, el escritor también se quitó de otros vicios domésticos como, por ejemplo, besar la mano a las señoras. Para el 1964, año que —por razones muy íntimas y que no importan demasiado al lector— piensa el vagabundo que ha de ser tiempo clave para él, el escritor proyecta seguir talando, esta rama quiero, ésta no quiero, la revuelta algaida que lo atenaza apartándolo de lo que entiende como su único camino necesario: el escribir sus páginas, una detrás de la otra, con calma y con aplicación, sin pausa, ni desfallecimiento, ni más respeto que el debido a la voluntad (o a la real gana) de sus títeres, sus héroes y sus contribuyentes.

Porque piensa que el oficio del escritor, como el del vagabundo, es arte de poda y de renunciación —y no de acopio y atesoramiento— es por lo que, quien esto escribe, aporta aquí sus razones. El árbol del escritor —no el de este o el de aquel otro, sino el de todos los escritores— suele crecer vestido y recubierto de la agobiadora maleza que lo parasita y está siempre a un punto de convertirlo en seco garabato florero, en escuálido alambre bueno para colgar guirnaldas y otras vanas suertes de adorno. El vagabundo no ignora que raer lo que está de más es empresa difícil y, a las veces, hasta dolorosa; la orquídea es flor parásita y bellísima, criatura a la que da reparo pisotear. Pero al vagabundo tampoco se le oculta que los accesorios restan nitidez al objeto que, si está bien concebido y realizado, debe verse desnudo y sin mayores referencias que sus peculiares y armoniosas proporciones.

Al llegar a ciertas edades —se venía diciendo— toca hacer examen de conciencia y arrojar por la ·borda todo lo que no sea rigurosamente preciso a la singladura. El escritor piensa, para su particular manejo y sin voluntad de hacer prosélitos e, incluso, de que nadie llegue a darle la razón, que sobran múltiples servidumbres que lo distraen de lo que no debiera ser distraído: su oficio, entendido como menester excluyente de cualquier otro. En este sentido, el escritor supone que sobran: los concursos literarios, las reuniones de sociedad, las tertulias, el pugilato por la huera conquista de la gran urbe (cuatro esquinas con las que hace ya tiempo que no se distrae ni pierde el tiempo), el escribir en los periódicos (salvo que sea muy necesario lo que se haya de decir), el formar parte de jurados literarios (que la cucaña de los cuartos cubre de mierda hasta al que los reparte), el prologar al prójimo (ya fuere el prójimo escritor que publica un libro o pintor que cuelga sus cuadros desvelando sus más recónditos y pudorosos entresijos ante el respetable), el pronunciar conferencias, el firmar ejemplares en las librerías y las ferias, etc. Los vagabundos tampoco precisan de muy pesados e innecesarios ropajes, y el escritor, aun el más sedentario, pudiera parecer, es siempre un irredento vagabundo: ése es su mayor timbre de gloria y libertad.

Quien esto escribe aprendió sus brincos y sus resistencias en los rincones donde las resistencias y los brincos viven, como los lagartos, en paz y al sol (o a la sombra, pero también en paz): en los lagares y en los menestrales vagones de trenes, en las reboticas y en las sacristías, en las talabarterías, en los mesones, en las tabernas en las que se despacha el peleón morapio y donde se prohíbe cantar —ni bien ni mal—, escupir en las paredes, hablar de política y blasfemar sin causa justificada. Ahora sólo le toca seguir buscando el meollo de las cosas —y que haya suerte—, desbrozando al objeto de añadidos, postizos y demás confundidoras y áureas bagatelas. El escritor, en vez de pluma, debería usar como herramienta un escalpelo finísimo y, en su defecto, un hacha de mango largo, un hacha de leñador.

Los libros de viajes quizá sean buen recodo para la pausa y la meditación. Lo que el vagabundo tenía que decir sobre los vagabundajes vistos desde la frágil atalaya de la preceptiva, ya quedó dicho, probablemente, en los prólogos y notas a las sucesivas ediciones que sus libros de andar y ver fueron teniendo. Hurgar en lo mismo, sobre cochinada, también pudiera ser confundidora inutilidad. Y el no confundir a nadie es la regla de oro de la literatura.

Don Antonio Rodríguez-Moñino, amigo del vagabundo, regaló al escritor un ejemplar de la «Instrucción, que el Rey ha mandado expedir... para que persigan, y recojan las Justicias todos los Vagabundos y Mal-Entretenidos, y se apliquen a la Tropa, y Reales Arsenales, etc.» El documento lo firma el Marqués de la Ensenada y va fechado en el Buen Retiro, a 25 de julio de 1571; fue impreso en Sevilla, el 4 de agosto del mismo año.

Quizá sea casualidad, quizá no lo sea, pero lo cierto es que el vagabundo, desde que leyó los escarmientos que la ley previene para el vagabundeo, se le aflojaron los temples ambulantes. Si alguna vez vuelve a echarse al camino, lo más probable es que antes se haga un lavado de cerebro. La verdad es que —hasta hoy— tuvo bastante suerte, porque si bien, a veces, durmió en las fondas del Estado, no terminó dando con sus huesos en galeras, fin tan noble para sus cofrades como incómodo aun para los legos de su ventilada y abierta cofradía.

El vagabundo piensa que, por decirlo aquí y ya a la distancia, ningún dolor habrá de lloverle sobre los lomos.

(Posible) despedida del camino, con veinte años más y tres arrobas de sobra

Los libros de viajes son como la garduña, bestezuela de vario humor y montaraces aficiones, y también como el pez de agua, animalito que brinca y respira sin mirar demasiado para el añalejo. El tacto del camino, su mordedura, su caricia, es relente que cae mejor sobre carne joven que sobre la badana zurrada y vieja. El vagabundo no se siente viejo ni vapuleado, pero al borde ya de la cincuentena, tampoco olvida que, desde su pateadura por la Alcarria hasta hoy, han pasado cuatro lentos lustros sobre sus lomos y han recebado más de tres lustrosas arrobas sus miserias[1]. El vagabundo procura no vivir demasiado a espaldas de la realidad y, en vez de tirar el espejo, anuncia que se corta la coleta (o que, probablemente, se corta la coleta). Hubiera sido hermoso morir al borde de un camino, ¡quién lo duda!, pero el del vagabundo es oficio en el que se aprende a renunciar sin darle mayor importancia (que tampoco la tiene) a lo que se renuncia: un paisaje propicio, unos brazos acogedores y amorosos, un pan como una bendición o la manera de quedarse, de golpe y sonriendo, en cualquier vaguada para servir de pasto a los gusanos (premisa humilde), o a los cuervos (augurio romántico), a los buitres (barrunte heroico) o las gallinas (cotidiano ribete del que la Providencia se sirva librar al vagabundo. Amén).

Sí; ir para viejo es gracioso, más gracioso que amargo y tanto como inevitable y fatal. La cosa no tiene mayor importancia y lo único que se requiere para poder lidiar el morlaco del calendario con paciencia e incluso con cierto lucimiento, es verlo venir, y jamás, pase lo que pasare, perderle la cara. Nunca es tan fiero el león como lo pintan y el peligro, cuando uno anda metido, de hoz y coz, en él, se domestica con cierta facilidad (o muere anestesiado por su misma paciencia, lo cual también es una solución).

Al vagabundo le da el pálpito que va a escribir ya pocas páginas trotonas. A la juventud hay que cederle el paso, para que se estrelle, como todos nos estrellamos, a su propia andadura. Pensar que la juventud es un estado del espíritu y no de las vísceras, las filándulas y los músculos, es una idea tan hermosa como inconsistente: algo que no traspone las lindes de la galantería y los buenos deseos. A la juventud no hay que enseñarle nada, basta con estimularla y empujarla; el hombre es animal que, en cada generación, descubre todo desde el principio.

Lo que el vagabundo haya podido aprender en el camino ya duerme, según síntomas, en el fondo de su macuto. El vagabundo dice cuanto dice sin alegría ni dolor, pero procurando darse cuenta de los alcances de lo que aquí declara. El vagabundo supone que son pocas las enseñanzas que, a estas alturas, pudiera ya el camino brindarle. No es que entienda que se las sabe todas —presuntuoso supuesto que está lejos de dar por bueno— sino que sospecha, con mayor sencillez, que ya no le cabría, en la esponjita de su sesera, más ciencia de la que, poca o mucha, lleva aprendida. Un hombre es sabio no cuando sabe toda la filosofía, sino cuando llega a saber toda la filosofía que le admiten, sin atorarse, los pasadizos y los recovecos y las mil venitas que se dibujan en el laberinto de su cabeza. En este humilde sentido es en el que el vagabundo proclama su sabiduría caminera.

Cuanto el vagabundo tenía que decir, ya quedó dicho y no es cosa de volver a repetirlo ahora disfrazándolo con palabras distintas. La literatura, a lo que se va viendo, es aburrida y poco variada, monótona y horra. La culpa no es de nadie sino de los escritores que, con frecuencia, no son más que unos sandios que viven a salto de mata. Los escritores —como los artistas, los funcionarios, los militares, los curas, etc.— son producto de la sociedad sobre la que parasitan y esta sociedad, desde sus remotos orígenes, suele ser muy mema y consuetudinaria. A veces, alguien hace excepción a la regla general; en la literatura del país, podrían contarse con los dedos de la mano (en las de los demás países, lo mismo).

El camino —trata de explicarse con la mayor sencillez posible— ahí está para quien quiera meterse por él; no se necesitan cédulas ni pasaportes y basta con el buen deseo moviendo las dos piernas. Igual que de la moza del pueblo —ahí la tienes, bailalá—, el vagabundo, con la montera en la mano y todos los demás debidos respetos, puede decir del camino a cuantos quisieran escucharle: ése es, sólo falta empezar por una esquina y acabar por la otra; les deseo la suerte que a mí no se me negó.

---

1. Las arrobas —o lo que fuere— son lustrosas, cuando lo son, porque en la vieja Roma, cada lustro se cumplían las purificaciones o lustres naturales. A más lustros más lustre, parece el título de un drama de Calderón.

INDICE